Sebastian Heilmann

Das politische System der Volksrepublik China

Sebastian Heilmann

Das politische System der Volksrepublik China

2., aktualisierte Auflage

VS VERLAG FÜR SOZIALWISSENSCHAFTEN

VS Verlag für Sozialwissenschaften
Entstanden mit Beginn des Jahres 2004 aus den beiden Häusern
Leske+Budrich und Westdeutscher Verlag.
Die breite Basis für sozialwissenschaftliches Publizieren

Bibliografische Information Der Deutschen Nationalbibliothek
Die Deutsche Nationalbibliothek verzeichnet diese Publikation in der
Deutschen Nationalbibliografie; detaillierte bibliografische Daten sind im Internet über
<http://dnb.d-nb.de> abrufbar.

1. Auflage Januar 2004

Alle Rechte vorbehalten
© VS Verlag für Sozialwissenschaften | GWV Fachverlage GmbH, Wiesbaden 2004

Lektorat: Frank Schindler

Der VS Verlag für Sozialwissenschaften ist ein Unternehmen von Springer Science+Business Media.
www.vs-verlag.de

Das Werk einschließlich aller seiner Teile ist urheberrechtlich geschützt. Jede Verwertung außerhalb der engen Grenzen des Urheberrechtsgesetzes ist ohne Zustimmung des Verlags unzulässig und strafbar. Das gilt insbesondere für Vervielfältigungen, Übersetzungen, Mikroverfilmungen und die Einspeicherung und Verarbeitung in elektronischen Systemen.

Die Wiedergabe von Gebrauchsnamen, Handelsnamen, Warenbezeichnungen usw. in diesem Werk berechtigt auch ohne besondere Kennzeichnung nicht zu der Annahme, dass solche Namen im Sinne der Warenzeichen- und Markenschutz-Gesetzgebung als frei zu betrachten wären und daher von jedermann benutzt werden dürften.

Umschlaggestaltung: KünkelLopka Medienentwicklung, Heidelberg
Gedruckt auf säurefreiem und chlorfrei gebleichtem Papier
Printed in Germany

ISBN 3-531-33572-3

Inhaltsverzeichnis

Vorwort 11

1	Die Analyse der chinesischen Politik	15
1.1	Historische Grundlagen der chinesischen Politik	15
1.1.1	Politische Destabilisierung in der neueren Geschichte	15
1.1.2	Prägende Entwicklungslinien und historische Traumata	17
1.1.3	Kontinuität und Wandel der politischen Ordnung	19
1.2	Informationsgrundlagen und statistische Verzerrungen	22
1.3	China-Zerrbilder in der westlichen Öffentlichkeit	24
1.4	Wissenschaftliche Analyseperspektiven	27
1.4.1	Politisch-kulturelle Kontinuität	27
1.4.2	Innerparteilicher Machtkampf	29
1.4.3	Gesellschaftliche Autonomisierung	31
1.4.4	Bürokratisches Verhandlungssystem	32
1.4.5	Transformation zur Demokratie	33
1.4.6	Neue Politische Ökonomie	34
1.4.7	Ein Plädoyer für analytischen Pluralismus	35
1.5	Besonderheiten politischen Wandels in der VR China	36

2	Politische Führung	38
2.1	Die Machtzentrale	38
2.1.1	Veränderungen im Entscheidungssystem	39
2.1.2	Politische Gestaltungs- und Reformleistungen	41
2.1.3	Normalmodus und Krisenmodus der Entscheidungsfindung	42
2.1.4	Der Zusammenhalt in der Machtzentrale	45
2.2	Führungsgenerationen und Aufstieg der "Technokraten"	46
2.3	Führungspersönlichkeiten	50
2.4	Die Risiken politischer Nachfolgekonflikte	53
2.5	Informelle Verfahren der Machtausübung	55
2.5.1	Informelle Regeln der Führungsauswahl und Patronage-Netzwerke	58
2.5.2	Informelle Regeln des politischen Lobbying	61
2.6	Fragmentierter Autoritarismus	64

3 Politische Institutionen 65

3.1 Chinas sozialistisches System 65
3.1.1 Leninistische Organisationsprinzipien 65
3.1.2 Herrschaftsideologie im Wandel 68

3.2 Die Verfassung eines Parteistaates 73
3.2.1 Verfassungsgeschichte der VR China 74
3.2.2 Der Verfassungstext 75
3.2.3 Verfassungsänderungen 79
3.2.4 Die Kommunistische Partei als Souverän 80

3.3 Die Kommunistische Partei Chinas 80
3.3.1 Parteiorganisation 81
3.3.2 Das Verhältnis von Partei- und Staatsorganen 90
3.3.3 Organisatorischer und ideologischer Verfall 92
3.3.4 Die Bedeutung leninistischer Kontrollstrukturen
für den Fortbestand der KPC-Herrschaft 94

3.4 Die Zentralregierung 95
3.4.1 Der Staatsrat 96
3.4.2 Einheitsstaat und Dezentralisierung 101

3.5 Regionale Regierungen 102
3.5.1 Regionale Verwaltungsstrukturen 104
3.5.2 Regionale Sonderinteressen 106
3.5.3 Auf dem Weg zum föderalen Staat? 109

3.6 Öffentliches Finanzwesen 110
3.6.1 Fiskalische Dezentralisierung 110
3.6.2 Haushaltsdefizit und öffentliche Verschuldung 113

3.7 Kadersystem und Verwaltung 114
3.7.1 Das Nomenklatura-System der Kaderkontrolle 115
3.7.2 Die Bemühungen um eine Verwaltungsreform 118
3.7.3 Funktionswandel der Verwaltung:
Vom Kadersystem zum Öffentlichen Dienst? 121

3.8 Sonderverwaltungsregionen Hongkong und Macau 123
3.8.1 Hongkongs wirtschaftliche Rolle 124
3.8.2 Hongkongs politische Führung 125
3.8.3 Konkurrenzwahlen in Hongkong 127
3.8.4 Perspektiven der politischen Entwicklung Hongkongs 129

3.9	**Gesetzgebung und Volkskongresse**	**130**
3.9.1	Gesetzgebung	130
3.9.2	Die Volkskongresse	133
3.9.3	Politische Konsultativkonferenz des chinesischen Volkes	142
3.10	**Justiz, Polizei und Strafvollzug**	**143**
3.10.1	Parteikontrolle über den Sicherheitsapparat	144
3.10.2	Das Gerichtswesen	146
3.10.3	Die Staatsanwaltschaften	149
3.10.4	Rechtsanwälte	150
3.10.5	Strafrecht und Strafvollzug	150
3.10.6	Der schwierige Weg zur Rechtsstaatlichkeit	152
3.11	**Militär und Politik**	**153**
3.11.1	Parteikontrolle über die Armee	154
3.11.2	Die politische Loyalität der Armee	155
3.11.3	Verteidigungspolitische und militärische Entscheidungsstrukturen	156
3.12	**Erosion der politischen Autorität des Parteistaates**	**159**
4	**Staat und Wirtschaft**	**162**
4.1	**Voraussetzungen der Wirtschaftsreformpolitik**	**162**
4.2	**Politische Durchsetzung von Wirtschaftsreformen**	**164**
4.3	**Chinas Wirtschaftswachstum – Offizielle und inoffizielle Berechnungen**	**168**
4.4	**Politische Eingriffe in einer dezentralisierten Staatswirtschaft**	**171**
4.4.1	Staatlicher Einfluss auf Betriebe und Finanzsystem	171
4.4.2	Regionales Entwicklungsgefälle und regionaler Protektionismus	174
4.4.3	Natürliche Ressourcen und zentralstaatliche Umweltpolitik	176
4.5	**Korruption, "Kaderkapitalismus" und das politisch-ökonomische Schattensystem**	**179**
4.5.1	Das Ausmaß der Korruption	180
4.5.2	Spielregeln eines "Administrativen Marktes"	181
4.5.3	Informelle Privatisierung des Staatsvermögens	182
4.5.4	Schmuggelnetzwerke	183
4.5.5	Varianten der Korruption	184
4.5.6	Widerstände gegen die Korruptionsbekämpfung	187
4.6	**Außenwirtschaftliche Öffnung, WTO-Beitritt und politischer Wandel**	**188**

4.7	Ist die VR China noch ein sozialistisches System?	191
5	**Staat und Gesellschaft**	**194**
5.1	Politische Kontrolle der Bevölkerung	194
5.1.1.	Kontrollmechanismen unter Wandlungsdruck	194
5.1.2	Geburtenkontrolle und Ein-Kind-Politik	197
5.2	Menschenrechte und politische Opposition	200
5.2.1	Menschenrechtsverständnis und politische Repression	200
5.2.2	Politische Opposition und Protestbewegungen	202
5.3	Städtische Gesellschaft und neue Mittelschicht	205
5.3.1	Einkommensdifferenzierung und soziale Schichtung	206
5.3.2	Mittelschichten, Privatunternehmer und Bürgergesellschaft	208
5.4	Gesellschaftliche Vereinigungen und Gewerkschaften	211
5.4.1	Staatliche Regulierung des Verbändewesens	212
5.4.2	Parteigelenkte Gewerkschaften unter Druck	215
5.4.3	Perspektiven einer offeneren Interessenvermittlung	217
5.5	Medien und Öffentlichkeit	217
5.5.1	Die Kommerzialisierung der Medienbranche	218
5.5.2	Politische Medienkontrolle	220
5.5.3	Internet und Öffentlichkeit	222
5.6	Ländliche Gesellschaft und dörfliche Selbstverwaltung	223
5.6.1	Sozialer Wandel in ländlichen Gebieten	223
5.6.2	Ländliche Armut und staatliche Armutsbekämpfung	226
5.6.3	Landflucht und Wanderarbeiter	228
5.6.4	Dörfliche Selbstverwaltung und Dorfwahlen	229
5.7	Ethnische und religiöse Minderheiten	231
5.7.1	Ethnische Minderheiten und Gebietsautonomie	231
5.7.2	Unabhängigkeitsbestrebungen in Tibet und Xinjiang	233
5.7.3	Religiöse Minderheiten	236
5.7.4	"Geheimgesellschaften" und Falungong	237
5.8	Soziales Unruhepotenzial	239
5.8.1	Arbeitslosigkeit, Arbeiterproteste und ländliche Unruhen	240
5.8.2	Kriminalität und Mafia-Organisationen	242
5.8.3	Risiken für die Herrschaft der KPC	242
5.9	Politische Konsequenzen des gesellschaftlichen Wandels	244

6 China in der internationalen Politik 245

6.1 Die chinesische Sicht der internationalen Beziehungen 248
6.2 Neuorientierungen in Chinas Außenbeziehungen 250
6.3 Außenpolitische Entscheidungsfindung 253
6.4 Militärstrategie und Rüstungspolitik 257
6.4.1 Verteidigungshaushalt und Rüstungspolitik 258
6.4.2 China als militärische Bedrohung? 259
6.5 Chinas Kooperation und Einbindung
in der internationalen Politik 260
6.6 China und die internationale Menschenrechtspolitik 263
6.7 Die Taiwan-Frage 265
6.7.1 Gegensätzliche Positionen zum Status Taiwans 265
6.7.2 Ökonomische Wiedervereinigung 267
6.7.3 Die politische Praxis der Beziehungen 269
6.7.4 Strategische Ambiguität der USA in der Taiwan-Frage 270
6.8 Chinesisch-amerikanische Beziehungen 271
6.9 Chinas Beziehungen zu Europa und Deutschland 274
6.9.1 Europäisch-chinesische Wirtschaftsbeziehungen 275
6.9.2 Europäisch-chinesische politische Beziehungen 276
6.9.3 Deutsch-chinesische Beziehungen 277

7 Perspektiven der politischen Entwicklung 281

7.1 Die politische Übergangsordnung der VR China 281
7.2 Szenarien der politischen Entwicklung 284
7.2.1 Szenario I: "Politisch gelenkte Transformation" 284
7.2.2 Szenario II: "Permanentes Krisenmanagement" 286
7.2.3 Szenario III: "Politischer Ordnungskollaps" 287
7.2.4 Einschätzung der Szenarien 288
7.3 Chancen einer Demokratisierung Chinas 291
7.4 Chinas Position in der Welt 295

8 Literatur- und Quellenverzeichnis 297
8.1 Nachschlagewerke zur allgemeinen Grundinformation 297
8.2 Internet-Quellen zu aktuellen Entwicklungen 297
8.3 Ausgewählte Periodika für die Forschung
zur chinesischen Politik 299
8.4 Literaturverzeichnis 299

Verzeichnis der verwendeten Abkürzungen

APEC	Asia-Pacific Economic Cooperation
ASEAN	Association of Southeast Asian Nations
BIH	Bund für Industrie und Handel
GATT	General Agreement on Tariffs and Trade
IMF	International Monetary Fund
KPC	Kommunistische Partei Chinas
KPdSU	Kommunistische Partei der Sowjetunion
MfS	Ministerium für Staatssicherheit
NVK	Nationaler Volkskongress
NRO	Nichtregierungsorganisationen
PKKCV	Politische Konsultativkonferenz des chinesischen Volkes
SARS	Severe Acute Respiratory Syndrome
SOZ	Shanghaier Organisation für Zusammenarbeit
SVR	Sonderverwaltungsregion (Hongkong bzw. Macau)
SWZ	Sonderwirtschaftszone
UdSSR	Union der Sozialistischen Sowjetrepubliken
VBA	Volksbefreiungsarmee
VRC	Volksrepublik China
WTO	World Trade Organization
ZGTJNJ	*Zhongguo tongji nianjian* (Statist. Jahrbuch Chinas)
ZK	Zentralkomitee der KPC
ZKMK	ZK-Militärkommission

Ergänzungen zu diesem Buch im Internet:
http://www.chinapolitik.de

Vorwort

In diesem Buch wird weder der Aufstieg Chinas zur Supermacht noch Chinas bevorstehender Kollaps prophezeit. Vielmehr sollen Vielfalt und Widersprüche des Wandels in China dokumentiert, analysiert und vorsichtig eingeschätzt werden, um den Leserinnen und Lesern die Möglichkeit zu einem abgewogenen eigenständigen Urteil zu eröffnen.

Der Autor dieses Buches glaubt nicht an eine zwangsläufige, auf- oder abwärtsgerichtete Entwicklung Chinas. Die jüngste Vergangenheit lehrt, dass wir in China stets mit unvorhergesehenen Entwicklungen rechnen müssen: Wer hätte 1979 gedacht, dass die wirtschaftliche Entwicklung in Chinas Küstenregionen dermaßen schnell vorankommen könnte? Wer hätte gedacht, dass die sozialen Gegensätze in der unter Mao rigoros egalitären Gesellschaft der Volksrepublik China sich dermaßen verschärfen würden? Wer hätte 1989 gedacht, dass die Kommunistische Partei im Jahre 2003 immer noch regiert und sich marktorientierte Wirtschaftsreformen so lange Zeit mit einer kommunistischen Herrschaft vereinbaren lassen? Politische Entscheidungen, Veränderungen im Verhalten der politischen Akteure und Neuerungen in den staatlichen Institutionen nehmen maßgeblichen Einfluss auf diese Entwicklungen. Deshalb besitzt die Analyse des politischen Systems eine Schlüsselbedeutung für das Verständnis auch der wirtschaftlichen und sozialen Veränderungen in der VR China.

Der Begriff des politischen Systems umfasst *Strukturen* (Institutionen, Organisationen, formalisierte Verfahren etc.) und *Prozesse* (Interaktionen individueller und korporativer, staatlicher, wirtschaftlicher und gesellschaftlicher Akteure), in deren Rahmen allgemein verbindliche Entscheidungen und Maßnahmen vorbereitet, beschlossen, umgesetzt und revidiert werden. Die hier vorgelegte Studie geht von dieser allgemeinen Definition aus und orientiert sich an folgenden Leitfragen:

- Welche Konsequenzen haben der Übergang zu einer Marktwirtschaft und die sich vertiefende Integration in die Weltwirtschaft für das politische System der VR China?

- Ist das nach leninistischen Organisationsprinzipien aufgebaute politische System zum Wandel und zur Anpassung an die neuen ökonomischen und sozialen Bedingungen fähig?
- In welcher Weise haben neu entstehende informelle politische Regeln die erstarrt scheinenden offiziellen politischen Institutionen flexibilisiert und geschwächt?
- Sind Kräfteverschiebungen, Wahrnehmungsänderungen und Lernprozesse in der chinesischen Innen- und Außenpolitik erkennbar, die über kurzfristige personelle und politische Umbrüche hinaus fortwirken werden?

Im Zentrum dieser Abhandlung stehen somit nicht statische Momentaufnahmen der derzeitigen Machtverhältnisse, sondern dynamische Aspekte der Stabilität, Elastizität und Zukunftsfähigkeit des politischen Systems: Nur ein politisches System, das die Fähigkeit zur Anpassung an sich verändernde sozioökonomische Bedingungen und zur politisch-institutionellen Erneuerung besitzt, kann soziale und politische Spannungen in innovativer Weise verarbeiten und so einem umfassenden Zusammenbruch des überkommenen Ordnungsgefüges zuvorkommen. Es wird zu prüfen sein, inwieweit die Erneuerungsfähigkeit des politischen Systems der VR China diesen Anforderungen gerecht wird.

Ein weiteres wichtiges Anliegen dieses Buches besteht darin, die in der westlichen Öffentlichkeit verbreiteten Zerrbilder der chinesischen Politik zu korrigieren. Extreme Schwankungen und Widersprüche sind kennzeichnend für das Chinabild im Westen seit der Ära Mao und auch in der Ära der Wirtschaftsreformen. Die VR China besitzt ein zwiespältiges Image im westlichen Ausland: Ein Teil der Politiker und Geschäftsleute bewundert die außerordentliche wirtschaftliche Dynamik und vertraut auf die Wirkung der unsichtbaren Hand der Marktwirtschaft, die auch China den Weg zu einer politischen Neuordnung und zur internationalen Kooperation weisen werde. Hingegen sehen politische Skeptiker nicht die unsichtbare Hand des Marktes am Werk, sondern die eiserne Faust einer Diktatur, die im Innern alle Ansätze zu politischer Erneuerung im Keime erstickt und nach außen eine rücksichtslose Strategie der Durchsetzung nationaler Interessen betreibt.

Diese Unsicherheit in der Einschätzung der chinesischen Entwicklung hat ihre Ursache darin, dass es sich bei der VR China um eine unter fundamentalen Spannungen stehende Übergangsordnung handelt, die widersprüchliche Entwicklungstendenzen in sich trägt und deren Beurteilung noch durch erhebliche Informationsverzerrungen erschwert wird. Der Eindruck politischer Erstarrung allerdings wird den tatsächlichen Entwicklungen innerhalb Chinas

Vorwort

in keinem Falle gerecht: Viele "Spielregeln" der chinesischen Politik haben sich – ausgelöst durch die wirtschaftlichen und sozialen Veränderungen – grundlegend verändert, auch wenn die offiziellen Fassaden der kommunistischen Herrschaft weiter bestehen.

Dieses Buch möchte zu einem differenzierten Verständnis der Voraussetzungen und Risiken der politischen Entwicklung Chinas beitragen. Innenpolitische Kräfteverschiebungen werden in ihrer engen Verknüpfung mit wirtschaftlichem, gesellschaftlichem und außenpolitischem Wandel dargelegt. Die Hauptkapitel behandeln Fragen der politischen Führung, der politischen Institutionen, des Verhältnisses von Staat und Wirtschaft sowie von Staat und Gesellschaft. Abschließende Kapitel gehen auf Chinas Rolle in der internationalen Politik und auf Perspektiven der zukünftigen Entwicklung ein.

Das Buch basiert auf in den vergangenen dreizehn Jahren entstandenen eigenen Forschungsarbeiten, auf einer umfassenden Auswertung chinesischer Quellen und auf dem neuesten Stand der internationalen Chinaforschung. In meiner Forschungstätigkeit habe ich von den Studien und Anregungen einer Vielzahl von Kolleginnen und Kollegen profitiert, die ich hier nicht einzeln aufführen kann, auf deren Werke aber in diesem Buch hingewiesen wird. Besonderer Wert wurde auf die Einarbeitung neuer Forschungserkenntnisse der zunehmend innovativen und unabhängigeren chinesischen Sozialwissenschaftler gelegt. Ich verzichte in diesem Buch auf einen Fußnotenapparat, da der Verweis auf eine Unzahl chinesischer Quellen für eine Überblicksdarstellung des politischen Systems Chinas (die sich an ein allgemeines Publikum, nicht nur an Chinaforscher richtet) nicht sinnvoll erscheint. Statt dessen wird im Text in runden Klammern (Kurzzitierweise mit Nachnamen der Autoren und Erscheinungsjahr) auf wichtige vertiefende Literatur verwiesen, auf die sich meine Analyse bezieht und die sich im Literaturverzeichnis am Ende dieses Buches findet.

Für Anregungen und Korrekturhinweise zur zweiten Auflage danke ich Jörn-Carsten Gottwald, Isabelle Gras, Heike Holbig, Kristin Kupfer, Peter Molt, Gudrun Wacker, Erwin Wickert und meinen Trierer Studentinnen und Studenten.

Ich widme dieses Buch dem Gedenken an *Jürgen Domes*, einen Pionier der internationalen Chinaforschung, dessen Unbeugsamkeit gegenüber dem Zeitgeist und Strenge in den akademischen Standards vorbildlich bleiben.

Trier, im November 2003　　　　　　　　　　　　　　　　Sebastian Heilmann

1 Die Analyse der chinesischen Politik

1.1 Historische Grundlagen der chinesischen Politik

China übt aufgrund seiner langen historischen Tradition als ostasiatische Hochkultur und seiner einflussreichen, phasenweise dominierenden Rolle im ostasiatischen Raum eine große Faszination aus. Das Erbe der politischen Geschichte Chinas hat in vielschichtiger Weise auf die sozialistischen Erneuerungsversuche der Ära Mao 1949-1976 und auf die Reform- und Öffnungspolitik seit 1979 eingewirkt (Kuhn 2001; Shambaugh 2000a). Die geläufige Formel von der "fünftausendjährigen Geschichte Chinas" sollte jedoch nicht über einige Tatsachen hinwegtäuschen, die eine ungebrochene staatliche Tradition in Frage stellen.

Das chinesische Staatsgebiet umfasste in den meisten Phasen der Geschichte nur Teile der heutigen VR China. Große Gebiete wie Tibet und Xinjiang ("Ostturkestan"), aber auch Taiwan, wurden erst relativ spät oder nur zeitweilig ins chinesische Reich eingegliedert und gehören nicht zum Kerngebiet der chinesischen Kultur. Auch wird häufig übersehen, dass Chinas Geschichte immer wieder von Phasen der Reichsteilung, Fremdherrschaft, Desintegration sowie von gravierenden kulturellen, gesellschaftlichen und technologischen Umbrüchen geprägt war. Das verbreitete Bild vom statischen, unveränderlichen Charakter der chinesischen Kultur wird diesen Entwicklungen nicht gerecht (vgl. Eberhard 1980; Gernet 1989; Osterhammel 1989).

1.1.1 Politische Destabilisierung in der neueren Geschichte

Das Vordringen der westlichen Großmächte in Ostasien und der Aufstieg Japans seit der Mitte des 19. Jahrhunderts markieren tiefe Einschnitte im Selbstverständnis Chinas und für dessen Stellung in der Welt. Das Kaiserreich (Qing-Dynastie) zeigte sich nicht fähig, durch politische Erneuerung und wirtschaftliche Modernisierung auf die äußeren Herausforderungen und die sich verschärfenden inneren sozialen Unruhen zu reagieren. Der Untergang des Kaiserreichs wurde mit der Revolution von 1911 und der Gründung der Republik China besiegelt. Es folgte eine Periode der Reichszersplitterung in verschiedene Warlord-Regimes. In den zwanziger Jahren nahmen die politischen Rivalitäten und gewaltsamen Auseinandersetzungen zwischen Nationalisten und Kommunisten ihren Ausgang, die unter dem Druck des Krieges gegen Japan (1937-1945) von einer Phase vordergründiger Kooperation unterbrochen wurden. Nach dem Ende der japanischen Besatzung aber begann ein blutiger Bürgerkrieg, in dem die Kommunisten 1949 den militärischen Sieg errangen. Die Nationalisten unter der Führung von Chiang Kai-shek (in anderer Umschrift: Jiang Jieshi) waren gezwungen, nach Taiwan zu fliehen, wo eine alternative Regierung Chinas errichtet wurde. Noch heute trägt Taiwan offiziell die Staatsbezeichnung der 1949 untergegangenen Republik China, und das Problem der staatlichen Teilung Chinas ist weiterhin ungelöst.

Übersicht 1.1: *Wichtige Einschnitte in der Geschichte der VR China bis 1979*

Zeitraum	Prägende Ereignisse in Wirtschaft und Politik
1949 – 1955	Staatsgründung, politischer und wirtschaftlicher Neuaufbau, Bodenreform, Beginn der "sozialistischen Umgestaltung"
1956 – 1957	Kollektivierung der Landwirtschaft und Verstaatlichung aller privaten Betriebe; "Hundert-Blumen-Bewegung", "Anti-Rechts-Kampagne"
1958 – 1960	"Großer Sprung nach vorn", "Volkskommunen", Hungersnot 1959-61 ("Die drei bitteren Jahre")
1959 – 1963	Offenes Zerwürfnis mit der Sowjetunion wegen grundlegender ideologischer u. machtpolitischer Konflikte; Spaltung des sozialistischen Lagers
1961 – 1965	Versuch der wirtschaftl. Konsolidierung; Spannungen in Parteiführung
ab 1964	erste chines. Atombombenzündung; Aufstieg Chinas zur Nuklearmacht
1966 – 1976	Innenpolitische Auseinandersetzungen und Verfolgungen in der "Großen Proletarischen Kulturrevolution"; Tod Mao Zedongs 1976
ab 1971	Annäherung zwischen USA und VR China; Übernahme eines Ständigen Sitzes im UN-Sicherheitsrat; Aufwertung Chinas im "strategischen Dreieck" zwischen USA und Sowjetunion
1976 – 1978	Gescheiterter Versuch zur Rezentralisierung der Wirtschaftsplanung unter Hua Guofeng; Auseinandersetzungen zwischen Mao-Loyalisten und Reformern
Seit 1978/79	Einleitung der "Reform- und Öffnungspolitik" auf der 3. Plenartagung des XI. Zentralkomitees der KPC

*Ausgezeichnete knappe Einführungen in die politische Geschichte Chinas bietet, nach Stichworten geordnet: *Das große China-Lexikon* 2003 (siehe Literaturverzeichnis 8.1).
© Heilmann 2002/2004

1.1 Historische Grundlagen 17

Als die Volksrepublik am 1. Oktober 1949 gegründet wurde, sahen sich die neuen kommunistischen Herrscher mit unüberwindlich scheinenden Schwierigkeiten konfrontiert: Gesellschaft, Wirtschaft und Verwaltung lagen nach den langen Jahren militärischer Auseinandersetzungen – zunächst im Krieg gegen Japan und anschließend im Bürgerkrieg – am Boden. Der Kampf ums Überleben beherrschte den Alltag der meisten Menschen. Doch Anfang 1957, als die Kommunistische Partei gerade erst sieben Jahre regiert hatte, konnte sie bereits beachtliche Erfolge vorweisen: Ein starker zentralisierter Staat war errichtet worden, der die nationale Souveränität und die politische Einheit sicherte. Das Land hatte ein hohes Wirtschaftswachstum, Fortschritte in der Industrialisierung und eine Verbesserung der Lebensbedingungen für einen Teil der Bevölkerung erreicht.

Weitere zehn Jahre später, auf dem Höhepunkt der "Großen Proletarischen Kulturrevolution", stand China bereits wieder am Rande eines Bürgerkrieges: Gewaltsame politische Auseinandersetzungen erschütterten Staat, Wirtschaft und Gesellschaft. Das Land schien alle Errungenschaften der frühen fünfziger Jahre zu verspielen. Erst ein erneuter fundamentaler Kurswechsel nach dem Tod des Revolutionsführers Mao Zedong führte in den achtziger und neunziger Jahren zu einer anhaltenden wirtschaftlichen Dynamik, die einerseits Wohlstandsgewinne für viele Menschen mit sich brachte, andererseits aber soziale Verwerfungen auslöste und politische Strukturmängel offen legte, die die Stabilität des Staates der VR China insgesamt ungewiss erscheinen lassen.

1.1.2 Prägende Entwicklungslinien und historische Traumata

Die chinesische Politik ist bis heute durch eine Reihe historischer Hypotheken belastet, die das Handeln der politischen Akteure auf vielfältige Weise beeinflussen. Ein tieferes Verständnis der modernen Probleme Chinas ist kaum möglich, ohne die historischen Entstehungsbedingungen zu berücksichtigen (Schmidt-Glintzer 1997/99; Spence 2001). Einige der aus heutiger Sicht prägenden Entwicklungslinien und Traumata werden im Folgenden kurz dargelegt (s. Übersicht 1.2).

Übersicht 1.2: *Prägende Entwicklungslinien und Traumata der neueren Geschichte Chinas*

	Entwicklungslinie	Folgen und Reaktionen
I	Sehr starkes Bevölkerungswachstum (bes. 1750-1850, 1950-1990)	Übervölkerung, Armut, Hungersnöte, soziale Unruhen, Binnenwanderung. Strikte Geburtenkontrollpolitik.
II	Wiederkehrende innenpolitische Ordnungszusammenbrüche (beginnend mit Taiping-Aufstand 1850-64)	Primat der innenpolitischen Stabilität und Einheit. Rigorose Unterdrückung potenziell destabilisierender Gruppen.
III	Militärische Überlegenheit westlicher Mächte und Japans ("Ungleiche Verträge", Gebietsabtretungen, "halbkolonialer" Status Chinas)	Zerstörung des Selbstbildes als bedeutendste Kulturnation. Ausbildung eines nationalen "Minderwertigkeitskomplexes". Manipulationsanfälliger Nationalismus.
IV	Konfliktreiche Suche nach einer tragfähigen Modernisierungsstrategie (Revolution 1911, 4.Mai-Bewegung 1919, Nanjinger Republik 1927-49)	Durchführung von z.T. in ihren Auswirkungen verheerenden Entwicklungsexperimenten ("Großer Sprung nach vorn", "Kulturrevolution").
V	Streben nach Wiederherstellung einer zentralen Position Chinas im internationalen System	Konkurrenz zu Japan. Ablehnung einer hegemonialen Rolle der USA in Asien. Kompromissloses Festhalten am Anspruch auf alle als chinesisch angesehenen Territorien.

© Heilmann 2002/2004

Eine Entwicklung mit besonders weit reichenden Folgen stellt das Mitte des 18. Jahrhunderts aufgrund landwirtschaftlicher Neuerungen und zeitweiligen inneren und äußeren Friedens einsetzende sehr starke Bevölkerungswachstum dar. Die Bevölkerungszunahme stellt die Regierenden in China vor vielfältige Probleme und fordert eine politische Gegensteuerung heraus. Die vielfach wegen ihrer Härte kritisierte Ein-Kind-Politik ist eine direkte Folge dieses Problems (vgl. 5.5).

Ein weiteres historisch bedingtes Trauma besteht in der Erfahrung wiederkehrender politischer Ordnungszusammenbrüche, die allein im 20. Jahrhundert mehrfach zu Hungersnöten, Gewaltexzessen und gravierenden wirtschaftlichen Rückschlägen führten (Krieg gegen Japan 1937-1945, Bürgerkrieg 1945-49, "Großer Sprung nach vorn" 1958-60, "Kulturrevolution" 1966-76). Die Furcht vor Chaos und dem Zusammenbruch der inneren Stabilität prägt nicht nur die politische Führung, sondern auch besonders die ältere Bevölkerung.

Ein weiterer häufig unterschätzter psychologischer Faktor in der chinesischen Politik ist das kollektive Trauma der westlichen und japanischen

1.1 Historische Grundlagen

Überlegenheit in politisch-militärischer und wirtschaftlicher Hinsicht. Dies trug seit dem Ende des 19. Jahrhunderts zu einem anhaltend gestörten und für politische Manipulationen anfälligen Nationalbewusstsein in weiten Teilen der Bevölkerung bei. Das traditionelle Selbstbild vom "Reich der Mitte" als dem kulturellen und politischen Zentrum der Welt wurde zerstört. Im Verhältnis zum Westen und zu Japan hat dies Spuren hinterlassen, die bis heute die chinesische Außenpolitik beeinflussen (vgl. 6.1).

In engem Zusammenhang mit dieser Problematik steht auch die von wiederkehrenden Rückschlägen geprägte Suche der politischen Führung nach einer tragfähigen Modernisierungsstrategie. Tragisch-katastrophale Entwicklungsexperimente wie der "Große Sprung nach vorn", der die schlimmste Hungersnot des 20. Jahrhunderts mit 20-30 Millionen Toten nach sich zog, und die "Große Proletarische Kulturrevolution" mit ihren bürgerkriegsähnlichen Auseinandersetzungen waren die Folge radikaler Experimente zur wirtschaftlichen und politischen Erneuerung Chinas.

1.1.3 Kontinuität und Wandel der politischen Ordnung

Chinas neuere politische Geschichte ist jedoch nicht nur von den eigenen Traditionen und inneren Entwicklungen bestimmt, sondern vor allem im 20. Jahrhundert von "importierten" politischen Ordnungsvorstellungen und Organisationsmustern. Diese wurden mit der sozialistischen Revolution in China eingeführt und haben dort wiederum spezifische Veränderungen erfahren. In welchem Verhältnis stehen "ererbte" Charakteristika der politischen Ordnung zu den aus Europa "importierten" und dann "sinisierten" Elementen des Marxismus-Leninismus?

Die Herrschaft der KPC, die durch keine unabhängigen Kontrollinstanzen gehemmt ist, lässt sich nicht nur auf die typischen Merkmale kommunistischer Parteidiktaturen zurückführen, sondern stützt sich auch auf Besonderheiten der chinesischen Ordnungstradition. In der politischen Geschichte Chinas bildeten sich keine Institutionen heraus, die zur Entstehung von Gewaltenteilung und Machtbegrenzung hätten beitragen können, wie etwa eine Trennung von Politik und Recht oder unabhängig organisierte gesellschaftliche Kräfte (z.B. eine religiös-kirchliche Sphäre, auf Selbstverwaltung drängende regionale Gebietskörperschaften oder überregional organisierte Stände und Verbände). Der Kaiser übte eine unumschränkte Herrschaft aus, und das traditionelle chinesische Recht diente nicht dem Schutz individueller Freiheiten gegenüber der Obrigkeit. Dieses autokratische Erbe wurde von den chinesischen Kommunisten in vielerlei Hinsicht fortgeführt und für die eigenen politischen Ziele genutzt. Auf der traditionell dem Kaiser zukommenden charismatischen Autorität beruhte zu einem Großteil die ansonsten schwer erklärliche Dominanz Mao Zedongs (bis 1976) und Deng Xiaopings (1978-1997) in der politischen Führung Chinas. Beide lenkten überwiegend aus dem Hintergrund die Geschicke des Reiches, ohne sich auf offizielle Gremien und formalisierte Verfahren stützen zu müssen, während ihre persönliche Autorität trotz körperlichen und geistigen Verfalls in hohem Alter nie offen in Frage gestellt wurde.

Nicht weniger bedeutend als historische Kontinuitäten sind jedoch Brüche in der Entwicklung politischer Ordnungsmuster und Grundinstitutionen, wie sie besonders drastisch im Kontext der sozialistischen Umgestaltung der Ära Mao zu beobachten waren. Eine Gegenüberstellung (Übersicht 1.3) soll einen Eindruck von dem Verhältnis zwischen tradierten und sozialistisch beeinflussten Ordnungsmustern und Ordnungsvorstellungen in der VR China vermitteln. Aus der Darstellung geht hervor, dass zwar einige traditionelle Ordnungsmuster in der heutigen chinesischen Gesellschaft weiterhin Bestand haben, andere jedoch durch radikale Neuerungen abgelöst oder zumindest stark in Frage gestellt worden sind.

Durch die wirtschaftlichen und sozialen Umwälzungen der Reform- und Öffnungspolitik seit 1979 wurde der Einfluss traditioneller Ordnungsvorstellungen und Organisationsmuster noch weiter durchbrochen. In grundlegenden gesellschaftlichen Wertorientierungen (etwa in der Haltung zum Vorrang familiärer Verpflichtungen gegenüber individueller Entfaltung oder in der Akzeptanz staatlicher Autorität) sind gegenwärtig gravierende Veränderungen feststellbar, die mit den zuvor dominanten tradierten oder sozialistischen Ordnungsvorstellungen kaum mehr etwas gemein haben. Die durchschlagende Ökonomisierung des gesellschaftlichen Lebens in China und der rasch zunehmende Einfluss internationaler wirtschaftlicher Organisationsmuster und westlicher Leitbilder werden den Einfluss traditioneller Ordnungsvorstellungen voraussichtlich weiter zurückdrängen.

1.1 Historische Grundlagen

Übersicht 1.3: *Politische Ordnungsvorstellungen, Organisationsmuster und Verhaltensregeln – Kontinuitäten und Neuerungen (ausgewählte Beispiele)*

Grundmuster der Ordnungstradition (späte Kaiserzeit)	Neuerungen in der Mao-Ära (1949-1976)	Neuerungen in der "Reform-Ära" (seit 1979)
Gesellschaftliche Harmonie und Bewahrung der tradierten Ordnung als Staatsideologie	Totalrevision der tradierten Ordnung und "Neuer Mensch" als Ziel der Klassenkampf-Ideologie	Reformen zur schrittweisen Anpassung an Anforderungen der Gegenwart
Ungleichheit der Menschen als Träger ungleicher sozialer Rollen	Zielvorstellung sozialer Gleichheit; ausgenommen: "Klassenfeinde"	Bekenntnis zur Gleichheit der Bürger vor dem Gesetz
Fehlen individueller Abwehr-/Mitspracherechte geg. der Obrigkeit	Ebenso	Begrenzte individ. Abwehrrechte geg. Obrigkeit im Verwaltungsrecht
Moralistische polit. Rhetorik; ritualisierte Politik	Ebenso	Ebenso
Absolute Herrschaft des Kaisers (Personenherrschaft)	Ein-Partei-Herrschaft; zeitweise unumschränkte Autorität Mao Zedongs	Ein-Partei-Herrschaft; kollegiale Führung unter Jiang Zemin
Politischer Zentralismus und Einheitsstaat	Ebenso	Ebenso
Politikumsetzung durch zentralisierte Bürokratie	Feindseligkeit gegenüber bürokratischem Apparat; Politikumsetzung durch Massenkampagnen	Politikumsetzung durch fragmentierte Bürokratie; Lenkung wirtschaftl. Tätigkeiten durch indirekte staatliche Anreize
Staat endet auf Kreisebene; Selbstverwaltung unterhalb der Kreisebene	Drastisch erweiterte staatliche Kontrollkapazität bis in die Dörfer hinein	Partieller Verfall der staatl. Kontrollkapazität in ländlichen Regionen
Beschränkungen privatwirtschaftlicher Tätigkeit	Radikale Unterdrückung privatwirtschaftl. Tätigkeit	Starke Ausweitung privatwirtschaftl. Tätigkeit mit polit. Vorbehalten
Rigorose Unterdrückung "häretischer" religiöser Bewegungen	Ebenso	Ebenso
Politischer Einfluss des Militärs nur im Krieg	Schlüsselrolle des Militärs für die KPC-Herrschaft	Innenpolitische Rolle des Militärs begrenzt
Beschränkungen des internationalen Austauschs	Abschottung gegen "kapitalistische" Welt; ab 1960 auch gegen den "sowjetischen Revisionismus"	Öffnung für den internationalen Wirtschaftsaustausch

© Heilmann 2002/2004

Aus heutiger Sicht lässt sich sagen, dass in der VRC das historische Erbe, die Institutionen des sozialistischen Systems und die marktorientierte Modernisierung nach 1979 in eine einzigartige Wechselwirkung und Verknüpfung eingetreten sind. Vereinfachende Thesen – beispielsweise einer "Tyrannei der Geschichte" (Jenner 1992), einer Kontinuität oder Rückkehr der Tradition (Weggel 1997), einer bleibenden Dominanz maoistischer Ideologie-Elemente (Senger 1994) oder eines großen Sprungs in den Kapitalismus (Overholt 1994) – können nicht die vielschichtigen Einflüsse erfassen, die in der gegenwärtigen politischen und sozialen Entwicklung Chinas wirksam sind.

1.2 Informationsgrundlagen und statistische Verzerrungen

Wer sich ernsthaft mit chinesischer Politik, Wirtschaft und Gesellschaft befassen will, sieht sich hohen Anforderungen gegenüber. Allein schon die Kenntnis der historischen Entwicklungsgrundlagen und vor allem die sprachlichen Besonderheiten stellen eine beträchtliche Hürde dar. Tatsächlich ist es für eine vertiefte Analyse des politischen Systems der VR China aber unabdingbar, chinesischsprachige Quellen und Literatur zu nutzen. Beispielsweise sind die internen Spielregeln und Veränderungen in der wichtigsten politischen Organisation Chinas – der Kommunistischen Partei – ohne die gründliche Lektüre von schwer zugänglichen Parteidokumenten und ohne häufige persönliche Hintergrundgespräche nicht verständlich. Zugleich muss aber in der Chinaforschung eine Verengung auf die chinesische Innensicht – die so genannte "sinologische Falle" – vermieden werden, indem allgemeine Begriffe, Methoden und Theorien der vergleichenden Politikwissenschaft oder anderer systematischer Fächer am Falle Chinas getestet werden.

Auf den ersten Blick hat sich jüngst die Zugänglichkeit von Personen, Daten und Statistiken in vielen Bereichen der chinesischen Politik verbessert, und auch die Recherchebedingungen in China selbst erscheinen deutlich günstiger als noch Mitte der neunziger Jahre. Das Internet hat die Zahl der weltweit verfügbaren Quellen über China stark erhöht und spielt heute eine zentrale Rolle als Rechercheinstrument (wichtige Internetseiten sind im Literatur- und Quellenverzeichnis am Ende des Buches aufgelistet). Die Darstellung in diesem Buch kann sich deshalb auf eine breite *Quellen- und Literaturbasis* stützen:

- chinesischsprachige Zeitungen, Zeitschriften und Dokumente, die über Jahre hinweg systematisch bearbeitet wurden,

1.2 Informationsgrundlagen und statistische Verzerrungen

- die Ergebnisse eigener regelmäßiger Feldstudien in verschiedenen politischen Zentren und Regionen Chinas,
- die seit Ende der neunziger Jahre beträchtlich ausgeweitete und auch qualitativ verbesserte Chinaberichterstattung internationaler Medien,
- die mit vielen "Insider"-Informationen angereicherten, methodisch oft aufwändigen und politisch zunehmend unabhängigeren Forschungen chinesischer Sozialwissenschaftler,
- die Ergebnisse der äußerst vitalen westlichen Chinaforschung, die sehr stark von den Beiträgen im Ausland ausgebildeter und tätiger chinesischer Forscher profitiert.

Obwohl offizielle Dokumente und Daten in China heute leichter erhältlich sind, wachsen die Zweifel an der Korrektheit insbesondere der *chinesischen Wirtschafts- und Sozialstatistik*. Neuere Studien westlicher und chinesischer Forscher verdeutlichen, dass die offizielle chinesische Statistik aufgrund politischer Rücksichten und administrativer Mängel in der Informationserfassung durch systematische und zum Teil massive Verzerrungen und Beschönigungen gekennzeichnet ist (Rawski 2001). Dies gilt in besonderem Maße für die offiziellen Angaben zum Wirtschaftswachstum, die von internationalen Organisationen wie der Weltbank oder den Vereinten Nationen bislang meist unkritisch weiterverbreitet wurden und maßgeblich zur Chinabegeisterung unter westlichen Politikern und Unternehmern beigetragen haben, sich aber bei genauerem Hinsehen zumindest teilweise als Illusion erweisen (vgl. 4.3). Die gängige Praxis, nationale Durchschnittswerte zur Grundlage der Einschätzung der Wirtschaftslage eines Landes zu machen, führt im Falle Chinas zu weiteren Verzerrungen: Die Einheitlichkeit Chinas ist eine rein statistische Fiktion und verbirgt das drastische Gefälle zwischen verschiedenen Landesteilen (vgl. Kapitel 4 und 5).

Über die Problematik der Wirtschafts- und Sozialstatistik hinaus werden in der VR China weiterhin Daten in politisch sensiblen Feldern (etwa zu sozialen Unruhen, Zahl der Exekutionen, Ausmaß der Korruption) unter Verschluss gehalten. Deshalb sei hier nachdrücklich vor einem leichtfertigen Glauben an offizielle Zahlenangaben gewarnt: Statistiken werden von chinesischen Regierungsstellen als eines der wichtigsten Instrumente zur Informationssteuerung und Verhaltensbeeinflussung nicht nur innerhalb Chinas, sondern auch gegenüber ausländischen Regierungen und Investoren begriffen.

1.3 China-Zerrbilder in der westlichen Öffentlichkeit

Fehleinschätzungen Chinas in der westlichen Öffentlichkeit sind nicht nur durch Informationsmängel und statistische Manipulationen begründet. Großen Einfluss auf die Chinasicht haben darüber hinaus verbreitete Zerrbilder, die von moralischer Entrüstung, politischen Klischees und überzogenen wirtschaftlichen Erwartungen geprägt sind. Um eine nüchterne Analyse heutiger und künftiger Entwicklungen in China zu ermöglichen, müssen solche Zerrbilder korrigiert werden. In diesem Buch wird dargelegt, dass viele gängige Vorstellungen von China und speziell von chinesischer Politik an der empirischen Wirklichkeit vorbeigehen. Vier in der westlichen Öffentlichkeit besonders einflussreiche Zerrbilder seien hier kurz angeführt.

Zerrbild 1: "Die VRC ist eine zum Wandel unfähige totalitäre Diktatur". Dieses Buch wird verdeutlichen, dass das politische System der VR China sich bereits weit von der totalitären Ordnung der Mao-Ära entfernt hat (vgl. 2.6). Die Kommunistische Partei hat zwar bislang ihr Machtmonopol verteidigen können. Das Verhältnis zwischen Parteistaat, Wirtschaft und Gesellschaft sowie zwischen Parteizentrale und regionalen Führungen hat sich aber grundlegend verändert. Parteiorganisation und Funktionärsschicht haben sich infolge der Wirtschaftsreformen neue politische Funktionen und Interessen zu eigen gemacht. In ganz China ist eine Ökonomisierung des politischen Denkens und Handelns unter den Parteifunktionären zu beobachten. Ideologische Kontrolle, die in der Vergangenheit im Mittelpunkt der Parteiarbeit stand, trat hinter Bemühungen um Wirtschafts- und Unternehmensförderung zurück. Interne Parteidokumente attestieren eine tief greifende Identitätskrise und einen Verlust gemeinsamer politischer Überzeugungen auf allen Ebenen der Parteiorganisation. Das Wirtschaftsleben hat unter aktiver Beteiligung politischer Akteure eine beträchtliche Eigendynamik entfaltet. Und die Bevölkerung hat im Vergleich zu früher bedeutend größere Wahlmöglichkeiten in ihrer Lebensgestaltung gewonnen. In der wachsenden Ausdifferenzierung gesellschaftlicher Vereinigungen zeigen sich vielfältige Ansätze zur Ausbildung einer intermediären Ebene zwischen Partei und Staat einerseits sowie Wirtschaft und Gesellschaft andererseits.

Zerrbild 2: "Forderungen nach Menschenrechten und Demokratie entspringen in China einer breiten Volksbewegung, die sich in der Protestbewegung von 1989 manifestiert hat". Auf diese Annahme gründet sich die trügerische Hoffnung, dass eine demokratische Opposition zur Übernahme der politi-

1.3 China-Zerrbilder in der westlichen Öffentlichkeit

schen Verantwortung bereitstehe, sollte das kommunistische Regime stürzen. Wie in Kapitel 5 dargelegt wird, sind diese Annahmen unhaltbar. Es sind vor allem die grassierende Korruption, Behördenwillkür und eine drastisch zunehmende Ungleichverteilung von Einkommen und Vermögen, die breiten Unmut in der chinesischen Bevölkerung erregen. Zwar nimmt der Wunsch nach einer Begrenzung willkürlicher Herrschaftsausübung mit der zunehmenden privaten Wirtschaftstätigkeit und dem verbesserten Bildungs- und Informationsstand der Bevölkerung zu. Aber dieses Interesse wird nur selten mit Forderungen nach einem Sturz der KPC verbunden. Dies machten gerade auch die Protestbewegung von 1989 und die Reaktion der Bevölkerung in den Jahren danach deutlich. Aus Angst vor Chaos und Unruhen, die durch die Beobachtung der Konsequenzen des sowjetischen Zusammenbruchs verstärkt wurde, halten viele Chinesen eine autoritäre Regierung für notwendig, die in einer Phase großer wirtschaftlicher und sozialer Umbrüche Stabilität und Ordnung garantieren kann.

Aktivitäten und Organisationsansätze der politischen Opposition sind durch staatliche Repression und interne Uneinigkeit seit Beginn der neunziger Jahre stark geschwächt. Soziale wie auch ethnisch oder religiös begründete Unruhen nahmen jüngst stark zu, wiesen aber mit Ausnahme der Falungong-Bewegung zu keinem Zeitpunkt eine national wirksame Organisationsform auf. Nur sehr zaghaft entwickeln sich gesellschaftliche Kräfte, die in absehbarer Zeit im Stande sein könnten, politische Mitsprache zu erstreiten. Aus heutiger Sicht ist es unwahrscheinlich, dass die politische Erneuerung Chinas von Kräften außerhalb der KPC initiiert werden kann. Der Anstoß zu politischen Reformen muss deshalb höchst wahrscheinlich aus der Partei selbst kommen.

Zerrbild 3: "Das aufstrebende Reich der Mitte lässt sich nicht in internationale Regelwerke und multilaterale Zusammenarbeit einbinden". Zwar kann kein Zweifel daran bestehen, dass die Beijinger Führung für China eine zentrale und machtvolle Position in der Weltordnung anstrebt, wie sie das "Reich der Mitte" im traditionellen chinesischen Weltverständnis eingenommen hatte. Dennoch ist die These, China sei zu einer konstruktiven internationalen Zusammenarbeit grundsätzlich nicht bereit, nicht zu halten (vgl. Kapitel 6).

Mit der zunehmenden Integration in die Weltwirtschaft wird China immer stärker in die technologischen, kulturellen und politischen Kommunikationsnetze eingebunden. Die globale Interdependenz macht auch vor der VRC nicht halt – ihre nationale Souveränität ist trotz anderslautender Erklärungen der Regierung bereits porös geworden. Wegen der Abhängigkeit vom Außenhandel und von ausländischen Investitionen sind die Erfolgsaussichten der von Menschenrechtsgruppen oft kritisierten Strategie des "Wandels durch Handel" im Falle Chinas vielversprechend. Die Kritik vernachlässigt die Tatsache, dass die Rückwirkungen des Wirtschaftsaustausches auf Innenpolitik und Gesellschaft in China weitaus größer sind als vormals in den vergleichsweise abgeschotteten sozialistischen Staaten Osteuropas. China ist "verwundbarer" durch die unerwünschten gesellschaftlichen und politischen Nebeneffekte intensiven Handelsaustausches, die sich bereits bemerkbar machen (vgl. 4.6).

Zerrbild 4: "China repräsentiert ein historisch einmaliges Wachstumswunder und wird unaufhaltsam zur größten Ökonomie der Welt aufsteigen". Diese in zahlreichen neueren amerikanischen, deutschen und französischen Chinabüchern (Overholt 1994; Seitz 2000; Brahm 2001; Mercier 2002) verbreitete Prophezeiung entspringt dem Staunen angesichts der Größe des potenziellen Marktes, der unternehmerischen Virtuosität vieler Chinesen und der spektakulären Wachstumsdaten seit den achtziger Jahren. Ein guter Teil der China-Euphorie unter westlichen Geschäftsleuten wird durch die zumindest teilweise beschönigten Wirtschaftszahlen der chinesischen Regierung und internationaler Organisationen geschürt (vgl. 4.3). Die Kurzvisiten, die westliche Politiker und Topmanager üblicher Weise in die prosperierenden Metropolen und Küstenregionen Chinas führen, verstärken Fehleinschätzungen, da die gravierenden Entwicklungsrückstände in weiten Teilen des Landes aus dem Blick geraten. Vitalität und Tragfähigkeit des chinesischen Wachstumsmodells aber stehen aus einer Vielzahl von Gründen in Frage. Die unbewältigten Strukturdefekte im staatlichen Unternehmenssektor und die dramatisch angewachsenen Defizite im öffentlichen Finanzsystem sowie im Bankwesen (Studwell 2002) lassen eine Finanzkrise als plausible Ursache für bevorstehende abrupte wirtschaftliche Einbrüche und auch für politische Umwälzungen in der VRC erscheinen. Da mit dem WTO-Beitritt viele innerchinesische ökonomische Missstände transparenter zu Tage treten werden, könnte die chinesische Regierung zunehmend in Schwierigkeiten geraten, das Wirtschaftswachstum und die Alimentierung des staatlichen Unternehmenssektors mit Hilfe von politisch zugewiesenen Bankkrediten, innerchinesischen und internationalen Anleihen sowie ausländischen Investitionen zu finanzieren. Vor diesem Hintergrund erscheint der Traum von einem ungehemmten Aufstieg Chinas zur Wirtschaftsweltmacht wenig glaubhaft (vgl. Kapitel 7).

So stellt sich China nach einem Vierteljahrhundert der Wirtschaftsreformpolitik als ein Land dar, das mit den dualistischen Denkmustern und Kategorien aus der Zeit des Kalten Krieges ("Kapitalismus versus Kommunismus", "Marktwirtschaft versus Planwirtschaft") nicht mehr zu erfassen ist. Im Falle Chinas wirkt die konventionelle analytische Trennung von politischer und ökonomischer Sphäre aufgrund der äußerst engen Verflechtungen zwischen politischen und wirtschaftlichen Akteuren geradezu realitätsfern. Auch ist es unzureichend, sich nur auf die offiziellen Verlautbarungen und Institutionen in der Erforschung der chinesischen Politik zu konzentrieren: Eine der wichtigsten Besonderheiten besteht darin, dass sich Chinas Transformation gleichsam auf einem "doppelten Boden" abspielt: Unter die erstarrt erscheinende offizielle politische Ordnung hat sich ein "Schattensystem" geschoben, das nach ganz neuen politischen und ökonomischen Spielregeln funktioniert (vgl. 4.6). Aufgrund dieser Besonderheiten ist unser Bild von der Übergangsordnung in China zwangsläufig von Widersprüchen geprägt, die sich nicht ausräumen, sondern nur durch eine multiperspektivische Sichtweise und Analyse erfassen lassen.

1.4 Wissenschaftliche Analyseperspektiven

In der wissenschaftlichen Beschäftigung mit der Politik Chinas lassen sich gegenwärtig sechs dominierende Analyseansätze unterscheiden, die von jeweils eigenen theoretischen Grundannahmen ausgehen und unterschiedliche Phänomene in den Mittelpunkt des Forschungsinteresses stellen. Im Folgenden werden Vorzüge und Defizite dieser Ansätze vereinfachend dargestellt.

1.4.1 Politisch-kulturelle Kontinuität

Zentrale Begriffe	*Schwerpunkte und Stärken*	*Schwächen*
Kulturelle Tradition Konfuzianismus Politische Symbolik Politische Rituale	Traditionsgestützte Verhaltens-/ Interaktionsregeln der Politik	Tendenziell statische und singularisierende Betrachtungsweise

Der Erklärungsansatz der politisch-kulturellen Kontinuität versucht, politische Vorgänge im heutigen China aus der anhaltenden Prägekraft der chinesischen Kultur und insbesondere der konfuzianischen Tradition zu erklären. Hinter der Fassade der institutionellen Ordnung des kommunistischen Parteistaates wirken aus dieser Sicht noch die gleichen informellen Regeln (etwa Patronage-, Beziehungs- und Autoritätsstrukturen) fort, die sich schon zur Kaiserzeit in der Beijinger Palastpolitik und im Verhältnis zwischen Obrigkeit und Bevölkerung herausgebildet hatten. Die Kontinuität der kulturellen Tradition wiegt aus dieser Perspektive schwerer als die von der Kommunistischen Partei durchgesetzten Veränderungen in Politik und Gesellschaft. Prominente Vertreter dieser Richtung sind Pye (1988/1992), Jenner (1992), Fu (1993) und Weggel (1997).

Die Anziehungskraft dieser Erklärungsperspektive ist offenkundig: Vielen Menschen im Westen erscheint China immer noch als fremd, eigenartig, gar mysteriös. Indem der politisch-kulturelle Ansatz politische und soziale Entwicklungen als Resultat kultureller Einzigartigkeit erklärt, stützt er dieses Wahrnehmungsmuster. Auch in China selbst findet dieser Ansatz regen Anklang, denn der Stolz auf eine jahrtausendealte Zivilisation wird durch die Behauptung der kulturellen Kontinuität und Einzigartigkeit bestärkt.

Der Ansatz leistet wichtige Beiträge zur Analyse politischer Symbolik und politischer Rituale, da sich Phänomene wie der besondere Führungsstil Mao Zedongs und Deng Xiaopings ebenso wie rituelle Formen des Protestes (Hungerstreik und stundenlanges kollektives Knien der Demonstranten vor Regierungsgebäuden 1989) aus der chinesischen Tradition heraus einleuchtend erklären lassen (Wasserstrom/Perry 1992). Ebenso gibt dieser Ansatz wichtige Hinweise auf das Verständnis der Stellung des Individuums im chinesischen Recht, das sich grundsätzlich von der westlichen Rechtstradition unterscheidet.

Dennoch ist die Grundannahme der politisch-kulturellen Kontinuität in der sozialwissenschaftlichen Chinaforschung höchst umstritten. Grundsätzliche Einwände betreffen die tendenziell statische Betrachtungsweise und die auf China verengte, singularisierende Argumentation. Der seit dem 19. Jahrhundert fundamental veränderte wirtschaftliche, technologische und gesellschaftliche Kontext wird in seinen revolutionären politischen Auswirkungen nur unzureichend wahrgenommen. Auch die Auflösung traditioneller Lebenszusammenhänge und Wertvorstellungen, die mit dem Vordringen von Marktbeziehungen sowie zunehmender regionaler und sozialer Mobilität rasch fortschreitet, wird in ihrem politischen Gewicht nicht erfasst. Darüber hinaus besteht eine Tendenz zur zirkulären Argumentation: Das Verhalten chinesischer Politiker wird einfach damit erklärt, dass es sich eben um *chinesische* Politiker handele. Dabei geraten universell beobachtbare Muster des Spiels politischer Interessen und die Wirkung institutioneller Neuerungen auf politisches Verhalten leicht aus dem Blickfeld.

1.4 Wissenschaftliche Analyseperspektiven

Selbst die Annahme einer besonders starken und kontinuierlichen "konfuzianischen" Prägung der politischen Kultur ist in der Chinaforschung umstritten. Nicht nur vernachlässigt diese Annahme den heterogenen Inhalt der dem Konfuzianismus zugerechneten klassischen Schriften und Traditionen (Nylan 2001; van Ess 2003). Vielmehr wird hiermit auch der bedeutende Einfluss anderer Geistesströmungen (besonders Legismus, Daoismus, Buddhismus und volksreligiöses Gedankengut) auf die chinesische Ordnungstradition nicht angemessen beachtet. Diese Elemente der Volkskultur haben jedoch das Alltagsverhalten der Bevölkerung zu Zeiten des Kaiserreichs stärker geprägt als die mit dem Etikett "konfuzianisch" gekennzeichnete offizielle Staats- und Hochkultur.

Die große Schwäche der politisch-kulturellen Perspektive besteht darin, dass politisch-soziale Phänomene als "spezifisch chinesisch" benannt werden (etwa die Bedeutung von Beziehungsnetzen [*guanxi*] oder die Schwäche der Rechtsordnung), die sich in vielen Entwicklungsländern oder auch in anderen sozialistischen Herrschaftssystemen in sehr ähnlichen Ausprägungen feststellen lassen. Nur systematische, aus einer international vergleichenden Perspektive gewonnene analytische Kategorien, nicht aber die singularisierende Perspektive des politisch-kulturellen Ansatzes können solche Regelmäßigkeiten zu Tage fördern.

1.4.2 Innerparteilicher Machtkampf

Zentrale Begriffe	*Schwerpunkte und Stärken*	*Schwächen*
Machtkampf Ideologiekonflikte Faktionalismus Säuberungen	Analyse des Verlaufs von kritischen Konflikten in der Parteiführung und des "Krisenmodus" der chinesischen Politik	Konzentration auf Führungsspitze und Ausnahmesituationen; "Normalmodus" der Politik wird unzureichend erfasst

Im Zentrum dieses Analyseansatzes stehen die Gesetzmäßigkeiten und systemweiten Auswirkungen von Macht- und Richtungskämpfen innerhalb der politischen Elite. Diese politischen Auseinandersetzungen und Um- und Neubildungen innerparteilicher Gruppen werden als die treibende Kraft politischen Wandels angesehen. Machtpolitische und ideologische Interessen bestimmen in unterschiedlicher Gewichtung, welche Führungsmitglieder sich zu lockeren Koalitionen oder im Konfrontationsfall zu fester gefügten "Faktionen" zusammenfinden. Die Konflikte innerhalb der Parteispitze schlagen bis auf die untersten Ebenen der Parteiorganisation durch und führen gewöhnlich zur Entfernung ("Säuberung") der unterlegenen Kräfte aus den Entscheidungsgremien.

Tatsächlich haben solche Auseinandersetzungen seit den fünfziger Jahren immer wieder zu abrupten Richtungswechseln in der innenpolitischen Entwicklung Chinas geführt. Ursächlich für diese Erscheinungen war der auf persönliche Autorität und informelle Entscheidungsverfahren gestützte Führungsstil Mao Zedongs und Deng Xiaopings, der die Festigung institutionalisierter Formen der politischen Konfliktaustragung und Konfliktbeilegung verhindert hat. Wichtige neuere Beiträge zu diesem Erklärungsansatz stammen, mit sehr unterschiedlichen Akzentuierungen, von Domes (1985), Baum (1994), Teiwes (1995/2001), Huang (2000) und Fewsmith (2001). Unter den einflussreichen Hongkonger "China watchers" ist die Perspektive des Macht- und Richtungskampfes fast durchweg vorherrschend (Lam 1999).

Die Stärke dieses Ansatzes besteht darin, den Verlauf von Entscheidungsvorgängen und Konfrontationen im Beijinger Machtzentrum in Zeiten schwerer innenpolitischer Krisen (so etwa 1989) zu erklären und teilweise sogar vorherzusagen. Es handelt sich um politische Interaktionsregeln, die in diesem Buch (vgl. 2.1.3) als "Krisenmodus" der chinesischen Politik gekennzeichnet werden.

Die Schwäche des Ansatzes liegt dagegen in der Konzentration auf Vorgänge innerhalb der engeren chinesischen Führungsspitze. Dadurch werden eigenständige Entwicklungen auf anderen Ebenen des politischen Systems, etwa in den regionalen Führungen, in der Wirtschaftsbürokratie oder in der Gesellschaft, leicht ausgeblendet. Zudem sind seit den neunziger Jahren Veränderungen in den Verfahren der Entscheidungsfindung zu beobachten: Offene Konfrontationen und dramatische "Säuberungen" unterlegener Spitzenfunktionäre wurden vermieden. Kontroverse Personalveränderungen in der Parteispitze (1992 Absetzung von Yang Shangkun, 1997 Ausscheiden Qiao Shis aus dem Politbüro) wurden in einer die Unterlegenen schonenden Weise bewältigt. Solche Verfahrensänderungen werden von den Kategorien der Machtkampf-Perspektive nur unzureichend erfasst.

1.4 Wissenschaftliche Analyseperspektiven

1.4.3 Gesellschaftliche Autonomisierung

Zentrale Begriffe	Schwerpunkte und Stärken	Schwächen
Selbstorganisation Zivilgesellschaft Öffentlichkeit	Analyse politischer Veränderungen, die "von unten" durch gesellschaftl. Wandel hervorgerufen werden	Überschätzung des Grades an gesellschaftlicher Autonomie gegenüber staatlicher Autorität

Diese Forschungsrichtung analysiert die chinesische Politik nicht von der Warte der Entscheidungsträger in Beijing, sondern aus der Sicht der von der politischen Macht ausgeschlossenen Bevölkerung. Es wird dargelegt, dass es der kommunistischen Herrschaft in China nie ganz gelungen ist, Tendenzen zu Autonomie und verdecktem Widerstand gegenüber staatlicher Autorität zu unterdrücken. Diese Unterströmung der politischen Entwicklung in der VR China ist durch die neu gewonnenen wirtschaftlichen und gesellschaftlichen Handlungsspielräume in der Ära Deng Xiaoping gestärkt worden und führt zu einem politischen Wandel, der "von unten" aus der Gesellschaft selbst kommt und sich der Kontrolle der Kommunistischen Partei in zunehmendem Maße entzieht. Veränderungen in den Beziehungen zwischen Staat und Gesellschaft sowie die Herausbildung einer chinesischen "Zivilgesellschaft" (*civil society*) und unabhängigeren Öffentlichkeit sind in den neunziger Jahren in der Chinaforschung lebhaft diskutiert worden (Gu 1994; Brook/Frolic 1997; vgl. 5.4 und 5.5.). Die Perspektive der gesellschaftlichen Autonomisierung wird unter Hervorhebung unterschiedlicher Bevölkerungsgruppen vertreten etwa von Goldman (1994), Pei (1994/1999), Zhou (1996), Solinger (1999) und Heberer (2003).

Der Ansatz besitzt eine große Erklärungskraft für politische Kräfteverschiebungen, die im Rahmen der anderen analytischen Modelle nur unzureichend erfasst werden. So ist etwa der revolutionär anmutende Wandel, den die ländliche Gesellschaft in China als Ergebnis der marktorientierten Reformen und der Wanderungsbewegungen vom Land in die Städte durchmacht, vor allem durch die Vertreter dieses analytischen Ansatzes in seiner Bedeutung erkannt worden. Die Schwäche dieser Erklärungsperspektive besteht in einer Tendenz zur Überschätzung des Grades an Autonomie, den gesellschaftliche Kräfte im heutigen China genießen. Die Bedeutung parteistaatlicher Kontrollstrukturen gegenüber der Gesellschaft und das Gewicht neuartiger korporatistischer Verflechtungen zwischen Staat und Gesellschaft (vgl. 5.4) werden nicht selten unterschätzt.

1.4.4 Bürokratisches Verhandlungssystem

Zentrale Begriffe	Schwerpunkte und Stärken	Schwächen
Bürokratische Interessen Verhandlungen zwischen staatlichen Akteuren Wirtschaftsregulierung	Interessenkonflikt/-ausgleich zw. bürokratischen Organisationen ("Normalmodus" der chinesischen Politik)	Untauglich für den "Krisenmodus" der chinesischen Politik

Diese Forschungsrichtung geht von empirischen Untersuchungen aus, die anhand der Wirtschafts- und Finanzpolitik belegen, dass dem Interessenkonflikt und Interessenausgleich zwischen bürokratischen Organisationen ein überaus großes Gewicht im politischen System der VR China zukommt. Die chinesische Politik ist unterhalb der höchsten Führungsebene durch ein System permanenter bürokratischer Verhandlungen zwischen verschiedenen Akteuren der Staatsbürokratie gekennzeichnet. Zwischen Ministerien und Kommissionen sowie zentralen und regionalen Behörden bestehen intensive formalisierte wie auch informelle Kommunikationsstrukturen und wechselseitige Abhängigkeiten, die prägenden Einfluss auf die Art und Weise der Politikformulierung und Politikumsetzung nehmen. Aus dieser Perspektive kommt den Interessen und Interaktionen bürokratischer Organisationen entscheidende Bedeutung für die Erklärung des Verlaufs der chinesischen Wirtschaftsreformen zu. Wichtige Beiträge zu dieser Forschungsrichtung finden sich bei Lieberthal/Lampton (1992), Shirk (1993) und Liu Meiru (2001).

Die stärkste Erklärungskraft entfaltet der bürokratisch-institutionelle Ansatz im Bereich der Wirtschaftsregulierung, da in der Transformation einer sozialistischen Staatswirtschaft staatliche institutionelle Strukturen und Restriktionen eine entscheidende Rolle spielen. Auch die spannungsreichen Beziehungen zwischen Zentralregierung und regionalen Führungen (Chung 2000) lassen sich in differenzierter Weise erklären. In Phasen der routinemäßigen Regierungstätigkeit kann dieser Ansatz viele Phänomene der chinesischen Politik einleuchtend erfassen.

Die Schwäche besteht darin, dass diese Forschungsperspektive die Art und Weise der politischen Willensbildung in Phasen akuter innerer Grundsatzkonflikte und außenpolitischer Krisen nicht erfassen kann, wie sie zum Beispiel während der innerparteilichen Auseinandersetzungen 1989, während der Raketenmanöver in der Taiwan-Straße im Frühjahr 1996 oder auch im Kontext der Falungong-Demonstrationen 1999 zu beobachten war. In solchen Zeiten verfällt die chinesische Politik in einen besonderen "Krisenmodus", der durch

1.4 Wissenschaftliche Analyseperspektiven 33

eine hochgradige Zentralisierung, Personalisierung und Ideologisierung der Entscheidungsfindung gekennzeichnet ist. Bürokratisch-institutionelle Strukturen spielen in solchen Perioden nur eine untergeordnete Rolle (vgl. 2.1).

1.4.5 Transformation zur Demokratie

Zentrale Begriffe	Schwerpunkte und Stärken	Schwächen
Demokratie Diktatur Marktwirtschaft Planwirtschaft	Voraussetzungen des Übergangs zu einer demokratischen Ordnung	Schematische Kategorien; abweichende Entwicklungspfade sind schwer einzuordnen

Diese Forschungsrichtung untersucht die politischen, sozialen und wirtschaftlichen Bedingungen des Übergangs von einer autoritären Ordnung zu einem demokratisch und marktwirtschaftlich organisierten System. Seit dem Zusammenbruch der meisten sozialistischen Staaten nach 1989 hat die Transformationsforschung (auch: Transitionsforschung) durch eine Vielzahl empirischer Studien zu einem besseren Verständnis der Probleme und Voraussetzungen des Übergangs zur Demokratie beigetragen (Merkel 2000). Die Popularität und Eingängigkeit dieser Perspektive ist dadurch begründet, dass die verwendeten Analysekategorien (Diktatur, Demokratie, Marktwirtschaft, Planwirtschaft) im westlichen politischen Diskurs fest verankert sind und die Forschungsergebnisse sich somit leicht auch gegenüber Nicht-Fachleuten kommunizieren lassen. Wichtige Beiträge zur Erforschung der politischen Transformation und Demokratisierungsvoraussetzungen in China stammen von Pei (1997), Nathan (1998), Diamond (1999), Zhao (2000) und Ding Ding (2000).

Gerade bei der Untersuchung des chinesischen Transformationsprozesses treten jedoch Schwächen des Ansatzes markant zu Tage. Das Hauptproblem besteht in der normativen und teleologischen Ausrichtung, die eine marktwirtschaftliche Demokratie westlichen Musters als Ziel der Entwicklung vorgibt. Alle Entwicklungen, die nicht direkt auf dieses Ziel zulaufen (dies trifft auf die VRC zu), werden als pathologische Abirrungen begriffen, während die Möglichkeit alternativer Entwicklungswege kaum in Betracht gezogen wird. Die normative Orientierung des Ansatzes führt dazu, dass häufig dualistische Analysekategorien Anwendung finden (Demokratie versus Diktatur und Marktwirtschaft versus Planwirtschaft), die noch stark von den Denkmustern des Kalten Krieges geprägt sind. Übergangsformen und Abweichungen von diesem Schema können so nicht genauer typologisiert oder analysiert werden.

Der seit 1979 andauernde wirtschaftliche Wandel Chinas passt nur schlecht in das Muster einer Transformation zur Marktwirtschaft. Und die bisherige Beharrungskraft des leninistischen politischen Systems fügt sich nicht in die Annahmen der Demokratisierungsforschung, die nach 1989 von einem baldigen Zusammenbruch der kommunistischen Herrschaft auch in China ausging. Die chinesische Transformation lässt sich nur verstehen, wenn man die wirtschaftlichen und politischen Veränderungen als Prozess mit offenem Ausgang versteht, mit differenzierten Begriffen zu erfassen sucht und dabei dualistische Kategorien aus der Zeit des Kalten Krieges meidet.

1.4.6 Neue Politische Ökonomie

Zentrale Begriffe	*Schwerpunkte und Stärken*	*Schwächen*
Anreize u. Beschränkungen Formale/informelle Regeln Verhandlungsmacht Tauschbeziehungen	Integrierte Betrachtung ökonomischer u. politischer Vorgänge als Auseinandersetzungen um Neuverteilung von Verfügungsrechten	Vernachlässigung nichtökonomischer Handlungsanreize

Eine andere Perspektive zur Analyse der chinesischen Transformation bietet der wirtschafts- und politikwissenschaftliche Forschungszweig der Neuen Politischen Ökonomie (Olson 2000). Mit deren Instrumentarium lassen sich politische und wirtschaftliche Wandlungsprozesse in ihrer engen wechselseitigen Verzahnung integriert analysieren. Der Schwerpunkt liegt auf der Analyse von Anreizen und Beschränkungen, die auf politische und wirtschaftliche Akteure einwirken, sowie auf den davon hervorgerufenen formalen und informellen Verhaltensmustern als den "Spielregeln", nach denen die Interaktionen zwischen den beteiligten Akteuren ablaufen. Zudem sind diese Akteure mit sehr unterschiedlich großer politischer Verhandlungsmacht ausgestattet, je nach den Ressourcen, die ihnen in politischen Konflikten zur Verfügung stehen. Aus dieser Sicht lässt sich die Transformation von Herrschaftsordnungen als umfassende, hart umkämpfte Neuverteilung von politischen und wirtschaftlichen Verfügungsrechten mit offenem Ausgang analysieren.

Eine solche integrierte Betrachtung politischer und ökonomischer Prozesse wurde in den Sozialwissenschaften schon seit längerer Zeit gefordert, da

1.4 Wissenschaftliche Analyseperspektiven

eine Trennung von Politik und Wirtschaft besonders in Transformationsstaaten den Blick auf wichtige Antriebskräfte politischen Handelns verstellt. Diese Forschungsperspektive ist nicht auf ein bestimmtes Entwicklungsziel festgelegt, sondern richtet sich darauf, den Wandel der politisch-ökonomischen "Spielregeln" zu untersuchen. Beispiele für die Anwendung unterschiedlicher Varianten von politisch-ökonomischen Ansätzen in der Chinaforschung finden sich bei Krug (1993), Herrmann-Pillath (1995), Heilmann (2000), Moore (2002) und aus chinesischer Perspektive He (1998).

Die große Stärke dieser Forschungsrichtung besteht in der Aufhebung der analytischen Trennung ökonomischer und politischer Prozesse. Ursachen, Bedingungen und Auswirkungen institutionellen Wandels können von dieser Perspektive differenziert erklärt werden. Für die Analyse der chinesischen Politik ist dieser Ansatz deshalb besonders fruchtbar, weil er erhellende Erkenntnisse über das Funktionieren des "Schattensystems" der Tauschbeziehungen zwischen politischen und wirtschaftlichen Akteuren ermöglicht, das sich unterhalb der offiziellen Institutionen formiert hat.

Schwächen weist dieser Ansatz in der Analyse von Akteursverhalten auf, das nicht auf ökonomische Handlungsanreize zurückgeht, sondern beispielsweise durch traditionale, ideologische oder personenbezogene Faktoren bestimmt ist. Dennoch handelt es sich bei der Neuen Politischen Ökonomie um einen der fruchtbarsten Analyseansätze für die Übergangsordnung im gegenwärtigen China.

1.4.7. Plädoyer für analytischen Pluralismus

Die in den vorangehenden Abschnitten vorgenommene Darstellung der Stärken und Schwächen der verschiedenen Forschungsperspektiven muss in ein Plädoyer für analytischen Pluralismus münden. Denn keine der hier vorgestellten Analyseperspektiven allein kann alle wichtigen Aspekte des politischen Systems der VR China erfassen. Eine umfassende Analyse der chinesischen Politik ist nur möglich, wenn für unterschiedliche Untersuchungsbereiche die jeweils erklärungskräftigsten Ansätze herangezogen werden. So wird in diesem Buch beispielsweise für die Analyse des politisch-institutionellen Wandels der Parteiorganisation die Perspektive des bürokratischen Verhandlungssystems mit Elementen des Machtkampf-Ansatzes verbunden. In die Einschätzung der besonderen Rolle Deng Xiaopings und bei der Analyse der Rechtsreformen fließen auch Erkenntnisse des politisch-kulturellen Ansatzes mit ein, dem jedoch in den meisten Untersuchungsbereichen keine so große

Erklärungskraft beigemessen wird. Die Entwicklung der Beziehungen zwischen Staat und Gesellschaft wird aus der Perspektive der gesellschaftlichen Autonomisierung und der Reorganisation staatlicher Kontrollen über gesellschaftliche Vereinigungen ("autoritärer Staatskorporatismus") dargelegt. Die Analyse der Verflechtungen von Politik und Wirtschaft wird mit Hilfe des Ansatzes der Neuen Politischen Ökonomie durchgeführt, und bei der Bewertung der unterschiedlichen Entwicklungsperspektiven Chinas spielen Erkenntnisse der Transformationsforschung eine zentrale Rolle.

1.5 Besonderheiten politischen Wandels in der VR China

Die Grundlogik des sozialistischen Systems der Mao-Ära bestand in der Fusion von Politik und Wirtschaft: Funktionäre der Kommunistischen Partei übten eine lückenlose Kontrolle über wirtschaftliche Ressourcen und Erwerbschancen in einem System der "organisierten Abhängigkeit" aus (Walder 1994). Die chinesische Führung geht bis heute von der Annahme aus, dass sich trotz der Transformation des Wirtschaftssystems das leninistische politische System in seinen wesentlichen Elementen – Führungsrolle der Kommunistischen Partei, umfassender politischer Kontrollanspruch, das ideologische Bekenntnis zu einem "Sozialismus chinesischer Prägung" – beibehalten lasse.

Wie die Untersuchungen in diesem Buch zeigen, erweist es sich in China jedoch zunehmend als unmöglich, wirtschaftliche und politische Transformation voneinander zu trennen. Das Erbe der Fusion von Politik und Wirtschaft wirkt in einer dichten Verflechtung von politischen und ökonomischen Reformanforderungen fort. Die unmittelbare Wechselwirkung zwischen wirtschaftlichem und politischem Wandel zeigt sich deutlich in folgenden Schlüsselbereichen:

- Die dezentrale Koordination im Bereich des Wirtschaftssystems ist immer weniger mit den hochzentralisierten, hierarchisch-autoritären Strukturen des politischen Systems vereinbar. Dies wird manifest in den Beziehungen zwischen Zentralregierung und regionalen Führungen sowie im Verhältnis zwischen Staat, Wirtschaft und Gesellschaft.
- Indem Wirtschafts- und Unternehmensreformen zur Schwerpunktaufgabe für Partei und Staatsverwaltung erhoben wurden, veränderten sich die Tätigkeiten und Interessen der Funktionärsschicht in fundamentaler Weise. Ideologische Kontrolle und organisatorische Disziplin wurden durch die

1.5 Besonderheiten des Wandels in der Volksrepublik

Ökonomisierung des politischen Denkens und Handelns und durch eine grassierende Korruption zusehends ausgehöhlt.
- Die makroökonomische Steuerung und Regulierung der sich rasch verändernden Märkte und Akteure der chinesischen Wirtschaft erfordert grundlegende Reformen auch des politischen Institutionengefüges, das zuvor ganz auf den Bedarf an administrativer Kontrolle in einer Staatswirtschaft zugeschnitten war. Institutionelle Erneuerungszwänge treten seit den achtziger Jahren deutlich hervor im Bereich der Gesetzgebung und des Rechtssystems, der Geldpolitik und des Bankwesens, des Steuer- und Finanzsystems sowie des Verbändewesens.

Auch wenn diese institutionellen Neuerungen eher den Zwängen der wirtschaftlichen Effizienzsteigerung entspringen und nicht einem im Westen erhofften politischen Liberalisierungsprogramm, so tragen sie doch zur Beschränkung der Machtvollkommenheit der Kommunistischen Partei und der willkürlichen Herrschaftsausübung bei. Am Beispiel des Systemwandels in der VR China zeigt sich, welch starke politische Rückwirkungen ökonomische Dezentralisierungs- und Liberalisierungsschritte auch auf ein Herrschaftssystem ausüben, das sich dem politischen Wandel entgegenstemmt.

Bislang ist als Resultat der ökonomischen Reformen eine Wirtschaftsordnung mit beharrungskräftigen staatswirtschaftlichen Bestandteilen und wildwüchsigen, staatlich kaum oder uneinheitlich regulierten privatwirtschaftlichen Elementen sowie einem durch Eingriffe politischer Akteure vielfach verzerrten Wettbewerb entstanden. Diese Wirtschaftsordnung begünstigt bislang eine autoritäre Herrschaft eher als die Entstehung demokratischen Wettbewerbs. Die zentrale Frage ist, ob es als Resultat fortschreitender wirtschaftlicher Veränderungen zu einer schrittweisen "marktinduzierten Transformation" (Heilmann 1998b) des leninistischen Staates kommen wird, oder ob die kommunistische Herrschaftsordnung politisch überhaupt nicht reformierbar ist, so dass weitergehende Wirtschaftsreformen unabwendbar zum Zusammenbruch des Systems führen müssen. Diesen Fragen soll in den folgenden thematischen Kapiteln nachgegangen werden.

2 Politische Führung

Die politische Willensbildung in der VR China wird kontrolliert von der Kommunistischen Partei Chinas (KPC). Zwar existieren neben der KPC acht weitere, so genannte "Demokratische Parteien". Diese Organisationen aber sind im Rahmen einer "Einheitsfront" der KPC untergeordnet. Deshalb lässt sich die VR China ohne Einschränkung als Einparteisystem kennzeichnen. Die Möglichkeiten zur Mitwirkung an der politischen Willensbildung sind selbst für die große Mehrheit der KPC-Mitglieder sehr begrenzt, und politische Entscheidungsfindung im engeren Sinne findet nur in den Leitungsgremien und in den vielschichtigen informellen Beziehungsgeflechten in Partei und Regierung statt. Die Führungsgremien der Partei mit dem Ständigen Ausschuss des Politbüros an der Spitze bilden den unumstrittenen Entscheidungskern auf allen Ebenen der hierarchischen politischen Ordnung.

2.1 Die Machtzentrale

Die eigentliche Machtzentrale Chinas wird von einem sehr kleinen Personenkreis gebildet. Das höchste politische Führungsgremium ist der Ständige Ausschuss des Politbüros, dem seit dem XVI. Parteitag im November 2002 neun Vollmitglieder angehören. An der Spitze dieses Gremiums steht der KPC-Generalsekretär. Außerdem gehören die führenden Vertreter des Partei- und Staatsapparates, darunter auch der Ministerpräsident, diesem Gremium an. Die höchste formale Autorität in China hat gegenwärtig Hu Jintao inne, der die Ämter des KPC-Generalsekretärs (seit November 2002) und des Staatspräsidenten (seit März 2003) auf sich vereinigt. Nach einer Übergangszeit wird Hu wahrscheinlich auch die wichtige Position des Vorsitzenden der Zentralen Militärkommission einnehmen, die der langjährige KP-Generalsekretär Jiang Zemin zunächst noch behielt, um die Kontinuität in der Führung und den Einfluss der älteren auf die jüngere Führungsgeneration zu sichern.

2.1 Die Machtzentrale

2.1.1 Veränderungen im Entscheidungssystem

Im Vergleich zur Ära Deng Xiaoping (1978 bis 1994, als Deng aus Gesundheitsgründen nicht mehr an Entscheidungsverfahren teilnehmen konnte; Deng starb 1997) vollzog sich unter Jiang Zemin ein Wandel des Entscheidungssystems weg von der charismatischen Autorität eines überragenden Parteiführers hin zu einem System der kollegialen Führung mit stärker formalisierten Verfahrensregeln. Jiang kam in diesem System nicht mehr die Rolle des unangefochtenen Führers, sondern nur noch die eines *primus inter pares* zu. Während der Ständige Ausschuss des Politbüros bis Mitte der neunziger Jahre immer wieder mit politischen Ad-hoc-Interventionen mächtiger Parteiveteranen rechnen musste, die in keinem offiziellen Gremium mehr vertreten waren, wurde in dieser Hinsicht das Regieren unkomplizierter: Die mächtigsten Vertreter der Revolutionsgeneration sind inzwischen verstorben. Seitdem werden pensionierte Spitzenfunktionäre nur noch gelegentlich (etwa während der bis 2002 regelmäßigen informellen Sommerkonferenzen im Küstenbadeort Beidaihe) oder in speziellen Fragen konsultiert (wie etwa der Veteran Wang Daohan, der die Parteiführung in der Taiwanpolitik berät) (Tien/Chu 2000; Unger 2002).

Die konkreten Entscheidungsabläufe innerhalb des engsten Führungszirkels über politisch sensible Fragen (etwa der inneren und äußeren Sicherheit) werden weiterhin als *arcanum imperii* behandelt und bleiben deshalb intransparent. Im Rückblick auf die reformpolitische Entscheidungsfindung seit den neunziger Jahren aber lassen sich dank der wachsenden Auskunftsfreudigkeit von Mitarbeitern und Politikberatern der Partei- und Regierungszentrale einige wichtige Merkmale der Politik in der Machtzentrale erschließen, die im Widerspruch zu klischeehaften Darstellungen der Beijinger "Palastpolitik" in westlichen Medien stehen (siehe Übersicht 2.1).

Sowohl das Bild einer Gerontokratie der "Betonköpfe" als auch die Vorstellung eines immerwährenden Machtkampfes zwischen verschiedenen Lagern ("Reformer" gegen "Hardliner") lassen sich mit Blick auf die Entscheidungsverfahren in der politischen Machtzentrale nach 1989 nicht mehr begründen. Denn gerade die technokratisch geprägten Mitglieder der bis 2002/2003 dominierenden "Dritten Führungsgeneration" (u.a. Jiang Zemin und Zhu Rongji, vgl. 2.2) zeichneten sich keineswegs durch Inkompetenz und Senilität, sondern durch ein hohes Bildungsniveau und auch eine zeitweise überraschend große Experimentier- und Reformbereitschaft im wirtschaftlichen und administrativen Bereich aus.

Übersicht 2.1: *Klischeehafte Kennzeichnungen der politischen Führung Chinas in westlichen Medien*

"Betonköpfe": Chinas politische Führer sind senil, inkompetent, politisch rigide, engstirnig und ohne Weitblick. *"Machtkampf"*: Chinesische Politik ist durch einen permanenten skrupellosen Machtkampf zwischen verschiedenen Personen und Gruppierungen in der Kommunistischen Partei geprägt. *"Hardliner"*: Chinesische politische Akteure lassen sich in dichotomische Kategorien einteilen: "Konservative" vs. "Liberale", "Hardliner" vs. "Reformer", "Radikale" vs. "Gemäßigte". *"Westler"*: Da eine Reihe von aufstrebenden politischen Führungskräften der jüngeren Generation im westlichen Ausland (insbesondere in den USA) aus- oder fortgebildet wurde, werden diese Personen eine pro-westliche Kraft in der chinesischen Politik repräsentieren.

Zusammengestellt nach Li 2001b.

Die dichotomische Einteilung der Führungskräfte in "Hardliner" und "Liberale" geht an der Realität der chinesischen Politik zumindest seit den neunziger Jahren vorbei. Statt dessen ist zu beobachten, dass die Haltungen einzelner Politiker zu Fragen der Wirtschaftsreformen im Zeitverlauf und je nach Einzelfall stark schwankten. So gab der häufig als unerbittlicher "Hardliner" bezeichnete ehemalige Ministerpräsident Li Peng nach dem Zusammenbruch der Sowjetunion 1991 seinen Widerstand gegen marktorientierte Wirtschaftsreformen weitgehend auf. Hingegen zeichnete sich der häufig als "liberal" etikettierte Ministerpräsident Zhu Rongji (im März 2003 altersbedingt abgelöst) keineswegs durch größere Toleranz gegenüber politischen Dissidenten aus. Was die Aufrechterhaltung der innenpolitischen Stabilität und die damit verbundene Unterdrückung von Protesten angeht, gibt es keine Belege dafür, dass der Konsens in der Führungsspitze hier nach 1989 jemals in Frage gestanden hätte.

Diese Beispiele zeigen, dass die pauschale Zuordnung einzelner Führungspersonen zu einer bestimmten politischen Grundhaltung allzu vereinfachend ist und die Dynamik politischer Entscheidungsprozesse unterschätzt. Eine auf praktische Erfolge ausgerichtete Orientierung kennzeichnet die meisten Mitglieder der 2002/2003 eingesetzten und der vorangegangenen Führungsgeneration. Die amtierende Führung ist durch Männer gekennzeichnet, die einen vorsichtigen und ausgleichenden politischen Stil pflegen müssen, um eine einigermaßen stabile Koalition in der Parteiführung zusammenzu-

2.1 Die Machtzentrale

halten und den widersprüchlichen Anforderungen der verschiedenen Interessengruppen in Staat und Wirtschaft begegnen zu können.

Unter den politischen Führungskräften Chinas wächst die Zahl derjenigen, die durch Studium, Fortbildungs- oder Austauschprogramme nähere Erfahrungen mit dem westlichen Ausland, überwiegend in den USA, gewonnen haben. Im Gegensatz aber zu dem vor allem in den USA verbreiteten "Westler"-Klischee erlaubt ein längerer Auslandsaufenthalt noch keine einfachen Rückschlüsse auf die pro-westliche oder pro-amerikanische Einstellung: Vielmehr gibt es Hinweise darauf, dass insbesondere viele aus den USA zurückgekehrte chinesische Führungskräfte ein ausgeprägtes Misstrauen gegenüber der amerikanischen Chinapolitik hegen und eine amerikakritische Haltung vertreten (Li 2001a). Zugleich erkennen diese Führungskräfte aber an, dass gute Beziehungen zu den USA fundamentale Wichtigkeit für die Entwicklungschancen Chinas besitzen und dass die USA in manchen Bereichen wichtige Vorbildfunktionen für China bieten kann. Eine solche zwiespältige – teils bewundernde, teils misstrauische – Haltung gegenüber den USA ist unter chinesischen Führungskräften und in der Bevölkerung weit verbreitet.

Macht- und Flügelkämpfe sowie „Faktionalismus" in der gegenwärtigen chinesischen Politik werden in den westlichen Medien immer wieder dramatisiert. Wissenschaftlich sind nur wenige Hinweise wirklich haltbar: Zumindest in der Ära Jiang Zemin (1989-2002) war ein im Vergleich zu vorangegangenen Jahrzehnten starker Zusammenhalt – also ein Grundkonsens über die Aufrechterhaltung regulärer Entscheidungsverfahren, über die Vermeidung offener Auseinandersetzungen und über die Hauptrichtung der Reformpolitik – kennzeichnend für die höchste Parteiführung.

2.1.2 Politische Gestaltungs- und Reformleistungen

Eine besondere Bedeutung bei der Beurteilung politischer Führungen kommt der Gestaltungs- und Reformleistung zu. Es geht hier um die Kapazität, auch unter schwierigen Bedingungen kohärente Reformmaßnahmen zu beschließen und gegen widerstrebende partikulare Interessen durchzusetzen. Entscheidungsträger in der Zentrale nehmen dabei maßgeblichen Einfluss auf die Realisierungschancen von Strukturreformen, entweder durch ihren persönlichen Einsatz für neue Reforminitiativen oder aber durch die Verhinderung solcher Initiativen.

Die chinesische Führung traf zu Beginn der Reformära einige zunächst heftig umstrittene und zögerliche Entscheidungen (insbesondere in der Agrarreform und in der Zulassung nicht-staatlicher Unternehmen), die eine sprunghafte Verbesserung der Versorgungslage bewirkten und durch ihren Erfolg weiter gehenden Reformexperimenten Auftrieb verschafften. In ökonomischen Fragen zeigte sich von da an immer wieder eine für kommunistische Führungen im historischen Vergleich beachtliche Lernbereitschaft. Vor allem in kurzzeitigen "Perioden außergewöhnlicher Politik", wenn die etablierten Spielregeln und Interessengruppen durch politische oder ökonomische Erschütterungen geschwächt sind, besitzt entschlossenes politisches Handeln die Chance, einschneidende Reformen durchzusetzen. Solche historisch seltenen Perioden ergaben sich in China nach dem Scheitern eines ökonomischen Rezentralisierungsprogramms unter Hua Guofeng 1978/79 sowie unter dem Eindruck des Zusammenbruchs der osteuropäischen sozialistischen Staaten 1992/93 wie auch im Gefolge der asiatischen Finanzkrise ("Asienkrise") 1997/98. In China wurden diese drei "Perioden außergewöhnlicher Politik" von führenden Reformpolitikern genutzt, um die Abkehr von der staatswirtschaftlichen Ordnung voranzutreiben (Heilmann 2000). Die chinesischen Reformer mussten sich hierbei gegen mächtige Opponenten in der Parteiführung und in der Funktionärsschicht insgesamt durchsetzen.

2.1.3 Normalmodus und Krisenmodus der Entscheidungsfindung

Immer wieder steht die Chinabeobachtung vor dem Rätsel, dass eine zuvor "pragmatische", "moderate" und "reformerische" chinesische Führung abrupt auf gewaltsame Repressionsmaßnahmen und militärische Drohgebärden zurückgreift. So wurde etwa der in den USA zuvor als "Man of the Year" gepriesene Deng Xiaoping 1989 über Nacht zum "Diktator" und "Schlächter", als die Armee die damaligen Protestdemonstrationen blutig niederschlug.

Um dieses Phänomen zu verstehen, ist es zweckmäßig, zwischen einem "Normalmodus" und einem "Krisenmodus" der politischen Willensbildung und Entscheidungsfindung in der VRC zu unterscheiden (Heilmann 1996a). Während Entscheidungen in Phasen der Routinepolitik durch ausgedehnte Verfahren der Kompromissfindung gekennzeichnet sind, tritt in akuten und stabilitätsbedrohenden Krisensituationen ein Ausnahmemodus der Willensbildung in Kraft, der von einer Zentralisierung, Ideologisierung und Dekretierung politischer Entscheidungen geprägt ist. Die Parteispitze zieht in diesen Phasen die Entscheidungsgewalt an sich. Zuvor bestehende Entscheidungsspielräume staatlicher Stellen und regionaler Regierungen werden durch den Vorrang innerparteilicher Weisungen drastisch eingeengt. Aus der neueren

2.1 Die Machtzentrale

politischen Geschichte Chinas lassen sich einige typische auslösende Ereignisse für das Umschwenken in den Krisenmodus erschließen (Übersicht 2.2).

Übersicht 2.2: *Auslösende Ereignisse für den Krisenmodus*

	Typische Auslöser für den Krisenmodus	Beispiele seit 1989
I	Überregionale Unruhen	Städtische Protestbewegung 1989; Falungong-Bewegung 1999
II	Innerparteiliche Grundsatzkonflikte mit Verlust der Konsensfähigkeit	Ausschaltung des Generalsekretärs der KPC Zhao Ziyang 1989
III	"Skandale" mit Rückwirkungen auf die nationale Führung	Anti-Schmuggel-Kampagne 1998; Entkoppelung von Armee und kommerziellen Betrieben 1998; SARS-Epidemiebekämpfung nach anfänglicher Vertuschung 2003
IV	Außenpolitische und militärische Spannungsfälle	Taiwan - Krise 1996; Bombardierung der chinesischen Botschaft in Belgrad 1999
V	Akute Bedrohungen der "wirtschaftlichen Sicherheit"	Inflationseindämmung 1993 bis 1995; Zentralisierung der Finanzaufsicht seit 1997; Bekämpfung der SARS-Epidemie 2003
VI	Naturkatastrophen	Nationale Katastrophenhilfe und Mobilisierung während Überschwemmungen 1998
VII	Externe Schocks (Zusammenbruch der UdSSR, "Asienkrise")	Deng Xiaopings "Südreise" Anfang 1992 als Reform-Alleingang; Zentralisierung der Finanzaufsicht seit 1997

© Heilmann 2002/2004

Die Art und Weise, wie Politik in China gemacht wird, hat sich mit dem Wechsel der Führungsgenerationen – von den Revolutionsveteranen zu den Technokraten (s. 2.2) – gewandelt: Im Normalfall ist die Entscheidungsfindung heute geprägt durch Fachleute und externe Politikberater, Beteiligung einer Vielzahl verschiedener innerstaatlicher Akteure, Verlagerung wichtiger administrativer Kompetenzen auf untere Regierungsebenen sowie vielfältige Formen internationaler Zusammenarbeit. Im Vergleich zu den Zeiten, als Mao Zedong oder Deng Xiaoping dominierten, ist die Entscheidungsfindung in dieser Routinepolitik deutlich weniger ideologisch, hierarchisch und personalisiert. Die breiten Konsultationen und Verfahren der Konsensfindung zwischen den beteiligten Regierungsstellen erfordern einen häufig sehr hohen

Abstimmungs- und Zeitaufwand. Informations- und Überzeugungsarbeit sowie Allianzenbildungen zwischen verschiedenen staatlichen Stellen sind hier die Regel, Machtworte eines Spitzenfunktionärs die Ausnahme (Lampton 2001).

Übersicht 2.3: *Grundmerkmale von Normalmodus und Krisenmodus des Regierens in der VRC*

Normalmodus	Krisenmodus
• Die Partei- und Regierungsspitze gibt nur grobe Richtlinien der Politik vor	• Abrupte Zentralisierung des Entscheidungsprozesses und zentrale Durchgriffe über die Parteihierarchie
• Ministerien und sonstige Regierungsstellen verhandeln über Gesetze, Verordnungen etc.	• Verengung des Zeithorizontes, geringere Bereitschaft der Zentrale zu Konsultationen
• Regionale Regierungsstellen können Vorgaben der Zentrale z.T. umgehen	• Personalisierung und häufig auch Ideologisierung der Willensbildung
• Kapazität der Zentrale zur Durchsetzung ihrer Vorgaben ist gering	• Bei Geschlossenheit der Parteispitze: Zusammenrücken der Elite, kurzzeitige Erhöhung der Durchsetzungskapazität
	• Bei Spaltung der Parteispitze: Verlust verbindlicher Entscheidungsregeln, Gefahr von Spaltungen auf allen Ebenen des Parteistaates

© Heilmann 2002/2004

Im *Krisenmodus* sind Entscheidungsverfahren weiterhin hochzentralisiert und von einzelnen Führungspersönlichkeiten dominiert. In solchen Phasen ist die politische Führung Chinas bis heute durchsetzungs- und gestaltungsfähiger als die Führung in den meisten anderen Entwicklungs- und Schwellenländern. Der Krisenmodus tritt als Ad-hoc-Reaktion der zentralen politischen Führung auf Ereignisse auf, die als Bedrohung für die Stabilität des nationalen politischen Systems wahrgenommen werden. Nach Beendigung des akuten Bedrohungsszenarios fällt die Politik wieder in den Normalmodus zurück. In Übersicht 2.3 sind knapp die wichtigsten Merkmale der beiden Entscheidungsmodi zusammengefasst.

2.1.4 Der Zusammenhalt in der Machtzentrale

Schwere Macht- und Richtungskämpfe, die viele Chinabeobachter schon seit Jahren innerhalb der Beijinger Führung heraufziehen sahen, sind nach 1989 ausgeblieben. Die Machtzentrale in Beijing stand aufgrund der politischen Veränderungen im In- und Ausland in einem Existenzkampf, der den Zusammenhalt innerhalb der Parteiführung stärkte. Die Stellungnahmen und Anweisungen führender Vertreter der Zentrale zu den drängendsten wirtschaftlichen und politischen Fragen (makroökonomische Stabilität, Umstrukturierung der Staatsunternehmen, Disziplinierung unbotmäßiger regionaler Führungen, Liberalisierung des Außenhandels etc.) deuteten auf eine sehr weitgehende sachliche Übereinstimmung hin, wie sie etwa in den achtziger Jahren nur selten zu beobachten war. Ob dieser Grundkonsens auch in der 2002 an die Macht gekommenen Führungsgeneration tragfähig sein wird, bleibt abzuwarten.

Die Zusammensetzung der Führungsspitze war seit den Revirements von 1989 mit Ausnahme einzelner Veränderungen (Ausscheiden von Yang Shangkun und Yang Baibing 1992/93, Korruptionsanklage gegen Chen Xitong 1995 und Ausscheiden Qiao Shis 1997) bis zur Einsetzung der neuen Führungsgeneration 2002 stabil. Die persönlichen Animositäten und politischen Divergenzen zwischen individuellen Führungsmitgliedern waren deutlich geringer als in den vorangegangenen Jahrzehnten (Teiwes 1995). In den frühen neunziger Jahren wurden mit der weitgehenden Ausschaltung des radikalen Reformflügels (Absetzung Zhao Ziyangs 1989) und dem Tod mehrerer mächtiger Revolutionsveteranen, die orthodoxen Positionen zuneigten (Li Xiannian, Wang Zhen, Chen Yun), die beiden extremen Flügel in der Beijinger Führung geschwächt. Darüber hinaus hat die "sowjetische Lektion" (so wird der Untergang von KPdSU und Sowjetunion in chinesischen Parteikreisen warnend genannt) dazu beigetragen, dass sich zumindest vorübergehend ein Grundkonsens im Hinblick auf den eigenen Modernisierungskurs herausbilden konnte. Die Erkenntnis, dass nur rasches wirtschaftliches Wachstum, kombiniert mit striktem Festhalten am Machtmonopol der KPC, das Fortbestehen der kommunistischen Herrschaft in China sichern kann, traf auf breiten Rückhalt im Parteiapparat: Marktorientierte Wirtschaftsreformen bei gleichzeitiger Unterbindung und nur zeitweiliger, begrenzter Duldung politischer Liberalisierung – das war die politische Devise, die in der Machtzentrale breite Zustimmung fand.

Der wichtigste Beleg für den Zusammenhalt in der Parteizentrale ist die Tatsache, dass sich trotz eines außerordentlich hohen innenpolitischen Problemdrucks (Übergang zur nachrevolutionären Führungsgeneration, vielfältige wirtschaftliche Schwierigkeiten und soziale Spannungen, Schwächung der Legitimationsgrundlage durch die Ereignisse in China und Osteuropa 1989) keine Lähmung des Beijinger Entscheidungszentrums feststellen ließ. Die Führung um Jiang Zemin konnte 1993-1995 sowie nach 1997 sogar einzelne Reformen – allerdings mit wechselndem Erfolg – initiieren, die zur aktiven Zeit Deng Xiaopings an heftigen politischen Widerständen gescheitert waren (etwa in den Bereichen der staatlichen Finanzordnung, der Verwaltungsbürokratie, der kommerziellen Aktivitäten der Armee sowie der außenwirtschaftlichen Öffnung). Angesichts des hohen Problemdrucks und vielfältiger zentrifugaler Kräfte im wirtschaftlichen und politischen System gewann die Einheit der Zentrale fundamentale Bedeutung für die Stabilität der gesamten politischen Ordnung.

2.2 Führungsgenerationen und Aufstieg der "Technokraten"

In der Geschichte der Kommunistischen Partei lassen sich vereinfachend mehrere Generationen von Führungskadern unterscheiden, die durch unterschiedliche Lebenserfahrungen, Ausbildungshintergründe und politische Orientierungen charakterisiert sind. Die Einteilung in Führungsgenerationen wurde in chinesischen Parteimedien selbst eingeführt, inzwischen aber durch soziologische Studien auf breiter Materialbasis erheblich verfeinert (Li 2001a). Zwischen den Führungsgenerationen bestehen vielfältige biographische Überlappungen. Die Grenzen zwischen den Generationen sind zum Teil nicht so scharf zu ziehen, wie es die Übersicht 2.4 suggeriert. Deutlich wird jedoch, wie sehr sich die heutigen und künftigen Entscheidungsträger an der Spitze der KPC von den vorangegangenen Generationen unterscheiden.

Die Generation der kommunistischen Revolutionsführer und Gründer der VR China, darunter Mao Zedong und Zhou Enlai, wird als *"Erste Führungsgeneration"* gekennzeichnet. Die Vertreter dieser Generation waren stark beeinflusst vom Vorbild der russischen Oktoberrevolution 1917 und dem Herrschaftsmodell der Sowjetunion. Sie waren die führenden Kräfte im revolutionären Kampf gegen die Anhänger des alten Regimes und gegen die Nationalisten unter Chiang Kai-shek.

2.2 Führungsgenerationen und Aufstieg der "Technokraten"

Übersicht 2.4: *Politische Führungsgenerationen in der VR China*

Führungsgeneration	Wichtige Vertreter	Dominierender Politiker	Prägende Lebenserfahrung	Politische Grundhaltung, Bildungshintergrund
1. Generation (ab ca. 1935)	Mao Zedong (*1893) Zhou Enlai (*1898)	**Mao Zedong** (1935 – 1976)	"Langer Marsch"	Revolutionäre; Einfluss sowjetischer Vorbilder; enge Verbindung Partei –Militär
Führer in der Kulturrevolution (1966-76)	*Jiang Qing (*1913) Hua Guofeng (*1921)*		Antijap. Krieg, Bürgerkrieg	*Radikale Utopisten, Mao-Loyalisten; eher niedriges Bildungsniveau*
2. Generation (ab 1978)	Deng Xiaoping (*1904) Chen Yun (*1905) Hu Yaobang (*1915) Zhao Ziyang (*1919)	**Deng Xiaoping** (1978 – ca.1994)	Antijap. Krieg, Bürgerkrieg	Ökonomisch, z.T. auch politisch liberalere Reformer; relativ hohes Bildungsniveau
3. Generation (ab 1989)	Jiang Zemin (*1926) Li Peng (*1928) Zhu Rongji (*1928)	**Jiang Zemin** (seit ca. 1994)	"Sozialistischer Aufbau"	Technokraten; hohes Bildungsniveau, Dominanz von Ingenieuren
4. Generation (ab 2002)	Hu Jintao (*1942) Wen Jiabao (*1942) Wu Bangguo (*1941) Zeng Qinghong (*1939)	**Hu Jintao** (seit 2002/3)	"Kulturrevolution", „Reform"-Periode	Technokraten; überwiegend Ingenieure; heterogenere, weltoffenere politische Grundhaltungen

Quelle: Modifiziert nach Li 2001a. © Heilmann 2002/2004

Die *radikalen Maoisten* ("Viererbande" um Maos Frau Jiang Qing), die während der "Kulturrevolution" 1966-1976 mit Maos Unterstützung in der Machtzentrale mitregierten, und die *Mao-Loyalisten* um Hua Guofeng, die in der Übergangsphase 1976-78 eine führende Rolle spielten, müssten aufgrund ihres besonderen politischen Profils (es handelte sich um Parteifunktionäre, die in Widerspruch zu den Revolutionsveteranen gerieten und darin von Mao gefördert wurden) eigentlich als eigenständige Führungsgeneration aufgeführt werden.

Die Protagonisten der kulturrevolutionären Führungsgeneration aber wurden nach dem Tod Maos 1976 aus leitenden Positionen entfernt, so dass ihre politische Rolle auf ein Intermezzo beschränkt blieb. Die radikalen Maoisten der "Kulturrevolution" sind in China heute offiziell verfemt und werden als "Abweichler" nicht in die Reihe legitimer politischer Führungen aufgenommen.

Der dominierende Politiker der *"Zweiten Führungsgeneration"* war Deng Xiaoping (Pye 1993; Goodman 1994). Deng gehörte allerdings zur Gründungsgeneration der KPC und nahm bereits in der Ära Mao zeitweise eine Schlüsselposition in der Parteizentrale ein. Zur "Zweiten Führungsgeneration" werden auch die beiden 1987 bzw. 1989 gestürzten KPC-Generalsekretäre Hu Yaobang und Zhao Ziyang gezählt. In dieser Führungsgeneration kam es zu wiederkehrenden Auseinandersetzungen über das zulässige Ausmaß marktorientierter Wirtschaftsreformen und politischer Liberalisierung in einem sozialistischen System. Die innenpolitische Krise von 1989 leitete den Übergang zur nächsten Führungsgeneration ein.

Die *"Dritte Führungsgeneration"* mit Jiang Zemin an der Spitze wies im Vergleich zu ihren Vorgängern markante Unterschiede im Ausbildungsniveau und in der Sozialisation auf. So war die prägende Erfahrung im frühen Lebensalter dieser Generation die Phase des "sozialistischen Aufbaus" direkt nach Gründung der VR China. Diese Führungsgeneration war formal sehr viel besser ausgebildet als ihre Vorläufer und bezog ihre Auslandserfahrungen aus Studien- oder Arbeitsaufenthalten während der fünfziger Jahre in den ehemals kommunistischen Staaten Osteuropas. Die Dominanz von Ingenieuren bei gleichzeitig typischer Karriere in der Verwaltungsbürokratie oder in der Staatsindustrie ist der Grund dafür, dass diese Führungsgeneration als "technokratisch" bezeichnet wurde. In der Tat schienen viele Vertreter dieser Führungsgeneration auch die Lösung politischer Probleme als eine Art technische Herausforderung zu verstehen: Nicht visionäre Entwürfe wie zu Zeiten Maos und teilweise auch Dengs bestimmten die Amtsführung, sondern die

Optimierung administrativer Regelungsmechanismen und das Ad-hoc-Management politischer Konflikte.
Der *Aufstieg der "Technokraten"* ist untrennbar verbunden mit den neuen Anforderungen, die marktorientierte Wirtschaftsreformen mit sich brachten. Es handelt sich um eine wirklich radikale Transformation des Führungspersonals in China (s. Übersicht 2.5). Während noch Anfang der achtziger Jahre ländliche, kriegserfahrene Revolutionäre mit meist nur geringer Schulbildung die politischen Führungspositionen besetzten, übernahmen seitdem zunehmend technisch-naturwissenschaftliche gebildete Funktionäre ohne Revolutions- und Kriegserfahrung die Führungspositionen in Partei, Verwaltung und Staatsunternehmen. Die "Zweite Führungsgeneration" um Deng Xiaoping führte diesen Wandel der politischen Elite mit den Mitteln der Kaderpolitik (vgl. 3.7) gezielt herbei: 1980-1986 wurden rund 1,4 Mio. Veteranenkader ländlicher Herkunft in den Ruhestand entlassen und statt desssen knapp 500.000 Nachwuchskader mit Oberschul-Abschluss und meist städtischer Herkunft in Führungspositionen befördert. Dies stellt den größten friedlichen Elitenwechsel in der chinesischen Geschichte dar.

Übersicht 2.5: *Repräsentation von "Technokraten" in politischen Führungsgremien, 1982-1997 (Angaben in %)*

Jahr	Minister	Provinzparteisekretäre	Provinzgouverneure	ZK-Vollmitglieder
1982	2	0	0	2
1987	45	25	33	26
1997	70	74	77	51

Quelle: Li 2001a.

Mit dem XVI. Parteitag im November 2002 wurde in den wichtigsten Führungspositionen von Partei und Regierung der Wechsel zur *"Vierten Führungsgeneration"* der 45-60 Jahre alten Funktionäre eingeleitet, als sich die Generation um Jiang Zemin bereits im siebten und achten Lebensjahrzehnt befand. In Bezug auf die Ausbildung dominieren auch in der neuen Führungsgeneration naturwissenschaftlich-technische Studiengänge. Die Angehörigen der neuen Generation stellen die bisher am besten ausgebildete Führungsschicht Chinas. Fast alle Führungskader besitzen einen Hochschulabschluss. Von der politischen Sozialisation her ist die neue Führungsgeneration heterogener als die vorige. Ihre Vertreter machten in der Zeit der "Kulturrevolution" (1966-76) sehr unterschiedliche Erfahrungen. Je nach Verlauf ihrer persönlichen Geschichte wurden sie geprägt von ihrer Zeit als rebellische "Rotgardisten" in zum Teil verfeindeten Organisationen, durch ihre Erfahrungen als Landverschickte oder durch persönliches und familiäres Leid und politische Desillusionierung. Auch in ihren politischen Karrierewegen erscheint die "Vierte Führungsgeneration" heterogen: Von protegierten Kaderkindern über zielstrebige Karrierefunktionäre bis hin zu spät berufenen, zuvor politikfernen Akademikern reicht die Bandbreite der Vertreter dieser Generation. Vieles spricht deshalb dafür, dass die kommende Führungsgeneration weniger einheitlich agieren wird als die bisherige und dass die politische Kompromissfindung schwieriger wird, sich zugleich aber Reforminitiativen ergeben könnten, die für die vorangegangenen Führungsgenerationen noch undenkbar waren (Li 2001a; Liu 2000).

Erst in der *"Fünften Führungsgeneration"*, deren Vertreter nun in Spitzenpositionen auf Minister-, Gouverneurs - und Bürgermeisterebene aufrükken, findet sich neben Ingenieuren auch eine größere Zahl von Ökonomen, Juristen und Sozialwissenschaftlern, die teilweise im westlichen Ausland ausgebildet worden sind oder dort längere Zeit zugebracht haben.

2.3 Führungspersönlichkeiten

Der im November 2002 (XVI. Parteitag der KPC) neu eingesetzte Ständige Ausschuss des Politbüros wurde von zuvor sieben auf neun Mitglieder erweitert, denen in klassischer Tradition kommunistischer Parteien Rangplätze in der Hierarchie zugeordnet sind. Jiang Zemin fiel nach seinem altersbedingten Ausscheiden aus dem Politbüro aus der herkömmlichen Rangordnung heraus. Ihm wurde aber als langjährigem KP-Generalsekretär und als zumindest 2003 noch amtierendem Vorsitzenden der Zentralen Militärkommission eine protokollarische Sonderrolle eingeräumt. Im Folgenden sollen die fünf nach dem letzten Parteitag einflussreichsten chinesischen Politiker kurz charakterisiert werden (ausführlichere und regelmäßig aktualisierte biographische Angaben zur politischen Führung finden sich in *China aktuell* sowie im *China Directory*, siehe 8.3 bzw. 8.1).

- *Jiang Zemin (Jg. 1926; Vorsitzender der Zentralen Militärkommission)* war von 1989-2002 KP-Generalsekretär und damit länger als all seine Vorgänger im Amt. Der in Shanghai Aufgestiegene, der im Zuge des innerparteilichen Konfliktes 1989 überraschend in die Führungsspitze berufen wurde, baute seine Machtstellung seit 1993 durch gezielte Umbeset-

2.3 Führungspersönlichkeiten

zungen und Beförderungen loyaler Gefolgsleute aus. 2002/3 trat Jiang von den Ämtern des KP-Generalsekretärs und des Staatspräsidenten zurück. Ähnlich wie Deng Xiaoping vor dessen Tod behielt er aber die wichtige Position des Vorsitzenden der ZK-Militärkommission. Solange er diese Funktion aktiv wahrnimmt, wird Jiang insbesondere in militär- und außenpolitischen Entscheidungen eine wichtige Rolle spielen.

- *Hu Jintao (Jg. 1942; seit November 2002 Generalsekretär der KPC; Rang 1 im Politbüro; seit März 2003 Staatspräsident)* ist ein Absolvent der Beijinger Elite-Universität Qinghua und wurde seit 1992 auf Deng Xiaopings Geheiß zum Nachfolger Jiang Zemins im Amt des Generalsekretärs aufgebaut. Prägende Arbeitserfahrungen sammelte er in Armuts- und Minderheitengebieten wie Guizhou und Tibet, wo er an der Spitze des Parteiapparats, nicht in der Staatsverwaltung, tätig war. Hu bekleidete in seiner Karriere eine Reihe von Schlüsselpositionen, etwa in der Leitung des Kommunistischen Jugendverbands (1982-85) und als Präsident der Zentralen Parteischule (1993-2002). Er hatte aber keine auffälligen politischen Leistungen oder Verwicklungen in politische Konfrontationen zu verzeichnen, so dass seine inhaltlichen Zielsetzungen erst nach dem Aufstieg an die Spitze der Partei sichtbar werden. Hu kann sich auf ein informelles Netzwerk von Absolventen der Qinghua-Universität sowie von Funktionären stützen, die ihre Karriere wie Hu selbst im Kommunistischen Jugendverband vorangetrieben haben. Hu muss in seinen politischen Vorstößen Rücksicht auf die durch Jiang Zemin vertretenen Interessen der vorangegangenen Führungsgeneration nehmen und trifft im Politbüro auf eine starke Gruppe von Jiang-Protegés („Shanghai-Gruppe", s. 2.5.1).
- *Wu Bangguo (Jg. 1941; seit März 2003 NVK-Vorsitzender; Rang 2 im Politbüro)* ist seit 1992 Mitglied des Politbüros und entstammt der so genannten "Shanghai-Gruppe", hat also in Shanghai politische Karriere gemacht und wurde von Jiang Zemin in die Partei- und Regierungszentrale geholt. Zugleich ist er Absolvent der Elite-Universität Qinghua und verfügt deshalb über viele nützliche Kontakte. 1995 wurde er Stellvertretender Ministerpräsident mit Zuständigkeit für die Umstrukturierung der Staatsbetriebe und nahm damit eine wirtschaftspolitische Schlüsselposition ein.
- *Wen Jiabao (Jg. 1942; seit März 2003 Ministerpräsident; Rang 3 im Politbüro)* diente unter drei aufeinanderfolgenden KP-Generalsekretären als Leiter der wichtigen ZK-Kanzlei (zu dieser s. 3.3.1) und lässt sich keinem Patronagenetzwerk innerhalb der Parteiführung zuordnen. In den

neunziger Jahren hat Wen Jiabao Führungsaufgaben in der Landwirtschafts- und Finanzmarktpolitik in der Parteispitze und als Stellvertretender Ministerpräsident wahrgenommen. Er stellte eine große Leistungsfähigkeit als Verwaltungsleiter sowie als Krisenmanager bei der Koordination von Katastrophenhilfe während der Überschwemmungen von 1998 unter Beweis. Wen verfügt im Vergleich mit den meisten Vertretern der "Vierten Führungsgeneration" über sehr vielfältige politische und administrative Erfahrungen.

- *Zeng Qinghong (Jg. 1939, seit November 2002 geschäftsführender Sekretär des ZK-Sekretariats und Präsident der Zentralen Parteischule, Rang 5 im Politbüro)* verdankt seinen Aufstieg einerseits seinem familiären Hintergrund als Sohn eines Revolutionsveteranen, andererseits seiner Tätigkeit als persönlicher Sekretär und Chefberater Jiang Zemins. Zeng wechselte 1989 mit Jiang Zemin von Shanghai nach Beijing und nahm dort zunächst den Posten des Stellvertretenden Direktors der ZK-Kanzlei hinter Wen Jiabao ein. Zeng spielte bei den Siegen Jiang Zemins über mehrere innerparteiliche Konkurrenten (Yang Shangkun, Chen Xitong, Qiao Shi) eine wichtige Rolle im Hintergrund. 1993 bis 1999 war Zeng Direktor der ZK-Kanzlei, 1999-2002 hatte er als Leiter der ZK-Organisationsabteilung eine Schlüsselstellung in der Personalpolitik der KPC inne. Zeng wird als Jiang Zemins Protegé und „Statthalter" im Politbüro wahrgenommen und trifft deshalb unter nicht wenigen Führungskadern auf Vorbehalte.

Bemerkenswert ist die geringe Auslandserfahrung unter den neuen Mitgliedern des Ständigen Ausschusses des Politbüros, von denen sich nur einer für längere Zeit im Ausland aufgehalten hat (der für den Sicherheits- und Justizapparat zuständige Luo Gan, der in der ehemaligen DDR studierte). Diplomatische Erfahrungen konnte Hu Jintao als Stellvertretender Staatspräsident auf einigen Auslandsreisen (unter anderem auch nach Deutschland) sammeln. Zeng Qinghong begleitete Jiang Zemin auf mehreren Auslandsreisen und soll auch einige geheime Gesprächsrunden mit Abgesandten der taiwanischen Regierung geleitet haben. Augenfällig ist das große Gewicht der Vertreter des Disziplinar-, Justiz- und Sicherheitsapparats im 2002 neu besetzten Politbüro: Neben den Leitern des Disziplinar- und des Justizapparats gehört erstmals seit zweieinhalb Jahrzehnten auch der Minister für Öffentliche Sicherheit (Polizeiminister) wieder diesem wichtigsten Führungsgremium an.

Wie die politischen und persönlichen Beziehungen unter den Vertretern der "Vierten Führungsgeneration" beschaffen sind, bleibt unklar. Wen Jiabao und Zeng Qinghong haben mehrere Jahre in der Leitung der ZK-Kanzlei zusammen gearbeitet. Engere persönliche Beziehungen aber pflegen chinesische Spitzenpolitiker der Dritten und Vierten Führungsgeneration nach Auskunft von Mitarbeitern der Parteizentrale nicht, da dies stets unter dem Verdacht der "Cliquenbildung" steht, die in Führungsgremien der KPC streng untersagt ist. Selbst auf der Ebene von Provinzparteikomitees ist es nicht üblich, ja sogar verpönt, dass die führenden Parteifunktionäre untereinander private Kontakte außerhalb der formalen Sitzungen unterhalten. Die Luft für private, freundschaftliche Beziehungen ist in Zhongnanhai, dem abgeschotteten Teil des kaiserlichen Palastkomplexes in Beijing, in dem die Partei- und Regierungszentrale ihren Sitz hat, sehr dünn. Machtpositionen und politische Loyalitäten sind fragil. Deshalb sprechen Mitarbeiter der Parteizentrale stets nur von "guten Arbeitsbeziehungen" zwischen chinesischen Spitzenpolitikern, nie aber von persönlicher Wertschätzung oder gar Freundschaft.

2.4 Die Risiken politischer Nachfolgekonflikte

Die politische Vorsicht der höchsten chinesischen Entscheidungsträger ist durch handfeste Erfahrungen mit gefährlichen Konflikten in der Vergangenheit begründet. Die häufigen Führungs- und Nachfolgekrisen in kommunistischen Systemen haben die Forschung intensiv beschäftigt (Holmes 1986). Zusammenfassen lassen sich die Faktoren, die entscheidenden Einfluss auf die Machtverhältnisse in der zentralen Führung haben, mit der Formel "5 P + X". Während "X" für unvorhersehbare Umstände (etwa soziale Unruhen, Finanzkrisen, außenpolitische Konflikte) steht, sind mit den "5 P" die in Übersicht 2.6 aufgeführten Faktoren gemeint, die eine herausragende Rolle in der Analyse der Kräftekonstellationen in der politischen Führung spielen. Mangels verlässlicher Verfahrensregeln wird die Besetzung der höchsten Führungsränge innerhalb Kommunistischer Parteien entweder ausgehandelt oder aber ausgekämpft. Die Kultivierung von Machtbasen und Allianzen ist unter diesen Bedingungen die einzige Garantie für das politische Überleben und Vorankommen (Domes 1985).

Die Festlegung der Führungsnachfolge hat in der Geschichte der VR China wiederholt zu innerparteilichen Auseinandersetzungen und politischen Verwerfungen geführt, wie sich an mehreren missglückten Nachfolgearrangements unter Mao Zedong wie auch unter Deng Xiaoping zeigte. Erst mit der Einsetzung Jiang Zemins als Kompromisskandidat im Kontext der schweren innenpolitischen Krise von 1989 gelang es, einen reibungsarmen Übergang von der Ära Deng zum heutigen Führungssystem zu gestalten. Jiang Zemin etablierte sich mit großer Umsicht angesichts des bis Mitte der neunziger Jahre wirksamen Einflusses der Parteiveteranen, konsolidierte aber von etwa 1994 an zielstrebig seine persönliche Autorität. Dass Deng Xiaoping bis zu seinem Tod im Februar 1997 die Einheit der Führung sicherstellte, ohne jedoch zuletzt noch in die Tagespolitik einzugreifen, war für Jiang Zemin von großem Nutzen.

Ob allerdings Jiang Zemin nach seinem Rückzug aus der Arbeit in der Parteizentrale eine ähnlich einflussreiche Stellung als Stabilitätsgarant im Hintergrund der politischen Führung einnehmen kann, erscheint unwahrscheinlich, da die persönliche Autorität Jiangs sich nicht mit der Dengs messen kann (Tien/Chu 2000). Auch für Jiangs Nachfolger Hu Jintao gilt: Die Zeiten der Ein-Mann-Herrschaft sind vorbei. Kein Führer der KPC wird in Zukunft noch über den Status, das Prestige und die Machtbasis verfügen können, auf deren Grundlage sich die Revolutionshelden Mao und Deng behaupteten.

Übersicht 2.6: *Führungs- und Nachfolgekonflikte in kommunistischen Systemen: Ausschlaggebende Faktoren (5P + X)*

Persönlichkeiten: Welche Führungsmitglieder verfügen über langjährige Erfahrung im zentralen Herrschaftsapparat? Wer hat sich durch sein politisches Geschick in bisherigen Krisensituation, im Umgang mit seinen Kollegen oder durch besondere Entschlossenheit hervorgetan?

Positionen: Über welche institutionellen Machtpositionen verfügen die Mitglieder der politischen Führung, die sie als "Hausmacht" im Falle eines Konflikts nutzen können?

Patronage: Haben bestimmte Führungsmitglieder weitläufige Patronagenetze kultivieren und sich eine große Zahl von Protegés persönlich verpflichten können?

Politische Allianzen: Bestehen zwischen verschiedenen Führungsmitgliedern langjährige programmatische oder personalpolitische Allianzen, die im Falle eines Konflikts den Ausschlag zugunsten der eigenen Position geben könnten?

Programme: Gibt es offenkundige Unterschiede zwischen den programmatischen Aussagen und Absichten der Kandidaten? Welche Anziehungskraft üben diese Programme in der politischen Elite oder auf die Bevölkerung aus?

© Heilmann 2002/2004

Bei den im November 2002 vollzogenen Personalveränderungen an der Parteispitze handelte es sich um den ersten ohne krisenhafte Konflikte (manipulative Macht- und Flügelkämpfe, bei denen parteiinterne Konsensfindungsverfahren außer Kraft gesetzt werden) zustande gekommenen Parteiführungswechsel in der Geschichte der VR China. Dies wird häufig als Zeichen einer dauerhaften institutionellen Stabilisierung der KPC gedeutet. In Wirklichkeit war dieser reibungsarme Personalwechsel aber nicht das Ergebnis fest etablierter Verfahrensregeln, sondern das Verdienst der alten Führungsgeneration unter Jiang Zemin, die mit großer Umsicht den kritischen Umbruch vorbereitete und bewältigte.

Dass die Parteiführung um Hu Jintao in grundsätzlichen Fragen so geeint bleibt wie unter Jiang Zemin, erscheint keineswegs gesichert. Hu Jintao wird in den ersten Jahren seiner Amtszeit zunächst seine Autorität in Partei, Zentralregierung und Militär sowie gegenüber regionalen Führungen konsolidieren müssen. Dies ist eine schwierige Aufgabe, die mit dem großen Risiko behaftet ist, einflussreiche pensionierte Funktionäre sowie ehrgeizige Rivalen dauerhaft gegen sich aufzubringen. Hu Jintao hat es dank seiner persönlichen Erfahrungen in Provinzführungspositionen sowie seiner jahrelangen Tätigkeit als Präsident der Zentralen Parteischule offenbar verstanden, sich eine starke Unterstützerbasis unter regionalen Spitzenkadern (die regelmäßig an Schulungskursen in der Zentralen Parteischule teilnehmen, zugleich ZK-Mitglieder der KPC sind und hierüber Einfluss auf die nationale Politik nehmen können) zu verschaffen. Diese Regionalkader blickten seit Jahren missbilligend auf die Bevorzugung Shanghais durch Jiang Zemin und erwarten nun von Hu eine ausgeglichenere Regional- und Personalpolitik. Hu Jintao weckte nach seinem Amtsantritt als KP-Generalsekretär große politische Erwartungen, indem er eine auf sozialen und regionalen Ausgleich bedachte Regierungspolitik ankündigte, die Stärkung und Modernisierung der Verfassung auf seine Agenda setzte, im Zuge der SARS-Epidemiebekämpfung (Eindämmung einer gefährlichen atypischen Lungenentzündung im Frühjahr 2003) größere politische Transparenz befürwortete und sich in seinem politischen Führungsstil von seinen Vorgängern abzusetzen versuchte (s. 2.5).

2.5 Informelle Verfahren der Machtausübung

Informelle Verfahren der Machtausübung sowie politisches Handeln, das offiziellen Regeln in Parteistatut, Verfassung, Gesetzen und Regierungsverordnungen widerspricht, sind durchgängige Grundmerkmale der Regierungspraxis in der VR China. So wurden wichtige Grundsatzentscheidungen häufig nicht in den gemäß Verfassung und Parteistatut dafür vorgesehenen Gremien getroffen. Das dramatischste Beispiel für ein solches Vorgehen waren die

Entscheidungen, die 1989 zur militärischen Niederschlagung der Protestbewegung führten: Das Votum einer Reihe von Revolutionsveteranen, die keinem offiziellen Entscheidungsgremium der KPC oder der Regierung mehr angehörten, gab den Ausschlag über den Militäreinsatz (Baum 1994).

Weniger spektakulär, aber für die chinesische Politik sehr bedeutsam waren die informellen jährlichen Sommertagungen in den Kolonialvillen des Küstenbadeortes Beidaihe (200 km östlich von Beijing). Diese Treffen fern von den bürokratischen Apparaten der Hauptstadt boten Gelegenheit zu "Reflexionsrunden" und Sondierungen unter den wichtigsten politischen Entscheidungsträgern sowie pensionierten Funktionären außerhalb formaler Gremien. Sie dienten zugleich der Vorbereitung von ZK-Sitzungen, auf denen – gewöhnlich im September oder Oktober – über die in Beidaihe getroffenen Absprachen abgestimmt wurde. Markant war deshalb die Entscheidung des im November 2002 neu eingesetzten KP-Generalsekretärs Hu Jintao, die informellen Beidaihe-Treffen im Sommer 2003 ausfallen zu lassen: Er markierte damit eine Abkehr von dem Politikstil seiner Vorgänger und machte deutlich, dass er die in Beidaihe praktizierte aktive Mitwirkung pensionierter Funktionäre an der Entscheidungsfindung der Parteizentrale nicht fortzuführen gedenkt.

Ein Bruch mit fest etablierten informellen Regeln der Entscheidungsfindung ist jedoch riskant, weil hierdurch wichtige Akteure der chinesischen Politik – im Falle der Beidaihe-Konferenzen die Altfunktionäre – ausgeschlossen werden. Die Funktionärsveteranen aber besitzen noch viele andere Kanäle, um auf die Arbeit der Partei- und Regierungszentrale einzuwirken. Denn informelle Verfahren der Machtausübung sind auch unter den veränderten Bedingungen der Reformperiode kennzeichnend für die chinesische Politik geblieben. So wird die formale Machtfülle, die mit Leitungspositionen in Partei- und Staatsorganen einhergeht, häufig durch verdeckte Einflusshierarchien und Entscheidungsverfahren unterlaufen. Politische Macht beruht nicht nur auf Positionen und Organisationen, sondern in hohem Maße auf persönlichem Prestige, auf der Loyalität zahlreicher Protegés und auf geschickter politischer Manipulation aus dem Hintergrund.

Der unter Mao Zedong und Deng Xiaoping gepflegte informelle Modus der Willensbildung und Machtausübung brachte ein hohes Maß an politischer Unberechenbarkeit mit sich. Gerade die innerparteilichen Auseinandersetzungen um den Umgang mit der städtischen Protestbewegung 1989 führten vor Augen, wie wenig verlässlich die Mechanismen der politischen Konfliktbewältigung in China sind und wie schnell politische Auseinandersetzungen in eine umfassende Ordnungskrise münden können. Die Führungsgeneration um

2.5 Informelle Verfahren der Machtausübung

Jiang Zemin trat deshalb in den neunziger Jahren dezidiert für eine Stärkung formalisierter Verfahren und für eine gesetzesgestützte Regierung ein. Dies beruhte nicht zuletzt auf Eigeninteresse, denn die Mitglieder der dritten und der vierten Führungsgeneration verfügen nicht mehr über ein so hohes Maß an persönlicher Autorität wie die Revolutionsveteranen und sind daher stark an einer institutionellen Untermauerung ihrer Macht interessiert.

Diese Bemühungen um politische Institutionalisierung werden jedoch nicht nur durch das Erbe Maos und Dengs gehemmt, sondern auch durch neue Entwicklungen in der Reformperiode. Unvollständige wirtschaftliche Liberalisierungsmaßnahmen bei andauernder Kontrolle von Funktionären über das Wirtschaftsleben schufen Gelegenheiten zur massiven Abschöpfung von "Renten" – der Erschließung zusätzlicher Einkommen mittels politischer Zugangsprivilegien – durch Angehörige der Funktionärsschicht. Dies zeigte sich in vielgestaltigen Korruptionsphänomenen in Politik und Verwaltung, die insgesamt eine erodierende Wirkung auf die offiziellen Institutionen des Parteistaates ausüben (vgl. 4.5). Folge dieser Entwicklung ist, dass sich eine ganze Reihe informeller politischer Spielregeln herausgebildet hat, die in Widerspruch zu den formalen Institutionen stehen (vgl. Übersicht 2.7).

Übersicht 2.7: *Konfligierende formale und informelle Regeln der chinesischen Politik (Auswahl)*

Formale politische Regeln	Verbreitete informelle politische Regeln
Formalisiertes System der Kader-Rekrutierung	Innerparteiliche Patronage
Bürokratische Hierarchie und universelle Regelfestsetzung	Innerstaatliche Lobbies und klientelorientierte Wirtschaftsregulierung
Staatliche Eigentumsrechte	Informelle Privatisierung und unkontrollierter Abfluss von Staatsvermögen
Gleichheit vor dem Gesetz	Manipulation der Justiz zugunsten von Parteifunktionären und deren Angehörigen
Fiskalsystem mit verbindlich geregelter Einnahmenaufteilung	Einnahmenzurückhaltung durch lokale Regierungen und Einzelnachverhandlungen über Einnahmenaufteilung

© Heilmann 2002/2004

Wenn der Rückgriff auf informelle Verfahren der Interessenverfolgung und Machtausübung zur Regel wird, unterminiert dies die formale Institutionenordnung. Diese Schwächung staatlicher Institutionen wurde von Brie (1996) als eine der folgenreichsten Hinterlassenschaften sozialistischer Systeme gekennzeichnet. Andererseits aber schafft das Ausweichen auf informelle

Verfahren eine Flexibilität für die beteiligten Akteure, die im Kontext rigider leninistischer Institutionen sonst niemals gegeben wäre (Shirk 1993). Aus dieser Sicht lassen sich etwa die informellen Tauschregeln, die sich in China zwischen Parteifunktionären und Wirtschaftsakteuren herausgebildet haben, auch als unverzichtbare politische Vorbedingung für die Erfolge in der Wirtschaftsreform deuten: Hätten sich die politischen Akteure in China strikt an die offiziellen Regeln der leninistischen Institutionenordnung gehalten, wäre die wirtschaftliche Liberalisierung und Strukturreform gar nicht erst in Gang gekommen (Heilmann 2000).

2.5.1 Informelle Regeln der Führungsauswahl und Patronage-Netzwerke

Die Bildung innerparteilicher Gruppierungen ist in der KPC grundsätzlich verboten. Im Sommer 2002 wurde auch die Mitgliedschaft in nicht amtlich eingetragenen Ehemaligen-Vereinigungen von Universitätsabsolventen und Offizieren allen Parteikadern durch eine interne Parteiweisung nachdrücklich untersagt. Parteimitglieder dürfen nur Vereinigungen beitreten, deren Gründung von Regierungsstellen genehmigt wurde.

Die Herausbildung von Patronage-Netzwerken aber wird durch das offizielle leninistische Kadersystem gefördert: Wer in der chinesischen Politik Karriere machen will, braucht die Unterstützung eines Spitzenkaders, der ihm Wege ebnen und als Gegenleistung strikte Loyalität erwarten kann. Die Zugehörigkeit zu solchen Beziehungsgeflechten spielt für den politischen Aufstieg und für den Einfluss auf die politische Willensbildung eine entscheidende Rolle. Anhand der "Vierten Führungsgeneration" lässt sich beobachten, welche Bedeutung der Zugehörigkeit zu Patronage-Netzwerken zukommt. Etwa drei Viertel der wichtigsten Personen dieser Führungsgeneration sind nach *informellen* Kriterien rekrutiert worden, während das übrige Viertel den geregelten Karriereweg im Rahmen der Kaderpolitik durchlaufen hat (vgl. 3.7). Jeder fünfte Vertreter dieser Führungsgeneration hat längere Dienstjahre bei älteren Spitzenkadern als persönlicher Sekretär (*mishu*) absolviert, was eine breite Arbeitserfahrung und viele hochkarätige Kontakte einbrachte; 55 Prozent sind sprunghaft per "Helikopter"-Beförderung aufgrund verwandtschaftlicher Beziehungen zu älteren Spitzenkadern oder aufgrund ihrer Zugehörigkeit zu Alumni-Netzwerken bestimmter Hochschulen befördert worden (Li 2001a).

Besonders die Absolventen der renommierten *Qinghua-Universität* in Beijing sind ins Zentrum der Aufmerksamkeit gerückt, da diese Universität

2.5 Informelle Verfahren der Machtausübung

als "Wiege der Technokraten" gilt und ihre Absolventen besonders häufig in hohe Führungspositionen vordringen konnten. Sowohl der bis 2003 amtierende Ministerpräsident Zhu Rongji als auch der gegenwärtige KPC-Generalsekretär Hu Jintao und der NVK-Vorsitzende Wu Bangguo sind Abgänger der Qinghua-Universität. Dutzende Minister und Gouverneure, hunderte Bürgermeister und Kreisvorsteher sowie tausende weitere Führungskader in Verwaltung und Wirtschaft besitzen einen Abschluss der Qinghua-Universität. Die Entstehung dieses weitläufigen Netzwerks geht auf gezielte Bemühungen des früheren Präsidenten der Qinghua-Universität, Jiang Nanxiang, zurück, der bereits in den fünfziger Jahren aktiv die Formierung einer Elite von politisch *und* akademisch aktiven Studierenden betrieb, um so besonders leistungsfähige Nachwuchskräfte für die KPC zu rekrutieren. "Hochburgen" des Qinghua-Netzwerks waren seit den neunziger Jahren die Zentrale Parteischule, die KP-Organisationsabteilung, das Bildungsministerium und der Kommunistische Jugendverband.

Partiell gibt es personelle Überlappungen zwischen dem Qinghua-Netzwerk und Jiang Zemins „Shanghai-Gruppe", die sich aus ehemaligen Kollegen und Protegés aus Jiangs Zeit als Parteisekretär von Shanghai zusammensetzt. Die Gruppe der in Shanghai aufgestiegenen, von Jiang Zemin geförderten Parteifunktionäre umfasst im neuen Ständigen Ausschuss des Politbüros drei Personen (Wu Bangguo, Zeng Qinghong und Huang Ju). Die Bevorzugung von Funktionären, die sich in der Shanghaier Parteiführung bzw. Stadtregierung profiliert haben, trifft unter Parteikadern in anderen Regionen Chinas auf starke Ressentiments. Die Machtposition der „Shanghai-Gruppe" ist deshalb keineswegs ungefährdet und uneingeschränkt.

Viel diskutiert wird in China das Netzwerk ehemaliger Funktionäre des Kommunistischen Jugendverbandes, kurz *KJV-Netzwerk*, als dessen Kopf KP-Generalsekretär Hu Jintao gesehen wird. Tatsächlich findet sich eine Reihe ehemaliger KJV-Funktionäre in Provinzleitungen, die ihre Position der Förderung durch Hu zu verdanken haben. In den zentralen politischen Führungsgremien aber gibt es bislang nur wenige Vertreter dieses Profils. Eine auffällige Besonderheit vieler ehemaliger KJV-Funktionäre besteht in einem für China neuartigen Verständnis politischer Kommunikation, das sich der Möglichkeiten des Medienzeitalters bedient. Hu Jintaos Bemühungen um die Prägung eines populären Images als hart arbeitender, volksnaher, um sozialen Ausgleich und politische Erneuerung bemühter Politiker findet Widerhall auch im Auftreten der jüngeren politischen Führungskräfte auf regionaler Ebene: Anders als die bislang dominierenden, meist farblosen und nicht sehr mediengewandten Spitzenfunktionäre bemüht sich dieser neue chinesische

Politikertypus um eine populäre politische Rhetorik und Symbolik: eine zumindest nach außen bescheidene Amts- und Lebensführung, häufige Besuche bei armen Teilen der Bevölkerung, Distanzierung von neureichen Vertretern der Finanz- und Immobilienbranche et cetera. Indem sie sich um eine breitere, auch emotional begründete politische Unterstützung in Funktionärsschicht und Bevölkerung bemühen, halten die Methoden moderner politischer Massenkommunkation allmählich auch in der chinesischen Politik Einzug. Die ehemaligen KJV-Funktionäre scheinen hierin eine Avantgarde zu bilden.

Die häufig vorschnelle Zuordnung bestimmter Führungskader zu bestimmten Netzwerken ist problematisch: Absolventen der Beijinger Qinghua-Universität wie auch aus dem KJV hervorgegangene Spitzenkader sind inzwischen so zahlreich und in so vielen Führungspositionen vertreten, dass zunehmend zweifelhaft wird, ob diese breit gefächerten Netzwerke noch einen nachweisbar starken Zusammenhalt in politischen Entscheidungsgremien aufweisen. In derart weitläufigen Bezugsgruppen sind persönliche Loyalitäten in der Regel wesentlich lockerer und unverbindlicher als in Patronage-Netzwerken, die von der Bindung an einen Spitzenfunktionär wie im Falle des Patronagenetzwerkes von Jiang Zemin ausgehen.

Eine prominente Rolle in Politik, Militär und Wirtschaft Chinas spielen Kinder und Verwandte von ehemaligen oder amtierenden Partei- und Armee-Spitzenkadern. Diese Kader-Sprösslinge werden in China als *Partei-"Prinzen"* (*taizi*) bezeichnet. Sie haben in der Regel eine privilegierte Ausbildung in Eliteschulen genossen und aufgrund ihres besonderen Familienhintergrundes sind sie von frühester Kindheit an mit den Regeln der Machtpolitik innerhalb der KPC vertraut. In den neunziger Jahren haben viele "Prinzen" politische und wirtschaftliche Führungspositionen in den prosperierenden Küstenregionen besetzt. Unter den Spitzenoffizieren der Armee ist ihr Anteil noch deutlich größer als in zivilen Führungspositionen. Partei-„Prinzen" können als Köpfe von politisch und wirtschaftlich aktiven „Clans" fungieren, in denen staatliche Autorität und unternehmerisches Gewinnstreben zum privaten Vorteil gebündelt werden.

Den Partei-„Prinzen" zugerechnete Kader sind seit November 2002 im Ständigen Ausschuss des Politbüros (Zeng Qinghong) wie auch unter den ZK-Vollmitgliedern (mindestens sieben überwiegend in Provinzführungen tätige Spitzenfunktionäre) und unter den ZK-Kandidaten vertreten. Die "Prinzen" sind nicht nur in der Bevölkerung, sondern auch unter vielen Parteifunktionären äußerst unpopulär, da sie ihre Positionen familiären Privilegien verdanken und der Verwicklung in Korruption und Schmuggel – oft allzu pauschal – verdächtigt werden (Li 2001a; Fewsmith 2001). Bemerkenswert ist, dass sich seit Ende der neunziger Jahre politische Widerstände gegen den Aufstieg der "Prinzen" zu manifestieren begannen. In Personalabstimmungen auf Parteitagungen und Volkskongressen hatten prominente „Prinzen" einen schweren Stand oder fielen sogar spektakulär durch. Die Organisationsabteilungen der KPC verhängten Beschränkungen für das Engagement von Kaderkindern im Wirtschaftsleben (z.B. in der Unternehmensberatung und im Aktienhandel wegen Insider-Delikten) – bislang ohne erkennbare Wirkung. Die Sonderstellung der "Prinzen" aber erscheint auf längere Sicht keinesfalls gesichert, da die politischen Widerstände gegen diese Variante der innerparteilichen Patronage stärker werden.

2.5.2 Informelle Regeln des politischen Lobbying

Politisches Lobbying durch Interessengruppen und Verbände ist in der lenistischen Ordnung der VRC offiziell nicht vorgesehen und nicht geregelt. Statt dessen werden regelmäßig Konsultationen zu Gesetzgebungsvorhaben und sonstigen politischen Regelungsfragen abgehalten, zu denen die Führung der KPC ausgewählte Repräsentanten aus betroffenen Staatsorganen, Wirtschafts- und Gesellschaftsbereichen sowie staatlich lizenzierten Verbänden (hierzu 5.4.1) einlädt. Außerhalb dieser formalisierten politischen Konsultationen findet die Beeinflussung der politischen Regelsetzung und Regelumsetzung durch Interessengruppen auf informellem Wege statt. Partikulare Interessen werden in der Regel durch private Kontakte zwischen den Lobbying betreibenden Akteuren und politischen Entscheidungsträgern artikuliert und in die Entscheidungsfindung eingespeist.

Wenn man sich die einflussreichsten Interessengruppen in der chinesischen Politik, deren Zielsetzungen und politische Machtbasen vor Augen hält, so lassen sich in der Geschichte der KP-Führung mindestens drei grundlegende Kräfteverschiebungen erkennen. In den Jahren von 1927 bis etwa 1956 bildeten die *ärmeren Schichten der ländlichen Bevölkerung* die wichtigste soziale Basis für die von der KPC angeführte Revolution und für die Machtkonsolidierung. Partei und Armee rekrutierten ihre Mitglieder überwiegend aus Chinas ärmsten Dörfern. Die Interessen der ländlichen Bevölkerung wurden mittels einer populären Bodenreform durchgesetzt.

Mit dem Beginn radikaler sozialistischer Kollektivierungs- und Industrialisierungsprogramme Mitte der fünfziger Jahre verschoben sich die politischen Ziele und Kräfte in der Parteiführung. In den Jahren 1956 bis 1997 wurden *staatswirtschaftliche Akteure* (staatliche Großindustrie, Betriebsleitungen und Industriearbeiterschaft) zur erfolgreichsten Interessengruppe im

Ringen um staatliche Investitionen und Privilegien. Eine forcierte Industrialisierung und die finanzielle Stützung der staatlichen Großbetriebe wurden auf Kosten der ländlichen Bevölkerung betrieben. Auch nach Beginn der Reformpolitik 1978 behielt die Staatsindustrie eine unantastbare Sonderstellung und wurde durch bevorzugte Zuteilung von Subventionen und Krediten alimentiert, obwohl eine Vielzahl der Betriebe verschwenderisch mit Ressourcen umging und völlig am Bedarf vorbei produzierte. In einer zunehmend urbanisierten Parteiführung wurde die staatliche Industriebürokratie (meist Branchenministerien nach sowjetischem Vorbild) mit den ihr zugeordneten staatlichen Großbetrieben zur mächtigsten Interessengruppe. Auf nationaler Ebene hatten – branchenbezogen und regional aufgegliederte – staatswirtschaftliche Lobbies zumindest bis Mitte der neunziger Jahre den bei weitem stärksten Einfluss auf die nationale Wirtschaftspolitik. Auch heute noch zeigen sich hier Merkmale eines geschlossenen sozialistischen Verhandlungssystems: Entscheidungen über Reformmaßnahmen, Wirtschaftsgesetze, Ressourcenzuweisungen, Finanzhilfen und auch über Sanktionen (Entlassung der Betriebsleitungen, Betriebsschließungen etc.) sind Gegenstand intensiver Verhandlungen zwischen Staatsbehörden und Staatsunternehmen, also zwischen Funktionären der Wirtschaftsverwaltung und Leitern staatlicher Großbetriebe. Es handelt sich hier ausnahmslos um *staatsinterne Lobbies*, die als Teil der politischen Elite (auch die Leiter staatlicher Großbetriebe haben hohe Ränge im von der KPC kontrollierten Kadersystem inne) für eine effektive Artikulierung ihrer Interessen nicht auf formale Kommunikationskanäle oder Interessenverbände angewiesen sind.

Die staatswirtschaftlichen Lobbies gerieten allerdings gegen Ende der neunziger Jahre zunehmend unter Druck, als nicht mehr zu übersehen war, dass die Alimentierung maroder Staatsbetriebe für die Regierung finanziell untragbar zu werden drohte. Zhu Rongjis Aufstieg in der wirtschaftspolitischen Entscheidungsfindung markierte den Beginn einer neuen Phase seit ungefähr 1997/98: Mit den Planungen für den WTO-Beitritt Chinas wurden Staatsbetriebe umstrukturiert, finanziell stärker unter Druck gesetzt und in manchen Fällen sogar geschlossen. Allerdings blieb die politische Stellung der staatlichen Betriebe auch 2002/3 noch so stark, dass rund drei Viertel der staatlichen Investitionen und der Kredite der Staatsbanken ihnen zugewiesen wurden.

Eine einschneidende Veränderung mit politisch womöglich sehr weit reichenden Konsequenzen besteht jedoch darin, dass neue transnationale Interessengruppen zunehmend Einfluss auf die wirtschaftspolitische Willensbildung gewinnen. Diese Interessengruppen bildeten sich in der Reformperiode

2.6 Fragmentierter Autoritarismus

im *Joint-Venture- und Export-Sektor* (Unternehmen mit ausländischer Beteiligung, darunter auf den chinesischen Markt drängende global operierende Konzerne) wie auch in der *Finanzwirtschaft* (starker Einfluss ausländischer Geschäftsmodelle und Kooperationspartner in Finanzdienstleistungsunternehmen; börsennotierte Großunternehmen teilweise mit internationalen Beteiligungen). Der Einfluss dieser neuen Akteure wurde seit dem Parteitag von 1997 in einer Serie von Reformmaßnahmen – insbesondere im WTO-Beitritt und in der selektiven Liberalisierung des Kapitalmarktes – sichtbar. Auch die politische Aufwertung des *privaten Unternehmenssektors* in den Jahren nach 1997 (seit Juli 2001 können Privatunternehmer offiziell in die KPC aufgenommen werden), steht im Zusammenhang mit der beginnenden Schwächung der alten staatswirtschaftlichen Akteure und dem wirtschaftlichen Aufstieg neuer privatwirtschaftlicher und transnational operierender Unternehmen. Eine sehr aktive Rolle spielen auch *Hongkonger Unternehmen und Verbände*, deren Lobbying sich vornehmlich auf eine privilegierte Marktöffnung für Hongkonger Unternehmen richtet, um so Wettbewerbsvorteile gegenüber nicht-chinesischen Konkurrenten zu erlangen (s. 3.8.1).

Ausländische Lobbyisten haben inzwischen zumindest in Teilbereichen der chinesischen Zentralregierung – insbesondere im Handelsministerium und in Ministerien, die den Zugang zu lukrativen innerchinesischen Märkten kontrollieren – Fuß gefasst und nehmen teilweise spürbaren Einfluss auf Wirtschaftsregulierung, Lizenz- und Auftragsvergabe durch chinesische Regierungsstellen. Um den Zugang zum chinesischen Markt zu öffnen, haben transnationale Konzerne zum Beispiel in der Fahrzeug- und Versicherungsbranche in den neunziger Jahren mehrere hundert Millionen Dollar für Werbung und Lobbying (Sonderzuwendungen für chinesische Entscheidungsträger eingeschlossen) ausgegeben. Hunderte von professionellen chinesischen und westlichen Kontaktvermittlern sind in Peking und Shanghai tätig, um ausländischen Unternehmen die Gunst staatlicher Entscheidungsträger zu verschaffen. In den *lokalen Regierungen der Küstenregionen* sind seit den achtziger Jahren vielfältige informelle Verflechtungen zwischen örtlichen Stellen und nicht-chinesischen Investoren und Unternehmen nachweisbar (Wang Hongying 2001). Seit Mitte der neunziger Jahre hat die politische Einflussnahme durch nicht-chinesische Wirtschaftsakteure auch die Zentralregierung erreicht. Die Kräfteverhältnisse zwischen rivalisierenden Interessengruppen in der chinesischen Wirtschaftspolitik verschieben sich damit zunehmend und entfernen sich von dem vorangegangenen sozialistischen, innerstaatlichen Lobby- und Verhandlungssystem.

2.6 Fragmentierter Autoritarismus

Gelegentlich wird die gegenwärtige chinesische Herrschaftsordnung immer noch als totalitäres politisches System eingestuft. Dies ist jedoch nach den von Juan Linz (1975/2000) entwickelten Kriterien nicht mehr haltbar. Für ein totalitäres System sind kennzeichnend: eine uneingeschränkt durchsetzungsfähige, "monistische" Machtzentrale, eine militant propagierte, exklusive Ideologie mit dem Ziel der revolutionären Umgestaltung sowie eine vehemente Mobilisierung der Massen. Für ein autoritäres System ist hingegen charakteristisch: die Beteiligung einer größeren Zahl von Akteuren an der politischen Willensbildung und die Kooptierung wichtiger Interessengruppen ("limited pluralism"), der Verzicht auf militante Formen von Ideologie und Massenmobilisierung und statt dessen die Förderung politischer Apathie und Passivität.

Gemessen an diesen Kriterien ist die VRC in Phasen des Normalmodus der politischen Willensbildung eindeutig als autoritäres System einzustufen. Allerdings zeigen sich in den Ausnahmephasen des Krisenmodus totalitäre Züge insbesondere in der Zentralisierung und Ideologisierung der Entscheidungsfindung sowie in der Härte der staatlichen Repression. Auf keinen Fall ist der Parteistaat der VRC aber als in sich geschlossene monolithische Einheit zu begreifen. Vielmehr handelt es sich um ein Konglomerat von Organisationen, die jeweils spezifische Traditionen, Interessen, interne Regeln sowie vielfältige Verbindungen zu Wirtschaft und Gesellschaft aufweisen.

Insofern lässt sich das Entscheidungssystem der VR China treffend als "fragmentierter Autoritarismus" charakterisieren (Lieberthal/Lampton 1992). Ausgedehnte Konsultationsprozesse sind zu einem prägenden Merkmal der chinesischen Politik geworden. Dass solche Konsultationen notwendig sind, zeigt die im Vergleich zu Mao oder Deng schwächere politische Autorität der jetzigen Führung und die wachsende Vielfalt politischer Interessen in Staat und Wirtschaft Chinas. Diese Entwicklung deutet darauf hin, dass es die chinesische Führung künftig noch schwerer haben wird, schmerzhafte Reformentscheidungen gegen Widerstände etablierter Interessengruppen durchzusetzen, und dass es immer weniger klar sein wird, wer wann das entscheidende "letzte Wort" in politischen Regelungsfragen gesprochen hat.

3 Politische Institutionen

3.1 Chinas sozialistisches System

Die formale politische Institutionenordnung der VR China entspricht dem Typus der zentralisierten sozialistischen Parteidiktatur. Die politische Herrschaft stützt sich auf eine nach leninistischen Prinzipien organisierte Kaderpartei, die Kommunistische Partei Chinas (KPC), mit faktisch unbeschränkten Entscheidungs- und Eingriffsbefugnissen in Politik, Verwaltung, Wirtschaft und Gesellschaft. Die Grundstrukturen der Verfassungs- und Staatsordnung der VR China – Diktatur unter Führung der Kommunistischen Partei und Gewaltenkonzentration statt Gewaltenteilung im Hinblick auf exekutive, legislative und judikative Funktionen – sind von Modellen der frühen Sowjetunion und von direkter sowjetischer Einflussnahme unter anderem durch Stalin persönlich geprägt (zur "Stalinisierung Chinas" in den frühen fünfziger Jahren vgl. die neuen Forschungsergebnisse bei Li Hua-yu 2001). Dennoch weist die chinesische Variante des Sozialismus viele markante Unterschiede zum sowjetischen Modell in organisatorischer und ideologischer Hinsicht auf (Selden 1995).

3.1.1 Leninistische Organisationsprinzipien

Das Modell für die politische und wirtschaftliche Neuordnung Chinas nach 1949 war der sowjetische Parteistaat. Von Lenin (1870-1924), dem Begründer des kommunistischen Parteistaates im frühen Sowjetrussland, übernahmen die chinesischen Kommunisten die organisatorischen Prinzipien der Kaderpartei und der Führungsrolle der Partei in Politik, Gesellschaft und Wirtschaft. Die Partei wurde als zentralisiert-hierarchische Organisation der politischen Mobilisierung und Kontrolle konzipiert und sollte in allen Bereichen des sozialistischen Systems (Regierung, Justiz, Betriebe und gesellschaftliche Vereinigungen) mit ihren Parteikomitees, Parteigruppen und Basisorganisationen als unumschränkte Entscheidungs- und Aufsichtsinstanz fungieren. Personal und Organisation der KPC bilden bis heute die tragenden Pfeiler des Herrschaftssystems der VR China. Die Führungskader der Partei sitzen an allen wichtigen Schalthebeln der chinesischen Politik. Eine besonders enge politische Kontrolle übt die KPC über Polizei und Armee mit Hilfe von Parteikomitees und Politkommissaren aus, die in der Leitung der Sicherheitsorgane eine entscheidende Rolle spielen. Die wichtigsten Institutionen politischer Kontrolle, die im Kern auf Lenin zurückgehen und sich auch in der VR China finden, sind:

- die zentralisierte *Hierarchie von Parteiorganen* mit strikten Unterordnungsverhältnissen in allen Bereichen von Politik, Verwaltung, Polizei, Justiz, Militär, Wirtschaft und Gesellschaft;
- die von der KPC kontrollierte *Rekrutierung und Beaufsichtigung von Führungskräften* ("Kader"-System) nicht nur in staatlichen Organen, sondern auch in Wirtschaftsunternehmen und gesellschaftlichen Organisationen;
- eine der staatlichen Justiz vorgelagerte, nach politischen Weisungen operierende *parteiinterne Disziplinaraufsicht*, die Parteikadern (sofern sie nicht aus der Partei ausgeschlossen werden) de facto Immunität gegenüber Ermittlungen staatlicher Justizorgane verschafft;
- *ideologische Indoktrinierung und Kampagnen* zur Disziplinierung der Parteimitglieder; Bekämpfung politischer "Abweichungen" innerhalb der Partei und ein striktes Verbot der Bildung von innerparteilichen Gruppierungen ("Fraktionsverbot");
- *Massenpropaganda* (parteigelenkte, selektive Informationsvermittlung) gegenüber der Bevölkerung und Formung der öffentlichen Meinung mit Hilfe politisch kontrollierter Medien; parteigelenkte "Massenorganisationen" (Gewerkschaftsbund, Jugend- und Frauenverband) als "Transmissionsriemen" für die Politik der KPC.

Analog zum Selbstverständnis der KPdSU im sowjetischen Modell begreift sich die KPC als "Avantgarde" der Revolution und des Proletariats. Die Partei versteht sich als elitäre Vorhut der Arbeiterklasse, die allein in der Lage ist, den historischen Durchbruch und Fortgang der Revolution zu lenken und zu realisieren. Dieses Selbstverständnis erklärt, warum die Partei einen unumschränkten Führungs- und Kontrollanspruch über alle Bereiche von Staat und Politik auch nach der erfolgreichen Revolution und Herrschaftskonsolidierung aufrechterhält. Die vom sowjetischen Vorbild übernommenen Merkmale des sozialistischen Systems dürfen jedoch nicht über zahlreiche Unterschiede hin-

3.1 Chinas sozialistisches System

wegtäuschen, die sich durch originär chinesische Neuerungen auf organisatorischem und ideologischem Gebiet ergeben haben (s. Übersichten 3.1 und 3.2).

Übersicht 3.1: *Die chinesische Variante des Sozialismus – Organisatorische Grundmerkmale*

Leninistische Prinzipien der Organisations- und Personalkontrolle in der Herrschaftspraxis der KPC	
Anleihen beim sowjetischen Modell	*Abweichungen vom sowjetischen Modell*
• KPC als "Avantgarde" der Revolution und des Proletariats	• Machtkonzentration im "Ständigen Ausschuss" des Politbüros
• Unumschränkter Führungs- und Kontrollanspruch der Partei	• Ungebrochene Dominanz von Parteigremien gegenüber Regierungsorganen in der politischen Entscheidungsfindung*
• Parallelhierarchien von Partei- und Staatsorganisation	
• Prinzip des "Demokratischen Zentralismus"	• Unverändert sehr starke Position von KP-Politkommissaren in der Armee*
• "Nomenklatura"- System der Kaderkontrolle	• Kleinerer Parteiapparat in der Wirtschaftsadministration
• Striktes Fraktionsverbot	• Dezentralisierte Wirtschaftsbürokratie
• Massenorganisationen als "Transmissionsriemen" der KP	• Bis in achtziger Jahren: Primäre soziale und politische Kontrolle in "Basiseinheiten", nicht durch Staatssicherheitsorgane
• System der organisierten Abhängigkeit im wirtschaftlichen und gesellschaftlichen Leben	

* Das sowjetische Herrschaftssystem wies nach der Stalin-Ära eine Schwächung der Rolle von Parteigremien im Verhältnis zu Ministerien und von Politkommissaren gegenüber professionellen Armeekommandeuren auf (Gill 1994)
© Heilmann 2002/2004

Zu den wichtigsten chinesischen Besonderheiten auf dem Gebiet der Organisation zählt die ausgefeilte politisch-soziale Kontrolle in so genannten "Einheiten" (*danwei*). Jeder Bürger wurde einer solchen Basiseinheit am Arbeitsplatz, am Wohnsitz oder in der Ausbildungsstätte zugeordnet und innerhalb dieser Einheit effektiv überwacht, mit lebensnotwendigen Gütern und Dienstleistungen versorgt und im Bedarfsfall diszipliniert (vgl. 5.1.1). Aufgrund der Einbindung nahezu der gesamten Bevölkerung in dieses System war nur ein relativ kleiner Geheimpolizei-Apparat zur Herrschaftssicherung notwendig. Erst seit den achtziger Jahren, als mit der zunehmenden Mobilität innerhalb Chinas und der internationalen Öffnung die soziale Kontrolle durch die *Danwei* in den

Augen der politischen Führung nicht mehr wirkungsvoll genug schien, wurde der Ausbau der Staatssicherheitsorgane stark vorangetrieben.

Auch das System der politischen Führung ist in China durch einige Besonderheiten gekennzeichnet, etwa die Konzentration der exekutiven Macht in einem sehr kleinen, nur fünf bis neun Personen umfassenden Ständigen Ausschuss des Politbüros als dem faktischen Entscheidungszentrum, die Dominanz von Parteigremien gegenüber Regierungsorganen in der politischen Entscheidungsfindung und einen deutlich verkleinerten Parteiapparat in der Wirtschaftsadministration (insbesondere seit Mitte der achtziger Jahre). Besonders wichtig erscheint im Vergleich zur Sowjetunion die seit den späten fünfziger Jahren in China betriebene Dezentralisierung der Wirtschafts- und Planungsbürokratie. In diesem institutionellen Umfeld waren wirtschaftliche Reformexperimente leichter durchzuführen als im hochzentralisierten Planungssystem der UdSSR (hierzu im Detail 4.1).

3.1.2 Herrschaftsideologie im Wandel

Der Marxismus-Leninismus fand in China nach der russischen Oktoberrevolution von 1917 zunächst vornehmlich in Intellektuellenkreisen Verbreitung. Die KPC berief sich bei ihrer Gründung 1921 in Shanghai – mit damals nur 57 Parteimitgliedern – auf diese "importierte" Ideologie. Sie verband die Propagierung des Marxismus-Leninismus mit dem Streben nach nationaler Befreiung vom Einfluss der Kolonialmächte und mit dem Wunsch nach nationaler Modernisierung. Durch Interpretation und Anpassung an chinesische Gegebenheiten wurde die Ideologie allmählich modifiziert: Es kam zu einer "Sinisierung" des Marxismus-Leninismus (s. Übersicht 3.2). Diese Anpassungen waren aufgrund der besonderen Bedingungen in China unvermeidlich. Denn anders als die russischen Kommunisten mussten die chinesischen für den Sieg ihrer Revolution nahezu drei Jahrzehnte lang kämpfen. Sie stützten sich dabei, ganz im Gegensatz zur russischen Mutterpartei, in erster Linie auf die Unterstützung durch die Bauern und eroberten die Städte von den Dörfern her. Ihr besonderes Geschick bestand darin, die verelendeten Bauern für politische Ziele (Bodenreform, Enteignung von Großgrundbesitzern, Bekämpfung der japanischen Besatzer) zu mobilisieren, die den unmittelbaren Interessen der Landbevölkerung jener Zeit entgegen kamen (Selden 1995).

3.1 Chinas sozialistisches System

Übersicht 3.2: *Die chinesische Variante des Sozialismus – Ideologische Grundmerkmale*

Marxismus-Leninismus und Mao-Zedong-Ideen in der Herrschaftspraxis der KPC	
Anleihen beim sowjetischen Modell	*Abweichungen vom sowjetischen Modell*
	(I) Frühphase (1921 - 1950er Jahre)
• Übernahme der gesamten Terminologie und ideologischen Grundprinzipien des Marxismus-Leninismus, teilweise auch des Stalinismus	• "Mao-Zedong-Ideen" 1945 neben Marxismus-Leninismus zur Leitideologie der KPC erhoben als "Sinisierung des Marxismus-Leninismus"
• Betonung des Klassenkampfes	• Betonung der bäuerlichen Basis der Revolution; Relativierung der Rolle der Arbeiterklasse
• Rechtfertigung schärfster Sanktionen gegen "Klassenfeinde" und "Abweichler"	• Hervorhebung des Guerillakampfes von Basisgebieten aus
	• "Massenlinie": Politikdurchsetzung mit Hilfe parteigelenkter Massenmobilisierung
• Ziel einer konfliktfreien kommunistischen Gesellschaft	*(II) Radikale Phase (1957-78)*
	• Abwertung von Bürokratie und Justiz als "reaktionären Organen"
• Vergesellschaftung von Privateigentum, Industrie, Handel und Landwirtschaft (in China bis 1978)	• Radikalisierung des Klassenkampf-Konzeptes
	• Mao-Kult
	• Kritik am sowjet. "Revisionismus" u. "Hegemonismus"
• "Anti-Imperialismus" in den internationalen Beziehungen	*(III) Reformära (ab 1978)*
	• Keine "Entmaoisierung" (Maos polit. Leistung "zu 70% gut")
	• Schrittweise ideologische Anpassungen: "Anfangsstadium des Sozialismus", Akzeptanz von Marktkoordination u. nicht-staatlichen Eigentumsformen

© Heilmann 2002/2004

Die besonderen Revolutionserfahrungen der chinesischen Kommunisten flossen in die Strategieschriften Mao Zedongs – von der KPC seit 1945 als *"Mao-Zedong-Ideen"* schrittweise kanonisiert (Martin 1982) – ein, die sich in wesentlichen Elementen von Leninismus oder Stalinismus unterscheiden. Deutlich wird dies etwa in der Herabstufung der Arbeiterklasse zugunsten der

Bauern und in der Betonung des revolutionären Guerilla-Kampfes. Ebenfalls eigentümlich waren die herausragende Bedeutung der "Massenlinie" in der Revolutions- und Herrschaftsstrategie (Partei und Armee als "Fisch im Wasser des Volkes") wie auch ein ausgeprägtes Misstrauen gegenüber städtischer Intelligenz und staatlichem Bürokratismus.

Darüber hinaus vertrat Mao Zedong ein radikales Klassenkampf-Konzept, das davon ausging, dass "Klassenfeinde" sich auch nach der Errichtung des sozialistischen Staates noch dauerhaft durch verdeckte Sabotage zur Wehr setzen würden und die Sache der Revolution zu hintertreiben suchten. Mao ging in den sechziger Jahren so weit, die "Klassenfeinde" in der Partei selbst zu vermuten, und rief die Bevölkerung zur Entlarvung "kapitalistischer Machthaber in der Partei" auf. Diese Appelle führten in der "Großen Proletarischen Kulturrevolution" (1966-1976) nicht nur zu willkürlichen politischen Verfolgungen, sondern zeitweilig zur Zerschlagung des Parteiapparats – ein Vorgang, der dem leninistischen Prinzip der unantastbaren Führungsrolle und Einheit der Partei völlig zuwiderlief.

Nach den Erschütterungen der "Kulturrevolution" und dem Tode Mao Zedongs 1976 wurden in Partei und Bevölkerung Rufe nach einer ideologischen Umorientierung laut, die als Grundlage für ein Programm der *"Vier Modernisierungen"* in Industrie, Landwirtschaft, Wissenschaft/Technik und Landesverteidigung diente. Die Bedeutung des "Klassenkampfes" wurde herabgestuft. Unter Leitung Deng Xiaopings wurde der Arbeitsschwerpunkt der Partei auf die "sozialistische Modernisierung" der Wirtschaft und auf die Konsolidierung der Partei- und Staatsorganisation verlegt. Die "Weiterentwicklung des Marxismus-Leninismus" im Lichte der wirtschaftlichen Modernisierungserfordernisse Chinas wurde zum Kern der ideologischen Debatte.

Die KPC vertritt heute offiziell einen *"Sozialismus chinesischer Prägung"*, der sich nicht nur vom sowjetischen Modell distanziert, sondern auch die marxistischen Klassiker in ihrer Bedeutung für die Modernisierung Chinas neu zu bewerten sucht. 1987 und erneut 1997 stellten Parteitage der KPC fest, dass sich China erst in der *"Anfangsphase des Sozialismus"* befinde und der Übergang zu einem entwickelten sozialistischen System erst dann möglich sein werde, wenn China Mitte des 21. Jahrhunderts das Entwicklungsniveau eines Industrielandes erreicht habe. Deng Xiaoping legte als vorrangige Ziele die Entwicklung der Produktivkräfte und die Anhebung des Lebensstandards der Bevölkerung fest: "Armut ist nicht Sozialismus. Sozialismus ist dazu da, die Armut zu beseitigen." Um Chinas Wirtschaft zu modernisieren, sollten aus Sicht der Reformer zwar auch marktwirtschaftlich-kapitalistische Methoden genutzt werden. Die ihnen zugrunde liegenden Werte wie Indivi-

3.1 Chinas sozialistisches System

dualismus und Interessenpluralismus aber werden von der chinesischen Führung bis heute nicht offiziell akzeptiert. Solche "westlichen" Wertvorstellungen seien weder mit der chinesischen Tradition noch mit der marxistisch-leninistischen Ideologie vereinbar.

Die hier wirksamen ideologischen Filter nehmen weiterhin Einfluss auf die Wirklichkeitswahrnehmung innerhalb der politischen Führung (Sun Yan 1995). Die Funktion der Ideologie als Mittel politischer Disziplinierung ist jedoch im Schwinden begriffen. Die Hüter des Sozialismus in der Parteizentrale können immer weniger auf Gefolgschaft in der eigenen Partei, geschweige denn in der Bevölkerung, rechnen. Die von der Führung seit 1979 verbindlich vorgegebenen *"Vier Grundprinzipien" – Führungsrolle der Partei, Demokratische Diktatur des Volkes, sozialistischer Entwicklungsweg und Marxismus-Leninismus/Mao-Zedong-Ideen* – werden von einem großen Teil der Parteimitglieder nur noch als ideologische Lippenbekenntnisse hochgehalten.

Auch die seit Anfang 2000 unternommenen Ansätze, die programmatische Orientierung der KPC mit Jiang Zemins Formel der *"Dreifachen Repräsentation" (san ge daibiao)* zu erneuern, wonach die Partei die "elementaren Interessen der Mehrheit der Bevölkerung" sowie die Bedürfnisse aller fortschrittlichen wirtschaftlichen und kulturellen Kräfte verantwortlich repräsentieren solle, treffen in Parteimitgliedschaft und Bevölkerung oft auf zynische Reaktionen. Allerdings lässt die Formel der "Dreifachen Repräsentation" den Willen erkennen, die KPC für neue gesellschaftliche Gruppen zu öffnen (seit Juli 2001 explizit auch für Privatunternehmer) und möglicherweise sogar zu einer "Volkspartei" umzubauen.

Die praktische Bedeutung ideologischer Indoktrinierung durch die KPC ist insgesamt im Niedergang begriffen. Statt dessen setzte sich seit den achtziger Jahren ein ökonomistisches Denken in Partei und Gesellschaft durch, das die traditionellen Ideen des Sozialismus den Zielen der wirtschaftlichen Modernisierung und privaten Bereicherung unterordnet. Als Resultat dieser fortschreitenden *Ökonomisierung des Denkens und Handelns* wird die offizielle Parteiideologie zunehmend zum Anachronismus und dient heute in erster Linie der Herrschaftsrechtfertigung der KPC.

Die Anpassung der KPC an die neuen ökonomischen Bedingungen war von ideologischen Modifikationen flankiert, die im Laufe der Reformpolitik bis hin zur *Preisgabe wesentlicher ideologischer Prinzipien* (Dominanz administrativer Wirtschaftsplanung gegenüber der Marktkoordination, Dominanz des staatlichen gegenüber dem nicht-staatlichen Wirtschaftssektor) reichten. Zwar wurden diese ideologischen Revisionen von heftigen parteiinternen Kontroversen, insbesondere 1986 und 1989, begleitet (Sun Yan 1995). Eine Spaltung der Parteihierarchie in verschiedene politische Lager aber konnte aufgrund der einheitsstiftenden und unangreifbaren Autorität Deng Xiaopings vermieden werden. Deng sorgte dafür, dass die Auseinandersetzungen nicht die organisatorische Einheit der KPC insgesamt gefährdeten, sondern sich auf Fragen der wirtschaftspolitischen Strategie und ideologischen Teilrevision beschränkten.

Mit dem XVI. Parteitag im November 2002 wurden Kernelemente der marxistisch-leninistischen Ideologie (Abschaffung von Privateigentum, Auslöschung der privaten Unternehmerschicht, Bekämpfung der „Kapitalistenklasse" und Dominanz öffentlichen Eigentums) de facto aufgegeben. Gegen die ideologische Neuorientierung und Öffnung der Parteimitgliedschaft gab es Widerstände von Seiten vor allem älterer Parteimitglieder, über die sich die Parteiführung jedoch hinwegsetzte. Die Änderungen des Parteistatuts und der politischen Programmatik durch den XVI. Parteitag der KPC enthielten folgende Kernpunkte:

- *KPC als "Volkspartei":* Die KPC bezeichnet sich nun als Vorhut nicht nur der chinesischen Arbeiterklasse (wie bisher), sondern auch des ganzen chinesischen Volkes und der ganzen chinesischen Nation. Der ursprüngliche Klassenkampfauftrag der Partei und die Führungsrolle des Proletariats wurden damit – wenn auch nicht expressis verbis, so doch de facto – aufgegeben.
- Die Formel von der *"Dreifachen Repräsentation"* (die KPC solle fortschrittliche Produktivkräfte, moderne Zivilisation und Grundinteressen der breiten Bevölkerung repräsentieren) fand Eingang in das Parteistatut.
- *Ausgeglicheneres Wachstum, gestützt auf Mittelschicht*: Als langfristiges Endziel der KPC wird im Parteistatut weiterhin die Verwirklichung des Kommunismus genannt. Als unmittelbare Aufgabe aber wird der "umfassende Aufbau einer Gesellschaft mit bescheidenem Wohlstand (*xiaokang shehui*) " festgelegt, d.h. ein alle Gesellschaftsgruppen einschließender Wohlstand und die Vergrößerung der Mittelschicht. Bis zum Jahr 2020 soll das Bruttoinlandsprodukt gegenüber dem Jahr 2000 vervierfacht werden. Zugleich sollen soziale Ungleichverteilungen, regionale Disparitäten und strukturelle Verzerrungen in Chinas Wirtschaft und Gesellschaft eingedämmt werden.
- *KPC und Privatwirtschaft:* Die Aufgaben von Parteiorganisationen in der nichtstaatlichen Wirtschaft werden im Parteistatut nun konkret benannt ("Aufsicht" über eine gesetzmäßige Betriebsleitung, "Führung" der be-

trieblichen Gewerkschaftsorganisation, Ausgleich bei Interessenkonflikten zwischen Betriebsleitung und Belegschaft).
- *Staatsbetriebe und staatliche Vermögenswerte*: Nur eine sehr kleine Zahl von Betrieben in strategischen Schlüsselbereichen der Ökonomie soll im Staatsbesitz bleiben. Alle anderen sollen durch Beteiligung nichtstaatlicher Investoren in neue Eigentumsverhältnisse überführt werden.

Die Kommunistische Partei präsentiert sich mit diesen programmatischen Änderungen von 2002 als Modernisierungs- und Volkspartei, die ein sehr rasches und dauerhaftes *wirtschaftliches Wachstum* erreichen und zugleich eine sozial möglichst ausgeglichene *Mittelstandsgesellschaft* aufbauen will. Die Beibehaltung des Namens "Kommunistische Partei Chinas" ist ideologisch nicht mehr zu rechtfertigen, sondern nur noch in organisatorischer Hinsicht haltbar: Die KPC ist weiterhin nach leninistischen Prinzipien als Kaderpartei organisiert.

Neben der wirtschafts- und gesellschaftspolitischen Programmatik spielt auch der *Nationalismus* eine wichtige Rolle für die Selbstlegitimation der KPC unter den veränderten Bedingungen der Reform- und Öffnungspolitik. Um politische Unterstützung zu gewinnen, präsentiert sich die Partei als Hüterin der nationalen Souveränität und Würde Chinas."Patriotische Erziehung" spielt in den Medien und im Bildungswesen eine zentrale Rolle. Und in der Tat ist in der chinesischen Gesellschaft eine starke patriotisch-nationalistische Grundströmung unübersehbar, die zur Einheit des Landes wesentlich beiträgt und der kommunistischen Führung bei Konflikten mit westlichen Staaten und in der Taiwan-Frage (vgl. Kapitel 6) Unterstützung in der Bevölkerung sichert.

3.2 Die Verfassung eines Parteistaates

Nach dem Modell der UdSSR hatte sich die KPC zwischen 1922 und 1947 in mehreren Programmdokumenten zunächst für die Bildung eines föderalen Systems (*lianbangzhi*) in einem chinesisch dominierten Vielvölkerstaat ausgesprochen. Nach dem Sieg im chinesischen Bürgerkrieg aber ließ die Parteiführung dieses Konzept angesichts der schwierigen Herrschaftskonsolidierung in Grenz- und Minderheitenregionen fallen. In den Diskussionen um die Staatsbezeichnung und Staatsordnung 1949 setzte die KPC die Errichtung eines Zentralstaates mit begrenzten Selbstverwaltungsbefugnissen für Minderheitennationalitäten durch. Der zentralistische Charakter der KPC selbst hatte zu keinem Zeitpunkt in Frage gestanden. Der Staat wurde als Vollzugsinstrument der Partei konzipiert, nicht als ein von eigenständigen Regeln, Verantwortlichkeiten, Machtbeschränkungen und Kontrollen bestimmter Verfassungsstaat. Somit wäre selbst ein formal föderaler sozialistischer Staat in der politischen Praxis (wie in der UdSSR) durch einen strikten Zentralismus gekennzeichnet gewesen.

Die formalen Staatsinstitutionen der VR China, die in der ersten Verfassung von 1954 festgelegt wurden, folgten in Kernelementen dem sowjetischen Modell, speziell der unter Stalin verabschiedeten Verfassung der Sowjetunion von 1936. Die politische Führungsrolle der KPC, umfassende Durchgriffsbefugnisse der Zentralregierung gegenüber regionalen Führungen, die Gewaltenkonzentration (also die explizite Ablehnung einer politischen Machtbegrenzung durch Gewaltenteilung zwischen Exekutive, Legislative und Judikative) und die Unterordnung individueller Rechte unter kollektive Interessen sind bis heute Kernprinzipien der Verfassungsordnung der VRC.

3.2.1 Verfassungsgeschichte der VR China

Zwischen 1949 und 1954 wurde die VR China auf der Grundlage eines "Gemeinsamen Programms" der Politischen Konsultativkonferenz des Chinesischen Volkes (PKKCV) regiert, in die eine breite "Einheitsfront" kooperationswilliger nichtkommunistischer Kräfte einbezogen war. Mit dem Zusammentritt des I. Nationalen Volkskongresses (NVK) im September 1954 wurde die PKKCV jedoch als nationales politisches Repräsentationsorgan an den Rand gedrängt (vgl. 3.9.3) und eine reguläre Verfassung in Kraft gesetzt.

Seit Gründung der VR China sind bislang *vier Verfassungen (1954, 1975, 1978, 1982)* verabschiedet worden, in denen sich die wechselnden politischen Ziele der KPC widerspiegeln. Während insbesondere in den Verfassungen von 1975 und 1978 die Bedeutung des Klassenkampfes hervorgehoben wurde, spiegelt die derzeit gültige Verfassung von 1982 (in wichtigen Elementen modifiziert in den Jahren 1988, 1993 und 1999; eine weitere Verfassungsänderung ist 2004 zu erwarten) die Bemühungen um eine "sozialistische Modernisierung" des Wirtschaftssystems und um eine Stabilisierung der staatlichen Institutionen wider. Erstmals wurde in einem Verfassungstext der VR China explizit festgestellt, dass die Verfassung "das Grundgesetz des Staates ist und höchste gesetzliche Autorität besitzt". Darüber hinaus ist festgelegt, dass keine Organisation das Privileg genießen dürfe, die Verfassung und die Gesetze zu übertreten. Diese Vorschrift steht jedoch in einem Widerspruch

3.2 Die Verfassung eines Parteistaates

zur Führungsrolle der KPC in Staat, Wirtschaft und Gesellschaft, die in der Präambel der Verfassung festgelegt ist.

3.2.2 Der Verfassungstext[1]

Die Verfassung von 1982 gliedert sich in eine Präambel und vier Kapitel. Die ausführliche Präambel zieht zunächst eine historische Bilanz des "revolutionären Kampfes" der chinesischen "Volksmassen" aus der Sicht der KPC. Sie formuliert außerdem programmatische und politische Grundsätze, die 1993 und 1999 jeweils der aktuellen politischen Linie angepasst wurden. In der seit 1999 gültigen Fassung der Präambel heißt es:

"Unser Land wird sich noch für lange Zeit im Anfangsstadium des Sozialismus befinden [...] Unter der Führung der Kommunistischen Partei Chinas und angeleitet durch den Marxismus-Leninismus, die Mao-Zedong-Ideen und die Theorien Deng Xiaopings werden die Volksmassen aller Nationalitäten Chinas weiterhin festhalten an der Demokratischen Diktatur des Volkes, am sozialistischen Weg sowie an Reform und Öffnung, ununterbrochen die sozialistischen Institutionen vervollkommnen, die sozialistische Marktwirtschaft und die sozialistische Demokratie entwickeln, das sozialistische Rechtssystem perfektionieren und auf die eigene Kraft gestützt hart arbeiten, um schrittweise die Modernisierung von Industrie, Landwirtschaft, Landesverteidigung sowie Wissenschaft und Technik ["Vier Modernisierungen"] zu verwirklichen und China zu einem wohlhabenden, demokratischen und hochzivilisierten sozialistischen Land zu machen".

In Kapitel I "Allgemeine Grundsätze" heißt es dann:

"Die VRC ist ein sozialistischer Staat unter der Demokratischen Diktatur des Volkes, der von der Arbeiterklasse geführt wird und auf dem Bündnis der Arbeiter und Bauern beruht [...] Die Sabotage des sozialistischen Systems ist jeder Organisation oder jedem Individuum verboten" (Art.1).
"Alle Macht in der VRC gehört dem Volk. Die Organe, durch die das Volk die Staatsmacht ausübt, sind der Nationale Volkskongress und die lokalen Volkskongresse auf den verschiedenen Ebenen" (Art.2).

---

[1] Die hier zitierten Auszüge aus der Verfassung wurden vom Autor aus der chinesischen Originalfassung ins Deutsche übersetzt. Eine offizielle englische Übersetzung des Verfassungstextes mit allen Verfassungsänderungen seit 1982 findet sich unter: http://english.peopledaily.com.cn/constitution/constitution.html.

"Die Staatsorgane der VRC wenden das Prinzip des Demokratischen Zentralismus an [...] Alle Organe der Staatsverwaltung, alle Staatsorgane der Rechtsprechung und alle Organe der Staatsanwaltschaft werden von den Volkskongressen ins Leben gerufen, sind ihnen verantwortlich und unterliegen ihrer Aufsicht" (Art.3).
"Alle Nationalitäten in der VRC sind gleichberechtigt" (Art.4).
"Die VRC praktiziert eine auf Gesetze gestützte Regierung und errichtet einen sozialistischen Rechtsstaat [...] Keine Organisation und kein Individuum darf das Privileg genießen, die Verfassung und die Gesetze zu überschreiten" (Art.5).
"Der Staat erhält die öffentliche Ordnung aufrecht, unterdrückt landesverräterische und andere verbrecherische Tätigkeiten, die die Staatssicherheit gefährden, stellt Handlungen, die die öffentliche Sicherheit gefährden oder die sozialistische Wirtschaft unterminieren, und andere verbrecherische Tätigkeiten unter Strafe, bestraft Verbrecher und erzieht sie um" (Art.28 gemäß Verfassungsänderung 1999).

Zentrale Aussagen über "Grundrechte und Grundpflichten der Bürger" finden sich in Kapitel II:

"Alle Bürger der VRC sind vor dem Gesetz gleich" (Art.33).
"Die Bürger der VRC genießen die Freiheit der Rede, der Publikation, der Versammlung, der Vereinigung, der Durchführung von Straßenumzügen und Demonstrationen" (Art.34).
"Die Bürger der VRC genießen die Glaubensfreiheit" (Art.36).
"Die persönliche Würde der Bürger der VRC ist unverletzlich" (Art.38).
"Die Bürger der VRC dürfen bei der Ausübung ihrer Freiheiten und Rechte die Interessen des Staates, der Gesellschaft und des Kollektivs [...] nicht verletzen" (Art.51).

Die Einzelheiten des Staatsaufbaus sind schließlich in Kapitel III geregelt. Die im Vergleich zu den Verfassungen der Mao-Ära sehr ausführlichen Bestimmungen spiegeln das Interesse der nachmaoistischen Führung an einer Konsolidierung des in der "Kulturrevolution" 1966-76 stark geschwächten Staatsapparats wider. Die wichtigsten in der Verfassung aufgeführten Staatsorgane, Zuständigkeiten und formalen Regeln werden in den folgenden Unterkapiteln 3.3 bis 3.11 dieses Buches im Einzelnen dargelegt. Hier sollen nur einige allgemeine Besonderheiten der aufgeführten Staatsorgane und Verfahrensregeln kurz angesprochen werden.
Der alle fünf Jahre indirekt gewählte *Nationale Volkskongress* (NVK, Art. 57ff. der Verfassung) ist das formal "oberste Organ der Staatsmacht" und Gesetzgebungsorgan, tritt aber nur einmal im Jahr zu einer Plenartagung zusammen und stellt aufgrund seiner Größe (knapp 3.000 Delegierte) kein effektives Gesetzgebungsorgan dar. Das NVK-Plenum ist unter anderem zuständig für Verfassungsänderungen (mit Zwei-Drittel-Mehrheit), Ausarbei-

3.2 Die Verfassung eines Parteistaates

tung und Änderung von grundlegenden Gesetzen (mit einfacher Mehrheit), Wahl/Abberufung des Staatspräsidenten und Bestätigung/Abberufung der wichtigsten Mitglieder anderer Staatsorgane (einschließlich der obersten Justizorgane), Prüfung und Bestätigung des Staatshaushaltes, territoriale Neuorganisationen sowie Entscheidungen über Krieg und Frieden (Art. 62-64). Die Kandidaten für hochrangige Regierungsämter werden laut Verfassung vom NVK bzw. von dessen Ständigem Ausschuss gewählt, de facto aber zuvor – nicht öffentlich – von Gremien der KPC ausgewählt und benannt.

Der *Ständige Ausschuss des NVK* (Art. 65ff.) fungiert als eine Art "Ersatzparlament" des NVK mit nur 174 Mitgliedern, verabschiedet die Mehrzahl der Gesetze, legt Verfassung und Gesetze aus (auch das Grundgesetz für die SVR Hongkong), beaufsichtigt die Arbeit der Staatsorgane, bestätigt die Ernennung von wichtigen Regierungsmitgliedern zwischen den Tagungen des NVK-Plenums, entscheidet über die Ratifizierung internationaler Verträge und Abkommen und entscheidet über Kriegserklärungen in der Zeit zwischen den Tagungen des NVK-Plenums. Die Mitglieder des Ständigen Ausschusses dürfen kein Amt in anderen Staatsorganen bekleiden.

Dem *Vorsitzenden der VR China*, kurz: *Staatspräsidenten* (Art. 79ff.), der nur für zwei Amtsperioden von je fünf Jahren gewählt werden kann, kommen formal-repräsentative Funktionen zu: Er setzt Gesetze mit seiner Unterschrift in Kraft, ernennt und entlässt führende Mitglieder von Staatsorganen nach Entscheidung durch den NVK und empfängt internationale Staatsgäste. KP-Generalsekretär Jiang Zemin, der seit 1993 zugleich als Staatspräsident amtierte, nutzte das Amt zur außenpolitischen Profilierung. Sein Nachfolger Hu Jintao führt diese Praxis offenkundig fort.

Der *Staatsrat*, so die Bezeichnung für die chinesische *Zentralregierung*, wird in der Verfassung als "Exekutivorgan" des NVK und als "oberstes Organ der Staatsverwaltung" definiert (Art. 85). Der *Ministerpräsident* verfügt als Leiter des Staatsrates über eine große Machtfülle, seine Amtszeit ist auf zwei Fünfjahresperioden beschränkt (s. im Detail 3.4).

Die *Zentrale Militärkommission*, die in der Verfassung nur ganz knapp behandelt wird (Art. 93-94) "leitet die Streitkräfte des Landes" (s. hierzu 3.11).

Lokale Volkskongresse und Volksregierungen aller Ebenen (Art. 95-111) sind die lokalen Organe der Staatsmacht und haben auf der jeweiligen Verwaltungsebene Kompetenzen, die im Wesentlichen mit denen des NVK auf nationaler Ebene korrespondieren. Nur die Delegierten der Volkskongresse auf Kreis- und Gemeindeebene werden direkt gewählt. Ständige Ausschüsse werden nur von der Kreisebene an aufwärts eingerichtet. Der einheitsstaatliche Charakter der VRC wird in der Verfassung deutlich formuliert: Die lokalen Volksregierungen aller Ebenen "sind den Organen der Staatsverwaltung der nächsthöheren Ebenen verantwortlich und rechenschaftspflichtig" und sind Organe der Staatsverwaltung "unter der einheitlichen Führung des Staatsrates" (Art. 110). Der Staatsrat kann "nicht angemessene Entscheidungen" lokaler Organe der Staatsverwaltung annullieren (Art. 89).

Volksgerichte und Volksstaatsanwaltschaften sollen ihre Tätigkeit "entsprechend den gesetzlichen Bestimmungen unabhängig" ausüben, "frei von Einmischung durch Verwaltungsorgane, gesellschaftliche Organisationen oder Individuen" (Art. 126 bzw. 131). Zugleich sind die Justizorgane aller Ebenen den jeweiligen Volkskongressen, denen die Einsetzung der leitenden Richter und Staatsanwälte zukommt, verantwortlich (Art. 128 bzw. 133) (s. hierzu ausführlich 3.10).

Kapitel IV der Verfassung benennt Beijing als Hauptstadt der VRC und befasst sich mit den Staatssymbolen. Die *Staatsflagge* ist rot (Symbol der Revolution) mit einem großen gelben Stern (Symbol für die KPC) links oben, um den vier kleinere gelbe Sterne im Halbkreis angeordnet sind. Diese vier kleineren Sterne werden heute als Symbole für "das chinesische Volk" benannt, standen aber zum Zeitpunkt der Staatsgründung 1949 für die damals in einer "Neuen Demokratie" zusammengeschlossenen gesellschaftlichen Kräfte: Bauern, Arbeiter, Kleinbürgertum und "patriotische Kapitalisten". Das *Staatswappen* der VRC zeigt auf rotem Grund folgende goldfarbene Symbole: in der Mitte das von den fünf Sternen (Partei und Volk) überstrahlte Tor des Himmlischen Friedens (Tian'anmen; von hier rief Mao Zedong die VR China aus, weshalb dieses Tor den "unbezwingbaren Geist des chinesischen Volkes im Kampf gegen Imperialismus und Feudalismus" symbolisieren soll), umgeben von einem Ährenkranz (Symbol der Bauernschaft), darunter ein Zahnrad (Symbol der Arbeiterschaft). Die nicht in der Verfassung genannte *Nationalhymne* der VRC ist der 1935 verfasste "Marsch der Freiwilligen" ("Steht auf! Nicht länger Sklaven mehr!"), der ursprünglich zum Widerstand gegen die japanische Aggression aufrief, heute als Ausdruck der Entschlossenheit des chinesischen Volkes im "Befreiungskampf" gegen in- und ausländische Unterdrückung gedeutet wird. Mit diesen Staatssymbolen wird die revolutionäre, aufgrund der gesellschaftlichen Veränderungen anachronistisch anmutende Symbolik der frühen Volksrepublik China ins 21. Jahrhundert transportiert.

3.2 Die Verfassung eines Parteistaates

3.2.3 Verfassungsänderungen

Die Verfassungsänderungen vom März 1999 beinhalteten unter anderem eine politische Aufwertung des Privatunternehmertums und ein Bekenntnis zum "sozialistischen Rechtsstaat". Diese Revisionen waren eine Konsequenz aus den ideologischen und ordnungspolitischen Neuerungen, die auf dem XV. Parteitag der KPC im September 1997 bereits in das Parteistatut aufgenommen worden waren. Mit den Änderungen von 1993 und 1999 wurden die "Theorien Deng Xiaopings" in der Präambel neben Marxismus-Leninismus und Mao-Zedong-Ideen als ideologische Bezugspunkte für Staat und Gesellschaft der VR China verankert. Darüber hinaus wurde in die Präambel die Formel vom "Anfangsstadium des Sozialismus", das noch "lange Zeit" dauern werde, aufgenommen. Diese Formel dient seit den achtziger Jahren zur ideologischen Rechtfertigung marktorientierter Reformmaßnahmen, die mit dem konventionellen Verständnis von "Sozialismus" kaum zu vereinbaren sind. Die Verfassung wurde 1999 außerdem um ein Bekenntnis zur gesetzmäßigen Regierung und zum "sozialistischen Rechtsstaat" ergänzt. Da Gewaltenteilung aber nicht gegeben ist und die chinesische Justiz weiterhin durch politische Vorgaben beeinflussbar bleibt, steht das Bekenntnis zur Rechtsstaatlichkeit in einem unüberbrückten Gegensatz zum umfassenden Führungsanspruch der KPC. In der VR China wird es weiterhin rechtsfreie Domänen in politisch sensiblen Bereichen geben, die nach Auffassung der Parteiführung die "Staatssicherheit" berühren. Die Ersetzung der Formel "konterrevolutionäre Tätigkeiten" durch die schon im novellierten Strafgesetz enthaltene Formel ("verbrecherische Tätigkeiten, die die Staatssicherheit gefährden") hatte insofern nur kosmetische Bedeutung (vgl. 5.1).

Substanzielle Revisionen beinhalten die Verfassungsänderungen von 1999 im Hinblick auf Eigentums- und Unternehmensformen: Die Koexistenz öffentlicher und privater Eigentumsformen wie auch die "gesetzmäßigen Rechte und Interessen" der Privatwirtschaft wurden explizit anerkannt. Der Beitrag der Privatunternehmen zur wirtschaftlichen Entwicklung Chinas und der Status der Privatunternehmer erfuhren eine deutliche Aufwertung, indem Individual- und Privatgewerbe in der Verfassung als "wichtige Bestandteile der sozialistischen Marktwirtschaft" anerkannt werden. Im alten Verfassungstext war die nicht-staatliche Wirtschaft lediglich als nachrangige "Ergänzung" des sozialistischen Eigentums- und Wirtschaftssystems bezeichnet worden.

Im Oktober 2003 beschloss das Zentralkomitee der KPC Verfassungsänderungen, mit denen der Schutz nicht-öffentlichen Eigentums und die Rechte von Privatunternehmen weiter gestärkt werden sollen. Diese Änderungen sollen im Frühjahr 2004 durch den NVK offiziell verabschiedet werden.

3.2.4 Die Kommunistische Partei als Souverän

Das politische Institutionengefüge Chinas wurde durch keine der bisherigen Verfassungsänderungen grundsätzlich angetastet. Es zeigen sich unüberwindliche politische Schranken für einen durchgreifenden Strukturwandel: Die Machtposition der KPC und ihrer Kader, die sich auf fehlende gewaltenteilige Kontrollen und auf de facto unbegrenzte Eingriffsrechte im Wirtschaftsleben stützt, besteht trotz des rasch fortschreitenden wirtschaftlichen und sozialen Wandels fort. Der Führungsanspruch der KPC bleibt somit das entscheidende Hindernis für eine Erneuerung der staatlichen Institutionen. De facto steht die KPC über der Verfassung und über dem Volk: Die Partei, nicht das Volk, ist der Souverän im Staat der VR China (von Senger 1994). Eine Verfassungsreform, die an diesen Prinzipien rütteln könnte, wurde von der chinesischen Parteiführung auf dem Parteitag 1997 abgelehnt, in dessen Vorfeld lebhafte parteiinterne Diskussionen über die Notwendigkeit von politischen Veränderungen stattgefunden hatten. Die Staatsverfassung besitzt angesichts der unangefochtenen hegemonialen Stellung der KPC nur ein begrenztes Gewicht für die Praxis der politischen Willensbildung, Konfliktbewältigung und Entscheidungsfindung.

3.3 Die Kommunistische Partei Chinas (KPC)

Die überragende Bedeutung der KPC im politischen System der VR China ist bereits deutlich geworden. Dennoch wird die sich verändernde politische Rolle, Mitgliedschaft und Organisation der Partei in der neueren Chinaliteratur aufgrund der intransparenten internen Strukturen und der fast ausschließlich chinesischsprachigen Quellen meist sträflich vernachlässigt. Die folgenden Abschnitte nehmen eine detaillierte Analyse der Parteiorganisation, der Verflechtung von Partei und Staat sowie eine Analyse der Machtgrundlagen der KPC im sich wandelnden politischen und wirtschaftlichen Umfeld vor.

3.3 Die Kommunistische Partei Chinas

3.3.1 Parteiorganisation

Die formalen Grundprinzipien der Parteiorganisation sind im Statut der KPC (*Zhongguo gongchandang zhangcheng*) festgelegt, das zuletzt auf dem XVI. Parteitag 2002 geändert wurde (deutsche Übersetzung in *China aktuell*, Dezember 2002). Die Grundregeln innerparteilicher Entscheidungsverfahren, Konfliktbeilegung und Disziplinaraufsicht sind in einer Vielzahl von Parteidokumenten konkretisiert. Herausragende Bedeutung für die Abkehr von der Politik innerparteilicher "Säuberungen" (Absetzung und Parteiausschluss einer großen Zahl leitender Funktionäre im Rahmen politischer Kampagnen) hatte das Dokument "Einige Bestimmungen zum innerparteilichen politischen Leben" von 1980, das einen Bruch mit den innerparteilichen Konflikten der Mao-Ära markieren und eine Institutionalisierung der Parteiarbeit einleiten sollte.

Personal und Organisation der KPC bilden noch immer Kern und Gerüst des Herrschaftssystems der VR China. Im September 2002 zählte die KPC insgesamt 66,35 Mio. Mitglieder, was einem Bevölkerungsanteil von etwas mehr als 5% entspricht (zur Mitgliederentwicklung siehe Übersicht 3.3). Seit dem XV. Parteitag im September 1997 waren innerhalb von fünf Jahren fast sechs Mio. neue Mitglieder aufgenommen worden. Allein im Jahre 2001 beantragten rund 14,5 Mio. Personen die Aufnahme in die KPC. Davon wurden 7,4 Mio. als „Aktivisten" (*jiji fenzi*: Probephase und Vorstufe zur Parteimitgliedschaft) akzeptiert. Eine Parteimitgliedschaft bietet immer noch vielfältige Vorzüge, wie z.b. ein hilfreiches Beziehungsnetz, günstige Behördenentscheidungen, Beförderungsmöglichkeiten, Auslandsreisen oder die Zuteilung preiswerter Wohnungen. Zwischen 1990 und 2000 waren fast drei Viertel der neuen Mitglieder nach offiziellen Angaben jünger als 35 Jahre, und fast vier Fünftel von ihnen besaßen mindestens einen Oberschulabschluss. In diesen Zahlen drückt sich aus, dass die neue städtische Mittelschicht als "Gewinner" der Wirtschaftsreformen zur wichtigsten sozialen Basis für die Herrschaft der KPC geworden ist. Bauern und staatliche Industriearbeiter haben hingegen an Gewicht innerhalb der Partei verloren (vgl. 2.5.2).

Einem kritischen Bericht des ZK-Organs „Volkszeitung" (*Renmin ribao*) vom September 2002 zufolge sind die offiziellen Organisationsstatistiken zum Bildungsniveau von Parteikadern und Parteimitgliedern durch massenhafte Falschangaben in Lebensläufen und durch Dokumentenfälschungen in Mitgliedschaftsanträgen verzerrt. Die ZK-Organisationsabteilung hat deshalb eine Überprüfung der Dokumente von Führungskadern über Hochschulabschlüsse und Doktorgrade angeordnet, da für die Beförderung in Führungspositionen solche akademischen Zeugnisse eine maßgebliche Rolle spielen. Inbesondere unter Chinas Führungskadern der jüngeren Jahrgänge schmücken sich offenbar nicht wenige mit falschen oder gekauften Doktortiteln.

Übersicht 3.3: *Mitgliederstruktur der Kommunistischen Partei Chinas (Jahresendangaben)*

	1993	1995	1997	1999	2000
KPC-Mitglieder insges. (Mio.)	**54,0**	**57,03**	**60,41**	**63,00**	**64,51**
Anträge auf Mitgliedschaft (Mio.)	--	12,97*	--	--	13,95
weibliche Mitglieder (%)	--	15,4*	16,3	17,1	17,4
Angehörige ethn. Minderheiten (%)	--	5,8*	6,0	6,2	6,2
jünger als 35 Jahre (%)	21,1	21,7	23,3	22,5	22,3
mit Hochschulabschluss (%)	--	--	16,7	19,2	20,4
Partei- und Behördenkader (%)	--	--	--	9,1	9,2
Kader in Unternehmen und Dienstleistungsorganisationen (%)	--	--	--	9,7	9,6
Facharbeiter, techn. Personal (%)	--	--	--	12,2	12,0
Arbeiter und Bauern (%)	--	--	--	48,7	49,1
Mitgliederzuwachs gegenüber dem Vorjahr (%)	3,2	2,4	3,9	--	2,0
Mitgliederabgänge pro Jahr (Todesfälle, Ausschlüsse, etc.) (%)	--	1,0**	0,9	--	--
Parteiintern disziplinarisch gemaßregelte Mitglieder (%)	0,2	0,2	0,2	--	--
Parteiausschlüsse wg. Disziplinarvergehen (%)	--	0,05**	0,1	--	--
Anteil der KP-Mitglieder an Gesamtbevölkerung (%)	**4,6**	**4,7**	**5,0**	**5,1**	**5,2**

Quelle: Personalstatistiken der ZK-Organisationsabteilung. * 1994. **1996.
© Heilmann 2002/2004

Während die KPC in vielen städtischen Zentren einen *Organisationsgrad* (Bevölkerungsanteil) von mehr als zehn Prozent erreicht, gehören nur rund zwei bis drei Prozent der ländlichen Bevölkerung der Partei an. In vielen ländlichen Regionen hat die Partei beträchtliche Probleme bei der Rekrutierung neuer Mitglieder und Führungskräfte. Ende 2000 bestanden insgesamt rund 3,5 Millionen *KPC-Basisorganisationen* in ländlichen Gemeinden und Dörfern, in städtischen Wohnvierteln sowie in Behörden, Unternehmen und sonstigen Organisationen.

3.3 Die Kommunistische Partei Chinas

Trotz ihrer großen Mitgliederzahl verfügt die KPC auch im städtischen Bereich nur über eine relativ dünne Decke qualifizierten Personals für die Hunderttausenden politischer und administrativer Führungspositionen, die von ihr zu besetzen sind. Die nachlassende Bindungs- und Integrationskraft der Partei zeigt sich besonders deutlich auf der Ebene der Basisorganisationen. Mit Hilfe ihrer Parteizellen in Dörfern, Unternehmen, Behörden und anderen Institutionen stellte die KPC jahrzehntelang ihre Omnipräsenz in der chinesischen Gesellschaft und Wirtschaft sicher. Heute jedoch wird der Zustand der untersten Organisationsebene in Parteidokumenten als äußerst unbefriedigend eingeschätzt. Aus Beijinger Sicht sind die Zustände in einigen süd- und westchinesischen Provinzen alarmierend: Dort werden ländliche Parteiorgane zum Teil durch Familienclans, kultisch-religiöse Geheimgesellschaften oder durch die organisierte Kriminalität unterwandert.

Übersicht 3.4: *Nachwuchsorganisationen der KPC*

	1984	1989	1995	2000
Kommunistischer Jugendverband	49	56	61,5	68**
Junge Pioniere	123	127*	130	130

Mitgliederangaben in Mio. *1990. **1999. Quelle: Offizielle Organisationsstatistiken.

Eine wichtige Rolle als Profilierungsmöglichkeit und Karrieresprungbrett für Nachwuchsführungskader spielt der Kommunistische Jugendverband (KJV, *gongchan zhuyi qingnian tuan*). In der Geschichte der KPC haben mehrere spätere Politbüromitglieder in der Frühphase ihrer Karriere Leitungspositionen an der Spitze des Zentralkomitees des KJV genutzt, um unter den dort versammelten ehrgeizigen Jungkadern Freunde und Gefolgsleute zu kultivieren und dann regelrechte "Seilschaften" beim Aufstieg in der Parteihierarchie zu bilden. Trotz einer gewaltigen Zahl registrierter Mitglieder (Ende 1999: 68 Mio., s. Übersicht 3.4) häufen sich die Klagen der KJV-Führung über Auflösungserscheinungen in den Basisorganisationen. In vielen Dörfern, Behörden, Betrieben und Schulen besteht der KJV heute nur noch dem Namen nach und kann seine Mitglieder, darunter offensichlich ein hoher Anteil von "Karteileichen", nicht mehr für regelmäßige Aktivitäten mobilisieren. Der KJV beaufsichtigt zugleich die Kinderorganisation der "Jungen Pioniere" (*shaonian xianfeng dui*) und deren Instrukteure, die vor allem in Chinas Schulen tätig sind. Viele Schüler und Eltern sehen die Mitgliedschaft als unvermeidliche Formalität an oder aber als Gelegenheit zu mehr oder weniger unterhaltsamen Gruppenaktivitäten.

3 Politische Institutionen

Übersicht 3.5: *Kader- und Machthierarchie in der VR China (1997)*

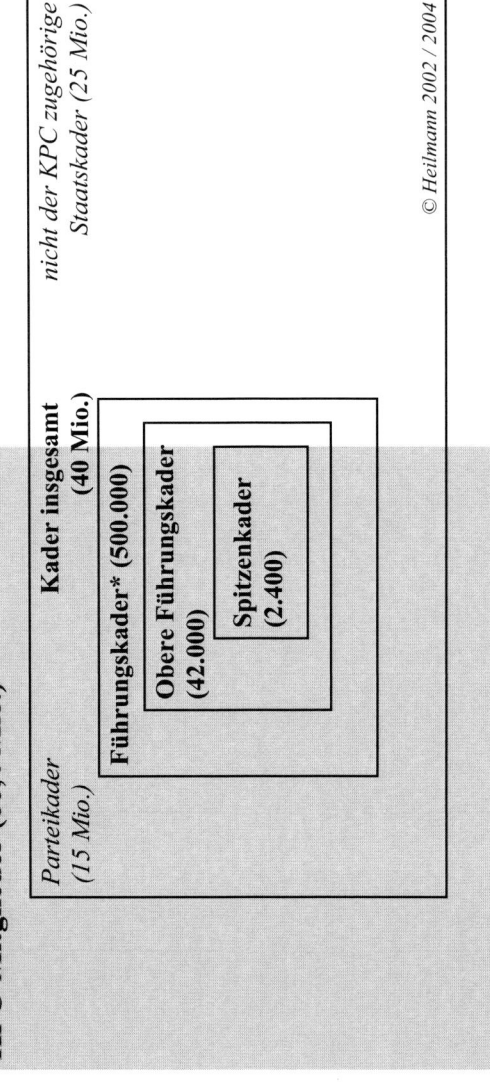

*Kader von der Kreisleitungs-/ministeriellen Unterabteilungsleitungs-Ebene an aufwärts. Gerundete Daten für Ende 1997. Grafische Darstellung modifiziert nach Cabestan 1994: 393.
Quellen: Personalstatistiken der ZK-Organisationsabteilung.

3.3 Die Kommunistische Partei Chinas

Die KPC ist gekennzeichnet durch eine rigide gegliederte *Kader- und Machthierarchie*, die von den Spitzenkadern (1997 rund 2.400 Personen), Oberen Führungskadern (42.000) und Führungskadern (492.000) gebildet wird (vgl. Übersicht 3.5). Darunter befindet sich das Heer einfacher Parteikader (ca. 15 Millionen im Jahr 1997) und der nicht der KPC zugehörigen Staatskader (ca. 25 Millionen). Die Führungskader (*lingdao ganbu*) der Partei sitzen an allen wichtigen Schalthebeln der chinesischen Politik: Staatsverwaltung, Sicherheitsorgane, Justiz, Gewerkschaften und Unternehmensverbände werden gleichermaßen von Parteifunktionären kontrolliert. Eine besonders enge politische Kontrolle übt die KPC über Polizei (s. 3.10) und Armee (s. 3.11) mit Hilfe von Parteikomitees, Parteigruppen und Politkommissaren aus, die in der Leitung der Sicherheitsorgane eine entscheidende Rolle spielen.

Die alle fünf Jahre stattfindenden *Parteitage* (*zhonggong quanguo daibiao dahui*) sind politische Großereignisse: Revisionen in ideologischen Grundsatzfragen, Neuorientierungen in der nationalen Entwicklungsstrategie und die Zusammensetzung der höchsten politischen Führungsgremien werden durch Parteitage bestimmt. Alle auf den Parteitagen zur Diskussion und Abstimmung gestellten Vorlagen werden von der Parteispitze sorgfältig vorbereitet. Monatelange Sondierungen, Konsultationen und interne Diskussionen gehen der kurzen Sitzungszeit des Parteitages voraus. Wichtige Veränderungen im Führungspersonal, im Statut und in der Programmatik der KPC waren das Ergebnis des XVI. Parteitags im November 2002.

Das *Zentralkomitee* (ZK, *zhongyang weiyuanhui*) der KPC tritt gewöhnlich nur ein- bis zwei Mal im Jahr zu einer Plenartagung (*quanti huiyi*) zusammen und bildet das zentrale Vertretungs- und Beschlussorgan der Spitzenfunktionäre aus Partei, Staat und Armee. Für Entscheidungen über die Besetzung von Spitzenpositionen in der Partei und über politische Grundsatzfragen – von Änderungen des Verfassungstextes bis hin zu Prinzipien der wirtschaftlichen Entwicklungsstrategie – ist die Billigung des ZK erforderlich. Die Mitglieder und Kandidaten des ZK werden von der Parteispitze nominiert und nach mehrfacher Überprüfung durch die ZK-Organisationsabteilung schließlich vom Nationalen Parteitag der KPC gewählt. Im ZK sind Organe der Parteizentrale und der Zentralregierung durch ihre jeweiligen Leiter repräsentiert. Die Provinzen, Regierungsunmittelbaren Städte und Autonomen Regionen sind durch ihre Parteisekretäre und Gouverneure bzw. Bürgermeister, die Armee durch hochrangige Offiziere und Politkommissare vertreten. Das ZK besteht im Zeitraum 2002-2007 aus 198 Vollmitgliedern und 158 nicht stimmberechtigten „Kandidaten". Mehr als die Hälfte der ZK-Mitglieder wurde auf dem XVI. Parteitag im November 2002 ausgewechselt.

Das Durchschnittsalter im XVI. ZK liegt bei 55 Jahren. Die VBA stellt etwas mehr als ein Fünftel der ZK-Vollmitglieder. Darüber hinaus finden sich unter den ZK-Mitgliedern auch leitende Manager staatlicher Großkonzerne. Nur fünf Frauen sind auf dem Parteitag von 2002 zu ZK-Vollmitgliedern bestimmt worden.

Übersicht 3.6: *Parteitage, Parteimitgliedschaft, Führungsgremien der KPC*

Jahr	Parteitage	Parteimitglieder	ZK-Vollmitglieder	Politbüro-Vollmitglieder	Mitglieder Ständiger Ausschuss Politbüro
1921	I.	57	--	3	--
1922	II.	195	5	--	--
1923	III.	420	9	5	--
1925	IV.	994	9	5	--
1927	V.	60.000	31	9	3
1928	VI.	40.000	23	7	--
1945	VII.	1.200.000	44	11	--
1956	VIII.	11.000.000	97	17	6
1969	IX.	21.000.000	170	21	5
1973	X.	28.000.000	195	21	9
1977	XI.	35.000.000	201	23	5
1982	XII.	40.000.000	210	25	6
1987	XIII.	45.000.000	175	17	5
1992	XIV.	52.750.000	189	20	7
1997	XV.	60.410.000	193	22	7
2002	XVI.	66.350.000	198	24	9

© Heilmann 2002/2004

Die höchsten Entscheidungs- und Führungsorgane der KPC sind das *Politbüro* (*zhengzhiju*, seit 2002: 24 Vollmitglieder und ein nicht stimmberechtigter Kandidat) und dessen Ständiger Ausschuss (derzeit neun Mitglieder). Ein Drittel der Politbüro-Mitglieder stellen ehemalige oder noch amtierende Provinzparteisekretäre. Die VBA ist durch zwei Generale vertreten. Der *Ständige Ausschuss* (*changwu weiyuanhui*) ist der Führungskern des Politbüros und setzt sich aus den wichtigsten aktiven und in Beijing residierenden Parteiführern zusammen. An der Spitze des Ständigen Ausschusses steht der KPC-Generalsekretär.

Das *ZK-Sekretariat* (*zhongyang shujichu*) bereitet Sitzungen und Entscheidungen des Politbüros vor und beaufsichtigt die Durchführung der

3.3 Die Kommunistische Partei Chinas

Parteibeschlüsse. Im ZK-Sekretariat sind Schlüsselressorts der Parteizentrale vertreten, um die politische Abstimmung zwischen den wichtigsten Arbeitsbereichen zu sichern. Die Arbeit des ZK-Sekretariats wird von einem Mitglied des Ständigen Ausschusses des Politbüros (seit 2002 Zeng Qinghong) geleitet. Darüber hinaus sind die Direktoren der ZK-Abteilungen für Organisation und Propaganda, ein leitendes Mitglied der ZK-Disziplinkontrollkommission, der Minister für Öffentliche Sicherheit, ein leitender Vertreter der ZK-Militärkommission sowie der Chef der ZK-Kanzlei Mitglieder des ZK-Sekretariats. Die hochkarätige Besetzung macht deutlich, welches politische Gewicht diesem Organ als dem Politbüro vorgeschaltete Instanz zukommt.

Die innerparteiliche Organisation ist in den neunziger Jahren stark institutionalisiert worden. Zuständigkeiten und Binnenorganisation wurden in detaillierten Organisationsplänen festgelegt (Zou Ximing 1998). Die *Disziplinkontrollkommissionen (jilü jiancha weiyuanhui,* kurz: *jiwei)* nehmen gemäß Parteistatut in der Parteizentrale und auf den nachgeordneten Ebenen der Parteihierarchie eine herausgehobene Stellung ein. Offiziell wird darüber hinaus im Parteiapparat unterschieden zwischen

- *Arbeitsorganen (gongzuo bumen/banshi jigou),* zu denen die Kanzleien der Parteikomitees, Organisations-, Propaganda- und Einheitsfrontabteilungen sowie Kommissionen für Politik und Recht auf den verschiedenen Ebenen der Parteihierarchie gezählt werden, und
- *Führungsgruppen und Kommissionen (lingdao xiaozu/weiyuanhui),* die der regelmäßigen oder Ad-hoc-Abstimmung und Entscheidungsfindung in bestimmten Politikbereichen dienen.

Viele der KPC-Arbeitsorgane und Führungsgremien, die für bestimmte Sach- und Verwaltungsbereiche (*xitong,* wörtlich: "Systeme", "Komplexe") zuständig sind, finden sich in verkleinertem Format auch in regionalen und städtischen Parteiapparaten. Diese Parteiorgane sind für die Entscheidungsvorbereitung in abgegrenzten Politikbereichen oft ausschlaggebend und besitzen somit ein beträchtliches Gewicht innerhalb des Regierungssystems. Da in der westlichen Chinaliteratur bislang nur sehr wenige Informationen über die meisten dieser geheimnisumwitterten Parteiorgane vorliegen, sollen die wichtigsten hier kurz mit ihren Hauptfunktionen vorgestellt werden. Die Darstellung beruht auf der Auswertung einer Vielzahl von Parteidokumenten und Hintergrundgesprächen des Autors in China.

- Dreh- und Angelpunkt für die laufenden Geschäfte der Parteizentrale ist die *ZK-Kanzlei* (*zhongyang bangongting*, häufig auch bezeichnet als „ZK-Hauptbüro"). Zu den Aufgaben der Kanzlei gehören die Vorbereitung von Konferenzen, Verbreitung und Aufbewahrung von ZK-Dokumenten, Information von Führungskadern sowie der Personenschutz. Die Kanzlei nimmt auch die Haushaltszuweisungen an Organe der Parteizentrale vor. Regionale Parteikomitees leiten ihre Meldungen und Anfragen über die ZK-Kanzlei an die Parteiführung.
- Die schon erwähnte *ZK-Disziplinkontrollkommission* ist zuständig für die Disziplinaraufsicht gegenüber Führungskadern in Partei- und Regierungsstellen. 1993 wurde sie zusammengelegt mit dem *Ministerium für Disziplinaraufsicht*, das nur noch als staatliche Fassadenorganisation existiert. Sie tritt als außerjustizielles Organ immer wieder in spektakulären Korruptionsfällen in Erscheinung und leitet die Ermittlungen auch in lokalen Korruptionsfällen durch Entsendung hochrangiger Ermittlergruppen, die auf den unteren politischen Ebenen gefürchtet sind.
- Die *Kommission für Politik und Recht (zhengfa weiyuanhui)* existiert als ständiges Arbeitsorgan auf allen Parteiebenen und nimmt die Parteiaufsicht über Justiz- und Polizeiorgane wahr. Für die Kriminalitäts- und Unruhebekämpfung ist die *Kommission für die umfassende Regulierung der gesellschaftlichen Sicherheit (shehui zhi'an zonghe zhili weiyuanhui)* zuständig, die in Leitung und Personal weitgehend identisch mit der Kommission für Politik und Recht ist.
- Die *Organisationsabteilung (zuzhi bu)* des ZK ist zuständig für die Kader- und Organisationspolitik der Partei. Sie verwaltet Personaldossiers der Führungskräfte und Reservekader auf zentraler Ebene, unterbreitet dem Politbüro Vorschlagslisten für die Besetzung von Führungspositionen, entwickelt Vorschläge zu parteiinternen Verfahrensreformen im Personal- und Organisationsbereich und legt verbindliche Maßnahmen zur Kaderschulung fest.
- Schulungsmaßnahmen für hohe und mittlere Kader werden an den Parteischulen auf den verschiedenen Organisationsebenen der Partei durchgeführt. Zu einem sehr wichtigen Forum der Diskussion innen- und außenpolitischer Grundsatzfragen ist die *ZK-Parteischule (zhongyang dangxiao)* in Beijing geworden, zu deren Kursen regelmäßig Spitzenkader aus der Zentrale und den Regionen zusammen kommen.
- Die *Propaganda-Abteilung (xuanchuan bu)* des ZK ist zuständig für die Öffentlichkeitsarbeit und Informationspolitik der Partei sowie für die Medienaufsicht. Staatliche Medien und Verlagshäuser sind an Weisungen der

3.3 Die Kommunistische Partei Chinas

Propaganda-Abteilung gebunden, die zugleich personalpolitische Kompetenzen für Führungspersonal im Medienbereich besitzt.
- Die *Einheitsfront-Abteilung (tongzhan bu)* des ZK ist zuständig für die Zusammenarbeit mit nichtkommunistischen Kräften ("Demokratische Parteien", ethnische Minderheiten, religiöse Gruppierungen, Privatunternehmer, Bund für Industrie und Handel, Hongkong, Macau, Taiwan, Auslandschinesen).
- Die *Zentrale Organ- und Stellenplan-Kommission (zhongyang jigou bianzhi weiyuanhui)* ist zuständig für Organisationsplanung und Verwaltungsreform auf den verschiedenen Partei- und Regierungsebenen und legt Stellenpläne und Kompetenzzuschnitt einzelner Organe fest. Wegen der in der VRC besonders häufigen Reorganisation von Regierungsorganen hat diese Kommission eine große Bedeutung erlangt.
- Die *Führungsgruppe für Finanzen und Wirtschaft (caijing lingdao xiaozu)*, die über einen beachtlichen Personalstab verfügt, ist für die Weiterentwicklung von Grundlinien der Wirtschaftsplanung und Wirtschaftsstrukturreform zuständig (in Abstimmung mit Regierungsorganen und Forschungsorganisationen). Sie tritt auch im Zusammenhang mit der Vorbereitung neuer Fünfjahrespläne und anderer Langzeitmaßnahmen in Erscheinung. Geleitet wird diese Führungsgruppe gewöhnlich vom Ministerpräsidenten oder vom KP-Generalsekretär.
- Die *Führungsgruppe für ländliche Arbeit (nongcun gongzuo lingdao xiaozu)* ist zuständig für ländliche Wirtschafts- und Gesellschaftspolitik, die traditionell eine wichtige Rolle in der Arbeit der Parteizentrale einnimmt. Allerdings werden die laufenden Geschäfte dieses Gremiums vom Sekretariat der Führungsgruppe für Finanzen und Wirtschaft wahrgenommen.
- Mit der Etablierung der *Finanzarbeitskommission (jinrong gongwei)* des ZK im Juni 1998 wurde eine zentralisierte Partei- und Personalaufsicht im chinesischen Banken-, Wertpapier- und Versicherungswesen geschaffen, um "Sicherheit, Effizienz und Stabilität im Finanzwesen" zu garantieren. Im Frühjahr 2003 wurde diese Kommission aufgelöst, Personal und Komptenzen wurden auf die staatlichen Aufsichtskommissionen für das Banken-, Wertpapier- bzw. Versicherungswesen verteilt. Als neues politisches Entscheidungs- und Abstimmungsgremium in diesem zentralen Bereich der Wirtschaftspolitik wurde bereits Ende November 2002 eine neue *Zentrale Führungsgruppe für die Sicherheit im Finanzwesen (zhongyang jinrong anquan lingdao xiaozu)* gegründet, die vom Ministerpräsidenten selbst geleitet wird.

- Die 1998/99 gegründete *ZK-Unternehmensarbeitskommission* war für die Parteiaufsicht über die Führungen staatlicher Großbetriebe (incl. börsennotierter Kapitalgesellschaften) zuständig und entsandte auch die Aufsichtsräte in diese Betriebe. Dieses Parteiorgan ging im März 2003 in der neu errichteten *Aufsichtskommission für das Staatsvermögen* auf, die der Zentralregierung mit einem Sonderstatus zugeordnet ist (s. 3.4.1).
- Die *Führungsgruppe für Auswärtige Angelegenheiten (waishi gongzuo lingdao xiaozu)* und die *Führungsgruppe für Taiwan-Angelegenheiten* sind ressortübergreifende Koordinierungs- und Entscheidungsfindungsgremien der Parteizentrale. Diese Führungsgruppen gehören zu den zentralen Akteuren der chinesischen Außenpolitik (s. 6.3).
- *KP-Arbeitskomitees für Hongkong und Macau (zhonggong Xianggang/Aomen gongwei)* nehmen die Interessenvertretung und politische Aufsicht vor Ort in den beiden Sonderverwaltungsregionen wahr. Bis Ende 1999 dienten als geheimnisumwitterte Mantelorganisationen für diese KP-Organe jeweils die Zweigstellen der staatlichen Xinhua-Nachrichtenagentur, die seit Anfang 2000 aber – der politischen Realität näher kommend – in offizielle „Verbindungsbüros der Zentralregierung" in Hongkong bzw. Macau transformiert wurden.

Die Armee untersteht bis heute der Führung durch die *ZK-Militärkommission (zhongyang junwei)*, in der Partei- und Militärführung zusammen kommen und die eine herausgehobene Stellung im politischen Machtgefüge besitzt (hierzu im Detail 3.11). Vorsitzender ist stets der erste Mann der KPC: anfangs Mao Zedong, später Deng Xiaoping, seit 1989 Jiang Zemin (der 2002 neu eingesetzte KP-Generalsekretär Hu Jintao musste diese Position zunächst noch Jiang überlassen). Die Loyalität der Armee gilt nach dem Gesetz über die Landesverteidigung explizit der Parteiführung, nicht der Verfassung und nicht der Staatsregierung.

3.3.2 Das Verhältnis von Partei- und Staatsorganen

In kommunistischen Regierungssystemen sind Partei und Staat gewöhnlich kaum zu unterscheiden: Die KPC stellt nicht nur beinahe ausnahmslos das Personal für die Führungspositionen in Regierungs- und Verwaltungsorganen. Die Regierungsorgane sind darüber hinaus in ihren Entscheidungskompetenzen den Parteikomitees grundsätzlich untergeordnet (Hamrin/Zhao 1995; s. Übersicht 3.7).

3.3 Die Kommunistische Partei Chinas

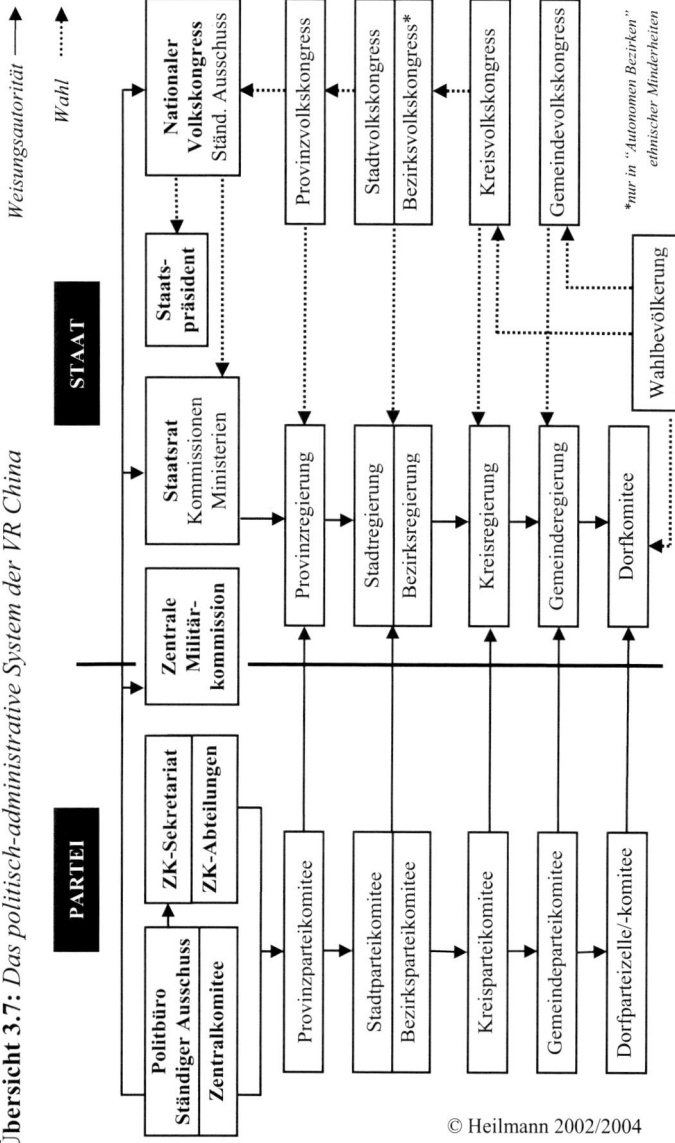

Übersicht 3.7: *Das politisch-administrative System der VR China*

© Heilmann 2002/2004

Um der Wirtschaftsverwaltung größere Gestaltungsspielräume zu geben und damit die wirtschaftspolitische Flexibilität zu fördern, trat Deng Xiaoping Mitte der achtziger Jahre für die "Trennung von Partei und Staatsverwaltung" ein. Tatsächlich sind die wirtschaftspolitischen Aufsichts- und Entscheidungskompetenzen in großem Maße von Parteiorganen auf Regierungsstellen übergegangen (Shirk 1993). So gibt es heute innerhalb der KPC keine kompletten Parallelstrukturen gegenüber der staatlichen Wirtschaftsadministration mehr. Der mit wirtschaftlichen Aufgaben befasste Parteiapparat wurde auf ein Minimum reduziert, so dass das Personal des Parteiapparats Mitte der neunziger Jahre auf rund 500.000 Stellen beschränkt war, was im Verhältnis zu den annähernd 40 Millionen chinesischen Staatsbediensteten (darunter rund sechs Millionen in der Staatsverwaltung) und auch im Vergleich zu dem riesigen Parteiapparat der KPdSU vor deren Zusammenbruch keine allzu große Zahl darstellt (zum Staatspersonal vgl. Abschnitt 3.7).

Die politische Kontrolle bleibt allerdings grundsätzlich dadurch gewahrt, dass die Behördenleiter und die Direktoren von staatlich kontrollierten Unternehmen zugleich Mitglieder von Parteikomitees sind und im Rahmen des Kadersystems der Partei ernannt und abberufen werden. Nicht nur im Bereich der Wirtschaft, sondern auch mit Blick auf staatliche Organe wird eine mögliche Verselbständigung konsequent verhindert: Parteikomitees genießen in strittigen und grundsätzlichen Fragen weiterhin Vetorecht und Weisungsbefugnisse gegenüber Regierung und Verwaltung. Strategische Bereiche wie etwa das Kadersystem, der Justiz- und Sicherheitsapparat sowie die Kommandoebenen des Militärs werden immer noch direkt von Parteiorganen kontrolliert. Die Organisationsgewalt der höheren Parteiebenen wird immer wieder durch systematische Reorganisationen und Personalrotationen in nachgeordneten Regierungen demonstriert. Während des Sommers 2003 eingeführte Organisationsreformen im Shanghaier Parteiapparat, dem ein Modellcharakter für andere regionale Parteileitungen zukommt, sollten sicherstellen, dass Parteiorgane sich in ihrer Aufsichts- und Koordinationstätigkeit an den Strukturwandel in Wirtschaft und Gesellschaft anpassen, aber weiterhin „die entscheidenden Befugnisse in der Hand behalten".

3.3.3 Organisatorischer und ideologischer Verfall

Die machtvollen Fassaden der offiziellen Parteiinstitutionen können nicht die zunehmend porösen, labilen Fundamente verbergen, auf denen der Zusammenhalt der KPC ruht: Korruption, politische Illoyalitäten und ideologische

3.3 Die Kommunistische Partei Chinas

Orientierungslosigkeit haben sich auf allen Ebenen der Parteiorganisation ausgebreitet. Schuld an dieser Entwicklung sind einerseits Abnutzungseffekte und Desillusionierungen, die sich nach Jahrzehnten des revolutionären Kampfes (1921-1949) und repressiver Klassenkampfkampagnen (1949-1978) einstellten. Darüber hinaus hat die von der KPC selbst eingeleitete Reformpolitik seit 1979 die Erosion der Herrschaftsgrundlagen beschleunigt. Zur Schwächung des Zusammenhalts der Parteiorganisation trug bei, dass die praktische Bedeutung ideologischer Indoktrinierung zunehmend schwand. Die politische Energie regionaler und lokaler Führungen wurde durch die Bewältigung konkreter wirtschaftlicher und sozialer Probleme vor Ort absorbiert. Von lokalen Parteifunktionären wurde erwartet, dass sie wirtschaftliches Wachstum und breite Einkommenszuwächse fördern. Ihre Macht konnten sie immer weniger mit Hilfe der von der Parteizentrale propagierten Ideologien rechtfertigen. Da die ideologischen Appelle der Parteizentrale nicht mehr mit ideologischen Säuberungskampagnen wie in der Mao-Ära verbunden wurden, verloren sie ihre Wirksamkeit. In einem internen Bericht warnte die Parteiführung bereits Anfang 1995 davor, dass unter den Parteimitgliedern bis in hohe Kaderränge hinein die ideologischen Grundlagen des sozialistischen Systems zum Teil radikal in Frage gestellt würden. Die von der Parteiführung verbindlich vorgegebenen "Vier Grundprinzipien" würden von einem Teil der Parteimitgliedschaft mehr oder weniger offen in Zweifel gezogen.

Ein Großteil der jüngeren Parteimitglieder ist offensichtlich aus Karrieregründen in die KPC eingetreten und fühlt sich der sozialistischen Ideologie nur noch in einzelnen Elementen oder gar nicht mehr verbunden. Die Tatsache, dass sich eine Vielzahl von Parteifunktionären an den Aktivitäten der Falungong-Bewegung und an anderen "abergläubischen" Betätigungen beteiligte, bewegte die Parteizentrale 1999 zu einer ideologisch aufgeladenen Indoktrinierungs- und Ausrichtungskampagne, wie sie lange nicht mehr zu beobachten war (vgl. 5.7.4). Auf persönliche Weisung des damaligen KP-Generalsekretärs Jiang Zemin zog die Partei gegen "Götterglauben" und "Spiritualismus" in der Funktionärsschicht zu Felde: Manche Parteimitglieder und Funktionäre hätten sich in jüngster Zeit zunehmend gleichgültig gegenüber den Werten des Sozialismus und dem Ziel des Kommunismus gezeigt und statt dessen bevorzugt über spirituelle und übernatürliche Phänomene diskutiert.

Mit dem XVI. Parteitag 2002 öffnete sich die KPC hin zur Privatunternehmerschaft und zur neuen Oberschicht, um diese aufstrebenden Gesellschaftsgruppen politisch-organisatorisch einzubinden. Die KPC transformiert sich damit zu einer stark an Wirtschaftsförderung orientierten, unternehmerfreundlichen „Volkspartei", die eine fortschreitende gesellschaftliche Pluralisierung und den Aufstieg neuer Gesellschaftsgruppen nun auch in Mitgliedschaft und Führungspersonal nachvollzieht. Während die Kommunistische Partei nach der Gründung der VR China die chinesische Gesellschaft umformte, verkehrt sich dieses Verhältnis nun: Der fortschreitende gesellschaftliche Wandel formt die KPC immer stärker um. Damit wird die Partei intern heterogener. Bisher wurde der Ausbruch von innerparteilichen Konflikten auch durch eine begrenzte Mitgliederrekrutierung und durch rigide Organisationsprinzipien verhindert. Es ist fraglich, ob dies weiterhin möglich sein wird: Mit der Pluralisierung der Parteimitgliedschaft hat die Parteiführung einen politischen Spagat zwischen wohlhabenden Privatunternehmern (ehemals als „Klassenfeinde" verfolgt) und verarmten Bevölkerungsteilen (ehemals politisch bevorzugten Arbeitern und Bauern) in der eigenen Klientel zu bewältigen. Durch das rasch zunehmende politische Gewicht von Privatunternehmern in lokalen KPC-Organisationen und Führungsgremien werden soziale Gegensätze in die Partei hineingetragen. Dies wird ausgeprägtere innerparteiliche politische Konflikte zumindest auf den unteren Organisationsebenen der KPC mit sich bringen.

Damit die sozialen Gegensätze nicht zum politischen Sprengsatz werden, wären Verfahren der demokratischen Interessenartikulierung und Konfliktaustragung zumindest innerhalb der Kommunistischen Partei notwendig. Dieses Erfordernis aber steht in einem unüberbrückbaren Gegensatz zur hierarchisch-autoritären Organisationsstruktur der KPC, und die bescheidenen Ansätze zur innerparteilichen Demokratisierung seit 1995 erscheinen bislang wenig wirkungsvoll.

3.3.4 Die Bedeutung leninistischer Kontrollstrukturen für den Fortbestand der KPC-Herrschaft

Die auf die Revolutionszeit zurückgehende Kommunistische Partei ist eine im Niedergang begriffene Organisation. Dennoch sind die leninistischen Kontrollstrukturen der Partei in einigen zentralen Bereichen des politischen Systems weiterhin bedeutend. Dies gilt in besonderem Maße für die Kader- und Personalkontrolle (Nomenklatura-System, vgl. 3.7), für die Militärpolitik (Politkommissar-System, vgl. 3.11) und für die innere Sicherheit (Parteikontrolle über Justiz-, Polizei- und Staatssicherheitsorgane, vgl. 3.10). Leninistische Strukturen wirken in diesen Bereichen fort, auch wenn sie in ihrer Funktionsfähigkeit geschwächt sind. Die chinesische Parteiführung hält im Rahmen des Systems der Kaderkontrolle konsequent an ihren umfassenden Befugnissen zur Benennung und Abberufung von Leitungspersonal fest; auch unterbindet sie entschieden die Entstehung einer kritischen Öffentlichkeit und konzentriert weiterhin die wichtigsten politischen Entscheidungsbefugnisse in ihren Parteiorganen.

Die KPC ist immer noch die einzige Organisation, über die man in China politische Macht erlangen kann. Aus Wirtschaft und Gesellschaft sind trotz vielfältiger Autonomisierungstendenzen bisher keine homogenen Eliten und tragfähigen Organisationsformen hervorgegangen, die kurzfristig eine Bedrohung für das Machtmonopol der Partei darstellen könnten (vgl. Kap. 5). Gegenüber neu entstehenden gesellschaftlichen Gruppen und Vereinigungen verfolgt die Partei einen Kurs der korporatistischen Vereinnahmung mit Hilfe eines staatlich kontrollierten Verbändewesens (vgl. 5.4). Politisch unerwünschte Gruppen aber sind das Ziel massiver Repressalien. Zwar hat die Partei in manchen ländlichen Regionen die Kontrolle über Clangemeinschaften, Geheimgesellschaften und kriminelle Banden verloren. Der politische Einfluss dieser Kräfte reichte bisher aber nur selten über einen engen regionalen Rahmen hinaus. Somit sind zur Zeit keine Organisationen, Vereinigungen, Bewegungen und gesellschaftlichen Kräfte innerhalb Chinas in Sicht, die eine Alternative zur Regierung der KPC darstellen könnten.

3.4 Die Zentralregierung

Die staatlichen Organe wurden nach Gründung der VR China lediglich als Vollzugsinstrumente der KPC begriffen. Mit dem Ausbau der bürokratischen Apparate aber gewannen die staatlichen Organe ein eigenes politisches Gewicht. In der Reformperiode haben staatliche Stellen aufgrund der Bemühungen um eine administrative Konsolidierung und Professionalisierung weit reichende eigenständige Entscheidungs- und Gestaltungsspielräume insbesondere im Bereich der Wirtschaftsverwaltung gewinnen können. Aufgrund der zentralistischen und einheitsstaatlichen Ordnungsvorstellungen, die sowohl durch die politische Geschichte Chinas als auch durch das Kontrollbedürfnis der KPC begründet sind, kommt der Zentralregierung ein großes politisches Gewicht zu, das nicht durch föderale oder gewaltenteilige *Checks and Balances* beschränkt wird.

3.4.1 Der Staatsrat

Die Arbeit der nationalen Regierung wird geleitet vom Ministerpräsidenten des Staatrates (1980-1987 Zhao Ziyang, 1988-1998 Li Peng, 1998-2003 Zhu Rongji, seit 2003 Wen Jiabao). Die Kandidaten für hochrangige Regierungsämter werden – nicht öffentlich – von der Führungsspitze der KPC benannt; der NVK muss der Ernennung der wichtigsten Amtsträger zustimmen. Gleichsam als *"Inneres Kabinett"* dient die Ständige Konferenz des Staatsrates (*guowuyuan changwu huiyi*), die seit 1998 nur aus den zehn wichtigsten Amtsträgern in der Zentralregierung besteht: aus dem Ministerpräsidenten, den vier jeweils für bestimmte Politikbereiche zuständigen Stellvertretenden Ministerpräsidenten sowie fünf über Ressortgrenzen hinweg zuständigen Staatsratskommissaren. Eine Schlüsselrolle in der Koordination der Regierungsarbeit spielt die Staatsratskanzlei (*guowuyuan bangongting*), die direkt dem Ministerpräsidenten zuarbeitet und die Abstimmung mit den anderen Organen der Zentralregierung sicherstellt. Das *"Äußere Kabinett"* bilden dann die 28 Organe des Staatsrats auf Ministerialebene: Kommissionen, Ministerien, Zentralbank und Rechnungskontrollamt (s. Übersicht 3.8).

Darüber hinaus gibt es ungefähr 40 Arbeitsorgane des Staatsrats und nationale Behörden unterhalb der Ministerialebene sowie zwischen 20 und 30 koordinierende und temporäre Führungs- und Arbeitsgremien, die sich ressortübergreifend mit politischen Regelungsfragen befassen und politische Entscheidungen vorbereiten. Unterhalb der Ministerialebene kommt es immer wieder zu durchgreifenden Reorganisationen, so dass die Zahlenangaben hier über die Zeit schwanken.

Die Gesamtkonferenz (*quanti huiyi*) des Staatsrates, die gleichsam als *"Erweitertes Kabinett"* nicht nur die Staatsratsmitglieder im Ministerrang einschließt, sondern auch die Leiter von untergeordneten Staatsratsorganen, umfasst zwischen siebzig und einhundert Personen und kann nicht als arbeitsfähiges Kabinett angesehen werden. Eine zentrale Bedeutung für die Regierungsarbeit besitzen deshalb Ad-hoc-Sitzungen und ressortübergreifende Koordinationsgremien, die vom Ministerpräsidenten oder dessen Stellvertretern einberufen werden und zu bestimmten Sachfragen – vom Bau des Drei-Schluchten-Staudamms über die nationale Armutsbekämpfung bis hin zur Umsetzung des Chemiewaffen-Sperrvertrages – einen kleinen Kreis einschlägiger Regierungsmitglieder zusammenbringen. Solche manchmal jahrelang bestehenden Koordinationsgremien sind in der segmentierten Regierungsbürokratie Chinas unverzichtbar.

3.4 Die Zentralregierung

Übersicht 3.8: *Die Zentralregierung der VR China (2003)*

"Inneres Kabinett" (Ständige Konferenz des Staatsrats)
Ministerpräsident
4 Stellv. Ministerpräsidenten
5 Staatsratskommissare (darunter der Leiter der Staatsratskanzlei)

"Äußeres Kabinett" (28 Organe des Staatsrats auf Ministerialebene)	
Makro-ökonomische Koordination: ▪ Staatliche Kommission für Entwicklung und Reform ▪ Finanzministerium ▪ Zentralbank ("Chines. Volksbank") *Umfassende Kompetenzen in der Wirtschaftsregulierung:* ▪ Handelsministerium ▪ Ministerium f. Informationsindustrie ▪ Ministerium für Bodenverwaltung und natürliche Ressourcen *Spezielle Regulierungskompetenzen:* ▪ Ministerium für Wasserressourcen ▪ Ministerium für Verkehrswesen ▪ Ministerium für Landwirtschaft ▪ Ministerium für das Bauwesen ▪ Ministerium für Eisenbahnwesen ▪ Staatliche Kommission für Wissenschaft, Technologie und Industrie im Verteidigungswesen *Auswärtige Angelegenheiten:* ▪ Außenministerium ▪ Verteidigungsministerium	*Inneradministrative Angelegenheiten:* ▪ Ministerium für Disziplinaraufsicht ▪ Ministerium für Personalwesen ▪ Staatliches Rechnungskontrollamt *Sicherheit und Justiz:* ▪ Ministerium für Öffentl. Sicherheit ▪ Ministerium für Staatssicherheit ▪ Ministerium für Justiz *Soziales:* ▪ Ministerium für Arbeit und soziale Sicherheit ▪ Ministerium für Zivilverwaltung ▪ Ministerium für das Gesundheitswesen ▪ Staatliche Kommission für Angelegenheiten von Minderheitennationalitäten ▪ Staatliche Kommission für Bevölkerung und Familienplanung *Bildung, Wissenschaft und Kultur:* ▪ Ministerium für Bildung ▪ Ministerium für Wissenschaft und Technologie ▪ Ministerium für Kultur

Organe der Wirtschaftsregulierung im Ministerialrang mit Sonderstatus
▪ Aufsichtskommission für das Staatsvermögen (*SASAC, seit März 2003)   ▪ Aufsichtskommission für das Bankwesen (*CBRC, seit April 2003)   ▪ Aufsichtskommission für das Wertpapierwesen (*CSRC, seit Oktober 1992)   ▪ Aufsichtskommission für das Versicherungswesen (*CIRC, seit November 1998)   ▪ Aufsichtskommission für die Elektrizitätswirtschaft (*CERC, seit März 2003)

*Diese aus der englischen Übersetzung hergeleiteten Akronyme werden auch in China weithin verwendet.
© Heilmann 1998/2002/2004.

Die *Reorganisationen der Zentralregierung 1998 und 2003* beinhalteten einen Abbau der sozialistischen Ministerialstrukturen, insbesondere die Auflösung der nach dem sowjetischen Modell in den fünfziger Jahren etablierten Industrieministerien und Branchenbürokratien. Die seit 1993 angekündigte Neuorientierung der Regierungsarbeit im Dienste einer "sozialistischen Marktwirtschaft" und die angestrebte schärfere Trennung zwischen staatlichen Regulierungsbehörden und Wirtschaftsunternehmen sollten durch die Reorganisation vorangetrieben werden. Die administrativen Anpassungserfordernisse im Kontext des Beitritts zur Welthandelsorganisation (WTO) dienten den Befürwortern durchgreifender Reorganisationsmaßnahmen als entscheidendes Argument, um politische Widerstände innerhalb der alteingesessenen bürokratischen Apparate zu überwinden. 1998 und 2003 wurde die Zahl der Kommissionen und Ministerien der Zentralregierung um insgesamt 16 reduziert. Die unterschiedlichen, historisch bedingten Bezeichnungen "Kommission" oder "Ministerium" markieren nicht einen Rangunterschied. Aber einige Organe nehmen aufgrund ihrer umfassenden Regulierungskompetenzen eine besonders prominente Rolle in der Regierungsarbeit als „Superministerien" bzw. „Superkommissionen" ein:

- Das im März 2003 errichtete *Handelsministerium* ist aus einer Fusion zwischen der ehemaligen Staatlichen Kommission für Wirtschaft und Handel und dem Außenhandelsministerium hervorgegangen. Dem Ministerium kommt eine Schlüsselrolle in der Entwicklung des chinesischen Binnenmarktes sowie in der Regulierung der Weltmarktintegration Chinas zu. Ausländische Unternehmen, die sich in China in größerem Rahmen engagieren wollen, kommen an diesem Ministerium nicht vorbei.
- Die ebenfalls im März 2003 neu gegründete *Aufsichtskommission für das Staatsvermögen* ist ein zentrales Regulierungsorgan für Chinas staatliche Großunternehmen und nimmt die Aufsicht über knapp 200 von der Zentralregierung kontrollierte, teilweise börsennotierte Großkonzerne wahr. Diese Kommission genießt als „Sonderorgan" (*teshe jigou*) des Staatsrates einen Ausnahmestatus, der die besondere Bedeutung und Komplexität der Staatsvermögensaufsicht zwischen Eigentümerrolle und Regulierungsauftrag markiert. Da die überwiegende Zahl der im Jahr 2003 noch rund 170.000 Staatsbetriebe in China aber regionalen Regierungen untersteht, müssen auf Provinz- und Großstadtebene ebenfalls Organe für die Staatsvermögensaufsicht errichtet werden. Diese Organe spielen eine Schlüsselrolle in der Genehmigung und Ausgestaltung von (Teil-)Privatisierungen, Börsengängen sowie im Falle ausländischer Beteiligungen.
- Das *Ministerium für Informationsindustrie* ist 1998 aus einer Fusion der Ministerien für Post- und Telekommunikationswesen sowie für Elektronikindustrie hervorgegangen. Es ist für die Regulierung der rasch wachsenden Telekommunikations-, Internet- und Software-Märkte umfassend

3.4 Die Zentralregierung

zuständig und auch für ausländische Investoren in diesen Branchen eines der wichtigsten Regierungsorgane.
- Die *Staatliche Komission für Entwicklung und Reform* ist aus der ehemaligen Staatlichen Plankommission hervorgegangen und erhielt im März 2003 ihren neuen Namen. Diese Kommission arbeitet wirtschaftspolitische Rahmenstrategien (Fünfjahrespläne, Branchenentwicklungspläne) aus, ist aber auch zuständig für Großfördermaßnahmen etwa in dem Programm zur Entwicklung der chinesischen Westprovinzen (hierzu 4.4.2).

Gewichtige Regierungsstellen finden sich auch unter den Organen, die dem Staatsrat unterstellt sind und äußerlich einen geringeren Status als Ministerien aufweisen. Hierzu gehören etwa die nationalen Zoll-, Steuer- und Umweltschutzämter (zu dieser s. 4.4.3). In Gesetzgebungsverfahren spielt das Rechtsamt des Staatsrates eine zentrale Rolle (s. 3.9.1).

Sehr bedeutend sind einige dem Staatsrat zugeordnete "Dienstleistungseinheiten" *(shiye danwei)* wie etwa die für die verschiedenen Bereiche des Finanzsystems zuständigen drei *Aufsichtskommission für Banken-, Wertpapier- und Versicherungswesen*. Diesen Kommissionen, die den gleichen Rang wie Ministerien besitzen, aber einen Sonderstatus in Organisations-, Personal- und Gehaltsfragen genießen und deshalb in einigen Fällen sogar leitende Manager aus Hongkong rekrutieren konnten, kommt eine Schlüsselstellung in der überaus wichtigen und risikoanfälligen Finanzmarktregulierung zu. Hierdurch haben sie seit der „Asienkrise" ein de facto größeres Gewicht als viele Ministerien gewonnen. US-amerikanische Vorbilder haben für die Errichtung und Ausgestaltung der neuen Regulierungskommisionen in der VR China eine zentrale Rolle gespielt. Die chinesische Wertpapieraufsichtskommission etwa orientiert sich in ihrer Arbeit sehr weitgehend am Vorbild der amerikanischen Securities and Exchange Commission (SEC) (vgl. Heilmann/Gottwald 2002).

Innerhalb der Ministerien und sonstigen Regierungsorgane existieren jeweils Parteiorgane, die in der internen Entscheidungsfindung die ausschlaggebende Rolle spielen. Die Parteigruppe *(dangzu)*, die aus gewöhnlich fünf bis sieben von der Parteizentrale ernannten Spitzenfunktionären (in der Regel mit dem Minister an der Spitze) besteht und mindestens einmal pro Woche zusammentrifft, bildet den Entscheidungskern des Ministeriums. Zur Diskussion wichtiger allgemeiner Fragen, von ministeriellen Projekten bis hin zu internen Reorganisationen, sind erweiterte Sitzungen der Parteigruppe *(dangzu kuodahui)* üblich, zu denen die Parteimitglieder unter den Abteilungs-, Unterabteilungs- und Referatsleitern hinzugezogen werden. Das Parteikomitee *(dangwei)* im Ministerium mit mehreren Dutzend Mitgliedern und unregelmäßigen Sitzungen besitzt – Interviews mit leitenden Ministerialbeamten zufolge – nur eine geringe Bedeutung (s. Übersicht 3.9).

Übersicht 3.9: *Leitungsstrukturen und Organe der KPC in Ministerien der Zentralregierung*

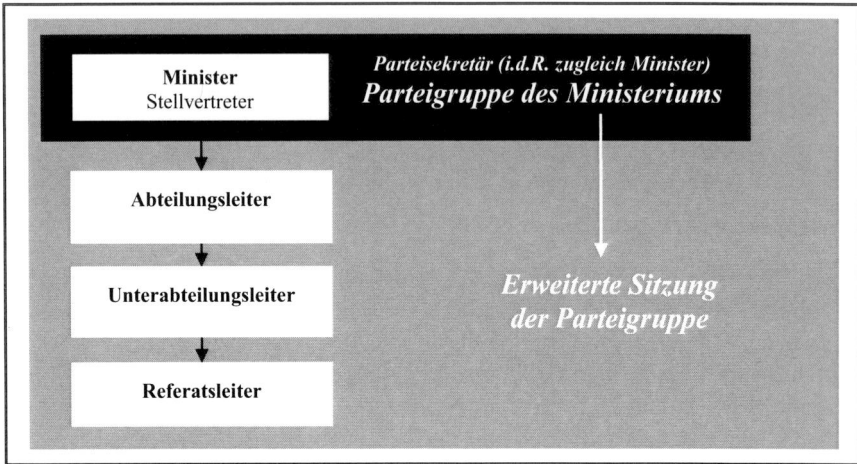

© Heilmann 2002/2004

Übersicht 3.10: *Führungskader im Range von Ministern und Stellvertretenden Ministern der Zentralregierung, 1954-1998*

	1954	1964	1980*	1990	1998
Gesamtzahl	208	398	577	219	215
Frauenanteil (%)	3,4	1,8	3,0	5,9	7,4
Ethn. Minderheiten (%)	1,4	1,3	1,2	6,4	3,7
KPC-Mitglieder (%)	78,9	89,7	99,5	97,3	97,7
Hochschulabschluss (%)	69,7	56,3	36,2	87,7	99,1
bis 45 Jahre alt (%)	38,0	2,5	1,2	0,9	3,3
46-50 Jahre alt (%)	k.A.	k.A.	1,4	8,2	5,6
Durchschnittsalter	k.A.	k.A.	63,6	57,0	56,1

* Für den Zeitraum 1965-1979 liegen keine Daten vor.
Quelle: Statistiken der ZK-Organisationsabteilung.
© Heilmann 2002/2004

3.4 Die Zentralregierung 101

Nahezu alle Kader im Ministerrang sind Mitglieder der KPC (1998: 97,7%). Übersicht 3.10 gibt Aufschluss über die Zusammensetzung der Führungskader im Ministerrang seit 1954. Neben einem niedrigen Frauenanteil und der geringen Repräsentation ethnischer Minderheiten ist die deutliche Verbesserung des Bildungsniveaus seit 1980 besonders bemerkenswert, die mit dem Aufstieg der "Technokraten" (vgl. 2.2) einherging.

3.4.2 Einheitsstaat und Dezentralisierung

Weder das Statut der KPC noch die Staatsverfassung lassen einen Zweifel daran, dass es sich bei der VR China um einen hochzentralisierten Einheitsstaat handelt: Eine starke Zentralgewalt in Beijing soll über die Einheit des Landes wachen; die regionalen Partei- und Staatsorgane sind dazu verpflichtet, Anordnungen der Beijinger Zentrale loyal auszuführen; zur Durchsetzung ihrer Autorität und zur Disziplinierung allzu eigenwilliger regionaler Führungen stehen der Zentralgewalt wirkungsvolle Instrumente zur Verfügung. Den formalen Ordnungsprinzipien zufolge müsste es sich bei der VR China um ein hierarchisch organisiertes Kommandosystem handeln, das der zentralen politischen Führung ungehinderte "Durchgriffe" auf die untergeordneten Verwaltungsebenen erlaubt. Die politische Praxis der Beziehungen zwischen zentralen und regionalen Führungen in China hat jedoch eine eigene Dynamik jenseits der Normen von Parteistatut und Verfassung entwickelt.

Seit Bestehen der VR China gab es immer wieder Phasen, in denen sich die Steuerungsfähigkeit der Zentralgewalt zum Teil dramatisch verringerte. Besonders ausgeprägt war dieses Phänomen während des "Großen Sprungs nach vorn" (1958-60) und während der Hochphase der "Kulturrevolution" (1966-69). Allerdings blieben der regionalen Eigeninitiative lange Zeit grundsätzliche Grenzen gesetzt: Ideologisch aufgeladene politische Kampagnen und regelmäßig wiederkehrende Wellen der "Säuberung" im Parteiapparat sorgten dafür, dass sich regionale Machthaber in der Wirtschafts- und Gesellschaftspolitik nicht zu weit von der offiziellen politischen Linie entfernten. Erst mit der Einleitung der Reform- und Öffnungspolitik ließ die Bedrohung durch politische Kampagnen allmählich nach. Mit der Entstehung vitaler regionaler Marktstrukturen wurde der Einfluss der zentralstaatlichen Planungsbürokratie weiter zurückgedrängt. Deng Xiaoping setzte in kritischen Phasen der innenpolitischen Auseinandersetzung immer wieder auf die Eigeninteressen regionaler Führungen, um die Wirtschaftsreformen gegenüber Blockierern in der zentralen Bürokratie voranzubringen, so etwa bei der Einleitung landwirtschaftlicher Reformen 1979 wie auch bei seiner spektakulären Reise nach Südchina Anfang 1992. Susan Shirk (1993) hat diese Strategie markant als "playing to the provinces" charakterisiert. Indem regionalen Führungen eigenständige wirtschaftliche Gestaltungsmöglichkeiten eingeräumt wurden, begannen sich neue Grundmuster der innerstaatlichen Willensbildung herauszubilden.

Die Spitzenfunktionäre in den Verwaltungseinheiten der Provinzstufe (dazu gehören auch die fünf Autonomen Regionen und die vier Regierungsunmittelbaren Städte) haben heute ein beträchtliches Gewicht im Herrschaftssystem der VR China. Als Gesprächs- und Verhandlungspartner der Partei- und Regierungszentrale genießen besonders diejenigen regionalen Führungen eine Sonderrolle, die den bevölkerungsreichsten oder wirtschaftlich erfolgreichsten Provinzen vorstehen. Sie sind in der Regel zugleich Mitglied im KP-Zentralkomitee (in Ausnahmefällen sogar im Politbüro) und können über diese Funktion direkten Einfluss auf die Willensbildung in der Zentrale nehmen. Das Übergewicht der Ostküstenvertreter in den wichtigsten Gremien ist unübersehbar: Zusammen mit Beijinger Hauptstadtkadern sind Spitzenkader aus Shanghai, Jiangsu, Shandong und anderen prosperierenden Provinzen der Ostküste im Politbüro, im KP-Zentralkomitee und im Ständigen Ausschuss des Nationalen Volkskongresses überrepräsentiert.

Seit der zweiten Hälfte der neunziger Jahre mehrten sich jedoch die Anzeichen für eine Verschiebung in den regionalpolitischen Orientierungen der Parteizentrale: Die Mitglieder der Parteiführung traten offensiver für die Interessen der bisher benachteiligten Regionen und für eine stärker auf interregionalen Ausgleich bedachte Politik ein. Hierin zeigt sich, dass im Politbüro und in der Zentralregierung nicht einfach Herkunft und Karrierehintergrund die regionalen Loyalitäten der chinesischen Spitzenpolitiker bestimmen: Mit einer Tätigkeit in der Partei- und Regierungszentrale rücken übergeordnete nationale Interessen in den Vordergrund. So dominieren Repräsentanten des "Ostküsten-Establishments" zwar weiterhin in der Zentrale, aber die Zeiten einseitiger Protektion zugunsten der Küstenprovinzen sind spätestens sei dem Antritt der neuen Führungsgeneration vorbei.

3.5 Regionale Regierungen

Bis heute versteht sich die Partei- und Regierungszentrale in Beijing als einzige Instanz, die national verbindliche Entscheidungen treffen kann, und hält unverändert am Prinzip einer unteilbaren und konzentrierten Zentralgewalt

3.5 Regionale Regierungen

fest. Ein Organ, das explizit der Vertretung regionaler Interessen in der Zentrale dienen könnte, etwa eine zweite Parlamentskammer zur Repräsentation der Regionen, fehlt im chinesischen Regierungssystem vollständig. Doch die politische Willensbildung und Entscheidungsfindung zwischen Zentrale und Regionen gestaltet sich in der politischen Realität wesentlich komplizierter, als es die formalen konstitutionellen Regelungen nahe legen.

Übersicht 3.11: *Verwaltungsebenen der VRC (Ende 2000)*

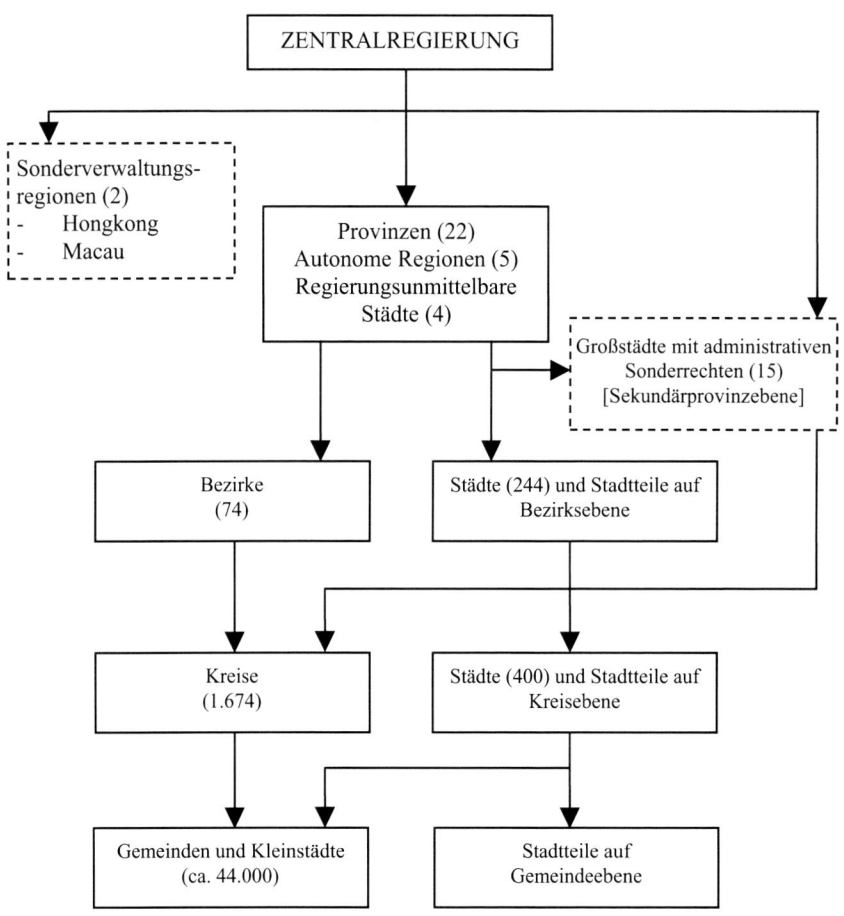

© Heilmann 2002/2004

3.5.1 Regionale Verwaltungsstrukturen

Das Regierungs- und Verwaltungssystem der VR China umfasst fünf Hauptebenen und zwei Sonderebenen, die in Übersicht 3.11 aufgeführt sind. Diese Verwaltungsstufen bilden gleichzeitig auch das Muster für die Organisationshierarchie der KPC, deren Parteiorgane auf jeder Stufe in die staatliche Organisation implantiert sind.

Aus der hierarchischen Ordnung des Parteistaates fallen die SVR Hongkong (vor Juli 1997 britische Kolonie) und Macau (vor Dezember 1999 unter portugiesischer Verwaltung) heraus. Diese Territorien unterstehen zwar der chinesischen Zentralregierung und werden offiziell als Verwaltungseinheiten auf Provinzebene eingestuft. Die Exekutiven der SVR verfügen jedoch über weitreichende autonome Entscheidungsbefugnisse und sind nicht unmittelbar in die Kontrollhierarchie der KPC integriert.

Eine weitere Besonderheit bildet die so genannte "Sekundärprovinzebene" (*fu shengji*) von 15 Großstädten (darunter ausgewählte Provinzhauptstädte und Sonderwirtschaftszonen), die als Wirtschaftszentren von überregionaler Bedeutung durch die Zentralregierung administrative Sonderrechte in der Wirtschaftsregulierung eingeräumt bekommen und damit eine unabhängigere Position gegenüber der jeweiligen Provinzregierung einnehmen. Die Zahl dieser Großstädte mit Sonderstatus ist nicht stabil, da die Zentralregierung hier gelegentlich Veränderungen vornimmt.

Die Verwaltungseinheiten auf Provinzebene genießen unterschiedlich große politische Entscheidungsbefugnisse. In Fragen der inneren und äußeren Sicherheit unterliegen alle regionalen Führungen einer zentralisierten Kontrolle und Weisung. In der Wirtschafts- und Gesellschaftspolitik jedoch besitzen einzelne wohlhabende Provinzen heute sehr weit reichende Gestaltungsspielräume. Gerade die "Autonomen Regionen" der Nationalen Minderheiten verfügen über die geringste tatsächliche Verwaltungsautonomie, da die Zentralregierung auf diese politisch sensiblen Regionen mit Argwohn blickt und die regionalen Führungen auf massive Finanzhilfen der Zentrale angewiesen sind (s. Übersicht 3.12).

Eine wichtige Rolle in der Entwicklung des chinesischen Außenhandels und in der Einwerbung ausländischer Direktinvestitionen spielen *Sonderwirtschaftszonen* (SWZ). Diese Exportzonen sollten ausländisches Kapital anziehen, als regionale Wachstumszentren dienen und zur Entwicklung dezentraler Reformmodelle beitragen. Die ersten vier SWZ (Shenzhen, Zhuhai, Shantou und Xiamen) wurden 1979/80 an der Südostküste Chinas in der unmittelbaren Nachbarschaft Hongkongs bzw. Taiwans auch mit der politischen Zielsetzung

3.5 Regionale Regierungen

eingerichtet, diese Territorien stärker an das chinesische Festland zu binden; 1988 wurde die Insel Hainan ebenfalls in den Status einer SWZ erhoben. Seit Ende der achtziger Jahre kam es zur Gründung Hunderter verschieden benannter "Entwicklungszonen", die teilweise ohne Genehmigung der Zentrale von lokalen Behörden illegal eingerichtet wurden, um ausländische Investoren anzuziehen. Die 1990 mit starker Unterstützung der Zentralregierung etablierte "Neue Zone Pudong" in Shanghai genießt besonders weit gehende Sonderrechte und hat inzwischen eine zentrale Bedeutung für das chinesische Banken- und Börsenwesen gewonnen. In der staatlichen Verwaltungshierarchie blieben die SWZ den Regierungen auf Provinzebene formal unterstellt, erhielten jedoch große Gestaltungsspielräume in der Exportförderung, Unternehmensbesteuerung und lokalen Marktregulierung. Mit dem chinesischen Beitritt zur WTO, der die schrittweise Schaffung einer einheitlichen Wirtschaftsregulierung für in- und ausländische Unternehmen in China erforderlich macht, werden sich viele Sonderrechte der SWZ kaum mehr halten lassen. Auch ist in der Regierungszentrale die Kritik an der wirtschaftspolitischen Privilegierung der SWZ zuletzt stark gewachsen, so dass diese Sonderzonen voraussichtlich an wirtschaftlichem Gewicht verlieren werden.

Übersicht 3.12: *Regionale Entscheidungsbefugnisse in der politischen Praxis*

Verwaltungseinheit	Anzahl	Entscheidungsbefugnisse	Politische Bedingungen für regionale Entscheidungsbefugnisse
Sonderverwaltungsregionen	2	Groß	Völkerrechtliche Verträge (Joint Declarations), Basic Laws, strategische Kalküle der Zentralregierung hinsichtlich Taiwans.
Provinzen	22	Gering bis mittel	Unterschiede je nach wirtschaftlicher Stärke, fiskalischer Verhandlungsmacht und Politikbereich sowie je nach Verbindungen der regionalen Führung zu Entscheidungsträgern in der Zentralregierung.
Regierungsunmittelbare Städte	4	Gering bis mittel	
Autonome Regionen (Minderheitennationalitäten)	5	Gering	In politischen Fragen sehr geringe Autonomie. In Kulturförderung, Ausbildung und Wirtschaftsförderung etwas größere Befugnisse.

© Heilmann 2002/2004

3.5.2 Regionale Sonderinteressen

Die Herausbildung unterschiedlicher regionaler Entwicklungsstrategien und unterschiedlich erfolgreicher Wirtschaftsräume (vgl. 4.4) trug zur Verfestigung politischer Sonderinteressen im Verhältnis zwischen Zentrale und Regionen bei. Im Laufe der achtziger Jahre zeigte sich eine Tendenz zur rigorosen Durchsetzung regionaler Interessen, die nur noch wenig Rücksicht auf gesamtwirtschaftliche Erfordernisse nahmen. Viele Provinz-, Stadt- und Kreisführungen sorgten sich nur wenig um die Eindämmung der Inflation, eine ausreichende Ausstattung des Haushalts der Zentralregierung, Finanzhilfen für unterentwickelte Provinzen oder um die konsequente Umsetzung der nationalen Wirtschaftsgesetzgebung. Die Verselbständigungstendenzen in manchen Regionen gingen so weit, dass Weisungen der Zentrale zusehends weniger beachtet oder gar systematisch umgangen wurden. Diese Praxis des Ausweichens fand in populären Wortspielen ihren Niederschlag: "Die da oben haben ihre politischen Maßnahmen, aber wir hier unten haben unsere Gegenmaßnahmen" (*shang you zhengce, xia you duice*). Regionale Regierungen nutzten die im Rahmen der Reformen gewährten Freiräume, um von Beijinger Vorgaben abweichende Handels- und Abgabenbestimmungen zu erlassen und ihre lokalen Märkte durch einen oft rigorosen Protektionismus gegenüber Gütern aus anderen Regionen zu schützen. In diesem Zusammenhang sprach man schon bald von einer "Feudalherrenwirtschaft", in der die Zentralregierung zu ständigen Verhandlungen und Kompromissen mit den regionalen Führungen gezwungen war (Jia/Hao 1994).

Auch innerhalb der Provinzen selbst veränderte sich das politische Gefüge durch die Dezentralisierungsmaßnahmen. Die Führungen wirtschaftlich prosperierender Kreise sowie neu begründeter Wirtschafts- und Entwicklungszonen wurden immer selbstbewusster gegenüber den Provinzbehörden und vertraten offensiv die Interessen ihres lokalen Amtsbereichs. Die Kommandohierarchie des offiziellen Parteistaates erwies sich unter diesen Bedingungen als hochkomplexes, mehrstufiges Verhandlungssystem (Chung 2000).

Seit 1993 haben Mitglieder der Beijinger Partei- und Staatsführung wiederholt und in aller Schärfe die Kräfte des "Regionalismus" in den Provinzführungen verurteilt. Die Parteizentrale hat ihre Personalgewalt immer wieder durch umfassende Revirements in den regionalen politischen und militärischen Führungen demonstriert. Die Karrierechancen regionaler Spitzenfunktionäre wurden an ihre Loyalität gegenüber Beijing gebunden; Hunderte von Provinzfunktionären wurden wegen allzu eigenwilliger Amtsführung versetzt.

3.5 Regionale Regierungen

Die Verfestigung regionaler Machtbasen und nepotistischer Strukturen sollte mit dieser Politik verhindert werden. Doch mit Rücksicht auf die wirtschaftliche Entwicklung kann die zentrale Führung den vielstimmigen Chor, der aus den Provinzen zu hören ist, nicht einfach zum Schweigen bringen. Die komplexen Regelungsfragen in einer wirtschaftlichen Übergangsordnung erfordern differenzierte Lösungsstrategien. Unter diesen Bedingungen können nur Kompromisse und Kooperation, nicht aber einseitige Kommandos den Fortgang und Erfolg der Wirtschaftsreformen sichern. So bildete sich ein vielschichtiges Verhandlungssystem heraus, das zu einer weitreichenden Transformation der Funktionen der Zentralregierung und zu einer Neuordnung des Verhältnisses zu den regionalen Regierungsorganen geführt hat. Die Besonderheiten dieses neuen Verhältnisses zeigen sich deutlich in folgenden Phänomenen:

- in politischen Auseinandersetzungen um die Einnahmen- und Kompetenzverteilung in den Bereichen *Haushalts- und Steuerpolitik;*
- im *Lobbying von Seiten regionaler Führungen* gegenüber der Beijinger Zentrale mit dem Ziel, wirtschaftspolitische Sonderregelungen zu erreichen;
- in Versuchen der Beijinger Zentrale, mit Hilfe *personeller Umbesetzungen* oder durch *Entsendung von Arbeitsgruppen* sowie durch den Ausbau zusätzlicher Verwaltungsstränge (Rechnungskontrollbehörden) die Kontrolle über die regionalen Führungen sicherzustellen.

In welchem konkreten Rahmen aber spielen sich die Verhandlungsvorgänge ab, die so kennzeichnend für das Verhältnis der Zentrale zu den Regionen geworden sind? Auf allen Ebenen des Verwaltungssystems finden tagtäglich unzählige *Fachkonferenzen* statt, auf denen die Vorstellungen und Interessen zentraler und regionaler Bürokratien artikuliert und Entscheidungen höherer politischer Ebenen vorbereitet werden. Gelegenheiten zum Austausch zwischen Entscheidungsträgern aus Zentrale und Regionen bieten die häufigen Provinzbesuche führender Kader der Parteizentrale. Die hochkarätigsten Foren für die Artikulierung und Diskussion regionaler Sonderinteressen sind jedoch das Zentralkomitee der KPC und in zunehmendem Maße der Ständige Ausschuss des Nationalen Volkskongresses. In diesen Gremien wird seit den achtziger Jahren ein meist allerdings verdecktes Lobbying für regionale Sonderinteressen betrieben.

Die Küstenprovinzen und Sonderwirtschaftszonen haben ein ausgeprägtes Interesse daran, ihre Vorrangstellung und die von Beijing gewährten Privilegien in der Außenwirtschaftspolitik zu wahren. Eine wirtschaftspolitische Rezentralisierung oder eine Umverteilungspolitik zugunsten der Inlandsregionen sind nicht im unmittelbaren Interesse dieser Regionen. Andererseits geht es den Inlandsprovinzen darum, Verschiebungen in der Regionalpolitik der Zentralregierung herbei zu führen: Zentralstaatliche Investitionen, ein von den Küstenregionen zu tragender Finanzausgleich sowie freie Hand in der Außenwirtschaftsförderung stehen ganz oben auf der Wunschliste der bisher benachteiligten Regionen. In diesen Fragen geraten die Binnenprovinzen in unmittelbare Konkurrenz zu den Küstenregionen.

Die Zentralregierung muss gegenüber den verschiedenartigen regionalen "Egoismen" das Interesse der gesamtwirtschaftlichen Stabilität und der politisch-administrativen Einheit Chinas behaupten. Die Stärkung der Zentralgewalt in der Haushalts- und Geldpolitik ist als wichtiges Mittel zur Steuerung der Volkswirtschaft besonders betont worden. Zugleich geht es der Zentrale um eine Förderung binnenwirtschaftlicher Integration und Kooperation, die langfristig auch zu einem Ausgleich zwischen höher und niedriger entwickelten Landesteilen beitragen sollen.

Trotz der offensiven Vorgehensweise mancher lokaler und regionaler Führungen sind die regionalen Partei- und Regierungsorgane in ihrem Bestand und ihrer Funktionsweise weiterhin in einem umfassenden Sinne von der Zentralgewalt abhängig. Beijing besitzt eine formal nahezu unbeschränkte Organisations- und Rechtsetzungsgewalt: Sämtliche Führungskader der Provinzstufe sowie im Konfliktfall auch der Bezirksstufe können von der Parteizentrale im Rahmen des Nomenklatura-Systems (vgl. 3.3 und 3.7) abberufen werden. Auch die Binnenorganisation und Ressortverteilung regionaler Regierungen wird durch die Zentrale bestimmt. Der Staatsrat in Beijing kann "nicht angemessene Entscheidungen und Anordnungen" regionaler Behörden jederzeit ändern oder annullieren (Art.89, Verf. der VR China). Die Bildung regionaler Interessenallianzen wird in der KPC weiterhin nicht geduldet und als "spalterische" Aktivität ganz in der rigiden Logik des Leninismus sanktioniert. Kollektive Aktionen regionaler Führungen im KP-Zentralkomitee oder im Nationalen Volkskongress sind politisch tabuisiert (Huang Yasheng 1996). Die politische Autorität der nationalen Regierung zeigt sich auch in Fragen der territorialen Reorganisation. Gegen starke Widerstände in zwei der wichtigsten Provinzen konnte die Zentrale die Ausgliederung größerer Territorien und Bevölkerungsteile durchsetzen: 1988 wurde die Insel Hainan als neugegründete Provinz und Sonderwirtschaftszone aus der Provinz Guangdong ausgegliedert, 1997 die neu errichtete Regierungsunmittelbare Stadt Chongqing aus der Provinz Sichuan.

3.5.3 Auf dem Weg zum föderalen Staat?

Die Besonderheiten der wirtschaftspolitischen Dezentralisierung in China lassen sich mit dem Modell des "Marktföderalismus" erfassen (nach Montinola/Weingast/Qian 1995: *"market-preserving federalism"*). Im Gegensatz zum formellen Verfassungsföderalismus beruht der "Marktföderalismus" auf einer besonderen Verteilung wirtschafts- und finanzpolitischer Kompetenzen, die durch informelle politische Spielregeln ohne konstitutionelle Absicherung bestimmt sind: Die nationale Zentralregierung beschränkt sich im Wesentlichen auf eine geld- und ordnungspolitische Steuerung. Sie unterbindet regionale protektionistische Tendenzen, greift jedoch nicht in die dezentrale Wirtschaftsregulierung ein. Eine solche Kompetenzverteilung setzt starke Anreize für interregionalen Wettbewerb um unternehmerische Investitionen und Innovationen mit Hilfe marktförderlicher institutioneller Bedingungen. Zugleich begrenzt der Wettbewerb die Spielräume einzelner Regierungen, dem Wirtschaftsleben markthemmende Regulierungen aufzuerlegen. Für regionale Regierungen entstehen starke Anreize, die Konkurrenzfähigkeit, Produktivität und Profitabilität der örtlichen Unternehmen zu steigern und nicht durch willkürliche politische Eingriffe, von der Überregulierung bis hin zur konfiskatorischen Korruption, zu belasten.

Chinas "Marktföderalismus" führt zu einer Begrenzung zentralstaatlicher Befugnisse in der Wirtschaftsregulierung, setzt Schranken für die politische Abschöpfung unternehmerischer Gewinne und lindert so wesentliche Defekte der leninistischen Institutionen Chinas. Tatsächlich ist die besondere Kombination zentralstaatlicher politischer Autorität, wirtschaftspolitischer Dezentralisierung und interregionalen Wettbewerbs eine Grundbedingung der raschen Wirtschaftsentwicklung in Chinas Küstenprovinzen. Allerdings lassen sich "marktföderale" Elemente im Wesentlichen nur in den prosperierenden Küstenregionen finden, während die westlichen und nordöstlichen Provinzen den Wettbewerb zwischen Regionen als äußerst bedrohlich wahrnehmen.

Der Spagat zwischen wirtschaftspolitischer Dezentralisierung und zentralisierter Parteihierarchie stellt eine heikle Reformaufgabe für die chinesische Führung dar: Im Verhältnis zwischen Zentrale und Regionen müssen belastungsfähige Institutionen der Konfliktregelung und vertikalen Kompetenzenteilung geschaffen werden, bevor die alten, auf das Machtmonopol und den organisatorischen Zusammenhalt der Kommunistischen Partei gestützten Verfahren den Spannungen nicht mehr gewachsen sind. Im Normalfall ist die politische Willensbildung in China durch permanente interne Konsultations- und Aushandlungsprozesse geprägt. Im Verhältnis zwischen Zentralregierung und Provinzführungen in China sind einzelne Merkmale einer "Politikverflechtung" (Fritz Scharpf) zu erkennen, wie wir sie aus vielen föderalen Systemen kennen: intensive personelle Verflechtungen und Abhängigkeiten sowie ein vielschichtiges Zusammenwirken zwischen führenden Amtsträgern der verschiedenen Systemebenen; starke Zwänge zur Kompromissfindung und gemeinsamen Problembewältigung; Ansätze zur Herausbildung einer vertikalen Gewaltenverschränkung zwischen Zentrale und Regionen. So sind im politischen System der VR China Voraussetzungen für eine föderale Neuordnung politischer Kompetenzen zwischen Zentrale und Regionen im Entstehen begriffen, die auch in der 1993 erfolgten Neuordnung des Finanz- und Steuersystems angelegt sind.

Die politische Führung lehnt intern diskutierte und im Zusammenhang mit der Tibet- und Taiwan-Frage immer wieder vorgebrachte Vorschläge zur Errichtung eines föderalen Staates weiterhin entschieden ab. Die Aufgaben- und Machtverteilung zwischen Zentralregierung und Provinzführungen, die sich in den neunziger Jahren herausgebildet hat, weist jedoch in vielen Aspekten über die Herrschaft der KPC hinaus. Selbst nach einem eventuellen Verlust des Machtmonopols der KPC werden die strukturellen Veränderungen im Verhältnis zwischen Zentrale und Regionen, die sich aus der Transformation des Wirtschaftssystems ergeben haben, mit hoher Wahrscheinlichkeit weiter fortwirken. Eine föderale Ordnung "mit chinesischen Besonderheiten" wird deshalb eine realistische Option für jedes künftige Regierungssystem in China bleiben.

3.6 Öffentliches Finanzwesen

Die Verteilung der öffentlichen Finanzmittel auf verschiedene Verwaltungsebenen ist ein zentraler politischer Konfliktgegenstand in allen Regierungssystemen. Seit der Errichtung der VR China hatte man mit vielfältigen fiskalischen Arrangements experimentiert. Nur in kurzen Phasen existierten jedoch für das ganze Land gültige, einheitliche fiskalpolitische Regeln.

3.6.1 Fiskalische Dezentralisierung

In der Geschichte der VRC war es die Regel, dass die Zentralregierung bestimmten Provinzen oder Gruppen von Provinzen Sonderregelungen zugestand, die auf die jeweiligen regionalen Besonderheiten zugeschnitten waren.

3.6 Öffentliches Finanzwesen

Der uneinheitliche Grundzug des Steuer- und Haushaltssystems verstärkte sich in der Reformperiode noch, als sich ein regelrechter "fiskalischer Feudalismus" entwickelte: Immer mehr regionale Verwaltungseinheiten beanspruchten, in Sonderverhandlungen mit den Finanzorganen der Zentralregierung ein individuelles fiskalisches Arrangement auszuhandeln. So verschärfte sich seit den achtziger Jahren das Tauziehen zwischen zentralen und regionalen Staatsorganen um die Verteilung der Staatseinnahmen.

Übersicht 3.13: *Fiskalische Dezentralisierung in der VRC*

BIP-Anteile	1993		1994	1996	1998
Anteil der nationalen Staatseinnahmen am BIP	14,9	*Einführung des neuen Systems der Steueraufteilung*	13,0	12,8	13,7
Anteil der Einnahmen der Zentralregierung am BIP	4,1		7,4	6,8	6,9
Staatseinnahmen					
Anteil der Zentralregierung	27,9		56,7	53,2	50,8
Anteil der Zentralregierung nach Nachverhandlungen und Transferzahlungen	29,0		26,7	28,5	25,2
Staatsausgaben					
Anteil der Zentralregierung	40,1		34,4	33,5	31,4
Anteil regionaler Regierungen	59,9		65,6	66,5	68,6

Quelle: Lee 2000. Angaben in %.
© Heilmann 2002/2004

Die fiskalische Stellung der Zentralregierung verschlechterte sich beständig. 1993 entfielen auf die Zentralregierung nur noch weniger als 30% der Staatseinnahmen (vgl. Übersicht 3.13), während die regionalen und lokalen Regierungen über mehr als 70% der offiziellen Staatseinnahmen und darüber hinaus noch über zum Teil sehr umfangreiche etatexterne Einnahmen (Gebühren, Sondereinnahmen) verfügen konnten. Aus der Sicht der Zentralregierung war eine Umkehrung der fiskalischen Kräfteverhältnisse erforderlich, um die Steuerungs- und Stabilisierungsfunktionen der Zentralregierung im Wirtschaftssystem wahrnehmen und eine aktive Regionalpolitik zugunsten unterentwickelter Gebiete betreiben zu können. Pläne zu einer durchgreifenden Reform des Haushalts- und Steuersystems wurden in den achtziger Jahren mehrfach auf den Weg gebracht, scheiterten aber an beharrlichen Widerständen in den Regionen. Erst nach jahrelangen Konsultationen und aufreibenden Einzelverhandlungen mit den regionalen Führungen sowie unter politischem Druck der Parteizentrale wurden schließlich im Herbst 1993 auf einer Tagung des KP-Zentralkomitees grundlegende Finanzreformen auf den Weg gebracht, mit denen die Verteilung der Steuereinnahmen zwischen Zentrale und Regionen verbindlich geregelt werden sollte. Die neue Regelung war ein ausgeklügelter Kompromiss, der den Interessen sowohl Beijings als auch der Provinzen Rechnung tragen sollte. Den Regionen wurde zugesagt, dass sich ihre Finanzlage durch die Reformen nicht verschlechtern dürfe. Außerdem wurde ihnen eine Reihe weicher Übergangsregelungen zugestanden.

Die Neuordnung der öffentlichen Finanzen trägt formal markante Merkmale eines fiskalischen Föderalismus: Der Zentralstaat beansprucht die alleinige Kompetenz zur Steuergesetzgebung. Die Finanzverwaltung aber ist teils Angelegenheit der Zentrale, teils der Regionen. Für die wichtigsten Steuerarten besteht zwischen Zentrale und regionalen Gebietskörperschaften ein Steuerverbund (Aufteilung der Steuereinnahmen). Finanzzuweisungen der Zentralregierung und ein interregionaler Finanzausgleich sollen den finanzschwachen Regionen zugute kommen.

In der fiskalpolitischen Praxis aber erwies sich eine verbindliche Festlegung der Einnahmen- und Aufgabenteilung zwischen Zentrale und Regionen als nicht durchsetzbar. Zwar bewegte sich der offizielle Einnahmenanteil der Zentralregierung von 1994 an tatsächlich auf einem deutlich höheren Niveau als in den Vorjahren. Eine erneute Umverteilung der Finanzmittel in informellen Nachverhandlungen unterhöhlte jedoch die offiziellen Regelungen (siehe Übersicht 3.13). Es erwies sich, dass stets diejenigen regionalen Interessengruppen Vorteile errangen, die über große Finanzkraft oder über eine starke personelle Repräsentation in der Zentralregierung verfügten. Deshalb wurden trotz der vordergründig spektakulären Finanzreform von 1993/94 keine durchschlagenden Veränderungen zugunsten der Zentralregierung erreicht (Herrmann-Pillath 1996; Lee 2000).

Realiter gibt es in China weiterhin keine tragfähigen, allgemein implementierten Regelungen der fiskalischen Mittelverteilung zwischen den verschiedenen Regierungsebenen. Statt dessen hat sich ein informeller fiskalischer Verhandlungsmechanismus entwickelt. Außerdem häuften sich seit Ende der neunziger Jahre die offiziellen Meldungen über massive Betrugsdelikte lokaler Regierungen bei der Steuerabführung an die Zentrale. Die jährlichen Kampagnen gegen Steuerbetrug und Unregelmäßigkeiten in der Finanzverwaltung blieben offensichtlich weitgehend erfolglos. Allerdings unter-

3.6 Öffentliches Finanzwesen

nimmt die Zentralregierung jüngst energische Versuche, mit Hilfe ausländischer Software-Unternehmen ein einheitliches, transparenteres Datenerfassungssystem für die verschiedenen Ebenen der Steuerverwaltung landesweit einzuführen. Es ist aber unwahrscheinlich, dass technologische Innovationen allein die offensichtlich fest etablierten informellen Regeln der chinesischen Fiskalpolitik außer Kraft setzen werden.

3.6.2 Haushaltsdefizit und öffentliche Verschuldung

Das im Haushalt der chinesischen Zentralregierung ausgewiesene Defizit galt bis 1999 im internationalen Vergleich als unproblematisch. Mit dem staatlichen Konjunkturprogramm in Reaktion auf die "Asienkrise" und dem Übergang zu einer "aktiven Finanzpolitik" nahm das Defizit seit 1999 allerdings deutlich zu. Im Jahr 2003 wird das offiziell ausgewiesene Haushaltsdefizit wohl erstmals die international häufig veranschlagte Stabilitätsschwelle von 3% des BIP übersteigen (Übersicht 3.14).

Übersicht 3.14: *Entwicklung des offiziellen Haushaltsdefizits der chinesischen Zentralregierung (Anteil am BIP in %)*

1990	1992	1994	1996	1998	1999	2000	2001	2002
-0,6	-0,9	-1,4	-0,9	-1,2	-2,2	-2,8	-3,0	-3,0

Quelle: Finanzministerium der VRC.

Die Weltbank wies bereits Mitte der neunziger Jahre darauf hin, dass ein Großteil der Subventionen und Investitionen der chinesischen Regierung in der Kreditvergabe durch staatliche Banken versteckt ist. Diese Kredite besitzen damit quasi-fiskalischen Charakter und müssen realistischer Weise zum staatlichen Haushaltsdefizit hinzugerechnet werden. Darüber hinaus sind im offiziellen Defizit auch die finanziellen Belastungen nur teilweise ausgewiesen, die sich aus dem Schuldendienst für innerchinesische und internationale Staatsanleihen ergeben. Auch die Kosten für die staatliche Finanzierung der Defizite in der sozialen Sicherung, die in den kommenden Jahren voraussichtlich stark ansteigen werden, sind in den Regierungsangaben nicht enthalten. Nach inoffiziellen Berechnungen eines Ökonomen des Finanzministeriums lagen die kumulierten öffentlichen Schulden Ende 2001 mit rund 55% des BIP schon nahe an der international veranschlagten Gefahrenschwelle von 60%. Andere chinesische Forscher errechneten für die kumulierte öffentliche Verschuldung Ende 2001 sogar rund 70% des BIP. Alarmierend wirkt vor allem die sehr rasche Zunahme seit 1998 (Lardy 2002).

Für die Rekapitalisierung der Banken (Gesamtkosten nach unterschiedlichen Schätzungen: 30-55% des BIP, verteilt über einen längeren Zeitraum) und den Aufbau eines nationalen sozialen Sicherungssystems werden in den kommenden Jahren erhebliche öffentliche Mittel aufgewendet werden müssen. Deshalb wird von chinesischen und ausländischen Forschern darauf hingewiesen, dass das Wirtschaftswachstum Chinas zu stark von öffentlichen Finanzmitteln getragen werde und sich die Lage der öffentlichen Haushalte (einschließlich des Bankensystems und des Schuldendienstes für Staatsanleihen) bereits in der zweiten Hälfte dieses Jahrzehnts als unhaltbar erweisen könnte. Chinas Reputation als sehr guter Schuldner an den internationalen Finanzmärkten könnte bei einer sich weiter zuspitzenden fiskalischen Lage rasch verloren gehen (Newton/Subbaranam 2002).

Im Kern ist die riskante Entwicklung der öffentlichen Verschuldung durch unbewältigte Strukturdefekte insbesondere im Bereich von Staatsunternehmen, Staatsbanken und sozialer Sicherung verursacht. Auch muss die Finanzverwaltung durchgreifend reorganisiert und modernisiert werden, um die Staatseinnahmen auf ein mit anderen Ländern vergleichbares, deutlich höheres Niveau zu bringen. Hier liegt für die chinesische Regierung noch ein beachtliches Potenzial zur Verbesserung der Finanzlage. Ohne grundlegende Strukturreformen in diesen Bereichen ist die Abwendung einer langfristigen schweren Verschuldungskrise nicht denkbar. Die Haushaltslage wird der chinesischen Führung deshalb noch eine Reihe von sehr schmerzhaften und politisch konfliktträchtigen Reformmaßnahmen abverlangen.

3.7 Kadersystem und Verwaltung

Der Begriff "Kader" (*ganbu*) wird im Chinesischen als generelle Bezeichnung für von der KPC eingesetzte Führungskräfte in Partei, Regierung, Verwaltung, Justiz, staatlichen Unternehmen, Dienstleistungsorganisationen und Verbänden wie auch für Militäroffiziere verwandt. Das ursprünglich französische Wort "cadre" wurde durch die russischen Bolschewisten politisch neu definiert und durch japanische Übersetzungen nach China vermittelt. Während der Begriff in den europäischen Sprachen auf ein Kollektiv von Führungskräften – "Kader" als Elite oder Avantgarde – angewandt wird, setzte

3.7 Kadersystem und Verwaltung

sich der Begriff in China als Bezeichnung für Individuen durch: der Kader/ganbu als Person, die einen Führungsposten einnimmt (Schurmann 1968).

3.7.1 Das Nomenklatura-System der Kaderkontrolle

Die Kontrolle über Ernennung und Abberufung von politischem und administrativem Leitungspersonal gehört zu den wichtigsten Säulen der Herrschaft der KPC. Das Nomenklatura-System der Kontrolle über die Führungskader (in der VRC definiert als Funktionäre ab Kreisleiter- bzw. ministerieller Unterabteilungsleiter-Ebene aufwärts), das auf leninistische Modelle der Kaderpartei zurückgeht, ist in der Geschichte der VR China vielen politischen Erschütterungen und Modifizierungen ausgesetzt gewesen. Bis heute aber hält die KPC am leninistischen Grundprinzip fest: "Die Partei verwaltet die Kader" (*dang guan ganbu*).

Übersicht 3.15: *Soziologische Struktur des politisch-administrativen Führungspersonals der VRC (Ende 1997)*

	Anzahl	Anteil (%)
Gesamtzahl der Kader	**40.190.000**	**100**
davon mittlere Kader und Basiskader	**39.697.700**	**98,8**
davon Führungskader	**492.300**	**1,2**
davon Mitglieder der KPC	15.273.000	38,0
davon *nicht* Mitglieder der KPC	24.917.000	62,0
davon Mitglieder "Einheitsfront"-Parteien	224.000	0,6
davon weiblich	13.838.000	34,4
davon Angehörige ethnischer Minderheiten	2.684.000	6,7
davon Hochschulabsolventen	17.730.000	44,1
davon jünger als 45 Jahre	30.416.000	75,5
davon älter als 55 Jahre	2.419.000	6,0
Anteil der Kader an der Bevölkerung	3,25 %	
Anteil Führungskader an der Bevölkerung	0,04 %	

Quelle: ZK-Organisationsabteilung. Neuere Daten liegen nicht vor.
© Heilmann 2002/2004

Im Kern besteht das von den KP-Organisationsabteilungen verwaltete Nomenklatura-System aus zwei Elementen: einer Liste mit streng hierarchisch gestaffelten Leitungspositionen, die von der KPC zu besetzen sind; und einer zweiten Liste, auf der Personen aufgeführt sind, die für diese Leitungspositionen in Frage kommen ("Kaderreserve"). Das Nomenklatura-System war im Verlauf der Reformpolitik mehrfach schweren Erschütterungen ausgesetzt. So war zuletzt die politische Krise vom Juni 1989 eine massive Belastungsprobe. Im Kontext der städtischen Protestbewegung hatte sich gezeigt, dass selbst unter Führungskadern die innerparteiliche politische und ideologische Loyalität nicht immer gesichert war. Aus diesem Grund wurden vom Sommer 1989 an unter Aufsicht der Parteizentrale alle Führungskader überprüft und gegebenenfalls diszipliniert. Als Konsequenz legte die Parteizentrale neue Kriterien für die Kaderrekrutierung fest. Von nun an sollten politischer Standpunkt, Führungsqualitäten sowie praktische Arbeitserfahrungen höher gewichtet werden und die in den achtziger Jahren bevorzugten Kriterien der Verjüngung und Professionalisierung ergänzen. Zwischen 1989 und 2000 wurden nach Angaben der ZK-Organisationsabteilung allein 473.000 Kader wegen Disziplinarvergehen aus der Partei ausgeschlossen.

Bereits seit den achtziger Jahren wurde die Ablösung von Kaderveteranen aus der Revolutionszeit systematisch organisiert. Zwischen 1982 und 1988 gelangten mehr als 550.000 besser ausgebildete, jüngere Kader in Positionen von der Kreisleitungsebene an aufwärts, während gleichzeitig 2.870.000 ältere Kader in Ruhestand gingen. Zwischen 1992 und 1998 wurden insgesamt 321.600 neue Führungskader eingesetzt, die überwiegend jung und gut ausgebildet waren: Rund 60% waren jünger als 45 Jahre, und 80% hatten nach offiziellen Angaben auch ein Hochschulstudium absolviert. Die Gesamtzahl der Führungskader und ihre zahlenmäßige Verteilung auf verschiedene Hierarchiestufen geht aus Übersicht 3.16 hervor (vgl. auch die graphische Darstellung in Übersicht 3.5).

1995 wurden wichtige innerparteiliche Organisationsreformen eingeleitet, die der Parteimitgliedschaft breitere Mitspracherechte bei der Empfehlung, Beurteilung und Nominierung von Führungskadern einräumen sollten. Zudem wurden die Anforderungen an das Qualifikationsprofil von Führungskadern erhöht, so dass jetzt gewöhnlich ein Hochschulabschluss und mehrjährige Arbeitserfahrung notwendige Voraussetzung für Führungsposten sind. Die Kontrollfunktion der KP-Organisationsabteilungen wurde jedoch weiterhin aufrechterhalten, und Kandidatennominierungen für Führungspositionen müssen weiterhin von diesen Organen überprüft und gebilligt werden.

Zugleich aber gewannen in den letzten Jahren parteiinterne *Wahlvorgänge* an Bedeutung. Die Organisationsabteilungen förderten die Konkurrenz unter mehreren Kandidaten um Führungspositionen mit dem Ziel, "demokratische" Kontrollen gegenüber den oft selbstherrlich auftretenden Sekretären von Par-

3.7 Kadersystem und Verwaltung

teikomitees zu stärken. Auch sollte mit transparenteren Verfahrensregeln verhindert werden, dass auf unteren Verwaltungsebenen der sehr schwunghafte Ämterverkauf durch korrupte Parteisekretäre noch weiter um sich greift.

Übersicht 3.16: *Führungskader* nach Hierarchiestufen*

	1980	1985	1990	1995	1997	1998
Gesamtzahl	167.650	259.596	344.785	445.286	492.328	508.025
davon in Zentrale	*17.498*	*30.056*	*29.274*	*43.322*	*49.411*	*41.689*
Provinzleitungs-/ Ministerebene aufwärts	1.882	2.150	2.261	2.459	2.406	2.562
davon in Zentrale	*916*	*972*	*868*	*887*	*828*	*888*
Bezirksleitungs-/ minist. Abteilungs-Ebene	23.483	27.906	30.259	35.620	39.181	39.108
davon in Zentrale	*4.984*	*6.682*	*6.138*	*7.101*	*7.687*	*6.580*
Kreisleitungs-/ minist. Unterabteilungs-Ebene	142.285	229.540	312.265	407.207	450.741	466.355
davon in Zentrale	*11.598*	*22.402*	*22.268*	*35.334*	*40.896*	*34.221*

*Funktionäre ab Kreisleiter-/ministerieller Unterabteilungsleiter-Ebene aufwärts in Organen der KPC, der Volkskongresse, der Volksregierungen, der PKKCV, der Justizorgane, des Gewerkschaftsbundes, Kommunistischen Jugendverbandes und Frauenverbandes sowie anderer parastaatlicher Verbände. Quelle: ZK-Organisationsabteilung 1999.
© Heilmann 2002/2004

Im Juli 2002 erließ die Parteizentrale modifizierte Bestimmungen zur Auswahl und Einsetzung von Führungskadern in Partei und Regierung. Diese Rekrutierungsregeln bekräftigten und konkretisierten die Bestimmungen, die 1995 erlassen worden waren. Die Formel der „Dreifachen Repräsentation" (s. 3.1.2) wurde als politische Richtschnur für Führungskader aufgenommen. Die Mitsprache- und Kontrollrechte von Parteigremien und einfachen Parteimitgliedern wurden hervorgehoben. Den Erfahrungen seit 1995 folgend ist es aber fragwürdig, ob sich die personalpolitische Macht der Parteisekretäre und die gängige innerparteiliche Patronagepraxis durch solche formalen Bestimmungen beschränken lässt, ohne externe Kontrollmechanismen und öffentliche Wahlvorgänge einzuführen.

Eine bemerkenswerte Abweichung von den herkömmlichen Prinzipien des Kadersystems sind seit 2001 durchgeführte Experimente mit der Rekrutierung von Hongkonger, auslandschinesischen und in Einzelfällen sogar nichtchinesischen Führungskräften für staatliche Unternehmen (besonders im südchinesischen Kanton), aber auch für staatliche Finanzaufsichtsorgane (besonders für die Wertpapieraufsichtskommission). Übliche Voraussetzungen für die Vergabe von Führungspositionen – Kaderlaufbahn und langjährige Mitgliedschaft in der KPC – wurden hier aufgegeben, um erfahrene Führungskräfte für Schlüsselbereiche der chinesischen Wirtschaft zu gewinnen. Sollten diese Experimente ausgeweitet werden, würde der Zugriff der KP-Organisationsabteilungen auf die Personalauswahl selbst in staatsnahen Wirtschaftsbereichen geschwächt. Die Widerstände gegen eine solche Preisgabe der Parteikontrolle und gegen eine bevorzugte Rekrutierung von Hongkonger oder gar ausländischen Führungskräften sind allerdings innerhalb der KP-Funktionärsschicht beträchtlich.

Für die politische Durchsetzung marktorientierter Reformen hat sich die Nomenklatura-Autorität der Parteizentrale als unabdingbar erwiesen – insbesondere in Politikbereichen, in denen anhaltende Interessengegensätze zwischen Zentrale und regionalen Parteiführungen bestehen. So wurden etwa die Steuerreformen und die Maßnahmen zur Inflationsbekämpfung 1993-1996 wie auch die Zentralisierung der Finanzaufsicht 1997-1999 mit Hilfe der politischen Druckmittel durchgesetzt, die sich der Parteizentrale aufgrund ihrer Personal- und Organisationsgewalt gegenüber regionalen Führungen bieten. Aus dieser Perspektive hat das leninistische Nomenklatura-System paradoxer Weise vielfach zur Durchsetzung von Reformmaßnahmen gedient, die Chinas Abkehr von der alten sozialistischen Wirtschaftsordnung beschleunigten.

3.7.2 Die Bemühungen um eine Verwaltungsreform

Verwaltungsreformen gehören – nicht nur in China – zu den schwierigsten politischen Aufgaben. Seit den fünfziger Jahren hat die chinesische Regierung zehn größere Vorstöße unternommen, die Zahl der Staatsbediensteten zu reduzieren. Alle diese Versuche können aus heutiger Sicht als gescheitert gelten (vgl. Übersicht 3.17). Auch die seit 1998 angestrebte drastische Personalreduzierung im Staatsdienst führte nur zu bescheidenen Ergebnissen.

Der bürokratische Leviathan, der in dem riesigen chinesischen Staatsapparat verkörpert ist, scheint sich politischen Versuchen zur Bändigung und Beschneidung hartnäckig zu entziehen. In der Mehrzahl der chinesischen Behörden werden die von den übergeordneten Ebenen vorgegebenen Stellenpläne seit den achtziger Jahren kontinuierlich und teilweise um bis zu 50 Prozent

3.7 Kadersystem und Verwaltung

überschritten. Seit Einleitung der Reform- und Öffnungspolitik ist die Zahl der chinesischen Staatsbediensteten deshalb überaus stark gewachsen, was zu einer fortschreitenden Aufblähung der Bürokratie und einem drastischen Anstieg der Personalkosten führte. Die Verwaltungsausgaben verschlangen Mitte der neunziger Jahre im nationalen Durchschnitt 40% der Staatseinnahmen. In manchen Provinzen lag die Personalausgabenquote (hier der Anteil der Personalkosten an den Haushaltseinnahmen) Mitte der neunziger Jahre bei über 65% und in vielen Kreisregierungen sogar bei 90%.

Übersicht 3.17: *Staatspersonal* in der VR China – Expansion trotz wiederholter Reformversuche*

	1978	1996
Relation zwischen Staatsbediensteten und Bevölkerung	1:50	1:31
Zunahme des Staatspersonals 1978-96	+82%	
Zunahme der Bevölkerung 1978-96	+27%	

*Unter Einschluss von öffentlichen Dienstleistungseinheiten (Krankenhäuser, Schulen etc.).
Quelle: Heilmann 1998a, modifiziert.

Übersicht 3.18: *Entwicklung des gesamten Staatspersonals (in Mio.)*

	1994	1995	1996	1997	1999	2000	2001
Insgesamt	37,96	38,32	39,32	40,19	40,87	41,16	40,51
Staatsverwaltung/ Parteiorgane	6,78	6,82	6,83	6,94	--	--	6,93
Anteil (%)	*17,9*	*17,8*	*17,3*	*17,3*	*--*	*--*	*17,1*
Staatl. Dienstleistungseinheiten	--	16,42	17,45	18,43	--	--	21,12
Anteil (%)	*--*	*42,9*	*44,4*	*45,8*	*--*	*--*	*52,1*
Staatl. Wirtschaftsunternehmen	--	15,08	15,04	14,82	--	--	12,45
Anteil (%)	*--*	*39,3*	*38,3*	*36,9*	*--*	*--*	*30,0*

Quelle: Personalstatistiken der ZK-Organisationsabteilung. Jahresendangaben.
© Heilmann 2002/2004

In den Jahren 1998 bis 2001 wurde die zuvor kärgliche Besoldung der Staatsbediensteten durch mehrere Erhöhungsschübe verdoppelt. Dies sollte als Leistungsanreiz und zur Reduzierung der Korruptionsanfälligkeit dienen, ebenso auch zur Stimulierung der Konsumentennachfrage. Es ging hier zugleich um die Versorgung einer für die KPC zentralen politischen Klientel. Aber die öffentlichen Haushalte wurden durch die Gehaltserhöhungen in erheblichem Umfang zusätzlich belastet.

Die immer wieder angestrebte Reduzierung des Behördendickichts und des Behördenpersonals führte in der Vergangenheit meist nur zu kosmetischen Veränderungen, beispielsweise zu formalen Umbenennungen von Behörden, zur Verschiebung von Personalstellen in behördennahe Unternehmen, Dienstleistungseinheiten und Fachvereinigungen (die oft weiterhin administrative Aufgaben wahrnehmen), nicht aber zu einer tatsächlichen organisatorischen Straffung und Leistungssteigerung. Im chinesischen Verwaltungssystem wirken wesentliche institutionelle Merkmale der staatswirtschaftlichen Vergangenheit fort: Die enge Verflechtung zwischen Staatsverwaltung und Unternehmen wie auch das umfassende System der bürokratischen Ämterpatronage und informellen Beziehungsgeflechte bilden den Nährboden für Korruption und administrative Ineffizienz und Intransparenz.

Übersicht 3.19: *Regierungs- und Verwaltungspersonal* – Zuordnung nach administrativen Ebenen (1998)*

Gesamtzahl	Zentrale Ebene	Provinz-Ebene	Bezirks-Ebene	Kreis-Ebene	Gemeinde-Ebene
5.334.000	495.000	593.000	1.134.000	2.186.000	926.000
100%	9%	11%	21%	41%	17%

* Ohne Personal in KPC, staatlichen Unternehmen, Dienstleistungseinheiten etc.
Quelle: Xi 2002.
© Heilmann 2002/2004

Nach offiziellen Angaben sollen von 1998 bis Ende 2001 in der Zentralregierung 12.000 Stellen, in Regierungen auf Provinzebene 89.000 Personalstellen abgebaut worden sein. Damit blieb die Personalreduzierung auf diesen Ebenen deutlich hinter den 1998 vorgegebenen Richtwerten zurück. Regierungsangaben zufolge sind von Anfang 1998 bis Mitte 2002 auf den verschiedenen Regierungsebenen 1,15 Mio. Personalstellen in Verwaltungs- und Parteiorganen eingespart worden. Die Erfahrungen aus den vorangegangenen Versuchen zum Personalabbau bestätigten sich aber auch hier wieder: Freigesetztes Behördenpersonal wurde – sofern die Betroffenen nicht gleich in Pension gingen – überwiegend in staatliche Dienstleistungseinheiten oder staatsnahe Verbände vermittelt, die seit 1998 eine deutliche Personalausweitung erlebten (Chan/Drewry 2001). 2003/4 plant die chinesische Regierung deshalb für die

3.7 Kadersystem und Verwaltung

insgesamt 1,3 Mio. staatlichen Dienstleistungseinheiten eine umfassende Strukturreform.

3.7.3 Funktionswandel der Verwaltung: Vom Kadersystem zum Öffentlichen Dienst?

Selbst wenn eine Straffung von Personal und Binnenorganisation in der Staatsverwaltung gelänge, würde dies nicht zwangsläufig zu einer Veränderung im internen Führungsstil, in der Funktionsweise und Leistungsfähigkeit der Behörden führten. Aufgrund des staatswirtschaftlichen Erbes ist in China ein umfassender Funktionswandel der Staatsverwaltung unabdingbar, um die institutionellen Bedingungen für den Übergang zu einem marktwirtschaftlichen System zu schaffen. Verwaltungsorgane müssen in einer Marktwirtschaft völlig neue Funktionen erfüllen. So erwies sich die etablierte Wirtschaftsbürokratie Chinas etwa als unfähig, den neuen Privatsektor lückenlos zu kontrollieren und konsequent zu besteuern. Zeitweise erhoben zwölf verschiedene Behörden den Anspruch, an der Regulierung des Privatsektors mitzuwirken. Diese bürokratische Konfusion war eine wichtige politische Vorbedingung für das zunächst fast unbemerkte, sehr rasche Wachstum des Privatsektors, denn die politische Führung unterschätzte während der achtziger Jahre mangels verlässlicher Informationen das wahre Ausmaß privater Wirtschaftsaktivitäten. Deshalb blieb ein konservativer Gegenschlag so lange aus, bis der Privatsektor zu groß geworden war, um ihn ohne gravierende Folgen für Beschäftigung und Steuereinnahmen zu unterdrücken (Pei 1994).

In der Beijinger Führung werden seit den achtziger Jahren Maßnahmen zur administrativen Modernisierung diskutiert: Die Umsetzung staatlicher Politik und das Umfeld für die Wirtschaft sollen durch eine effiziente, "saubere" Verwaltung verbessert, Legitimität in der Bevölkerung zurückgewonnen werden. 1987 hatte der damalige KP-Generalsekretär Zhao Ziyang ein ambitioniertes Programm zur "politischen Strukturreform" verkündet, das eine Beschränkung der Parteikontrolle gegenüber der Staatsverwaltung und damit eine schrittweise Entpolitisierung und Professionalisierung des Staatsdienstes vorsah. Dieses Reformkonzept traf auf massiven Widerstand in Teilen der Parteiführung und wurde nach der Absetzung Zhaos 1989 stillschweigend ad acta gelegt. Zwischen 1989 und 1991 setzten sich politische Kräfte durch, die für eine strikte Parteikontrolle über die Staatsverwaltung und deren Personal eintraten. Nur einige der angestrebten Verwaltungsreformen wurden in begrenztem Rahmen, oft in regionalen Experimenten, fortgeführt.

Erst mit dem Reformschub von 1992 erhielt die Diskussion um die Verwaltungsreform neue Impulse. In mehreren Parteidokumenten wurde hervorgehoben, dass eine Transformation von der direkten administrativen Kontrolle über das Wirtschaftsleben zur indirekten Regulierung und "Makrosteuerung" sowie eine allgemeine Steigerung der Verwaltungseffizienz unumgänglich seien. Diesem Zweck sollten neben einer Straffung der Regierungsorgane die Errichtung eines neuen Systems der öffentlich Bediensteten (*gongwuyuan zhidu*) dienen. Der Begriff des öffentlich Bediensteten wird hier in einem viel engeren Sinne als die allgemeine Oberbezeichnung des Kaders verstanden und bezieht sich nur auf Personen, die in Regierung und Staatsverwaltung tätig sind, sich aber anders als westliche Beamte keinesfalls als politisch neutral verstehen sollen.

1993 legte das für die Verwaltungsreform zuständige Ministerium für das Personalwesen eine "Vorläufige Verordnung" über Staatsbedienstete vor, die den Grundstein für die Errichtung eines modernen öffentlichen Dienstes in China legen soll. Die Verordnung stellt ein Kompromissdokument dar. 22 frühere Entwurfsvorlagen, die unter anderem eine Trennung zwischen politischem Beamtentum und Berufsbeamtentum vorgesehen hatten, waren allesamt an Widerständen innerhalb der KP-Führung und in der gewichtigen ZK-Organisationsabteilung gescheitert. Die Verordnung von 1993 diente als Ausgangspunkt für eine Serie von Detailbestimmungen, die in den Folgejahren in Kraft gesetzt wurden und die Organisation der Staatsbürokratie langfristig verändern sollen. Einige dieser Reformmaßnahmen weisen über das Kadersystem der Vergangenheit hinaus, darunter die Einführung offener Zugangsprüfungen bei der Personalrekrutierung für den öffentlichen Dienst, die Festsetzung hoher Qualifikationsanforderungen für die Berufung in administrative Leitungspositionen und Experimente mit Leistungsüberprüfungen gegenüber Führungskräften sowie konkrete Maßnahmen zur Eindämmung nepotistischer Strukturen und zu einer regelmäßigen Ämterrotation in Führungspositionen. Allerdings betonen chinesische Regierungsstellen mit Nachdruck, dass die Verwaltungsreformen weder eine vollständige Demontage des überkommenen Kadersystems noch die Errichtung eines öffentlichen Dienstes im "westlichen" Sinne beinhalteten. Vielmehr werde in der Reform der chinesischen Staatsbürokratie an besonderen Prinzipien festgehalten: Loyalität gegenüber der KPC an Stelle einer "politischen Neutralität" im westlichen Sinne; ideologische und ethische Kriterien der Personalauswahl; Einheit von politischem und Berufsbeamtentum.

Mit der expliziten Absage an die politische Neutralität der Staatsbürokratie rückte die in den achtziger Jahren proklamierte Trennung zwischen Partei und Verwaltung in weite Ferne. Eine durchgreifende Erneuerung der Staatsverwaltung wird nur im Rahmen eines weiter gehenden Reformprogramms möglich sein, das den Zugriff der KPC auf die chinesische Bürokratie beschränkt und statt des bestehenden politischen Patronagesystems eine Rekrutierung nach ausschließlich qualifikationsbezogenen Kriterien zulässt, effektivere Kontrollen durch Öffentlichkeit, Volkskongresse und Justiz gegenüber Amtsmissbrauch und Korruption ermöglicht, die Gehälter leitender Beamter auf das Niveau von Führungskräften in der Privatwirtschaft anhebt, den administrativen Zugriff auf Unternehmen und die staatliche Regulierung des Wirtschaftslebens drastisch reduziert und damit die Möglichkeiten zur Abschöpfung ("Rentenaneignung") durch korrupte Staatsbedienstete einschränkt. Solche grundlegenden Reformen sind für die Beijinger Führung tabu, weil sie den Kern des politisch-ökonomischen Systems beträfen und mit dem Fortbestehen der Parteiherrschaft vermutlich unvereinbar wären. Aufgrund dieser prinzipiellen Reformbeschränkung unterscheidet sich der seit 1993 errichtete "öffentliche Dienst chinesischer sozialistischer Prägung" in seinen Grundstrukturen nur wenig von dem alten leninistischen Kadersystem.

3.8 Sonderverwaltungsregionen Hongkong und Macau

Am 1.Juli 1997 kehrte die britische Kronkolonie Hongkong unter chinesische Souveränität zurück, im Dezember 1999 schließlich auch die ehemalige portugiesische Kolonie Macau. Beide Territorien wurden nicht vollständig ins chinesische Verwaltungssystem eingegliedert, sondern stehen als Sonderverwaltungsregionen (SVR, *tebie xingzhengqu*), gestützt auf internationale Verträge und verfassungsähnliche "Grundgesetze", mit weitgehender innerer Autonomie außerhalb der herkömmlichen Verwaltungshierarchie. Dieses besondere Arrangement wird von der Regierung der VRC mit der Formel "Ein Land, zwei Systeme" gekennzeichnet.

Die SVR Macau (Bevölkerung: 440.000; BIP pro Kopf: 14.000 US$, jeweils Ende 2000) besitzt für die chinesische Innen- und Außenpolitik wie auch in der Weltwirtschaft nur eine sehr geringe Bedeutung. Der Souveränitätswechsel 1999 ging politisch weitgehend reibungslos vonstatten (zu Macau: Ptak/Haberzettel 1998; rm. Berichte in der Zeitschrift *China aktuell*).

Die Entwicklung der SVR Hongkong (Bevölkerung: 6,87 Mio.; BIP pro Kopf: 24.000 US$, jeweils Ende 2000) wird wegen der großen Bedeutung Hongkongs als internationales Finanz- und Dienstleistungszentrum und wegen der gravierenden politischen Spannungen im Zusammenhang mit dem

Souveränitätswechsel 1997 hingegen weltweit aufmerksam beobachtet (Martin 1997; Horlemann 1999; Ash 2000; Lo 2002). Die folgende Darstellung ist deshalb der SVR Hongkong gewidmet.

3.8.1 Hongkongs wirtschaftliche Rolle

Bereits lange vor dem Souveränitätswechsel kam es in Südchina seit 1979 zu einer engen ökonomischen Integration zwischen Hongkong und der angrenzenden Provinz Guangdong, einschließlich der Sonderwirtschaftszone Shenzhen (Taube 1997). In den von Hongkong aus gegründeten Unternehmen in Guangdong entstanden mehrere Millionen Arbeitsplätze, und Zehntausende Hongkonger Manager arbeiten in den südchinesischen Provinzen. Hongkongs Wirtschaft wurde durch die zunehmende Auslagerung von Produktionsstätten allmählich "de-industrialisiert", so dass heute rund 90% der Hongkonger Wertschöpfung im Dienstleistungssektor erwirtschaftet werden. Hongkong spielt eine wichtige Rolle bei der Abwicklung eines substanziellen Teils des chinesischen Außenhandels, bei internationalen Börsengängen chinesischer Staatskonzerne und bei der Kapitalbeschaffung für die Strukturreformen in Industrie und Infrastruktur der VR China. Hongkonger Investitionen leisteten einen maßgeblichen Beitrag zum Aufbau der Exportwirtschaft in den chinesischen Küstenprovinzen. Andererseits sind wiederum festlandchinesische Unternehmen im Hongkonger Bankenwesen, Handel und Tourismus auf sehr markante Weise präsent. An der Hongkonger Börse vereinigten festlandchinesische Unternehmen Ende 2000 bereits knapp 30% der Marktkapitalisierung auf sich.

Trotz dieser engen wirtschaftlichen Verflechtung mit dem Festland kann Hongkong nur deshalb mit Erfolg als Mittler zwischen der VR China und der Weltwirtschaft fungieren, weil es zugleich aufs Engste in internationale Märkte integriert ist. Diese einzigartige doppelte Einbindung hat Hongkong vielfältige Vorzüge gegenüber anderen Finanz- und Handelszentren in Ostasien eingebracht. Regierungsstellen aus Beijing machen regen Gebrauch von dem Know-how, das sie in Hongkong etwa in Fragen der Kapitalmarktregulierung oder des Versicherungswesens vorfinden. Hongkong wurde so zu einem wichtigen Impulsgeber für die institutionelle Erneuerung im chinesischen Wirtschaftssystem.

Ein markanter Standortvorteil Hongkongs ist das unabhängige Gerichtswesen, das aus der britischen Kronkolonie in die SVR übernommen wurde. In Frage gestellt wird Hongkongs wirtschaftliche Schlüsselposition aber durch die zunehmende Konkurrenz anderer südchinesischer Häfen und Technologiestandorte, den Aufstieg Shanghais als Finanz- und Dienstleistungszentrum, den WTO-Beitritt Chinas sowie künftig denkbare direkte Handelsbeziehungen zwischen Taiwan und dem Festland (ein Großteil der Wirtschaftsbeziehungen zwischen Taiwan und dem Festland wird wegen der politischen Unterbindung des Direkthandels auf dem Umweg über Hongkong abgewickelt).

Um der seit der „Asienkrise" anhaltenden wirtschaftlichen Schwächung Hongkongs entgegenzuwirken (die Arbeitslosenquote stieg von 1996 rund 2% bis Mitte 2003 auf 8,3%), die wirtschaftliche Integration mit dem Festland zu vertiefen und um Hongkonger Unternehmen einen Vorsprung in der Erschließung des Festlandmarktes zu verschaffen, setzten sich die Hongkonger Regierung und Unternehmerschaft 2002/2003 bei der Beijinger Zentralregierung energisch für die Schaffung einer Freihandelszone zwischen Hongkong und dem Festland ein. Tatsächlich gewährte die Zentralregierung Ende Juni 2003 ein „Closer Economic Partnership Arrangement" (CEPA), das in Hongkong ansässigen Unternehmen (einschließlich nichtchinesischer, transnationaler Konzerne) Vorteile im Zugang zum chinesischen Markt verschafft, die noch über die Öffnungszusagen im Zusammenhang mit dem WTO-Beitritt hinaus gehen. Dieses Abkommen lässt sich als Förder- und Integrationsprogramm der chinesischen Zentralregierung für den seit 1997 in Schwierigkeiten geratenen internationalen Handels- und Dienstleistungsstandort Hongkong verstehen.

3.8.2 Hongkongs politische Führung

Die Grundregeln für den Status und das Regierungssystem der SVR Hongkong sind festgelegt in einer britisch-chinesischen Gemeinsamen Erklärung von 1984, die bei den Vereinten Nationen hinterlegt ist und den Status eines völkerrechtlichen Vertrages besitzt, sowie im Grundgesetz (*jibenfa/Basic Law*) für die SVR Hongkong, das 1990 vom Nationalen Volkskongress in Beijing verabschiedet wurde. Der in diesen Dokumenten vorgesehene internationale Sonderstatus der SVR wurde nach dem Machtwechsel gewahrt. Hongkong ist weiterhin als eigenständiges Mitglied in internationalen Organisationen vertreten (z.B. in der Welthandelsorganisation, in der Asiatisch-pazifischen Wirtschaftskooperation, in der Bank für Internationalen Zahlungsausgleich) und nimmt weiterhin teil an Hunderten internationaler Abkommen, denen es noch unter der britischen Kolonialherrschaft beigetreten war und denen die VR China zum Teil nicht angehört. So unterliegt Hongkong auch weiterhin der Internationalen Konvention über bürgerliche und politische Rechte, die von der VR China bisher nicht ratifiziert wurde. Diese Mitgliedschaften gelten als wichtiger Beleg dafür, dass Hongkong in Währungs-, Zoll- und Finanzfragen, aber auch hinsichtlich elementarer Freiheitsrechte autonom bleibt.

Durch die Übernahme nahezu des gesamten Leitungspersonals aus der britischen Kolonialadministration war ein hohes Maß an politisch-administrativer Kontinuität auch nach dem Souveränitätswechsel gewährleistet. Allerdings orientierte sich der 1997 auf Empfehlung Beijings in einem restriktiven Auswahlverfahren eingesetzte und 2002 bestätigte Regierungschef (*Chief Executive*) Tung Chee-hwa in seiner Amtsführung stark am Ideal eines hierarchisch geführten Wirtschaftskonzerns (Tung hatte zuvor als Unternehmer Karriere gemacht). Immer wieder äußerte sich Tung skeptisch über die aus seiner Sicht zu weit gehende "Politisierung" Hongkongs. In einigen Bereichen wurde die liberale Praxis der Regierungszeit des letzten britischen Gouverneurs Patten (1992-1997) nach dem Machtwechsel umgehend rückgängig gemacht. Die neue Hongkonger Regierung berief sich hierbei auf Erfordernisse des Basic Law.

In den ersten Jahren nach 1997 gelang es dem Hongkonger Regierungschef trotz sehr widriger ökonomischer Umstände (die Hongkonger Wirtschaft wurde von den Folgen der "Asienkrise" und anschließend vom Konjunktureinbruch in den USA massiv getroffen), den Erwartungen der Zentralregierung in Beijing gerecht zu werden, ohne die eigenen Handlungsspielräume preiszugeben. Insgesamt hielt sich die Zentralregierung seit 1997 mit Eingriffen in die Hongkonger Innenpolitik zurück (s. Übersicht 3.20).

Im Juni 2002 führte der Regierungschef Tung ein „Ministerialsystem" in der Exekutive der SVR ein. Alle 14 *Policy Secretaries* („Minister") werden vom Regierungschef ernannt und sind nur diesem – nicht der Legislative – gegenüber rechenschaftspflichtig. Tung setzte ihm nahe stehende Unternehmer und Manager als *Policy Secretaries* ein. Diese Neuorganisation der Regierungsarbeit war umstritten, weil zuvor in der britischen *Civil Service*-Tradition Hongkongs die *Policy Secretaries* eine politisch neutrale Position innehatten. Das *Executive Council (Exco)* wurde als erweitertes Kabinett von 13 auf 20 Mitglieder vergrößert und umfasst nun neben den 14 *Policy Secretaries* sechs prominente politische Persönlichkeiten, darunter die Vorsitzenden zweier regierungsnaher Parteien, die der SVR-Regierung eine Mehrheit im *Legislative Council* garantieren.

3.8 Hongkong und Macau

Übersicht 3.20: *Das Ausmaß der politischen Autonomie in der SVR Hongkong – Ausgewählte Erfahrungen seit 1997*

Anhaltspunkte für fortbestehende Autonomie	Beispiele für Einschränkungen der Autonomie
Politik	**Politik**
• Möglichkeit für Oppositionsparteien zur öffentlichen Betätigung und Teilnahme an Wahlen • Weitgehende Rede- und Pressefreiheit, relativ freie Betätigung von Demokratie- und Menschenrechtsaktivisten • Häufige Demonstrationen gegen Regierungspolitik • Öffentliche Aktivitäten von Anhängern der in der VRC verbotenen Falungong-Bewegung • Jährliche öffentl. Feiern zum Gedenken an den 4. Juni 1989 • Veröffentlichung von in der VRC sonst verbotenen Schriften • Sonderstellung Hongkongs mit eigener Vertretung in internationalen Organisationen	• Revision einer Entscheidung des Hongkonger Obersten Berufungsgerichts 1999 durch den Ständigen Ausschuss des NVK in Beijing • Zunahme von Selbstzensur in der Berichterstattung über Politik in der VRC • Ausübung politischen Drucks durch Vertreter der Zentralregierung gegenüber taiwanfreundlichen Medien und Geschäftsleuten in Hongkong • Beschränkungen der Redefreiheit in Fragen der "nationalen Einheit" Chinas (Taiwan- und Tibetfrage) • Selektives Einreiseverbot für im Ausland lebende chinesische Dissidenten
Wirtschaft	**Wirtschaft**
• Hongkong wird international weiterhin als eine der freiesten Marktwirtschaften der Welt bewertet	• Regelmäßige wirtschaftspolitische Konsultationen, aber keine einseitigen Interventionen der Zentralregierung in Hongkong

© Heilmann 2002/2004

3.8.3 Konkurrenzwahlen in Hongkong

Im Mai 1998 fanden die ersten Wahlen zur Legislativversammlung (*Legislative Council*) in der SVR Hongkong statt. Damit wurde erstmals in der Geschichte der VR China ein gesetzgebendes Organ durch eine Mehrparteien-Konkurrenzwahl berufen. Die Wahl wurde nicht nur ohne erkennbare Eingriffe von Seiten Beijings abgehalten, sondern führte auch zum Wiedereinzug einiger Beijing-kritischer Politiker, die nach dem Souveränitätswechsel vorübergehend ihren Sitz in der Legislative verloren hatten.

Vor dem Hintergrund der Einparteiherrschaft in der VR China stellten die Hongkonger Wahlen von 1998 und die Zulassung einer politischen Opposition ein historisches Ereignis dar. Doch die Aufteilung der zu vergebenden Mandate auf geographische Wahlbezirke (20 Mandate), berufsständische und branchenbezogene Wahlkollegien (30 Mandate) sowie einen Wahlausschuss (10 Mandate) führte zu offenkundigen Verzerrungen im Hinblick auf die demokratische Repräsentation: Die Beijing-kritischen Parteien gewannen zwar über 50 Prozent der Stimmen in den Direktwahlen, besetzten aber nur knapp ein Drittel der Mandate in der Legislativversammlung. Ähnlich fiel das Ergebnis der Wahlen im Jahr 2000 aus. Diesmal kamen die Beijing-kritischen Parteien trotz ihrer Stimmenmehrheit nur auf 15 Sitze gegenüber 24 Sitzen für die Beijing-freundlichen Parteien. Dieser Beijing-freundlichen Parlamentsmehrheit fehlt somit das demokratische Mandat, denn viele Abgeordneten verdanken ihren Parlamentssitz nur wenigen tausend Wählern in Wahlkollegien und im Wahlausschuss.

Das Grundgesetz der SVR Hongkong gibt in Artikel 68 als politisches Entwicklungsziel die allgemeine Volkswahl der Legislative vor. In Annex II des Grundgesetzes ist eine abgestufte Ausweitung von Direktwahlen für die ersten drei Wahlen der Legislativversammlung (1998, 2000 und 2004) festgelegt. Ähnliches gilt für die Wahl des *Chief Executive*, der zumindest bis zum Jahr 2007 von einem 800köpfigen Wahlausschuss auf jeweils fünf Jahre bestimmt wird (Annex I).

Der Schlüssel für eine weitergehende Demokratisierung in der SVR Hongkong liegt in Beijing. Das Misstrauen der Zentralregierung gegenüber einer Ausweitung demokratischer Wahlen in Hongkong dürfte durch die jüngsten Wahlergebnisse und durch Forderungen der Beijing-kritischen Parteien noch vergrößert worden sein. Die Demokratisierungsforderungen treffen den Kern des von der Exekutive dominierten politischen Systems in Hongkong, das von Beijing gewünscht und im Basic Law festgeschrieben ist. Eine Preisgabe dieser politischen Ordnung durch die Zentralregierung erscheint gegenwärtig sehr unwahrscheinlich. Allerdings haben die Duldung chinakritischer politischer Aktivitäten und die Respektierung der aus Beijinger Sicht unbefriedigenden Wahlergebnisse von 1998 und 2000 nahezu alle Beobachter des Souveränitätswechsels überrascht. Beijing hielt sich seit 1997 strikter an die Regeln des Basic Law und an die Zusage eines "hohen Grades an Autonomie", als es selbst Optimisten erwartet hatten.

Das Grunddilemma der Regierungsordnung der SVR Hongkong besteht in einer teildemokratischen Struktur, die nur undeutliche politische Verantwortlichkeiten zuordnet. In Hongkong sind tiefgreifende Verfassungsreformen notwendig, um diesen unbefriedigenden Zustand zu beenden: Die Beziehungen zwischen Exekutive und Legislative, insbesondere in Gesetzgebungsverfahren, müssen neu geordnet werden. Eine dauerhaft tragfähige Aufteilung der politischen Kompetenzen wird aber wohl erst dann möglich sein, wenn sowohl der Regierungschef als auch die Legislative aus unanfechtbaren demokratischen Wahlen hervorgegangen sind.

3.8.4 Perspektiven der politischen Entwicklung Hongkongs

Letztlich ist ein strategisches Kalkül ausschlaggebend dafür, dass die Beijinger Zentralgewalt Hongkong politisch und wirtschaftlich nicht einfach domestiziert: das unveränderte Ziel, eine Wiedervereinigung mit Taiwan zu erreichen. Um dieses Zieles willen braucht die chinesische Führung ein attraktives und glaubwürdiges Modell der Vereinigung mit Hongkong. Die Übernahme Hongkongs soll zu einer Werbekampagne für das Modell "Ein Land, zwei Systeme" werden. Und diese Kampagne richtet sich auf Taiwan. Das übergeordnete Ziel der Wiedervereinigung mit Taiwan bildet eine Schranke für willkürliche Eingriffe der Zentralregierung in die Wirtschaft und Politik Hongkongs. Dies gilt allerdings nur so lange, wie die Beijinger Führung rational und einheitlich handeln kann.

In Hongkong hat die unsichere Wirtschafts- und Beschäftigungslage nach 1997 eine zunehmende Unzufriedenheit mit der Regierung hervorgerufen. Die Dominanz des Big Business in Politik und Wirtschaft Hongkongs (gelegentlich ironisiert als "tycoonocracy") wird von einem Großteil der Bevölkerung, der von hohen Wohnungspreisen, Einkommens- oder Arbeitsplatzverlusten betroffen ist, nicht mehr ohne weiteres akzeptiert.

Mitte 2003 gerieten die Regierung und die politische Ordnung der SVR Hongkong in ihre bislang schwerste Autoritäts- und Glaubwürdigkeitskrise. Den Hintergrund für die politische Krise bildeten die anhaltende wirtschaftliche Schwäche mit sehr stark gestiegener Arbeitslosigkeit und die drastisch gesunkene Akzeptanz des SVR-Regierungschefs Tung, dem ein starrer, autokratischer Regierungsstil, eine konzeptlose Wirtschaftspolitik sowie unzureichende Maßnahmen gegen die schwere SARS-Epidemie im Frühjahr 2003 zur Last gelegt wurden. Am 1.Juli 2003, dem sechsten Jahrestag des Souveränitätswechsels, demonstrierten rund 500.000 Hongkonger gegen die geplante National Security Bill. Mit diesem Gesetz sollten, wie in Art.23 des Grundgesetzes der SVR Hongkong festgelegt, Subversions-, Sezessions- und Spionageaktivitäten unter Strafe gestellt werden, die sich gegen die Zentralregierung und die Einheit der VR China richten. Die SVR-Regierung hatte versucht, dieses tief in Meinungs-, Presse- und Organisationsfreiheit eingreifende Gesetz ohne breitere öffentliche Konsultationen und gegen wachsende Kritik sogar aus regierungsfreundlichen Lagern durchzusetzen. Erst infolge der Protestbewegung zeigte sich die Hongkonger Regierung gesprächs- und kompromissbereit.

Die Massenproteste, mit denen ein beachtlicher Teil der Hongkonger Bevölkerung die zuvor verbreitete politische Apathie aufgab, stellten die seit 1997 größte Herausforderung für die Formel „Ein Land, zwei Systeme" dar und berührten dadurch unmittelbar die Wiedervereinigungspolitik gegenüber Taiwan (hierzu 6.7). Die Zentralregierung, die wie der SVR-Regierungschef das Ausmaß des Unmuts in der Hongkonger Bevölkerung völlig unterschätzt hatte, reagierte zurückhaltend, stellte aber klar, dass die politische Ordnung Hongkongs sich in einer graduellen, stabilen Weise und ohne ausländische Einmischung entwickeln müsse. Beijing wird in Zukunft mit dem öffentlichen Protest von größeren Teilen der Hongkonger Bevölkerung gegen unpopuläre Amtsträger und Maßnahmen sowie mit dringlicheren Forderungen nach einer Demokratisierung der Wahlverfahren in Hongkong rechnen müssen. Eine von der Zentralregierung zu billigende Demokratisierung des politischen Systems der SVR Hongkong aber würde politische Reformwünsche auch auf dem chinesischen Festland anstacheln, so dass Hongkongs Innenpolitik zu einer umfassenderen Herausforderung für Beijing werden könnte.

3.9 Gesetzgebung und Volkskongresse

Bis Ende der siebziger Jahre bediente sich die chinesische Partei- und Staatsführung vornehmlich exekutiver Anordnungen – interner Parteiweisungen und Regierungserlasse – zur Durchsetzung nationaler politischer Handlungsprogramme. Seit 1979 hat sich jedoch die Bedeutung der formalen Gesetzgebung durch den Nationalen Volkskongress (NVK) und seinen Ständigen Ausschuss stetig erhöht.

3.9.1 Gesetzgebung

In der VR China kann die verbindliche Rechtsetzung von unterschiedlichen Organen des Staates und der Partei ausgehen (vgl. Übersicht 3.21), wobei exekutive Rechtsverordnungen die Hauptmasse der Rechtsetzung repräsentieren. Im Bereich der Wirtschaftsgesetzgebung kann die VR China einige Fortschritte vorweisen. Zwischen 1978 und 1998 wurden insgesamt 328 Gesetze

3.9 Gesetzgebung und Volkskongresse

und Entscheidungen des NVK sowie 700 Verordnungen der Zentralregierung verabschiedet, von denen sich ein Großteil mit Wirtschaftsfragen befasst. Hinzu kommen zehntausende Erlasse, Maßregeln und Ausführungsbestimmungen einzelner Ministerien und tausende lokaler Rechtsbestimmungen. Nach dem offiziellen Bekenntnis zur "Sozialistischen Marktwirtschaft" 1992 wurde bei der Abfassung von Wirtschaftsgesetzen meist direkt auf ausländische Regelwerke und Berater zurückgegriffen. Das Wirtschaftsrecht wurde so zum modernsten Teil des chinesischen Rechtssystems, auch wenn elementare Fragen etwa der Eigentumsordnung weiterhin nicht abschließend geklärt sind.

Übersicht 3.21: *Rechtsetzung durch Staats- und Parteiorgane*

Staats-/Parteiorgan	Mittel der Rechtsetzung
Nationaler Volkskongress	allgemeine, grundlegende Gesetze
Ständiger Ausschuss des NVK	Gesetze und Entscheidungen
Staatsrat (Zentralregierung)	Rechtsverordnungen (Bestimmungen/*tiaoli*, Vorschriften/*guiding*, Maßregeln/*banfa*)
Ministerien des Staatsrates	Durchführungsbestimmungen für vom NVK verabschiedete Gesetze; ressortbezogene oder interministerielle Verwaltungsrechtsbestimmungen
Organe der Parteizentrale (z.T. zusammen mit Regierungsorganen)	Polit. Richtlinien (etwa zur Verbrechens-/ Korruptionsbekämpfung); Bekanntgabe z.T. in parteiinternen Rundschreiben
Partei-Führungsorgane verschiedener Ebenen	Richtlinien und Weisungen, gültig nur für deren Machtbereich
Oberstes Volksgericht	Anweisungen ("Ansichten") zur Anwendung von Gesetzen oder Verordnungen
Provinz-Volkskongresse	lokale Rechtsbestimmungen zur Konkretisierung zentralstaatlicher Rechtsetzung oder zur Ausfüllung bestehender Lücken
Volkskongresse in SWZ	lokale Rechtsbestimmungen
Staatsrat, Außenministerium, Handelsministerium etc.	internationale Verträge (durch den Ständigen Ausschuss des NVK zu ratifizieren)

Modifiziert nach Heuser 1999.
© Heilmann 2002/2004

Gesetzesvorlagen werden – wie in den meisten Regierungssystemen – überwiegend von der Regierung eingebracht. Das Recht zur Gesetzesinitiative haben aber auch Gruppen von 30 Delegierten im NVK, NVK-Fachausschüsse und bestimmte Staatsorgane (Zentrale Militärkommission, Oberstes Volksgericht, Oberste Volksstaatsanwaltschaft). Die vom NVK zu behandelnden Gesetze werden in Jahres- und Fünfjahresplänen festgelegt. Eine zentrale Rolle in der Ausarbeitung von Gesetzentwürfen spielen – neben den beteiligten Fachministerien, Forschungsinstituten und Beraterstäben – das Rechtsamt des Staatsrates (*guowuyuan fazhi bangongshi*), der Rechtsausschuss des NVK (*renda falü weiyuanhui*) und die Rechtsarbeitskommission des Ständigen Ausschusses des NVK (kurz: *fagongwei*).

Hier kommt es nicht selten zu Konflikten und umfassenden Entwurfsrevisionen, die in den neunziger Jahren zu jahrelangen Verzögerungen in der Verabschiedung wichtiger Gesetzeswerke beitrugen. Das Wertpapiergesetz etwa durchlief ein sechsjähriges, kontroverses Gesetzgebungsverfahren, das erst unter dem Druck der "Asienkrise" durch eine direkte Intervention des Politbüros seinen Abschluss fand. Ein Gesetz, das die Gesetzgebungsverfahren selbst neu regeln sollte, benötigte angesichts vielschichtiger Kompetenzstreitigkeiten bis zur Verabschiedung im März 2000 sogar sieben Jahre.

Mit diesem Gesetz ist nun aber festgelegt, dass bestimmte Materien (u.a. Staatsorganisations- und Strafrecht, aber auch das Steuerrecht und andere "grundlegende" wirtschaftsrechtliche Materien) nur noch durch Gesetze geregelt werden können, die vom NVK oder von dessen Ständigem Ausschuss zu verabschieden sind. Die Rechtsetzungsbefugnisse der Regierung wurden insofern eingegrenzt, als die Exekutivorgane nun explizite Ermächtigungen zum Erlass von Rechtsverordnungen benötigen. Einschränkende Bestimmungen für die – bisher oft wildwüchsige – lokalstaatliche Rechtsetzung sollen der Einheitlichkeit der Rechtsordnung und der Rechtssicherheit dienen. Dem Ständigen Ausschuss des NVK wird das Recht auf Gesetzesauslegung und Normenkontrolle (auch auf "Vorschlag" einzelner Vereinigungen, Unternehmen oder Bürger) zugesprochen (Heuser 2000).

Als bedeutsam für die künftige Entwicklung des politischen Systems könnte sich erweisen, dass durch das Gesetzgebungsgesetz eine klare Hierarchie staatlicher Rechtsetzung etabliert wurde: Vom NVK und dessen Ständigem Ausschuss erlassene Gesetze genießen nun eindeutig Vorrang gegenüber Rechtsverordnungen der Regierung. Der Ständige Ausschuss wird durch das Gesetz dazu ermächtigt, von der Regierung erlassene Verordnungen, "die der Verfassung oder Gesetzen widersprechen", aufzuheben. Künftigen chinesischen Regierungen wird es somit schwerer fallen, mittels Exekutivverordnungen am NVK vorbei zu regieren.

3.9 Gesetzgebung und Volkskongresse

3.9.2 Die Volkskongresse

Die Verfassung von 1982 bezeichnet die Volkskongresse als "Organe, durch die das Volk die Staatsmacht ausübt" und den Nationalen Volkskongress als "oberstes Organ der Staatsmacht" (vgl. 3.2). Die Volkskongresse werden in der Tradition sozialistischer Rätesysteme als Organe verstanden, die legislative, exekutive und judikative Funktionen in sich vereinen, also eine *Gewaltenkonzentration* an Stelle der in liberalen Demokratien üblichen Gewaltenteilung praktizieren. Die Regierungen der verschiedenen Verwaltungsebenen fungieren laut Verfassung als vollziehende Organe der jeweiligen Volkskongresse. Gerichte und Staatsanwaltschaften werden von den Volkskongressen eingesetzt (vgl. Übersicht 3.22).

In der politischen Praxis unterliegen die Volkskongresse selbst allerdings den Weisungen und der Kontrolle durch Leitungsgremien der KPC. Von chinesischen Kritikern werden die Kongresse deshalb oft als für die Parteiführung dekorative, aber realpolitisch entbehrliche "politische Blumenvasen" oder gar als leblose "Abstimmungsmaschinen" bewertet. 2002 wurden regionale Parteisekretäre von der ZK-Organisationsabteilung dazu angehalten, in Personalunion auch den Vorsitz im regionalen Volkskongress zu übernehmen, um so die politischen Weisungs- und Kontrollbefugnisse der Partei mit der formalen, verfassungsmäßigen Autorität der Volkskongresse zusammenzuführen. Eine solche Praxis hatte es seit 1992 immer wieder vereinzelt gegeben. Im März 2003 aber nahm in 23 Provinzen, Autonomen Regionen und Regierungsunmittelbaren Städten der dortige Parteisekretär als „Erster Mann" *(diyi bashou)* zugleich auch den Vorsitz im regionalen Volkskongress ein.

Wie sind *Organisation und Mitgliederstruktur des Nationalen Volkskongresse (NVK)* beschaffen? Der NVK besitzt – anders als der Oberste Sowjet in der früheren UdSSR, dessen Vorbild im China der 1950er Jahre nur in Einzelelementen übernommen wurde – lediglich eine Kammer und tagt mit seinen knapp dreitausend Delegierten einmal jährlich, gewöhnlich Anfang März, für ein bis zwei Wochen.

Übersicht 3.22: Der Nationale Volkskongress (2003)

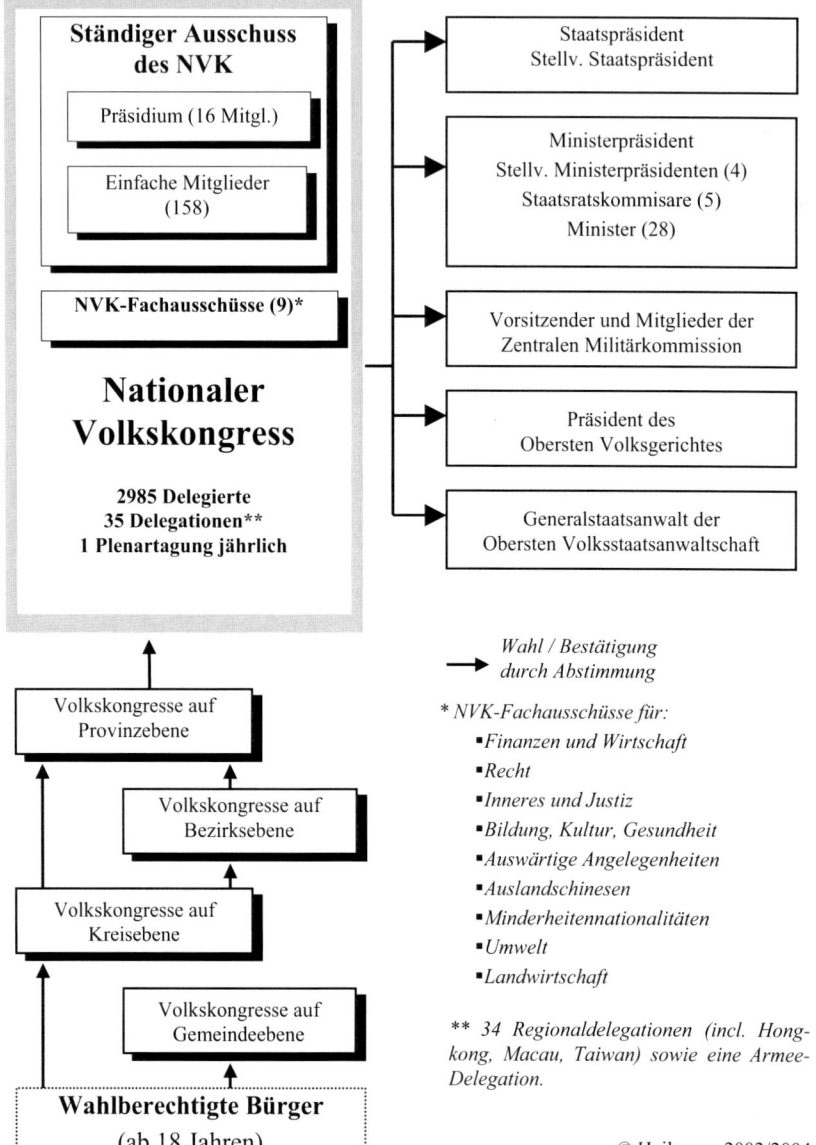

3.9 Gesetzgebung und Volkskongresse

Da eine so riesige und kurzlebige Versammlung lediglich in der Lage ist, zuvor bereits gefällte Entscheidungen zu ratifizieren, nicht aber die Gesetzgebung initiieren und beaufsichtigen kann, wurde ein Großteil der Gesetzgebungstätigkeit in den *Ständigen Ausschuss des NVK* verlagert. Dieser stellt eine etwa alle zwei Monate zusammentretende Versammlung von Vollzeit-Delegierten dar, die keine anderen Positionen im Staats- oder Justizapparat bekleiden dürfen. Der Ständige Ausschuss schließt nur rund fünf Prozent der NVK-Delegierten ein und hat in den neunziger Jahren durch seine Rolle in der Gesetzgebung ein großes Gewicht in der nationalen Politik gewonnen.

Die Legislaturperiode währt fünf Jahre, doch diese Verfassungsbestimmung wurde erst seit 1978 strikt eingehalten (vgl. Übersicht 3.23). Während der Jahrestagungen des NVK werden nur einige Plenarsitzungen abgehalten, in denen die Tätigkeitsberichte der Regierung und anderer Organe diskutiert und gebilligt, Gesetzesvorlagen verabschiedet sowie Personalabstimmungen vorgenommen werden. Die wichtigsten Aktivitäten konzentrieren sich ansonsten in den Gruppensitzungen der 35 NVK-Delegationen. Während dieser Treffen kommt es gelegentlich zu kontroverseren Diskussionen und zu Kritik an der Regierungsarbeit.

Übersicht 3.23: *Nationale Volkskongresse in der VR China*

NVK	Konstituierende Tagung	Vorsitzender	Delegierte NVK-Plenum
I	9/1954	Liu Shaoqi	1.226
II	4/1959	Zhu De	1.226
III	12/1964	Zhu De	3.040
IV	1/1975	Zhu De	2.885
V	3/1978	Ye Jianying	3.497
VI	6/1983	Peng Zhen	2.978
VII	4/1988	Wan Li	2.978
VIII	3/1993	Qiao Shi	2.978
IX	3/1998	Li Peng	2.979
X	3/2003	Wu Bangguo	2.985

© Heilmann 2002/2004

Die Armee ist im NVK massiv überrepräsentiert: Ein Delegierter repräsentiert hier rund 10.000 Armeemitglieder, während im Durchschnitt nur ein NVK-Delegierter auf rund 400.000 Chinesen kommt. Im Ständigen Ausschuss des NVK sind die wirtschaftlich starken Küstenprovinzen zudem besser repräsentiert als arme Inlandsregionen. Der Regionalproporz ist deshalb wichtig, weil die Delegierten aus den Provinzen, darunter pensionierte Provinzgouverneure und andere regionale Spitzenkader, im NVK ein mehr oder weniger offenes Lobbying im Interesse ihrer Heimatregionen betreiben.

Übersicht 3.24: *Die Delegierten des NVK der VR China*

	I. NVK 1954-59	IV. NVK 1975-78	VI. NVK 1983-88	VIII. NVK 1993-98	IX. NVK 1998-03	X. NVK 2003-08
Politische Bindung						
KPC-Mitglieder	54,5	76,8	62,5	68,4	71,5	72,9
"Demokrat. Parteien"	22,4	8,3	18,2	19,2	15,4	k.A.
Parteilos	23,2					
nicht angegeben	0	14,9	19,3	12,4	13,1	
Sozialer Hintergrund						
Arbeiter/ Bauern	13,3	51,1	26,6	20,6	18,8	18,5
Funktionäre	k.A.	11,2	21,4	28,3	33,2	32,4
Soldaten/ Offiziere	4,9	16,9	9,0	9,0	9,0	9,0
Intelligenz*	k.A.	12,0	23,5	21,8	21,1	21,1
Geförderte Gruppen						
Frauen	12,0	22,6	21,2	21,0	21,8	20,2
Ethn. Minderheiten	14,4	9,4	13,6	14,8	14,4	13,9
Überseechinesen	2,5	1,0	1,3	1,2	1,3	k.A.
Bildungshintergrund						
Hochschulabschluss	k.A.	k.A.	44,5	69,0	81,2	92,5
Neu gewählt	k.A.	k.A.	76,5	71,0	74,1	70,1

Ausgewählte Perioden, Angaben in %. *Wissenschaftler, Ingenieure, Journalisten, Künstler etc. Quelle: RMRB, 15.9.1999; 1.3.1998; Holbig 2003.
© Heilmann 2002/2004

Die Gesamtzahl der Delegierten in den Volkskongressen der verschiedenen Ebenen (NVK, Provinzen, Städte auf Bezirksebene, Kreise und Gemeinden) ist stattlich: 1992 hatten die Volkskongresse nach offiziellen Angaben landesweit 3,64 Millionen Mitglieder, auf Provinzebene immerhin noch rund 20.000. Nur auf der Gemeinde- und auf der Kreisebene werden die Volksvertreter direkt gewählt. Auf den höheren Verwaltungsebenen werden die Delegierten jeweils indirekt von den Volkskongressen der untergeordneten Ebene gewählt (dies entspricht dem in der UdSSR vor 1936 praktizierten Verfahren). Daraus ergeben sich beträchtliche Manipulationsmöglichkeiten der personellen Zusammen-

3.9 Gesetzgebung und Volkskongresse

setzung durch die Organisationsabteilungen der KPC. Auf eine optisch günstige, "repräsentative" Zusammensetzung wird geachtet. Dies zeigt sich nicht nur in der ausgewogenen Mischung zwischen Arbeitern/Bauern, Funktionären, Soldaten und Angehörigen der Intelligenz, sondern auch in der – etwa im Vergleich mit dem Zentralkomitee der KPC (s. 3.3.1) – starken Repräsentation von ethnischen Minderheiten und Frauen. Im NVK werden mehr als zwei Drittel der Delegierten von der KPC selbst gestellt, ein weiteres Sechstel von loyalen "Einheitsfront"-Angehörigen (Vertreter der „Demokratischen Parteien" und Parteilose), die in das von der KPC kontrollierte Kadersystem und in das NVK-Mandatsprüfungssystem einbezogen sind (vgl. Übersicht 3.24).

Für die Dauer der Jahrestagungen wird in der Volksvertretung eine provisorische Parteiorganisation errichtet. Die kommunistischen Delegierten werden auf diesem Wege immer wieder daran erinnert, dass die Parteidisziplin eine entschiedene Unterstützung der Politik der Parteizentrale und die Ablehnung "fehlerhafter" Initiativen von Delegierten erfordere, die nicht der KPC angehören.

Lässt sich tatsächlich ein *politischer Bedeutungsgewinn der Volkskongresse* feststellen? Seit den späten achtziger Jahren manifestieren sich Veränderungen in der politischen Rolle der Volkskongresse auf allen Ebenen. Die Parteiführung bedient sich zur Steuerung und Regulierung des wirtschaftlichen Wandels in wachsendem Maße der Gesetzgebung durch den NVK und dessen Ständigen Ausschuss. Zugleich sollen die Volkskongresse der unteren Verwaltungsebenen eine wirksamere Rolle in der Korruptions- und Haushaltskontrolle gegenüber regionalen Regierungsorganen entfalten. Die Stärkung der Volkskongresse soll aus der Sicht der Parteiführung nicht einer parlamentarisch-demokratischen Öffnung dienen, sondern der Modernisierung und Effizienzsteigerung des Wirtschafts- und Verwaltungssystems.

Eine Ursache für die eigenständigere politische Rolle des NVK und von dessen Ständigem Ausschuss ist neben dem stark gesteigerten legislativen "Output" die organisatorische Expansion der Fachausschüsse und Arbeitsorgane. Während der NVK Ende der siebziger Jahre nur über weniger als ein Dutzend ständiger Mitarbeiter verfügte, stieg diese Zahl bereits während der achtziger Jahre auf mehr als 2.000 an. Diese Mitarbeiter sind an der Vorbereitung von Sitzungen, Betreuung der Delegierten und Fachausschüsse sowie an Gesetzgebungsverfahren beteiligt und verschaffen dem NVK eine eigenständige Arbeits- und Informationsgrundlage (Pei 1999).

Die chinesischen Volkskongresse sind zwar weit davon entfernt, genuine parlamentarische Rechte (Gesetzgebung, Haushaltskontrolle, Bestellung und Abberufung der Regierung, Repräsentation gesellschaftlicher Interessen) eigenständig wahrnehmen zu können. Trotzdem lassen sich in den letzten Jahren Anzeichen eines begrenzten politischen Eigenlebens ausmachen. Kritik wird in Form von Gegenstimmen und Enthaltungen bei Abstimmungen über Personalentscheidungen und Tätigkeitsberichte von Regierung und nationalen Justizorganen geübt. Seit 1983 kam es zu zeitweiligen Blockierungen von Gesetzesvorlagen aus dem Staatsrat durch den Ständigen Ausschuss des NVK. Wichtiger noch ist die inzwischen beträchtliche Verhandlungsmacht des NVK gegenüber Regierungsorganen in der Gestaltung der Gesetzgebung. Denn unter den Volksvertretern finden sich hochrangige "Veteranen"-Funktionäre, die über ein ausgeprägtes Selbstbewusstsein verfügen. Die Position des NVK-Vorsitzenden wurde von einer ganzen Serie hochrangiger Politbüro-Mitglieder ausgefüllt, zuletzt von Li Peng und nun von Wu Bangguo.

Übersicht 3.25: *Ausgewählte Abstimmungsergebnisse im NVK (1995-2003)*

	Gegenstimmen/Enthaltungen (%)
Abstimmungen über Personalfragen	
Jiang Chunyun (Stellv. Premier), 1995	37
Jiang Zemin (Staatspräsident), 1998	2
Jiang Zemin (Vors. Zentr. Militärkomm.), 2003	8
Hu Jintao (Staatspräsident), 2003	0,2
Zeng Qinghong (Stellv. Staatspräsident), 2003	13
Abstimmungen über Gesetzgebung/Regierungsprogramme	
Zentralbankgesetz, 1995	33
Reorganisation Zentralregierung, 1998 / 2003	2 / 3
Abstimmungen über Tätigkeitsberichte	
Regierung (Li Peng, 1995 / Zhu Rongji, 2002)	3 / 3
Oberste Volksstaatsanwaltschaft, 1998 / 2003	44 / 27
Finanzministerium, 1995 / 2002	9 / 20

© Heilmann 2002/2004

Die Abstimmungsdisziplin hat seit den späten achtziger Jahren abgenommen. Den begrenzten Wirkungsmöglichkeiten zum Trotz demonstrieren Volkskongressdelegierte gelegentlich eine bemerkenswerte Eigenwilligkeit, die sich in Gegenstimmen und Enthaltungen gegenüber Vorlagen der Regierung zeigt. Beispielsweise traf das wegen seiner finanziellen, technischen und ökologischen Dimensionen umstrittene Projekt des Drei-Schluchten-Staudamms am Yangzi-Fluss auf anhaltenden Widerstand im NVK. Ein Drittel der Abgeordneten stimmte nach heftigen Kontroversen 1992 gegen das Projekt. Sogar die offiziellen Medien verkündeten 1993, dass das Phänomen der "einstimmigen

3.9 Gesetzgebung und Volkskongresse

Annahme" in Abstimmungen der Geschichte angehöre (vgl. Übersicht 3.25). Dies wurde als politischer Fortschritt gewertet. In den Abstimmungen über die Personalvorschläge für Spitzenpositionen in der Regierung gab es 1986 erste Gegenstimmen. Seitdem mussten Kandidaten für Positionen in der Staatsführung immer wieder Hunderte von Gegenstimmen und Enthaltungen hinnehmen. Da im NVK Zustimmungsraten von über 90% inoffiziell als Kriterium für eine breite Unterstützung gelten, müssen mehr als 10% Gegenstimmen und Enthaltungen als deutliche Missfallenskundgebung angesehen werden. Darin drückt sich nicht nur Protest gegen einzelne Kandidaten aus, sondern auch grundsätzliche Kritik am Fehlen der personellen Alternative in Wahlen ohne Gegenkandidaten (O'Brien 1990).

Noch größere Überraschungen als der NVK boten gelegentlich Abstimmungsergebnisse in den Volkskongressen auf Provinzebene, die unter anderem über die Zusammensetzung der regionalen Regierungen entscheiden. Die von der Parteizentrale benannten offiziellen Kandidaten für die Gouverneursbeziehungsweise Vizegouverneurspositionen fielen in einigen Fällen durch, obwohl im ersten Wahlgang kein Gegenkandidat antreten durfte. Im Laufe der dann notwendigen weiteren Wahlgänge wurden Kandidaten durchgesetzt, die von Abgeordnetengruppen vorgeschlagen worden waren. Die Namen der neugewählten Amtsinhaber wurden bezeichnenderweise zunächst nicht bekannt gegeben, um die nach einem Zögern erfolgte Billigung durch die überrumpelte Parteizentrale in Beijing abzuwarten.

Es ist offensichtlich, dass in den chinesischen Volkskongressen die Zahl der Gegenstimmen und Enthaltungen sowohl bei Personal- als auch bei Sachabstimmungen zugenommen hat. Unter kritischen Chinesen werden die Delegierten gelegentlich als "Armee der Händeheber" verspottet. Dieses Urteil scheint nicht mehr ohne weiteres berechtigt: Ein differenzierteres Abstimmungsverhalten ist zu vermerken. Allerdings kann die Parteiführung, wenn sie starken Druck im Vorfeld der NVK-Jahrestagungen auf die Delegierten ausübt, weiterhin "Einheit" und "Disziplin" im Sinne der KPC erzwingen.

Wie sehen die Befugnisse des NVK in der *Kontrolle des Gesetzesvollzugs und in der Haushaltskontrolle* aus? Auch wenn die Zahl der seit 1979 verabschiedeten Gesetze beachtlich scheint, so ist doch allein der Vollzug dieser Gesetze entscheidend. Der Überwachung des Gesetzesvollzugs sollen Inspektionsreisen von Volkskongress-Delegiertengruppen dienen, die in unregelmäßigen Zeitabständen die Durchführung von Gesetzen überprüfen. Kritische Berichte dieser Untersuchungsgruppen können die Staatsorgane, denen eine unzulängliche Durchsetzung der Gesetzesbestimmungen angelastet wird, unter erheblichen politischen Druck setzen. Dies geschah beispielsweise im

Frühjahr 2001, als der Ständige Ausschuss des NVK die Staatliche Wertpapieraufsichtskommission wegen einer Vielzahl von Manipulationen am Aktienmarkt scharf kritisierte. Die Aufsichtsbefugnisse der Volkskongresse enden jedoch stets an der Tür zu den Parteikomitees. Diese sind von der Kontrolle durch die Volksvertreter ausgenommen. Und solange die Autonomie der Parteigremien sakrosankt bleibt, sind den Kontrollbefugnissen der Volkskongresse enge Grenzen gesetzt. Vielen Volksvertretern scheinen die beschränkten Untersuchungs- und Kontrollmöglichkeiten jedoch nicht mehr zu genügen. Führende Repräsentanten regionaler Volkskongresse haben seit 1993 wiederholt eine Stärkung demokratischer Kontrollen zur Eindämmung von Korruption und Machtmissbrauch gefordert. Es wurde argumentiert, dass sich die Missstände nur durch ein Gegengewicht zur Macht der Verwaltung in den Griff bekommen ließen. In einzelnen Provinzen sind 1995 Regelungen erlassen worden, die den regionalen Volkskongressen größere Kontrollrechte einräumen und die Regierungen zur Rechenschaft gegenüber Anfragen der Delegierten verpflichten. Ein nationales Gesetz, das die Aufsichts- und Kontrollkompetenzen der Volkskongresse aller Ebenen gegenüber Regierungsstellen stärken und verbindlich festschreiben soll, ist seit Jahren in der Ausarbeitung, trifft aber bislang auf unüberwindliche politische Bedenken seitens der Partei- und Regierungsführung.

Die klassischen Vorrechte eines Parlaments, das Steuerbewilligungsrecht und die Haushaltskontrolle, sind in der VR China bisher ohne große Bedeutung geblieben. Die Tätigkeit des NVK im Bereich der Haushaltspolitik besteht im Wesentlichen in der Ratifizierung des vom Finanzministerium vorgelegten Budgetplans und in mehr oder weniger moderaten Ermahnungen, im nächsten Jahr das Haushaltsdefizit zu verringern. Zumindest in der Theorie hat die Beijinger Führung in den letzten Jahren die Bedeutung der Volkskongresse für die Haushaltskontrolle erkannt. Probleme wie die Veruntreuung staatlicher Gelder durch lokale Verwaltungen, wachsende Haushaltsdefizite sowie nachlassende Steuerabführungen an die Zentralregierung sollen durch eine Stärkung der lokalen Volksvertretungsorgane eingedämmt werden. In diesem Zusammenhang steht auch das Haushaltsgesetz, das Anfang 1995 in Kraft trat. Bei der Ausarbeitung, Bewilligung, Umsetzung und Kontrolle der öffentlichen Haushalte hatte es wegen des Fehlens einer gesetzlichen Regelung auf allen Verwaltungsebenen beträchtliche Unregelmäßigkeiten gegeben. Das Gesetz bestimmt, dass ein von einem Volkskongress oberhalb der Kreisebene bewilligter Haushalt bindende Kraft für die jeweiligen Regierungen besitze und den Ständigen Ausschüssen der Volksvertretungen eine be-

3.9 Gesetzgebung und Volkskongresse

gleitende Kontrolle erlaube. Die konkreten politischen Auswirkungen der neuen Haushaltsordnung sind noch nicht abschließend zu beurteilen, scheinen aber bislang noch nicht den von Beijing erhofften fiskalischen Disziplinierungseffekt zu zeitigen.

Im Dezember 1998 unternahm der Ständige Ausschusses des NVK einen wichtigen Schritt, indem er eine Haushaltskommission als ständiges Arbeitsorgan neben den Fachausschüssen einrichtete. Mit der Gründung dieses Arbeitsorgans sollen die begleitenden Kontrollmöglichkeiten gegenüber der Regierung verbessert werden. Die neue Haushalts-Arbeitskommission soll eng mit dem Finanz- und Wirtschaftsausschuss des NVK und mit dem Nationalen Rechnungskontrollamt zusammenarbeiten. Tatsächlich gab es nach 1999 vereinzelte Anzeichen dafür, dass der Ständige Ausschuss des NVK eine aktivere Rolle in der Haushaltsaufstellung und Haushaltskontrolle gegenüber der Regierung zu spielen begann.

Wie steht es um das *politische Entwicklungspotenzial der Volkskongresse*? Die politische Stellung der Volkskongresse wird durch das Interesse der Parteiführung an einer gesetzlichen Steuerung des wirtschaftlichen und sozialen Wandels begünstigt. Die Mitglieder der Parteispitze haben den Ständigen Ausschuss des NVK zu einem Motor der Reform des Wirtschafts- und Rechtssystems ausgebaut. Er besitzt daher das Potenzial, sich zu einem dritten Machtzentrum neben der Parteizentrale und dem Staatsrat zu entwickeln. Der NVK dürfte im Fall offener Machtkämpfe oder einer Lähmung der Entscheidungszentrale rasch an politischem Gewicht gewinnen. Im Falle eines Kollapses der Kontrollstrukturen der KPC würde er vermutlich sogar eine zentrale Rolle in den innenpolitischen Auseinandersetzungen spielen. Verschiedene Interessengruppen des politischen Systems – allen voran die regionalen Führungen – könnten versuchen, die in der Verfassung festgelegte Rolle des NVK als "oberstes Organ der Staatsmacht" für ihre Belange einzusetzen.

Bislang aber bestehen entscheidende Hindernisse für die Entwicklung einer starken Legislativgewalt ungeschmälert fort: die unfreie, von Parteigremien manipulierte Auswahl der Delegierten, die für eine effektive parlamentarische Arbeit viel zu große Zahl der Delegierten sowie die zu kurzen und zu seltenen Tagungsperioden. Mit dem Ständigen Ausschuss steht dem NVK allerdings ein "Ersatzorgan" zur Verfügung, das seine Arbeitskapazität im Verlauf der neunziger Jahre stark gesteigert hat.

Forderungen nach strukturellen Reformen des Volkskongress-Systems (etwa landesweite, freie und geheime Wahlen; Wahlkämpfe zwischen mehreren lokal profilierten Kandidaten; längere und häufigere Plenartagungen;

personelle Alternativen in den Wahlen der "Volksregierungen") blieben bisher ohne Erfolg. Der NVK wird von vielen Partei- und Regierungsfunktionären immer noch als Weisungsempfänger begriffen. So wird die nationale Volksvertretung noch einen weiten Weg zurücklegen müssen, bis sie eigenständige parlamentarische Kontrollkompetenzen gegenüber Staats- und Parteiapparaten wahrnehmen und zum Aufbau einer modernen Verfassungsordnung in China beitragen kann.

3.9.3 Politische Konsultativkonferenz des chinesischen Volkes (PKKCV)

Die Politische Konsultativkonferenz des chinesischen Volkes hält nahezu gleichzeitig mit dem NVK jährliche Plenartagungen ab. Dieses Organ der "Einheitsfront", das noch vor Gründung der VR China und vor der Errichtung des NVK ins Leben gerufen worden war, um alle kooperationswilligen Parteien und Gruppen unter der Führung der KPC zu vereinen, fristet ein Schattendasein unter Chinas politischen Organisationen. Es handelt sich um ein Konsultativorgan, das über keine Beschluss- oder Entscheidungsbefugnisse verfügt, von der Parteipropaganda aber stark herausgestellt wird, um die "Mehrparteienkooperation" der KPC mit den acht "Demokratischen Parteien" und sonstigen Gesellschaftsgruppen zu demonstrieren.

Die acht "Demokratischen Parteien" der VR China (Revolutionäres Komitee der Guomindang, Demokratischer Bund, Demokratische Aufbauvereinigung, Liga für die demokratische Selbstverwaltung Taiwans, Demokratische Bauern- und Arbeiterpartei, Vereinigung zur Förderung der Demokratie, Studiengesellschaft des 3. September, Chinesische Volkswohlpartei), die im NVK und in der PKKCV vertreten sind, hatten im Oktober 2002 insgesamt 580.000 Mitglieder. Dies ist eine deutliche Zunahme gegenüber den Mitgliederzahlen von 1997 (410.000) oder gar 1985 (160.000), aber immer noch vernachlässigbar im Verhältnis zur Mitgliederzahl der KPC (im Oktober 2002 mehr als 66 Mio.). Es handelt sich nicht im eigentlichen Sinne um Parteien, die mit der KPC konkurrieren könnten, sondern um der KPC untergeordnete Organisationen, die ausgewählte Bevölkerungsgruppen repräsentieren sollen. Auf Initiative der KP-Führung werden diese Organisationen seit Mitte der neunziger Jahre regelmäßig in den Konsultationsprozess über Fragen der Wirtschaftspolitik und Gesetzgebung einbezogen. Mitglieder der „Demokratischen Parteien" hatten offiziellen Angaben zufolge im Jahr 2002 knapp 7.000 von insgesamt rund 500.000 Führungskader-Positionen oberhalb der Kreisleitungsebene inne.

2003 trat die X. PKKCV (Mandatszeitraum 2003-2008) zusammen, die in 34 Gruppen untergliedert ist. Rund 40% der 2.238 Delegierten sind Mitglieder der KPC. Im Gegensatz zum NVK, wo die KPC stets mehr als zwei Drittel der Delegierten stellt, befinden sich die KPC-Mitglieder in der PKKCV also in der Minderheit. Der Vorsitzende der PKKCV allerdings ist Mitglied des Ständigen Ausschusses des KPC-Politbüros (seit 2003: Jia Qinglin), und auch unter den Stellvertretenden Vorsitzenden (2003: 24 Personen) sind führende KPC-Funktionäre stark vertreten.

Anders als die Delegationen im NVK sind die PKKCV-Gruppen nicht nach regionalen, sondern nach funktionalen Kriterien zusammengesetzt. Mitgliedergruppen werden gestellt von der KPC, den acht "Demokratischen Parteien", acht Massenorganisationen und Verbänden sowie von gesellschaftlichen Gruppen wie etwa Medizinern, Lehrern, Bauern und Sportlern. Die größten beiden Einzelgruppen werden von Künstlern und Schauspielern sowie von Wissenschaftlern und Ingenieuren gestellt. Hier, wie auch in der Gruppe der "gesondert eingeladenen Persönlichkeiten", schmückt sich die PKKCV mit vielen Prominenten. Darüber hinaus gehören rund 150 Vertreter aus Hongkong und Macau der PKKCV an.

Bemerkenswert ist die seit 1998 erfolgte deutliche Erhöhung der Zahl von Mitgliedern aus dem privaten Wirtschaftssektor. Dies wurde ausdrücklich mit der politischen Aufwertung des Privatsektors begründet, die seit dem XV. Parteitag der KPC 1997 initiiert wurde. Als Generalsekretär der PKKCV, der die ständige Arbeit des Organs leitet, wurde 1998 und 2003 ein leitender Funktionär des Bundes für Industrie und Handel (BIH) berufen. Der BIH ist der wichtigste staatsnahe Verband zur Vertretung der Interessen der Privatwirtschaft und kann die PKKCV verstärkt als politisches Forum nutzen. Wichtigste Aufgabe der PKKCV ist es, der Partei- und Staatsführung Vorschläge für politische Maßnahmenprogramme insbesondere in den Bereichen Wirtschafts-, Bildungs-, Kultur-, Gesundheitspolitik sowie Rechts- und Verwaltungsreform zu unterbreiten. Bei der PKKCV handelt es sich mangels Beteiligung an Gesetzgebungsentscheidungen und mangels eines klaren konstitutionellen Status *nicht* um eine *zweite parlamentarische Kammer*.

3.10 Justiz, Polizei und Strafvollzug

In der chinesischen Ordnungstradition wurde Recht als Instrument der Verbrechenskontrolle und der staatlichen Machtdurchsetzung eingesetzt, hatte aber nicht die Funktion der Abwehr staatlicher Eingriffe und des Schutzes individueller Freiheiten. Diese traditionellen Rechtsvorstellungen führten im Zusammenwirken mit importierten sozialistischen Justizkonzepten dazu, dass Gerichte ausschließlich als Organe verstanden wurden, die den Weisungen der KPC folgend zur Aufrechterhaltung der öffentlichen Ordnung beizutragen haben. Gerichte und Staatsanwaltschaften wurden in der Zeit des "Rechtsnihilismus" zwischen 1959 und 1978 zeitweise außer Funktion gesetzt und als "reaktionäre", "bürgerliche" Einrichtungen geschmäht, die nicht mit revolutionären politischen Zielen zu vereinbaren seien.

Die nachmaoistische Parteiführung begriff den Wiederaufbau des Justizsystems zunächst als wichtiges Element der politischen Konsolidierung. Mit den wirtschaftlichen Veränderungen wuchs das politische Interesse daran, die rechtlichen Bedingungen für ausländische Investoren und für die inländische Wirtschaftstätigkeit zu verbessern. Die größten Fortschritte in der Modernisierung des Rechtssystems sind deshalb im Bereich des Wirtschaftsrechts und der Wirtschaftsrechtsprechung festzustellen, während das Strafrecht weiterhin als der rückständigste und am stärksten von politischen Eingriffen geprägte Bereich des Rechtssystems gelten muss.

3.10.1 Parteikontrolle über den Sicherheitsapparat

Eine zentrale Rolle für die Tätigkeit der chinesischen Justizorgane spielen die Kommissionen für Politik und Recht (*zhengfa weiyuanhui*), die auf den verschiedenen Hierarchiestufen der KP-Organisation für die politische Aufsicht über Polizei, Gerichte und Staatsanwaltschaft zuständig sind. Sie gelten als "Stabsorgane" für das ihnen übergeordnete Parteikomitee und koordinieren die Arbeit der weitverzweigten, nicht selten untereinander rivalisierenden Polizei- und Justizorgane der VR China. Das politische Gewicht dieser Kommissionen wird darin deutlich, dass der Leiter meist zugleich zu den höchstrangigen Parteifunktionären auf der jeweiligen Verwaltungsebene gehört. Häufig fungiert der örtliche Polizeipräsident als Leiter der Kommission für Politik und Recht und ist deshalb in der Parteihierarchie den Präsidenten von Gericht und Staatsanwaltschaft übergeordnet.

Die chinesische *Polizei* ist zwar ein Teil der staatlichen Verwaltung, wird aber durch Organe der KPC gelenkt. Dem "Kompendium für die Polizeitätigkeit" (*Jingcha yewu quanshu*, Beijing 1995) zufolge formulieren Parteikomitees und deren Kommissionen für Politik und Recht auf den verschiedenen Hierarchieebenen nicht nur die Richtlinien für die Polizeiarbeit, sondern üben die "unmittelbare Führung und Aufsicht" über die Polizeiorgane aus. Parteiorgane kontrollieren die Personalrekrutierung und die Eignungsprüfungen für Polizisten sowie die Disziplinaraufsicht. Polizeieinheiten müssen regelmäßig gegenüber den Parteiorganen "um Instruktionen ersuchen und Bericht erstatten" (*qingshi baogao*). Ermittlungen in parteiinternen Vorgängen, gegen amtierende Parteifunktionäre und bestehende Parteiorgane sind der Polizei streng untersagt. Solche Ermittlungen dürfen nur von den Disziplinarorganen der KPC selbst durchgeführt werden. Der Polizeiapparat wird von einer Vielzahl unterschiedlicher Organisationen gebildet, die verschiedenen Staatsorganen unterstehen:

- Dem *Ministerium für Öffentliche Sicherheit* (auch kurz: Polizeiministerium) sind die meisten Polizeizweige unterstellt. Die wichtigsten sind Ordnungspolizei, Kriminalpolizei, Patrouillenpolizei, Meldepolizei, Ein-/Ausreisepolizei, Verkehrs-, Landstraßen- und Wasserpolizei (diese drei in Kooperation mit dem Verkehrsministerium) und Eisenbahnpolizei (in Kooperation mit dem Eisenbahnministerium). Ende 2000 unterstanden allein dem Ministerium für Öffentliche Sicherheit rund 1,6 Mio. Polizisten. Wegen der dramatischen Kriminalitätszunahme hat seit 1996 ein massiver Rekrutierungsschub stattgefunden. Die Polizeikräfte wurden innerhalb von fünf Jahren um 500.000 Männer und Frauen aufgestockt.
- Dem *Justizministerium* ist das Strafvollzugspersonal (Gefängnispolizei, die auch Arbeitslager und Besserungsanstalten verwaltet) zugeordnet, was eine enge Koordination mit dem Polizeiministerium erforderlich macht.
- *Volksgerichte und Volksstaatsanwaltschaften* verfügen jeweils über eine eigene Justizpolizei.
- Die *Bewaffnete Volkspolizei* (Ende 1995 insgesamt rund 700.000 Polizisten), der neben den Bereitschaftseinheiten zur Unruhebekämpfung (440.000) auch Grenzschutz-, Feuerwehr- und Wacheinheiten (190.000) sowie Logistikeinheiten (70.000) angehören, untersteht dem Kommando der Armee in Abstimmung mit dem Polizeiministerium. Die Bewaffnete Volkspolizei besitzt angesichts ihrer Größe ein organisatorisches Eigengewicht und war auf dem XV. Parteitag der KPC 1997 erstmals mit einer eigenen Delegation neben der Volksbefreiungsarmee vertreten. Dieser Zweig der Sicherheitskräfte ist nach 1983 insbesondere mit dem Zweck der Bekämpfung innerer Unruhen sowie zur Bewachung ziviler Objekte und hochrangiger Funktionäre aufgebaut worden, hat aber immer wieder durch Disziplinprobleme und operative Defizite (so etwa 1989 während der städtischen Protestbewegung) auf sich aufmerksam gemacht (Cheung 1996).

Zu diesem in den neunziger Jahren gewaltig ausgebauten staatlichen Sicherheitsapparat kam in den letzten Jahren noch eine rasch wachsende Zahl *gewerblicher, uniformierter Sicherheitsdienste* für Objekt- und Personenschutz hinzu. Seit der Verabschiedung des Polizeigesetzes 1995 wurden die politischen Bemühungen um eine Polizeireform verstärkt. Insbesondere sollen die Qualifikationen des Polizeipersonals verbessert und der verbreitete Amtsmissbrauch (willkürliche Verhaftungen, Folterungen, Bestechlichkeit etc.) bekämpft werden. Erklärtes Ziel ist es zu verhindern, dass unzureichend qualifizierte Polizisten das öffentliche Ansehen der Polizei beschädigen. In den Rekrutierungsbestimmungen werden die für den Polizeidienst erforderlichen Qualifikationen sowie der Inhalt der Zugangsprüfungen und die Bewerbungsverfahren zwar festgelegt. Diese Bemühungen scheinen bislang im Polizeialltag aber noch keine erkennbaren Spuren hinterlassen zu haben, da die seit Jahren bekannten Missstände bis in die jüngste Zeit immer wieder in den chinesischen Medien (also nicht nur von ausländischen Menschenrechtsorganisationen) kritisiert werden (vgl. 5.1).

Das *Ministerium für Staatssicherheit (MfS)* und seine nachgeordneten lokalen Organe befassen sich mit der Bekämpfung staatsfeindlicher Aktivitäten sowie mit Auslandsspionage und Spionageabwehr. Das Ministerium ist im Jahre 1983 aus den politischen und nachrichtendienstlichen Abteilungen des Ministeriums für Öffentliche Sicherheit heraus gegründet worden, verfügt über ein wachsendes Netz von verdeckt operierenden hauptamtlichen und informellen Mitarbeitern in China sowie in politisch-militärisch und wirtschaftlich wichtigen Staaten der Welt. Das MfS unterhält eine Vielzahl überwiegend international tätiger Tarnorganisationen (Unternehmen, Forschungsinstitute, Nichtregierungsorganisationen etc.) und richtet einen substanziellen Teil der nachrichtendienstlichen Energien auf die Wirtschaftsspionage. Es gibt Hinweise darauf, dass chinesische Staatssicherheitsorgane bzw. deren Funktionäre eine aktive Rolle auch in illegalen Geschäften (u.a. Waffen-, Drogen-, Menschenhandel) spielen. Die zentralstaatliche Aufsicht gegenüber den Wirtschaftsaktivitäten des Staatssicherheitsapparats ist offensichtlich lückenhaft (DeVore 1999).

3.10.2 Das Gerichtswesen

Das Gerichtswesen der VR China ist vierstufig gegliedert. Der Instanzenweg allerdings ist stets auf zwei Stufen beschränkt. Höchstes Rechtsprechungsorgan des Staates ist das *Oberste Volksgericht*, das zugleich die Aufsicht über

3.10 Justiz, Polizei und Strafvollzug

die Gerichte der anderen Stufen wahrnimmt. Unter diesem befinden sich die 31 *Oberen Volksgerichte* (Provinzgerichte) auf der Ebene von Provinzen, Regierungsunmittelbaren Städten und Autonomen Regionen. Unterhalb dieser Ebene existieren knapp 400 *Mittlere Volksgerichte* (Bezirksgerichte) in Stadtbezirken von Regierungsunmittelbaren Städten, in Großstädten auf Bezirksebene sowie in Regierungsbezirken. Etwa 3000 *Untere Volksgerichte* (Kreisgerichte) mit rund 17.500 Zweigstellen ("Volkstribunale") in Kleinstädten und Landgemeinden bilden die untere Stufe des Gerichtssystems. Unterhalb des formalen Gerichtssystems wirkten Ende 1999 947.000 Schlichtungsausschüsse mit knapp neun Millionen Mitgliedern, die eine wichtige Rolle in der Beilegung von Bagatellstreitigkeiten spielen und die Gerichte entlasten.

In chinesischen Gerichten bestehen gewöhnlich mindestens vier Kammern für Straf-, Zivil-, Wirtschafts- und Verwaltungssachen. Die Gerichtspräsidenten und deren Stellvertreter werden nach Nominierung durch örtliche Parteiorgane vom Volkskongress der jeweiligen Verwaltungsebene gewählt. KP-Organe kontrollieren de facto die Ernennung und Abberufung von Richtern und nehmen auch Einfluss auf politisch sensible und wirtschaftlich bedeutsame Entscheidungen. Eine beherrschende Stellung innerhalb der Gerichte nimmt der von den ranghöchsten Richtern gebildete "Rechtsprechungsausschuss" ein, der in Abstimmung mit Partei- und Regierungsstellen Vorentscheidungen für alle wichtigen Verfahren trifft (Heuser 1999). Chinas Richter, die fast ausnahmslos KPC-Mitglieder sind, genießen keine richterliche Unabhängigkeit, da sie jederzeit ihres Amtes enthoben werden können und ihr Gehalt von der lokalen Regierung beziehen. Nach Angaben des Justizministeriums arbeiteten Anfang 2002 insgesamt 310.000 Richter, Hilfsrichter und Gerichtsbeamte in der Rechtsprechung.

Grundlegende Defizite des chinesischen Gerichtssystems bestehen in der äußerst mangelhaften Qualifikation des Gerichtspersonals: In Kreisgerichten sind oft demobilisierte Soldaten als Richter tätig, und nur etwa sechs Prozent aller Richter haben ein Jurastudium absolviert. Für das geringe Ansehen der Richter ist auch die offiziell immer wieder beklagte grassierende Korruption ursächlich, die durch sehr niedrige Gehälter begünstigt wird. In Wirtschaftsverfahren besteht das Kernproblem im "Lokalprotektionismus": Prozesse, die zu finanziellen Belastungen für ein örtliches Unternehmen und damit zu sinkenden Steuerabführungen solcher Unternehmen führen könnten, werden auf Weisung lokaler Partei- und Regierungsorgane von den Gerichten sehr häufig parteiisch entschieden oder abgebrochen. Für chinesische Unternehmen aus einer anderen Region und für ausländische Unternehmen ist es deshalb oft unmöglich, ihr Recht gegen eine Allianz aus lokalen Unternehmen, Regierungen und Gerichten durchzusetzen. Die moderne Wirtschaftsgesetzgebung der Jahre nach 1992 begründet allein noch keine größere Rechtssicherheit für in- und ausländische Unternehmen. Chinesische Juristen schätzten 1998, dass von Gerichten unterer Ebenen mehr als 70 Prozent der Urteile in Wirtschaftsverfahren nach Vorgaben der lokalen Regierung gefällt werden. Unter diesen Bedingungen ist es nicht überraschend, dass es grundsätzlich schwierig ist, Gerichtsurteile gegenüber mächtigen und politisch gut verbundenen Beklagten durchzusetzen. Chinesische Gerichte verfügen im Geflecht der staatlichen Vollzugsorgane, etwa gegenüber Polizei und Verwaltung, nicht über eine gesicherte Autorität.

Übersicht 3.26: *Zunahme von Gerichtsverfahren (erste Instanz) in der VR China (1978-2000)*

Jahr	Wirtschaftssachen	Zivilsachen	Strafsachen	Verwaltungssachen
1978	k.A.	301.000	147.000	k.A.
1983	44.000	756.000	543.000	527
1986	321.000	989.000	300.000	632
1989	695.000	1.815.000	393.000	10.000
1992	651.000	1.949.000	423.000	27.000
1995	1.276.000	2.719.000	496.000	53.000
1997	1.479.000	3.278.000	437.000	91.000
2000	1.291.000	3.412.000	560.000	86.000

Quelle: ZGTJNJ/Staatliches Statistikamt der VR China.
© Heilmann 2002/2004

Trotz dieser Defizite haben die Gerichte seit 1978 eine rasch wachsende Zahl von Verfahren bewältigt (vgl. Übersicht 3.26). Unternehmen, Organisationen und einfache Bürger greifen immer häufiger zum Mittel des Gerichtsverfahrens, um ihr Recht durchzusetzen. In den steigenden Verfahrenszahlen drückt sich ein Bedeutungsgewinn der Rechtsprechung im wirtschaftlichen und gesellschaftlichen Leben aus. Vor allem wirtschaftliche Akteure greifen zunehmend auf Gerichte zurück, um ihre Rechte zu schützen. Bemerkenswert ist die Zunahme von politisch sensiblen verwaltungsrechtlichen Verfahren, in denen Bürger Abwehrrechte gegenüber Verwaltungsakten geltend machen. Im Jahr 2000 wurden vor chinesischen Gerichten landesweit mehr als fünf Millionen Verfahren verhandelt, in der Mehrzahl Zivilsachen.

3.10 Justiz, Polizei und Strafvollzug 149

Geplante Reformen des Gerichtswesens kommen nur langsam voran. In der zweiten Hälfte der neunziger Jahre richteten sich die Reformbemühungen auf die Zulassung der Öffentlichkeit, eine Neuregelung des gerichtlichen Verfahrensablaufs sowie striktere Kriterien für Eignungsprüfungen und Beförderungen von Richtern. Im Oktober 1999 verabschiedete das Oberste Volksgericht einen Fünfjahresplan zur Modernisierung des Gerichtswesens. National einheitliche Qualifikationsprüfungen wurden erstmals im März 2002 für Richter (wie auch für Staatsanwälte) durchgeführt. Danach sollen nur noch Personen ein Richteramt bekleiden können, die diesen Qualifikationstest bestehen. Weiter gehende Zentralisierungsmaßnahmen zur Eindämmung des lokalen Gerichtsprotektionismus (Gerichtsfinanzierung, Richterernennung und Richterbesoldung durch das nationale Justizministerium) werden intensiv diskutiert, treffen aber auf Widerstand in lokalen Regierungen. Der Oberste Volksgerichtshof trug Anfang 2002 durch zentrale Mittelzuweisungen schon bis zu 30% zum Etat der Unteren Volksgerichte bei, um den Einfluss lokaler Regierungen einzudämmen. Die politische Führung und Personalaufsicht im Gerichtswesen aber soll weiterhin der Partei zukommen. Das "westliche" Prinzip der Gewaltenteilung mit einer "so genannten Unabhängigkeit der Justiz" wird, so der Präsident des Obersten Volksgerichts, in der VR China auch in Zukunft nicht praktiziert werden.

3.10.3 Die Staatsanwaltschaften

Der vierstufige Aufbau der Staatsanwaltschaften entspricht dem Gerichtssystem. Auch finden sich ähnliche Defekte, die zum Teil in der mangelnden politischen Unabhängigkeit der rund 160.000 Staatsanwälte (1997) begründet sind. In Ermittlungsverfahren nehmen Staatsanwaltschaften de facto meist eine untergeordnete Position gegenüber Polizeiorganen ein. Seit den Justiz- und Strafprozessreformen Mitte der neunziger Jahre, mit denen die Aufgaben von Polizei, Staatsanwaltschaft und Gerichten deutlicher voneinander abgegrenzt wurden, kommt es aber häufiger zu Reibungen zwischen beiden Justizorganen. Die Staatsanwaltschaften wurden aufgefordert, ihre Aufsicht über die Polizei zu verstärken, und tatsächlich äußert die Oberste Volksstaatsanwaltschaft gelegentlich scharfe Kritik am Amtsmissbrauch durch Polizisten. Dass die Oberste Staatsanwaltschaft auch selbst nicht im besten Zustand ist, trat zu Tage, als Ende 1998 der Direktor und der stellvertretende Direktor der Abteilung für Korruptionsermittlungen ihrer Ämter enthoben wurden, weil sie Gelder unterschlagen hatten, die im Zusammenhang mit Korruptionsfällen von der Staatsanwaltschaft konfisziert worden waren.

3.10.4 Rechtsanwälte

Nach sowjetischem Vorbild waren die Rechtsanwälte auch in der VR China bis zur Zulassung der ersten privaten Anwaltskanzlei 1988 ausschließlich staatliche Justizangestellte. Die Zulassung eines privatwirtschaftlich-genossenschaftlich organisierten Anwaltsstandes stand in engem Zusammenhang mit dem Interesse der Regierung, die Kosten des Justizsystems zu senken und die Glaubwürdigkeit des Rechtssystems unter ausländischen Investoren im Bereich des Wirtschaftsrechts zu erhöhen. Das 1996 verabschiedete und 2001 novellierte Rechtsanwaltsgesetz begreift Anwälte als juristische Dienstleister, die im Interesse ihrer Mandanten – nicht mehr im Auftrag des Staates – handeln. Während es 1980 nur rund 1.000 Rechtsanwälte gab, wuchs die Zahl bis Anfang 2002 auf 110.000 an, die in 9.500 Anwaltskanzleien arbeiteten (darunter mehr als 3.000 private). Eine Anwaltstätigkeit im Bereich des Außenwirtschaftsrechts gehört heute zu den lukrativsten Berufen in China. Anwälte müssen eine landesweit einheitliche staatliche Eignungsprüfung bestehen, ein juristisches Hochschulstudium ist hierzu nicht Voraussetzung. Nur etwa die Hälfte der chinesischen Anwälte hatte Anfang 2002 einen juristischen akademischen Abschluss vorzuweisen.

Chinas Anwälte unterstehen weiterhin der "Aufsicht und Anleitung" durch die Justizbehörden. Es gibt eine Reihe von Belegen dafür, dass Anwälte, die couragiert für ihre Mandanten eintreten und dabei mit staatlichen Behörden in Konflikt geraten, auch heute noch mit dem Risiko schwerer Repressalien bis hin zu Haftstrafen leben müssen. Polizei, Gerichte und Staatsanwaltschaften sehen in allzu selbstbewussten Rechtsanwälten (insbesondere Strafverteidigern) offensichtlich eine Bedrohung für ihre Autorität (Heuser 1999).

3.10.5 Strafrecht und Strafvollzug

Offiziellen Berichten der chinesischen Regierung sowie Berichten ausländischer Menschenrechtsorganisationen zufolge ist die Praxis des Strafrechts in der VR China bis heute durch willkürliche Verhaftungen, gewaltsame Verhöre, mangelnde Verteidigungsmöglichkeiten, unberechenbare Verfahren, politisch beeinflusste Urteile und eine exzessive Anwendung der Todesstrafe

3.10 Justiz, Polizei und Strafvollzug

gekennzeichnet.[2] Auch die Neufassung des Strafgesetzbuches und der Strafprozessordnung 1996, bei der einige internationale Rechtsstandards Eingang ins Strafrecht fanden, hat an diesem grundlegenden Befund nichts geändert. Die Reformen ließen zwar das Bestreben erkennen, den Verfahrensablauf berechenbarer zu gestalten und dadurch die Beschuldigten im Strafprozess besser zu schützen. Aber diese Prinzipien haben sich im Justizalltag überwiegend nicht durchgesetzt. Das Strafrecht bleibt durch wiederkehrende, politisch verordnete Kampagnen und Gerichtsurteile gekennzeichnet, die sich seit 1996 unter dem Motto "Hart zuschlagen" gegen die Zunahme der Kriminalität und seit 1999 auch gegen staatlich nicht zugelassene religiös-kultische Bewegungen richteten. Im Strafrecht sind kaum Fortschritte in Richtung Rechtssicherheit und politisch unabhängiger Rechtsprechung zu erkennen.

Im Strafvollzug, der seit 1983 nicht mehr dem Polizei-, sondern dem Justizministerium untersteht, haben sich die Haftbedingungen nur in einem Teil der gegenwärtig rund 1.250 Gefängnisse und Arbeitslager verbessert. Die meisten Strafvollzugsanstalten bieten weiterhin sehr harte Haftbedingungen mit mangelhafter Nahrungs- und Medizinversorgung. Seriösen Forschungen zufolge (Seymour/Anderson 1998) hat es in den vergangenen zwei Jahrzehnten dennoch einige markante Veränderungen gegeben. Zwangsarbeit in Arbeitslagern und Gefängnisfabriken wird heute nicht mehr mit dem Ziel der Umerziehung zu einem "Neuen Menschen" betrieben. Und auch wirtschaftlich hat die Zwangsarbeit – im Gegensatz zu verbreiteten Meldungen in westlichen Medien – seit Ende der achtziger Jahre stark an Bedeutung verloren.

Übersicht 3.28: *Häftlingszahlen im internationalen Vergleich*

	Häftlingszahl		Häftlingsquote***	
VR China	1.410.000*	ca.2.000.000**	115*	ca. 165**
USA	1.725.842*		645*	
Russland	1.009.863*		685*	
Deutschland	74.317*		90*	

Angaben für 1996/1997. *Nach Walmsley 1999. **Nach Seymour 2000.
*** Hälftlingszahl pro 100.000 Bürger.
© Heilmann 2002/2004

---

[2] Für das Jahr 2001 wurden von Amnesty International 2.468 offizielle Meldungen über Exekutionen in China registriert. Einer – allerdings unsicheren – internen Regierungsquelle zufolge soll es in jenem Jahr tatsächlich etwa 15.000 Hinrichtungen gegeben haben (siehe Nathan/Gilley 2002: 191-192).

Die Häftlingszahlen und insbesondere die Zahl politischer Gefangener wurden gegenüber der Mao-Ära drastisch reduziert. In der zweiten Hälfte der neunziger Jahre befanden sich in Chinas Gefängnissen und Arbeitslagern zwischen 1,4 und 2 Millionen Menschen. Diese gewaltige Zahl erscheint jedoch im Verhältnis zur Gesamtbevölkerung und im internationalen Vergleich als relativ niedrig (vgl. Übersicht 3.28). Chinas Häftlingsquote beträgt nur rund ein Viertel der vergleichbaren US-amerikanischen und russischen Quoten, nach anderen Forschungsergebnissen (Walmsley 1999) sogar noch weniger. 20 bis 25 Prozent der chinesischen Häftlinge kommen inzwischen bei guter Führung zu einer vorzeitigen Haftentlassung und müssen nach ihrer Entlassung nicht mehr im unmittelbaren Umfeld des Gefängnisses weiterleben, wie es noch bis in die neunziger Jahre hinein üblich war. Zu den schwersten Defekten des chinesischen Strafrechts und Strafvollzugs gehört weiterhin, dass die Polizei auch ohne Gerichtsverfahren mehrjährige Haftstrafen ("Besserung durch Arbeit", *laojiao*) verhängen kann. Ende 2002 saßen nach Angaben des Justizministeriums rund 260.000 Personen in Chinas mehr als 300 Besserungsanstalten (einschließlich Einrichtungen zur zwangsweisen Drogenentziehung) ein und mussten Zwangsarbeit verrichten. Drogenabhängige, Anhänger von staatlich nicht lizenzierten religiös-kultischen Bewegungen (insbesondere Falungong) sowie Prostituierte stellten die Mehrzahl dieser Häftlinge. Die Administrativhaft wird immer wieder auch bei politischen Vergehen angewandt (vgl. 5.2 u. 5.7).

3.10.6 Der schwierige Weg zur Rechtsstaatlichkeit

Das chinesische Rechtssystem wird in Umfragen unter ausländischen Unternehmern – zusammen mit dem indonesischen – als das am wenigsten verlässliche und transparente unter allen ost- und südostasiatischen Staaten eingeschätzt (The Economist, 5.4.2001). Die Justizorgane, insbesondere deren untere Ebenen, gehören auch in den Augen der chinesischen Bevölkerung zweifellos zu den korruptesten und am wenigsten qualifizierten Bereichen des chinesischen Staates. 1999 wurde in die chinesische Verfassung ein Bekenntnis zur Gesetzesherrschaft und zum "sozialistischen Rechtsstaat" aufgenommen. Justizreformen finden viele Fürsprecher in der politischen Führung. Die Bekenntnisse zur Rechtsstaatlichkeit stehen allerdings in einem unüberbrückten Gegensatz zum umfassenden Führungsanspruch der KPC: Eine Gewaltenteilung ist nicht beabsichtigt, und die Tätigkeit der Justiz bleibt weiterhin durch politische Vorgaben bestimmt. De facto strebt die gegenwärtige chinesische Führung eine Herrschaft *mittels* des Rechts an, nicht aber eine Herrschaft *des* Rechts (von Senger 1994). Gesetzesrecht und Gerichte können – trotz einer wachsenden Zahl erfolgreicher Klagen gegen Verwaltungsakte – bislang nicht als unabhängige und wirkungsvolle Kontrollinstrumente gegenüber der Macht von Partei- und Regierungsorganen eingeschätzt werden. Die Herausbildung eines angesehenen, wirtschaftlich starken und politisch einflussreichen Anwaltsstandes, der in privaten Sozietäten organisiert ist und in der Chinesischen Anwaltsvereinigung seine Interessen artikuliert, könnte auf Dauer allerdings zu Veränderungen im Kräfteverhältnis zwischen Politik und Recht führen. Die rasch fortschreitende Privatisierung des Anwaltsstandes könnte eine mögliche "Hintertür" für den allmählichen Übergang zu mehr Rechtsstaatlichkeit sein (Pei 1999). Gegenwärtig aber ist der Befund eindeutig, auch wenn die Rechtsprechung in den neunziger Jahren an Bedeutung gewonnen hat: Die Justizorgane sind so eng mit den existierenden politischen Strukturen verflochten, dass sie aus eigener Kraft nicht zur Überwindung der Defizite im Rechtssystem beitragen können.

3.11 Militär und Politik

1937, zwölf Jahre vor dem Sieg im Bürgerkrieg, hat Mao Zedong die kommunistischen Streitkräfte als "Kampf-, Produktions- und Politarmee" charakterisiert. Diese drei Funktionen sind im Kern heute noch, allerdings unter gänzlich veränderten Bedingungen, kennzeichnend für die 2003 rund 2,5 Mio. Soldatinnen und Soldaten der "Volksbefreiungsarmee" (VBA). Diese Armee ist ein Produkt des revolutionären Kampfes (1927-1949) und der kommunistischen Herrschaftskonsolidierung (1949-1953), die durch eine Verschmelzung zwischen Partei- und Militärorganisation unter schwierigsten ökonomischen Bedingungen bewältigt wurden. Das Erbe der revolutionären Ära wirkt bis heute fort. So sagt das 1997 verabschiedete Gesetz über die Landesverteidigung mit klaren Worten: "Die Streitkräfte der VR China unterstehen der Führung durch die KPC. Die Organisationen der KPC innerhalb der Streitkräfte sind gemäß dem Statut der KPC tätig" (§19). Nicht der Verfassung oder dem NVK, sondern in erster Linie der Partei gilt die Loyalität der Armee. Die VBA ist weder eine politisch neutrale Armee im Sinne liberal-demokratischer Systeme noch ein Staat im Staate, der sich wie in vielen anderen diktatorischen Systemen der politischen Kontrolle entziehen kann. Das Verhältnis zwischen Partei und Militär in der VR China unterscheidet sich in vielen wichtigen Punkten auch von den Strukturen, die sich in der Sowjetunion zwischen KPdSU und Sowjetarmee entwickelt hatten.

3.11.1 Parteikontrolle über die Armee

Das politische Gewicht der Armeeführung wurde auf den Parteitagen der KPC 1992, 1997 und 2002 bestätigt: 22-23% der Vollmitglieder des KP-Zentralkomitees stammten jeweils aus dem Militär (Li/White 1998; Liu 2003). Im Politbüro der KPC war seit den achtziger Jahren ein Rückgang der militärischen Repräsentation von 11% (1987) auf 8% (1997 und 2002) zu beobachten. Seit 1997 sitzt kein Armeeoffizier mehr im Ständigen Ausschuss des Politbüros. An der Spitze der Partei zeigen sich hier Veränderungen, die auf eine gesicherte zivile Kontrolle über die Armee und auf eine Arbeitsteilung zwischen ziviler und militärischer Führung hindeuten.

Zur anhaltenden politischen Bedeutung der VBA auch nach der Staatsgründung 1949 haben mehrere schwere Systemkrisen beigetragen, in denen die Armee zum ausschlaggebenden Faktor der innenpolitischen Auseinandersetzungen wurde. Wie stark die Autorität der KPC von der Unterstützung durch ihren bewaffneten Arm abhängt, wurde besonders während der "Kulturrevolution" Ende der sechziger Jahre und während der städtischen Protestbewegung von 1989 deutlich. Die politische Kontrolle der Parteiorganisation über die Bevölkerung war weitgehend zusammengebrochen. Das Eingreifen der Armee in die politischen Auseinandersetzungen gab den Ausschlag für die Wiederherstellung des Machtmonopols der KPC. Die VBA erwies sich bisher stets als verlässlicher Stützpfeiler der kommunistischen Herrschaft.

Die politische Kontrolle in der VBA wird durch ein weitverzweigtes System von Parteiorganen auf allen Kommandoebenen des Militärs gesichert. Besondere Bedeutung kommt der Militärkommission des Zentralkomitees (ZKMK) zu, die das höchste militärische Führungsorgan und zugleich eines der wichtigsten Parteiorgane in der VR China ist (Shambaugh 2003). Die große Bedeutung dieser Kommission wird dadurch belegt, dass die wichtigsten Parteiführer von Mao Zedong über Deng Xiaoping bis Jiang Zemin stets bestrebt waren, auch den Vorsitz in der ZKMK einzunehmen. Jiang Zemin bemühte sich als Vorsitzender der ZKMK im Laufe der neunziger Jahre beständig um die Unterstützung wichtiger Militärführer und vertrat die personelle Erneuerung des Offizierskorps sowie die Aufstockung des Militärbudgets mit Nachdruck. Jiang behielt das Amt des ZKMK-Vorsitzenden auch dann noch, als mit Hu Jintao 2002/3 ein neuer KP-Generalsekretär und

3.11 Militär und Politik

Staatspräsident eingesetzt wurde. Jiang sicherte damit die Kontinuität in der Militärführung und zugleich seinen Einfluss auf die neue politische Führung. Für die konkrete Ausübung der politischen Kontrolle über die chinesische Armee ist als Organ der ZKMK die Politische Hauptabteilung zuständig. Ihr untersteht das System der Politkommissare und Politischen Abteilungen auf allen Kommandoebenen. In der Parteihierarchie rangieren die Politkommissare vor den Kommandeuren. Rivalitäten zwischen Kommandeuren und Politoffizieren sind unter diesen Voraussetzungen sehr häufig. Der politischen Kontrolle innerhalb der VBA dient neben dem Politkommissarsystem und dem Parteikomiteesystem noch das Disziplinkontroll-System. Alle drei Organisationsstränge sind bis hinunter auf die Regimentsebene in die militärischen Kommandostrukturen implantiert. Ein zusätzliches Kontrollinstrument besteht in einem innermilitärischen Sicherheitsdienst, der der Politischen Hauptabteilung untersteht (Swaine 1992). Auf den wichtigsten zentralen und regionalen Kommandoebenen der VBA sind die Parteiorgane und die politischen Kontrollstrukturen offenbar weiterhin intakt und in der Lage, eine permanente Aufsicht über militärische Aktivitäten auszuüben.

3.11.2 Die politische Loyalität der Armee

Das chinesische Militär nimmt an der chinesischen Politik nicht als in sich geschlossene Gruppe teil. Während der Schlussphase des Bürgerkrieges vor 1949 war die VBA in fünf übergreifende Kampfverbände, die so genannten "Feldarmeen" unterteilt, deren Mitglieder auch nach der Errichtung der VR China ihre engen persönlichen und innerparteilichen Beziehungen weiterpflegten. Besonders in Krisenzeiten haben die Feldarmee-Gruppen in der VBA immer wieder zu den bestimmenden Faktoren der Beijinger Politik gehört (Whitson/Huang 1973). In den achtziger Jahren bemühte sich Deng Xiaoping mit Erfolg darum, die alten Rivalitäten zwischen den Feldarmee-Gruppen abzubauen. Die zuvor in Systemkrisen regelmäßig zu beobachtenden Spaltungen entlang der Feldarmee-Strukturen haben 1989 keine besondere Rolle mehr gespielt. Zu dieser Entwicklung haben die alle zwei bis vier Jahre wiederkehrenden, großangelegten Revirements und Rotationen unter den Befehlshabern der Militärregionen erheblich beigetragen. Die breite Beteiligung aller wichtigen militärischen Kräfte an der nationalen Führung ist eine der politischen Leistungen Deng Xiaopings. Seit den achtziger Jahren haben sich neuartige Beziehungsnetze und Patronagebindungen unter den Leitern und Absolventen neu errichteter Militärakademien herausgebildet.

Diese Netzwerke sind Ergebnis des Professionalisierungsschubs in der VBA, der durch den Ausbau eines Systems von Offiziersschulen vorangetrieben wurde. Könnten karriere- und modernisierungsorientierte Teile des chinesischen Offizierskorps im Falle einer schweren politischen Krise so weit gehen, sich von der Partei loszusagen? Die VBA ist in ihrer machtpolitischen Stellung durchaus auf das Fortbestehen des kommunistischen Regimes angewiesen. In dieser Hinsicht steht der Niedergang, den die mächtige Sowjetarmee nach dem Zusammenbruch der kommunistischen Herrschaft in der UdSSR erfahren hat, vielen jüngeren Militärs in China als abschreckendes Beispiel vor Augen. Dem an internationalem Machtzuwachs orientierten chinesischen Militär kann kaum an der Entstehung einer ähnlichen Situation wie in Russland gelegen sein. Für Modernisierungschancen und Machtstellung des chinesischen Militärs dürfte die Bindung an die KP-Herrschaft deshalb weiter vorteilhaft sein.

Bislang scheint die zivile Parteikontrolle über die Armee gesichert. Dies wurde im Sommer 1998 mit der Weisung der Parteizentrale demonstriert, gewinnorientierte Unternehmen von Militäreinheiten unter zivile Kontrolle zu stellen. Diese Anordnung wurde von den Militärführungen trotz der damit verbundenen, zumindest vorübergehenden finanziellen Schlechterstellung akzeptiert und umgesetzt. Allerdings bleiben Armee-Einheiten und Armeeoffiziere in vielen kommerziellen Unternehmen und Schattengeschäften weiterhin informell involviert (Mulvenon 2000).

3.11.3 Verteidigungspolitische und militärische Entscheidungsstrukturen

Während Militär- und Verteidigungspolitik zur aktiven Zeit Deng Xiaopings (bis etwa 1994) hochgradig personalisiert waren und in informellen Gremien beraten wurden, ist die verteidigungspolitische Planung und Willensbildung unter der Führung Jiang Zemins deutlich stärker institutionalisiert und bürokratisiert worden. Die zivile Kontrolle über die Armee scheint gegenwärtig ungefährdet. Im militär- und verteidigungspolitischen Entscheidungszentrum Chinas herrschten der neueren Forschung zufolge – entgegen manchen Medienberichten, die Konflikte zwischen Parteispitze und Generalität sehen wollten – nach 1989 ein tragfähiger Grundkonsens und politische Kompromissbereitschaft selbst bei heiklen Maßnahmen (z.B. Reduzierung der Truppenstärke oder Trennung des Militärs von gewinnorientierten Betrieben). Chinas Generale traten zu keinem Zeitpunkt als eigenständige, in sich geschlossene Grup-

3.11 Militär und Politik

pe gegenüber der zivilen politischen Führung auf (Cheung 2001; Shambaugh 2003). Allerdings wird das in bisherigen Spannungsfällen (insbesondere 1996, 1999 und 2001) beobachtbare Reaktionsverhalten der chinesischen politischen und militärischen Führung von westlichen Forschern als schwerfällig und ineffektiv bewertet. So hat im Falle der Kollision zwischen einem chinesischen und einem US-amerikanischen Militärflugzeug nahe der Insel Hainan im Frühjahr 2001 die mangelnde Koordination zwischen politischer Führung in Beijing und VBA-Kommandos vor Ort die internationalen Spannungen offensichtlich erheblich verschärft.

Die Kommando- und Entscheidungsstrukturen des chinesischen Militärs werden von folgenden Organisationen[3] geprägt:

- Die *ZK-Militärkommission* (ZKMK, zugleich "staatliche" *Zentrale Militärkommission*) ist das höchste militärische Führungsorgan und zuständig für die Koordination der Verteidigungspolitik und die Formulierung der offiziellen Militärdoktrin. Im Kriegsfall ist sie das höchste Kommandoorgan. Sie verkörpert organisatorisch die enge Beziehung zwischen Partei und Armee und ist das maßgebliche Scharnier zwischen Armee- und Parteiführung. Sie verfügt nur über einen relativ kleinen bürokratischen Apparat mit einer Kanzlei (200-300 Offiziere in verschiedenen Abteilungen), die den Informationsfluss der Kommissionsmitglieder kontrolliert und die Verbindung zu Partei- und Staatsratsorganen hält. Die laufende Arbeit der ZKMK ist geprägt von wöchentlichen Arbeitskonferenzen sowie einer Reihe von Ad-hoc-Ausschüssen und Arbeitsgruppen. Die Kommission hat großes politisches Gewicht, aber keineswegs eine alleinige Dominanz in Fragen der Verteidigungspolitik, der Taiwan-Problematik, der Waffenexporte, strategischen Beziehungen und Territorialkonflikte. In Fragen außenpolitischer Diplomatie sowie auch der Rüstungskontrolle und Waffenexporte hat das Außenministerium seit den neunziger Jahren erheblich an Gewicht gewonnen.

Unterhalb der ZKMK sind in militär- und verteidigungspolitischen Fragen die vier VBA-Hauptabteilungen wichtig, deren Leiter alle der ZKMK angehören:

---

[3] Verschiedene Quellen meldeten Ende 2000, dass die Gründung einer neuen Führungsgruppe für Nationale Sicherheit unter dem KP-Politbüro geplant sei. Diese Führungsgruppe soll in Spannungsfällen als verteidigungspolitisches Entscheidungsorgan fungieren und alle zuständigen zivilen und militärischen Organe einbeziehen. Eine offizielle Bestätigung der Existenz dieser Führungsgruppe steht noch aus. Die hier aufgeführten Organisationsstrukturen blieben unverändert.

- *Generalstabsabteilung*: Die wichtigste unter den Hauptabteilungen mit einem wachsenden Apparat ist – gleichsam als Exekutivorgan der ZK-Militärkommission – die Generalstabsabteilung, die zuständig für die verteidigungspolitische und militärisch-strategische Analyse ist. Hier laufen Kommandostränge und Informationen zusammen. Verschiedene Zweige des militärischen Nachrichtendienstes sind hier angesiedelt. Hier werden die Einsätze von Militäreinheiten im Konfliktfall geplant (so etwa in der Taiwan-Krise 1996). In der Leitung des Generalstabs besteht ein Übergewicht des Heeres. Die Generalstabsabteilung spielt eine führende Rolle in den Verhandlungen mit dem Finanzministerium über Mittelzuweisungen aus dem Verteidigungshaushalt.
- *Politische Hauptabteilung*: Sie ist zuständig für die Parteikontrolle in der Armee und speziell für die Aufsicht über die den Kommandeuren von Militäreinheiten jeweils zugeordneten Politoffiziere (Politkommissare). Sie hat nur einen geringen Einfluss auf verteidigungspolitische Entscheidungen und beschränkt sich vornehmlich auf armeeinterne Aufsichts- und Disziplinarfunktionen.
- *Hauptabteilung für Logistik*: Diese ist für die Aufrechterhaltung der eigenständigen Infrastruktur des chinesischen Militärs (Truppenversorgung, Kommunikation, Transport, Militärhospitäler etc.) zuständig.
- *Hauptabteilung für Rüstungswesen*: Diese ist zuständig für Beschaffung, Rüstungsforschung, aber auch für Waffenim- und exporte und wurde erst im April 1998 aus der Generalstabsabteilung ausgegliedert.

Unter den eng mit der Armee verbundenen Organen des Staatsrates (Zentralregierung) sind besonders die *Kommission für Wissenschaft, Technologie und Industrie im Verteidigungswesen (COSTIND)* und das Verteidigungsministerium von Bedeutung. Die COSTIND besitzt umfassende Befugnisse in der Organisation des Militärisch-Industriellen-Komplexes, soll eine staatlich-zivile Kontrolle der Rüstungsunternehmen sichern sowie Forschung und Entwicklung im militärischen Hochtechnologiebereich koordinieren. Sie ist auch zuständig für Käufe moderner Waffensysteme im Ausland, wobei besonders enge Beziehungen zu Russland und Israel kultiviert wurden. Seit 1998 untersteht die COSTIND ziviler Kontrolle, und es existiert eine Arbeitsteilung mit der VBA-Hauptabteilung für Rüstungswesen.

Das *Verteidigungsministerium* verfügt über sehr bescheidene Kompetenzen, die sich vor allem auf militärdiplomatische Angelegenheiten, militärische Auslandskontakte sowie die Militärattachés in chinesischen Botschaften erstrecken. Das politische Gewicht des chinesischen Verteidigungsministeriums ist also aufgrund der herausragenden Rolle der ZKMK viel geringer als in den Regierungen anderer Nationen. Was das militärpolitische Gewicht der *VBA-Waffengattungen* angeht, so war seit den späten achtziger Jahren ein erheblicher Einflussgewinn der Marine zu verzeichnen, insbesondere aufgrund des Eintretens für eine Aufwertung der Flotte von Seiten des Admirals Liu Huaqing im damaligen Ständigen Ausschuss des KP-Politbüros und in der ZKMK. Obwohl die Luftwaffe nicht über hochrangige politische Patrone verfügte, konnte sie seit den neunziger Jahren eine beträchtliche Steigerung der Finanzmittel erreichen und in mehreren Schüben moderne sowjetische Kampfflugzeuge erwerben. Die Neuausrichtung der VBA auf begrenzte lokale militärische Konflikte kam der Luftwaffe offenbar zugute. Ähnlich positiv erging es den Raketenstreitkräften ("Zweite Artillerie").

Die insgesamt sieben, mehrere Provinzen umfassenden *Militärregionen* sind nicht in Entscheidungsprozesse der Zentrale eingebunden, spielen aber eine wichtige Rolle in der Umsetzung verteidigungspolitischer Maßnahmen sowie in der Anpassung zentraler Vorgaben an lokale Bedingungen. In den Militärregionen Nanjing und Guangzhou etwa wurden konkrete Planungen und Manöver mit Blick auf den Taiwan-Konflikt abgehalten.

Aus den obigen Betrachtungen wird deutlich, dass das chinesische Militär nicht als monolithische Organisation angesehen werden kann, wie es im Westen häufig wahrgenommen wird. Innerhalb des Militärs existieren vielfältige, bei bestimmten Themen auch konfligierende Strömungen. Dauerhafte Rivalitäten sind etwa zwischen Waffengattungen und zwischen Militärregionen um knappe Ressourcen und um politisches Gehör in der Parteiführung zu beobachten (zu Militärstrategie und Rüstungspolitik s. 6.4).

3.12 Die Erosion der politischen Autorität des Parteistaates

Im Verlauf der neunziger Jahre wurde immer wieder lebhaft darüber diskutiert, wie stark die politische Autorität der chinesischen Partei- und Regierungszentrale gegenüber regionalen politischen und militärischen Führungen sowie in der Industrie und Finanzwirtschaft überhaupt noch sei. Seit der zweiten Hälfte der neunziger Jahre hat die zentrale Führung in einigen wichtigen Politikbereichen eine markante Durchsetzungsfähigkeit bewiesen:

- *Inflationskontrolle*: Die Zentralregierung setzte auch gegen zunächst widerstrebende regionale Sonderinteressen eine konsequente Inflationskontrolle durch.
- *Katastrophenhilfe*: Die staatlichen und militärischen Hilfen während und nach den gewaltigen Überschwemmungen von 1998 waren – verglichen mit Hilfsmaßnahmen in Naturkatastrophen der vorangegangenen Jahrzehnte – wirkungsvoller.
- *Zivile Kontrolle über Wirtschaftsunternehmen der Armee*: Die Weisung der Parteizentrale, gewinnorientierte Betriebe von Militäreinheiten unter zivile Kontrolle zu stellen, wurde von den Militärführungen trotz der damit verbundenen, zumindest vorübergehenden finanziellen Schlechterstellung akzeptiert und weitgehend umgesetzt.
- *Schmuggelbekämpfung*: Die Kampagne zur Bekämpfung des organisierten Großschmuggels seit Mitte 1998 hatte deutlich messbare Wirkungen auf eine Reihe volkswirtschaftlicher Indikatoren in Chinas Außen- und Binnenwirtschaft.
- *Strukturreformen in der Finanzaufsicht:* Die Zentralbank wurde mit ihren regionalen Zweigstellen reorganisiert, der Einfluss regionaler Regierungsstellen auf das Bankwesen beschnitten. Mitte 1998 wurde mit Errichtung der ZK-Finanzarbeitskommission die politische Aufsicht über Banken, Wertpapierhandel und Versicherungen zentralisiert.

In anderen wichtigen Politikbereichen hingegen – insbesondere in der Umstukturierung der Staatsunternehmen und der damit verbundenen Sanierung des Bankensystems, in der Errichtung eines nationalen Systems der sozialen Sicherung sowie in der Verbesserung der Einkommensbedingungen für Chinas ländliche Bevölkerung – hat die politische Zentrale ihre unter Ministerpräsident Zhu Rongji 1998 angekündigten Reformvorhaben nicht einmal ansatzweise realisieren können.

Dennoch steht außer Zweifel, dass die chinesische Zentralregierung weiterhin eine – im Vergleich zu anderen Entwicklungsländern oder auch zum postkommunistischen Russland – größere politische Gestaltungskapazität besitzt. Diese Kapazität gründet sich vornehmlich auf eine zentrale Institution: das System der Kaderkontrolle der Kommunistischen Partei, das zumindest im Konfliktfall als Disziplinierungsmittel gegenüber regionalem politischen wie auch militärischem Führungspersonal genutzt werden kann (vgl. 3.7). Sollte diese leninistische Institutionen aber durch regionale Verselbständigungstendenzen, Korruption oder Ämterkauf noch weiter ausgehöhlt und schließlich wirkungslos werden – für eine solche Entwicklung wurde eine

3.12 Erosion der Autorität des Parteistaates

Fülle von Anzeichen dargelegt –, so sind in China ähnliche staatliche Autoritäts- und Kapazitätsdefizite zu erwarten wie im postkommunistischen Russland. Die Neudefinition der Staatsfunktionen, die mit der Abkehr von der Planwirtschaft und der rasch wachsenden privaten Wirtschaftstätigkeit unabdingbar ist, befindet sich in der VR China noch immer im Anfangsstadium. Die Grenzen zwischen privaten und politischen Verfügungsrechten sind in vielen Bereichen der Wirtschaft ungeklärt. Dies eröffnet vielgestaltige Möglichkeiten zur korruptiven Abschöpfung. Die riesige Staatsbürokratie mit ihren Kompetenzüberschneidungen und ihrer ausufernden Regulierungspraxis ist eine Quelle der Korruption und stellt ein beständiges Risiko für unternehmerisches Handeln dar. Organisatorische Straffungen und Lernprozesse innerhalb der staatlichen Bürokratien sind immer noch nicht weit genug vorangekommen, um zu einer Stützung marktwirtschaftlicher Koordination effektiv beitragen zu können. Die Rechts- und Justizinstitutionen, ohne die das marktwirtschaftliche Entwicklungspotential nicht voll entfaltet werden kann, sind weiterhin stark unterentwickelt.

Die Reform- und Öffnungspolitik hat die Erosion der Einparteiherrschaft beschleunigt, indem sie das politische System vor völlig neue Herausforderungen stellte: Die Transformation der Wirtschaft hin zu einem dezentralisierten, markt- und exportorientierten System geht mit einer schrittweisen Lockerung der politischen Kontrollstrukturen einher. Aufgrund der abnehmenden politischen Kontrolle über wirtschaftliche Ressourcen werden dem Herrschaftssystem wichtige Instrumente zur Herstellung politischer Konformität innerhalb und außerhalb der Parteihierarchie entzogen. Lokale Eigeninteressen und informelle Netzwerke schwächen die Institutionen von Partei und Staat in der VRC empfindlich. Hier zeigen sich Parallelen zum "spätleninistischen Staat" der achtziger Jahre in Ost- und Mitteleuropa. Die machtvollen institutionellen Fassaden des leninistischen Staates werden auch in China durch ein wucherndes Geflecht wirtschaftlicher und gesellschaftlicher Partikularinteressen zusehends untergraben.

4 Staat und Wirtschaft

Gegenstand dieses Kapitels sind Wechselwirkungen zwischen wirtschaftlichem und politischem Wandel, speziell die politischen Voraussetzungen und Konsequenzen der chinesischen Wirtschaftsreformen nach 1979. Da eine Staatswirtschaft – gekennzeichnet durch eine Fusion von Politik und Wirtschaft (vgl. 1.5) – den Ausgangspunkt der Reformen bildete, zogen Veränderungen der ökonomischen Institutionen unmittelbare politische und administrative Folgen nach sich. Zugleich eröffneten politisch-administrative Besonderheiten des sozialistischen Systems der Mao-Ära in China nach 1979 ökonomische Reformchancen, die sich nicht in den sozialistischen Planwirtschaften sowjetischen Typs fanden.

4.1 Voraussetzungen der Wirtschaftsreformpolitik

Typische Merkmale sozialistischer Staatswirtschaften sind eine zentralisierte administrative Wirtschaftsplanung, die Dominanz von Staats- und Kollektiveigentum, ein Mangel an harten Finanzbeschränkungen für Unternehmen, die politische Bevorzugung der Schwer- und Rüstungsindustrie sowie ein hochzentralisiertes Außenhandelssystem (Kornai 1995). Bürokratische Koordination – nicht Wettbewerb – regelt das Wirtschaftsleben. Ressourcen werden nach politischen – nicht nach am Bedarf orientierten ökonomischen – Kriterien vergeben, was zu einer gewaltigen Verschwendung von Ressourcen und zugleich zu ständigen Versorgungsengpässen führt. Über diese zentralen Gemeinsamkeiten hinaus zeigen sich allerdings vielgestaltige Variationen in den Reformvoraussetzungen zwischen verschiedenen kommunistischen Herrschafts- und Wirtschaftsordnungen. Wie stark diese Variationen Reformchancen und Reformergebnisse in den einzelnen Ländern beeinflussen, wird deutlich, wenn man den Verlauf der Wirtschaftstransformation in Russland und China systematisch vergleicht (Heilmann 2000). Es zeigt sich, dass sich einige markante Besonderheiten der chinesischen staatswirtschaftlichen Ordnung

4.1 Voraussetzungen der Wirtschaftsreformpolitik

als günstig für die Initiierung von Strukturreformen erwiesen haben. Diese sind knapp in Übersicht 4.1 zusammengefasst.

Übersicht 4.1: *Voraussetzungen für Einleitung und bisherige Erfolge der chinesischen Wirtschaftsreformen*

- *Wirtschaft:* vergleichsweise kleiner staatlicher Industriesektor; geringer Grad interregionaler Arbeitsteilung; damit geringe Verwundbarkeit bei Demontage der zentralen Plankoordination und Raum für dezentrale Eigeninitiative; makroökonomische Stabilität in Anfangsperiode der Reformpolitik (niedrige Inflationsrate, geringe Haushalts- und Leistungsbilanzdefizite)
- *Verwaltung:* in Maos China wesentlich stärker auf regionale Autarkie ausgerichtete, *dezentralisierte* Planwirtschaft (Abweichung vom sowjetischen Modell)
- *Politik:* politisch-bürokratische Reformwiderstände geringer, da zentrale Planungsbürokratien in Phase der "Kulturrevolution" (1966-1976) geschwächt
- *Gesellschaft:* Tradition eines familiengestützten Unternehmertums; Zwangskollektivierung in Landwirtschaft nur etwas mehr als 20 Jahre lang betrieben
- *Internationaler Kontext:* dynamisches asiatisch-pazifisches Umfeld; Investitionen von Auslandschinesen; dichte ökonomische Verflechtungen zunächst mit Hongkong, seit neunziger Jahren auch mit Taiwan

© Heilmann 2002/2004

Zwar waren viele typische strukturelle Verzerrungen der Staatswirtschaft auch in China am Ende der Mao-Ära zu finden: etwa Staatsinvestitionen ohne Wirtschaftlichkeitsprüfung, administrativ verfügte Preise, Monopolstrukturen und mangelnder Wettbewerb, Überbeschäftigung in der Staatsindustrie, Abschottung von Konkurrenz auf internationalen Märkten. In vielen anderen Bereichen jedoch – so etwa im Hinblick auf den Grad der Industrialisierung, der regionalen Spezialisierung und der makroökonomischen Instabilität – wies China weitreichende Unterschiede zu anderen Staatswirtschaften auf.

Eine zentrale Besonderheit der staatswirtschaftlichen Struktur der VR China vor 1979 muss im Vergleich zu Systemen des sowjetischen Typs besonders hervorgehoben werden: Aufgrund maoistischer Vorstellungen von regionaler wirtschaftlicher Autarkie, mehrerer Dezentralisierungswellen im Zuge politischer Kampagnen seit den fünfziger Jahren sowie ungenügender administrativ-technischer Kapazität der zentralen Wirtschaftsbürokratie war die Kontrolle über die Wirtschaft in China weit weniger zentralisiert und institutionalisiert als in der Sowjetunion. Seit der frühen Abkehr vom sowjetischen Entwicklungsmodell in der zweiten Hälfte der fünfziger Jahre wurden regionalen Regierungen umfangreiche Kompetenzen in der Wirtschaftsplanung und Wirtschaftsverwaltung eingeräumt. Der größte Teil der Staatsunternehmen wurde einer dezentralen Kontrolle auf der Ebene von Provinzen, Bezirken, Städten und Kreisen unterstellt. So entwickelte sich in der VR China ein kompliziertes Geflecht territorial abgestufter staatlicher Eigentumsrechte, das nur in Teilbereichen zentralisierter Kontrolle und Planung unterworfen war (Herrmann-Pillath 1990; Naughton 1995). Grundlegende Unterschiede zur Sowjetunion bestanden deshalb im Ausmaß von Planzentralisierung, Industrialisierung, regionaler Spezialisierung und makroökonomischer Instabilität. China hatte hier wesentlich leichtere Erblasten zu tragen.

Weiterhin trugen gesellschaftliche Faktoren nach den ersten Liberalisierungsschritten zu einer breiten unternehmerischen Initiative in China bei. Denn die Erfahrungen eines familiengestützten Unternehmertums waren zumindest auf dem Lande nach nur etwas mehr als zwanzig Jahren der Zwangskollektivierung noch vorhanden (Whyte 1995). Darüber hinaus begünstigte das von Anfang an rege Engagement von Chinesen aus Hongkong und Übersee den Transfer von unternehmerischem Wissen und die Einbindung Chinas in das dynamische asiatisch-pazifische Wirtschaftsumfeld (Pan 1999).

4.2 Politische Durchsetzung von Wirtschaftsreformen

Es sind jedoch nicht nur länderspezifische Ausgangsbedingungen, die die Wahl von Strategien und Pfaden der Wirtschaftsreform bestimmen. Die politische Konstellation bildet den Schlüssel zum Verständnis des Reformverlaufs in China: Anders als in der untergegangenen Sowjetunion erwies sich die politische Autorität der chinesischen Partei- und Regierungszentrale bislang als stark genug, um einen Ordnungszusammenbruch trotz zunehmender politischer und sozialer Verwerfungen zu verhindern. Zugleich aber wurden wichtige wirtschaftspolitische Kompetenzen regionalen Regierungen überlassen. Die Zentrale nahm einen Kontrollverlust gegenüber Reforminitiativen und informellen Ausweichstrategien auf regionaler Ebene hin. Der Verlauf der Wirtschaftsreformen in China ist ein wichtiger Beleg dafür, dass eine Politik, die dezentrale institutionelle Experimente, Innovationen und Lernprozesse fördert, besonders günstige Voraussetzungen für eine erfolgreiche Abkehr von der Staatswirtschaft bietet. Die prekäre Balance zwischen zentralstaatlicher Autorität und dezentraler Reforminitiative bildet bis heute die politische Grundlage für den in begrenzten Einzelschritten vorangetriebenen "gradualistischen" Reformkurs Chinas.

4.2 Politische Durchsetzung von Wirtschaftsreformen

Übersicht 4.2: *Politische Besonderheiten der chinesischen Reformpraxis – Überwindung von Reformwiderständen in einem rigiden politischen Ordnungsgefüge*

- Reformstrategie nicht im vorhinein festgelegt
- "Zweigleisige" Reformpraxis
- Politische Durchsetzung schmerzhafter Reformen in Krisenphasen (1979, 1992, 1998)
- Duldung und selektive Förderung dezentraler Reforminitiativen u. lokaler Experimente
- Wettbewerb zwischen Regionen um Investitionsmittel, Wirtschaftswachstum und Einnahmenwachstum
- Lernbereitschaft gegenüber ausländischen institutionellen Modellen
- Autorität der Parteizentrale stark genug, um Ordnungszusammenbruch zu verhindern
- Flexibilisierung durch dezentrale Reforminitiativen / informelle Ausweichstrategien auf regionaler und lokaler Ebene
- "Kaderkapitalismus" und "systemische Korruption" in Funktionärsschicht

© Heilmann 2002/2004

Die chinesischen Wirtschaftsreformen gingen nicht von einer vorgefassten, in sich schlüssigen Strategie aus. Der wirtschaftliche Wandel entsprang *nicht* der Suche nach der optimalen ökonomischen Effizienz, sondern der Rücksicht auf vielfältige politische Widerstände gegen einen Umbau der staatswirtschaftlichen Ordnung. Die starken politisch-ideologischen Widerstände und Kompromisszwänge schlugen sich in wechselnden offiziellen Formeln zur Kennzeichnung des Wirtschaftssystems der VR China nieder (siehe Übersicht 4.3, rechte Spalte).

Die zentrale Besonderheit der chinesischen Wirtschaftstransformation besteht in einer "zweigleisigen" Reformpraxis, die eine Koexistenz von Plan- und Marktkoordination bei schrittweise sinkendem Planteil erlaubte: ein "Herauswachsen aus dem Plan" (Naughton 1995). Die chinesische Reformpraxis wich den politischen Reformwiderständen nahezu zwei Jahrzehnte lang aus, indem der sozialistische Staatssektor (das "alte Gleis" der Wirtschaft) von Restrukturierungsmaßnahmen ausgenommen und – zunächst nur als Ergänzung – eine planexterne, nicht-staatliche Wirtschaft ("neues Gleis") zugelassen wurde. Das dynamische Wachstum der planexternen Wirtschaft setzte jedoch den Staatssektor unter zunehmenden Wettbewerbsdruck und erzwang in der zweiten Hälfte der neunziger Jahre schließlich Restrukturierungsmaßnahmen der defizitären Staatsunternehmen. Der schrittweise Wandel erlaubte allmähliche Anpassungs- und Lernprozesse von Seiten wichtiger Akteure. Es blieb Raum für konkurrierende Reformexperimente und für Korrekturen einzelner Reformmaßnahmen.

Übersicht 4.3: *Fünf Hauptschübe wirtschaftlicher Reformmaßnahmen in China seit 1979*

	Wirtschaftliche Reformmaßnahmen	Offizielle Formeln zur Kennzeichnung der Wirtschaftsordnung
1979 - 1984	• Ländliche Wirtschaft als Schwerpunkt • Landwirtschaftliche Entkollektivierung • Ausbau ländlicher Kleinindustrie • Zulassung nichtstaatlicher Unternehmensformen und privaten Kleingewerbes • Errichtung von Sonderwirtschaftszonen	*"Planwirtschaft, ergänzt durch Marktelemente"* (1979 – Okt. 1984)
1984 - 1988	• Schrittweise Reformen in städt. Industrie • Mehr Entscheidungsbefugnisse für Betriebsleitungen • Reduzierung der staatlichen Planung • Weitere außenwirtschaftliche Öffnung in Küstenregionen	*"Geplante Warenwirtschaft"* (Okt. 1984 – Okt. 1987)
1988 - 1991	• Verlangsamung der ökonomischen Liberalisierung aufgrund hoher Inflationsraten • Versuche zur Rezentralisierung der Wirtschaftssteuerung • Makroökonomische Stabilisierung durch administrative Kontrollen	*"Wirtschaft, in der der Staat den Markt reguliert und der Markt die Unternehmen reguliert"* (Okt. 1987 – Juni 1989) *"Wirtschaft mit einer organischen Integration zwischen Planwirtschaft und Marktregulierung"* (Juni 1989 – Ende 1991)
1992 - 1997	• Bekenntnis zur "Sozialistischen Marktwirtschaft": beschleunigte ökonomische Liberalisierung und Dezentralisierung • Bemühung um institutionelle Reformen (Finanz- und Bankensystem) • Ansätze zur Unternehmensstrukturreform	*"Sozialistische Marktwirtschaft mit einer Dominanz öffentlichen Eigentums"* (Okt. 1992 – Sept. 1997)
seit 1997	• Ausrichtung der Reformen an "Lektion der Asienkrise" und am WTO-Beitritt • Teilprivatisierung kleiner/mittlerer bzw. Reorganisation großer Staatsunternehmen mit Hilfe des Kapitalmarktes • Institutionelle Reformen (Verwaltung, Militärunternehmen etc.) • Verstärkter Schutz und Förderung des privaten Wirtschaftssektors • Wettbewerbsförderung und Öffnungszusagen mit Blick auf WTO-Beitritt	*"Sozialistische Marktwirtschaft mit einer Koexistenz verschiedener Eigentumsformen"* (seit September 1997)

© Heilmann 2002/2004

4.2 Politische Durchsetzung von Wirtschaftsreformen

Eine zweigleisige Reformpraxis hat beträchtliche Vorteile im Hinblick auf die politische Durchsetzbarkeit: Zum einen wird die Opposition gegen Reformen minimiert, weil die Interessengruppen des alten Systems zunächst keine Kosten zu tragen haben. Zum anderen entstehen im Falle eines Erfolgs der Reformmaßnahmen neue Interessengruppen, die die erreichten Neuerungen verteidigen und sich für eine Ausweitung der Experimente stark machen (Fan Gang 1994). Tatsächlich hat der chinesische Reformansatz zu einer umfassenden Neuformierung von Interessengruppen in der Herrschafts- und Wirtschaftsordnung geführt (siehe 2.5.2).

Nur in Ausnahmesituationen – meist unmittelbar nach politischen Machtwechseln oder einschneidenden wirtschaftlichen Einbrüchen – bieten sich Chancen zur Durchsetzung radikaler Strukturreformen. Solche "Perioden außergewöhnlicher Politik", wie sie der polnische Ökonom und Finanzpolitiker Balcerowicz (1995) treffend nannte, in denen die Akzeptanz für schmerzhafte Neuerungen kurzzeitig erhöht ist, ergaben sich in China nach dem Scheitern des Rezentralisierungsprogramms unter Hua Guofeng 1978/79, unter dem Eindruck des Zusammenbruchs der osteuropäischen sozialistischen Staaten 1991/92 sowie im Kontext der Finanzkrise in vielen ost- und südostasiatischen Staaten ("Asienkrise") 1997/98. In China wurden diese drei Gelegenheiten von Reformpolitikern genutzt, um die Abkehr von staatswirtschaftlichen Institutionen voranzutreiben und politische Widerstände in Verwaltung und Parteiführung zu überwinden. Die politische Führung Chinas zeigte in ökonomischen Fragen eine Lern- und Experimentierbereitschaft, wie sie im Kontext kommunistischer Herrschaften zuvor historisch kaum zu beobachten war. Darüber hinaus wurde Chinas Reformpolitik von dezentraler Initiative und dem Wettbewerb zwischen Regionen um Investitionsmittel, Wirtschafts- und Einnahmenwachstum angetrieben (Montinola/Qian/Weingast 1995).

Der chinesische Reformpfad stellt eine Herausforderung für die gängige politik- und wirtschaftswissenschaftliche Annahme dar, dass eine marktorientierte Transformation unter kommunistischer Herrschaft nicht möglich sei. Auch das in weiten Teilen der Wirtschaftswissenschaft vertretene Postulat, dass radikale Strukturreformen selbst bei hohen sozialen Kosten einer graduellen Strategie vorzuziehen seien, wird durch die chinesische Erfahrung relativiert. Von grundsätzlicher Bedeutung für das Verständnis des chinesischen Reformweges ist jedoch, dass die notwendige Anpassungsfähigkeit nicht durch die offiziellen Institutionen, sondern durch eine verbreitete Praxis des Ausweichens ermöglicht wurde: Maßgebliche politische und wirtschaftliche Akteure nutzten die Chancen der ökonomischen Liberalisierung mit großer Flexibilität, und viele lokale Regierungen umgingen immer wieder Vorgaben aus Peking und beschritten eigene, neue Wege. Andererseits erhält die Parteiführung die zentralstaatliche Autorität und Einheit aufrecht, ohne jedoch im Einzelnen kontrollieren zu können, was auf den unteren Ebenen wirklich vor sich geht. Das "chinesische Erfolgsrezept" besteht darin, die starre kommunistische Ordnung durch informelle Mechanismen zu flexibilisieren, ohne dadurch bisher einen Ordnungskollaps auszulösen. Dies ist jedoch eine riskante Gratwanderung, da die Ausweitung des informellen Schatten- und Korruptionssystems (siehe 4.5) neue wirtschaftliche Verzerrungen, soziale Verwerfungen und vor allem eine politische Legitimations- und Kapazitätskrise herausfordert.

Howell (1993) beschreibt den Verlauf der chinesischen Reform- und Öffnungspolitik als eine nach oben gerichtete Spiralbewegung mit mehreren durch politische und ökonomische Faktoren ausgelösten Zyklen. In Aufschwungphasen wurden wirtschaftspolitische Liberalisierungsmaßnahmen initiiert, in Abschwungphasen wurde eine restriktivere Politik betrieben. Die Abschwungphasen waren aber nie stark und dauerhaft genug, um die in den Aufschwungphasen in Gang gesetzten Innovationen zunichte zu machen. So konnte in kleinen Schritten die Abkehr von der Staatswirtschaft vorankommen.

Die reformpolitischen Entwicklungen seit der zweiten Hälfte der neunziger Jahre deuteten darauf hin, dass die chinesische Wirtschaftsordnung in zentralen Institutionen (etwa Privateigentum, Kapitalmarktregulierung und Unternehmensrecht) zunehmend mit anderen marktwirtschaftlichen Wirtschaftsordnungen konvergieren könnte. Der endgültige Übergang zu einer leistungsfähigen Marktwirtschaft aber wird erst dann erreichbar sein, wenn die Restrukturierung des defizitären Staatssektors und des de facto insolventen Bankensystems ohne schwere Beschäftigungs- und Finanzkrise und die politische Transformation ohne umfassenden Ordnungszusammenbruch gelingen.

4.3 Chinas Wirtschaftswachstum – Offizielle und inoffizielle Berechungen

Angesichts der keineswegs konsolidierten wirtschaftlichen, sozialen und politischen Ergebnisse der Reformpolitik verbietet sich ein abschließendes Urteil über Erfolg oder Misserfolg. Allerdings ist die Dynamik der wirtschaftlichen Entwicklung nach 1979 zweifellos beeindruckend (s. Übersicht 4.4). So erreichte China Angaben internationaler Organisationen (IMF 2000/2001)

4.3 Chinas Wirtschaftswachstum

zufolge ein durchschnittliches jährliches BIP-Wachstum von 9,5% (1982-91) bzw. 10,2% (1992-2000). Selbst alternative Berechnungen, die nach einer statistischen Korrektur zu deutlich niedrigeren Wachstumsraten von 6,6% für die Jahre 1986-1995 kommen (World Bank 1997c), lassen keinen Zweifel an der Dynamik der Wirtschaftsentwicklung. China erlebte seit Beginn der Reformpolitik eine im internationalen Vergleich außergewöhnliche Steigerung seiner wirtschaftlichen Wertschöpfung.

Für die Einschätzung der wirtschaftlichen und politischen Rolle Chinas in der Welt spielen die auf den ersten Blick phänomenalen ökonomischen Wachstumsraten seit 1979 eine zentrale Rolle. Deshalb ist ein genauer Blick auf die Qualität des Wirtschaftswachstums und auf die Verlässlichkeit der Wachstumsstatistik unabdingbar.

Unter chinesischen und westlichen Ökonomen sind die Zweifel an der Korrektheit der offiziellen BIP- und Wachstumsangaben insbesondere für die Jahre nach 1998 gewachsen. In die chinesische Wachstumsstatistik sind nach diesen Erkenntnissen systematische Verzerrungen eingebaut (z.B. Überbewertung der Lagerbestände von Staatsbetrieben, unvollständige Berücksichtigung des Einflusses der Inflation auf die Wertschöpfung), die durch politische Wachstumsvorgaben und Konjunkturprogramme der Regierung in den Jahren nach der "Asienkrise" noch sehr viel stärker verzerrt wurden als in den Jahren zuvor.

Übersicht 4.4: *Wirtschaftswachstum in der VR China – Offizielle und inoffizielle Berechnungen*

Offizielle Statistik*	1982-1991	1992-2000		1998	1999	2000	2001	1998-2001 (kumuliert)
	+9,5	+10,2		+7,8	+7,1	+8,0	+7,3	+34,5
Inoffizielle Berechnungen**	1986-1995			1998	1999	2000	2001	1998-2001 (kumuliert)
	+6,6		Min.	-2,0	-2,5	+2,0	+3,0	+0,4
			Max.	+2,0	+2,0	+3,0	+4,0	+11,4

Reales BIP. Angaben in %. *ZGTJNJ; IMF 2000/2001. **Für 1986-1995: World Bank 1997c. Für 1998-2001: Rawski 2001.
© Heilmann 2002/2004

Alternative Berechnungen, die sich auf indirekte Wachstumsindikatoren wie die Entwicklung des Energieverbrauchs, der Beschäftigung und der städtischen Konsumentenpreise stützen, kommen deshalb zu sehr viel niedrigeren Wachstumswerten: Statt des offiziellen kumulativen BIP-Wachstums von 34,5% in den Jahren 1998-2001 bleibt inoffiziellen Berechnungen zufolge in diesen Jahren nur ein Gesamtwachstum zwischen 0,4% (minimaler, auf der Basis der ungünstigsten Daten errechneter Wert) und 11,4% (maximaler Wert) übrig (Rawski 2001). Chinesische Regierungsstellen selbst haben im Laufe der neunziger Jahre immer wieder auf massive Datenfälschung durch lokale Verwaltungen hingewiesen. Offizielle chinesische Angaben zur Binnenwirtschafts- und Sozialstatistik sind deshalb stets kritisch zu betrachten und in erster Linie als qualitativer Indikator für Grundtendenzen der Wirtschaftsentwicklung, nicht aber als international vergleichbare "harte Daten" zu verstehen.

Übersicht 4.5: *Ausgewählte wirtschaftliche Grunddaten der VR China, 1997-2002 (offizielle Angaben)*

	1997	1998	1999	2000	2001	2002
BIP-Wachstum (%)	+8,8	+7,8	+7,1	+8,0	+7,3	+8,0
BIP pro Kopf (US$)	729	760	789	855	900	970
Exporte (Mrd. US$)	182,8	183,8	194,9	249,2	266,2	325,6
[Veränderung (%)]	*[+21,1]*	*[+0,5]*	*[+6,0]*	*[+27,9]*	*[+6,8]*	*[+22,3]*
Importe (Mrd. US$)	142,4	140,2	165,7	225,1	243,6	295,2
[Veränderung (%)]	*[+2,6]*	*[-1,5]*	*[+18,2]*	*[+35,8]*	*[+8,2]*	*[+21,2]*
Realisierte ADI (Mrd. US$)	45,3	45,5	40,3	40,7	46,9	53,8

Quelle: IMF 2001; ADB 2001; Staatl. Statistikamt; Handelsministerium.

Chinas Außenwirtschaftsstatistik ist verlässlicher, weil hier Kontrollmöglichkeiten durch die gleichzeitige statistische Erfassung in anderen Ländern bestehen. Außerdem vertreten auch kritische ausländische Ökonomen die Auffassung, dass Chinas Statistiksystem zumindest auf zentralstaatlicher Ebene zunehmend weniger Spielräume für grobe Datenverfälschungen biete und die Vergleichbarkeit mit internationalen Wirtschaftsstatistiken sich schrittweise verbessere (Holz 2003). Darüber hinaus ist in der offiziellen Wirtschaftsstatistik die dynamische Schattenwirtschaft Chinas (von der Vergnügungs- und Glücksspielbranche über die Untergrundindustrie für Produktfälschungen bis hin zum organisierten Schmuggel) nicht erfasst, so dass unter Einbeziehung der Wertschöpfung in diesem Bereich die Wachstumsangaben sogar noch leicht nach oben korrigiert werden könnten. Die Zuverlässigkeit der offiziellen Wachstumsstatistik bleibt jedenfalls umstritten.

Trotz der Datenproblematik steht außer Zweifel, dass die wirtschaftliche Entwicklung in China seit 1979 in den meisten Landesteilen zur Reduzierung absoluter Armut und zu einer beträchtlichen Erhöhung des Lebensstandards der Bevölkerung beigetragen hat. Studien internationaler Entwicklungshilfeorganisationen und Feldforschungsberichte unabhängiger Wissenschaftler weisen übereinstimmend auf eine positive Entwicklung wichtiger sozialer Indikatoren – von der Lebenserwartung bis zum Anteil der in Armut lebenden Bevölkerung – hin (UNDP 1999). Allerdings zeigt sich landesweit eine rasch zunehmende soziale Ungleichverteilung von Vermögen, Einkommen und Konsum, die das wirtschaftliche und soziale Leben in den nächsten Jahrzehnten prägen wird (vgl. 4.4.2, 5.6.2).

4.4 Politische Eingriffe in einer dezentralisierten Staatswirtschaft

Die Wirtschaftsordnung der VR China lässt sich heute keinesfalls mehr als sozialistische Planwirtschaft kennzeichnen. Der Anteil an der Produktion, der im Rahmen verbindlicher staatlicher Pläne und staatlicher Preiskontrollen abgewickelt wird, verringerte sich seit den achtziger Jahren beständig. Im Jahr 2001 war die zentralisierte imperative Planung auf nur noch wenige Produkte beschränkt. Die Staatliche Planung konzentriert sich heute auf Rahmenvorgaben für die Entwicklung der einzelnen Wirtschaftsbereiche und für die Lenkung staatlicher Investitionsmittel. In vielen Branchen der chinesischen Wirtschaft – besonders deutlich sichtbar auf den Konsumgütermärkten – herrscht ein intensiver Wettbewerb. Auf den ersten Blick scheint China beim Übergang in eine Markt- und Wettbewerbswirtschaft bereits weit fortgeschritten zu sein. Dieser Eindruck ist jedoch trügerisch, denn die politisch-administrative Einflussnahme auf Unternehmen und Märkte ist weiterhin äußerst bedeutsam.

4.4.1 Staatlicher Einfluss auf Betriebe und Finanzsystem

Zentrale Besonderheiten des politischen Systems der VR China – vor allem das vielschichtige System der Tauschbeziehungen zwischen politischen und wirtschaftlichen Akteuren – sind nur verständlich, wenn man sich das besondere Erbe einer *dezentralisierten Staatswirtschaft* vor Augen führt. Drei Beispiele seien hier zur Illustration aufgeführt: Staatsbetriebe, staatliches Banken- und Börsenwesen sowie lokale Regierungskontrolle über Unternehmen.

Staatsbetriebe (hierunter sind auch Aktiengesellschaften zu verstehen, die von staatlichen Anteilseignern kontrolliert werden) prägen weiterhin wichtige Wirtschaftsbereiche. Zwar trug der Staatssektor Ende 2000 nur noch rund ein Drittel zum chinesischen BIP bei. Jedoch sind etwa im Dienstleistungssektor ganze Branchen wie Banken und Telekommunikation weiterhin durch staatliche Oligopole geprägt. Reformen im Staatssektor sind aufgrund politischer Widerstände bis zur Mitte der neunziger Jahre hinausgezögert worden. Seitdem gab es vielgestaltige Ansätze zur Umstrukturierung (Umwandlung in Aktiengesellschaften, Fusionen etc.). Kleine und mittlere Staatsbetriebe, die gewöhnlich Stadt- oder Kreisregierungen unterstehen, sind inzwischen in großer Zahl durch Beteiligung nichtstaatlicher Investoren oder durch Verkauf an das Management privatisiert oder teilprivatisiert worden. Aber bezüglich staatlicher Großbetriebe trifft eine umfassende Privatisierung auf beschäftigungspolitische, ideologische und auch machtpolitische Bedenken in der chinesischen Führung. Staatsbetriebe werden in staatlichen Investitionsprogrammen und bei der Kreditvergabe durch staatliche Banken weiterhin gegenüber privaten Unternehmen bevorzugt. So ist das grundlegende Problem der meisten Staatsbetriebe – dass es sich eher um Behörden als um Unternehmen handelt, dass sie keinen harten finanziellen Beschränkungen unterliegen und oft keine profitorientierte, für eine Wettbewerbswirtschaft kompetente Leitung haben – ungelöst geblieben. Anfang 2002 wurde in einer Weisung der ZK-Organisationsabteilung bekräftigt, dass die „Führung durch die KPC" in strategisch wichtigen staatlichen „Rückgrat"-Unternehmen (*gugan qiye*) durch eine Serie neuer organisatorischer Initiativen zu stärken sei. Mit der Errichtung zentraler und regionaler Aufsichtskommissionen für das Staatsvermögen seit Frühjahr 2003 sollen Umstrukturierungs- und Privatisierungsverfahren in reguläre Bahnen gelenkt werden (s. 3.4.1). Ob dadurch die Privatisierung auch der staatlichen Großunternehmen beschleunigt wird, ist zur Zeit noch nicht absehbar.

Die Strukturdefekte im *Banken- und Börsenwesen* Chinas stehen in engem Zusammenhang mit den Defekten der Staatsbetriebe: Auf Weisung von Regierungsstellen führen die staatlichen Banken den größten Teil ihrer Kreditmittel der Stützung von mehrheitlich maroden Staatsunternehmen zu. Deshalb häuften Chinas Staatsbanken uneinbringliche Kredite in Höhe von geschätzten 30-55% des BIP an (vgl. 3.6.2). Um neue Kanäle zur Kapitalaufnahme zu eröffnen, wurden im Laufe der neunziger Jahre mehr als tausend staatliche

4.4 Politische Eingriffe in einer dezentralisierten Staatswirtschaft 173

Großunternehmen an den Börsen in Shanghai und Shenzhen notiert. So manifestierte sich der Kapitalhunger des Staatssektors in drei Stufen: Am Anfang nährten sich die Staatsbetriebe aus dem Regierungshaushalt; dann zehrten sie das Kapital der Banken und die privaten Spareinlagen auf; und nun ziehen sie mit ihren politisch gewollten Börsengängen das Kapital inländischer und zunehmend auch internationaler Aktionäre auf sich. Von der Labilität des chinesischen Finanzsystems geht angesichts der außergewöhnlich großen Belastung durch uneinbringliche Kredite und der geringen Qualität der an der Börse notierten Gesellschaften ein sehr hohes Risiko für die wirtschaftliche Entwicklung aus. Zu Recht hat die Finanzbranche seit 1997 einen großen Teil der Reform- und Regulierungsenergien der Regierung auf sich gezogen. Eine durchgreifende Besserung der prekären Situation im Finanzsystem ist jedoch nicht zu erkennen (Heilmann/Gottwald 2002; Lardy 2002).

Die *Kontrolle lokaler Regierungen über das Wirtschaftsleben* ist ein Schlüsselmerkmal des sozialistischen Wirtschaftssystems der Mao-Ära wie auch der heutigen Übergangsordnung. Seit der Abkehr vom sowjetischen Entwicklungsmodell in der zweiten Hälfte der fünfziger Jahre wurden lokalen Regierungen umfangreiche Verfügungsrechte in der Wirtschaftsverwaltung eingeräumt. Der größte Teil der Staatsunternehmen wurde einer dezentralen Kontrolle auf der Ebene von Provinzen, Bezirken, Städten und Kreisen unterstellt. So entwickelte sich in der VR China ein *kompliziertes Geflecht territorial abgestufter staatlicher Eigentumsrechte*, das nur in Teilbereichen zentralisierter Kontrolle und Planung unterworfen war (Lyons 1987). Um die lokale Eigeninitiative zu beleben, schuf die Zentralregierung in den achtziger Jahren starke fiskalische Anreize für regionale Führungen, das Wirtschaftswachstum im eigenen Verwaltungsbereich zu fördern: Die Abgaben erfolgreicher örtlicher Betriebe kamen den lokalen öffentlichen Haushalten, der Beschäftigung sowie auch dem politischen Prestige und den privaten Zusatzeinkünften lokaler Funktionäre nun direkt zugute (Shirk 1993). Märkte und Unternehmen, staatliche wie private, gerieten immer stärker unter dezentrale Kontrolle. Und so weist die chinesische Wirtschaftsordnung auch heute noch markante Merkmale einer dezentralisierten Staatswirtschaft auf, die allerdings aufgrund der Zulassung von Märkten seit den achtziger Jahren durch *Wettbewerb zwischen Gebietskörperschaften* (Provinzen, Städte, Kreise) mitsamt den diesen unterstehenden Unternehmen gekennzeichnet ist. Diese enge Verflechtung zwischen lokalen Regierungsstellen und Unternehmen hat nicht nur weit reichende Auswirkungen auf das Verhalten politischer Akteure und die informellen Spielregeln der chinesischen Politik (vgl. 4.6), sondern auch auf das Verhältnis regionaler Regierungen und Wirtschaftsräume untereinander.

4.4.2 Regionales Entwicklungsgefälle und regionaler Protektionismus

Aufgrund der außenwirtschaftlichen Privilegierung der Küstenregionen nach 1979 begünstigte die Zentralregierung ungleiche Startbedingungen und eine Auseinanderentwicklung der Wirtschaftskraft zwischen Binnen- und Küstenprovinzen: Wirtschaftskraft und Wachstumspotenziale entwickelten sich in den Küstenprovinzen deutlich stärker als in den Inlandsprovinzen. Seit dem Reformschub von 1992 verstärkte sich die Auseinanderentwicklung zwischen den reichsten und den ärmsten Regionen im Bereich sowohl der Wirtschaftskraft als auch des Pro-Kopf-Einkommens (Wang/Hu 2001).

Übersicht 4.6: *Regionale wirtschaftliche Disparitäten (1999)*

	Shanghai	Guangdong	Guizhou
Bevölkerung (Mio.)	14,7	72,7	37
BIP pro Kopf (RMB Yuan)	30.805	11.728	2.475
BIP-Wachstum (real, %)	10,2	9,5	8,3
Exporte (Mrd. US$)	19	63	0,2
Realisierte ADI (Mrd. US$)	3	12	0,04
Anteil am nationalen BIP (%)	5	10,5	1

Quelle: ZGTJNJ, Staatliches Statistikamt der VRC.

Übersicht 4.7: *Armutsgefälle innerhalb Chinas (1995)*

Bezugsregion	Index der menschlichen Armut*
China insgesamt	17,5%
Beijing	9%
Küstenprovinzen	18%
Zentralprovinzen	24%
Westprovinzen	44%
Provinz Guizhou	54%

*Unter verschiedenen Formen der menschlichen Armut leidende Menschen; Prozentanteil an der Bevölkerung. Quelle: UNDP 1997.

Regionen mit einem kleinen Staatssektor entwickelten sich in der Regel schneller als solche Regionen, die durch ein Übergewicht der alten sozialistischen Industrien geprägt waren. China setzt sich deshalb heute aus Wirtschaftsregionen zusammen, die sich auf sehr unterschiedlichen Entwicklungsniveaus bewegen und teilweise sehr intensiv, teilweise kaum in die Ex-

4.4 Politische Eingriffe in einer dezentralisierten Staatswirtschaft 175

portwirtschaft einbezogen sind. In Übersicht 4.6 werden die wohlhabendste Regierungsunmittelbare Stadt (Shanghai) und Provinz (Guangdong) der ärmsten Provinz (Guizhou) gegenübergestellt. Übersicht 4.7 gibt Hinweise auf das drastische Armutsgefälle innerhalb Chinas Mitte der neunziger Jahre.

Um den sozialen und politischen Folgen dieser Auseinanderentwicklung entgegenzuwirken, hat die Zentralregierung Mitte der neunziger Jahre begonnen, ihre *Regionalpolitik* zu revidieren: Programme zur Armutsbekämpfung und zur Entwicklungszusammenarbeit zwischen Binnen- und Küstenprovinzen werden mit größerer Energie betrieben. Den Binnenprovinzen wurden im Rahmen einer neuen Entwicklungsstrategie weitergehende Befugnisse in der außenwirtschaftlichen Öffnung zugestanden.

Ob jüngste Versuche der Regierung erfolgreich sein werden, den Binnenprovinzen im Rahmen einer speziellen Wirtschaftsförderung für die Westregionen Anschluss an die entwickelteren Küstenprovinzen zu ermöglichen, muss sich angesichts der teilweise schwierigen Investitionsbedingungen in den Binnenprovinzen noch erweisen. Nach bisherigen Erfahrungen scheint dieses Förderungsprogramm eher zu einem Tummelplatz staatlicher Wirtschaftsplaner geworden zu sein, deren Investitionen nicht primär der Förderung vitaler Marktstrukturen und zukunftsfähiger Unternehmen, sondern häufig der Alimentierung maroder staatlicher Großbetriebe dienen. Schlüsselelemente des Programms zur „*Großen Erschließung des Westens*" (*xibu da kaifa*) sind massive Infrastrukturinvestitionen, eine dichtere Verkehrsanbindung der Westregionen an die prosperierenden Küstenregionen und damit die Förderung eines stärker integrierten Marktes innerhalb Chinas sowie die Erschließung der dortigen Rohstoff- und Energiereserven (insbesondere Erdgas und Wasserkraft). Angesichts sehr schwieriger administrativer und infrastruktureller Rahmenbedingungen ist fraglich, ob die bisherigen steuerlichen und sonstigen Anreizprogramme ausreichen, um eine Vielzahl ausländischer Investoren in die Westregionen zu locken. Allerdings sind die Rahmenbedingungen in Chinas Westregionen äußerst heterogen, so dass ein genauerer Blick auf die konkrete Situation in der jeweiligen Verwaltungseinheit für eine Einschätzung des Entwicklungspotenzials unabdingbar ist. Als politische Beschränkung könnten sich wachsende Widerstände unter den ethnischen Minderheiten in tibetisch und muslimisch dominierten Gebieten gegenüber der han-chinesischen ökonomischen und demographischen Vereinnahmung der Westregionen erweisen (Schüller/Kriete 2002).

Die sich verschärfenden wirtschaftlichen Disparitäten begünstigten seit den achtziger Jahren vielfältige Formen des *regionalen Protektionismus:* Um ihre Unternehmen, Arbeitsplätze und Provinzmärkte vor überlegener Konkurrenz aus Nachbarregionen zu schützen, griffen regionale Führungen zu protektionistischen Maßnahmen. Die Einfuhr von Gütern aus anderen Regionen wurde durch vielgestaltige Schikanen behindert. Den regionalen Behörden stand dazu ein breites Arsenal zu Gebote, das von gezielter bürokratischer Diskriminierung auswärtiger Produkte und Unternehmen über drastische Straßengebühren bis hin zu Polizeisperren reichte.

Seit den neunziger Jahren hat sich die Zentralregierung in mehreren Verordnungen für die Aufhebung der interregionalen Handelsbarrieren und für eine verstärkte wirtschaftspolitische Kooperation über Provinzgrenzen hinweg stark gemacht. Benachbarte Provinzen haben Vereinbarungen etwa über den gemeinsamen Ausbau der Infrastruktur, die abgestimmte Entwicklung moderner Schlüsselindustrien, die Gründung überregionaler Unternehmensgruppen und den Abbau protektionistischer Barrieren getroffen. Die regionalen Wirtschaftsräume wurden stärker miteinander verflochten durch neue Provinzen übergreifende Telekommunikationsnetze, Fernstraßen, Eisenbahnlinien wie auch durch eine rapide Zunahme des Flugverkehrs.

Eigentlich müsste dieser infrastrukturelle Aufbau zu einer besseren Binnenmarktintegration in China beitragen. In den neunziger Jahren aber blieb das Wachstum des interprovinziellen Handels deutlich hinter dem des Außenhandels zurück. Neuere Studien weisen darauf hin, dass sich die chinesische Wirtschaft zwar international geöffnet hat, im Binnenmarkt aber weiterhin eine ausgeprägte, teilweise sogar zunehmende Fragmentierung zutage trete (Young 2000). Dies ist zurückzuführen auf die Besonderheiten einer dezentralisierten Staatswirtschaft: Lokale Verwaltungen unterhalten enge Beziehungen zu den Betriebsleitungen und schützen die in ihrem Verwaltungsbereich angesiedelten Betriebe als wirtschaftliche Pfründe und politische Klientel.

4.4.3 Natürliche Ressourcen und zentralstaatliche Umweltpolitik

Die eigenständige Position lokaler Regierungsstellen zeigt sich nicht nur in der Unternehmens- und Wirtschaftspolitik, sondern auch in der Umweltpolitik. Chinas naturräumliche Bedingungen sind im internationalen Vergleich durch eine ungünstige Kombination mehrerer problematischer Faktoren geprägt (Übersicht 4.8). China stellt rund 22% der Weltbevölkerung, muss aber mit 6,5% der Landfläche der Erde auskommen. Auf nur einem Viertel des Territoriums der VRC, nämlich den wirtschaftlich leichter nutzbaren Fluss- und Küstenebenen, lebt die Bevölkerungsmehrheit äußerst dicht zusammengedrängt (Heck 2001). Mit dem raschen Wirtschaftswachstum nimmt der Bedarf an Bauland, Wasser, Nahrungsmitteln, Energie und Rohstoffen stark zu.

Übersicht 4.8: *Chinas ungünstige demographische und naturräumliche Bedingungen im Weltvergleich*

	Bevölkerung (Pers./qkm)	Ackerfläche (ha/Kopf)	Wald (ha/Kopf)	Kohle (t/Kopf)	Erdöl (t/Kopf)	Frischwasser (m^3/Kopf)
VRC	117	0,08	0,1	95	3	2.484
Welt	39	0,26	0,8	209	28	8.844

Quelle: Heck 2001.

Wie in anderen sich rasch entwickelnden Ländern Ostasiens verursacht die stürmische industrielle Entwicklung in China erhebliche *Umweltschäden*. Allein in den Jahren 1979 bis 1994 erhöhte sich der Verbrauch an Primärenergieträgern (Kohle, Öl) um rund 70%. China ist zum weltweit mit Abstand größten Produzenten und Verbraucher von Kohle geworden, die zu den ökologisch problematischsten Energieträgern gehört. Zu den Folgen der "wilden", unregulierten Industrialisierung in China gehören zunehmende Luftverschmutzung, Wasserverschmutzung und Wasserknappheit, Entwaldung und Verlust von Anbauflächen. Die ökonomischen Kosten der Luft- und Wasserverschmutzung in China werden in der wissenschaftlichen Diskussion auf 3-10% des BIP pro Jahr geschätzt. Die in China entstehenden Umweltschäden ziehen grenzüberschreitende Auswirkungen nach sich. So soll fast die Hälfte des über Japan niedergehenden sauren Regens aus China stammen. Hierin wird deutlich, dass China eine wichtige Rolle in der internationalen Klimapolitik zukommt, denn das Land steht weltweit bereits auf dem dritten Rang der Treibhausgasproduzenten.

Problematisch für die Einschätzung der gegenwärtig vorliegenden Umweltschäden ist die mangelhafte Qualität der verfügbaren Daten. In vielen Fällen erscheinen die Umweltstatistiken der chinesischen Regierung beschönigend. Einige Fachleute sind allerdings der Ansicht, dass die häufig zitierten *umweltpolitischen Katastrophenszenarien* für die VR China durch eine historisch-dynamische Perspektive relativiert werden sollten (Smil 1997). So war die Luftbelastung durch Schwefeldioxid in den frühen fünfziger Jahren in Städten wie London etwa ebenso groß wie gegenwärtig in Beijing. Die Pro-Kopf-Emissionen an Schwefeldioxid waren in den USA in den siebziger Jahren (vor erfolgreichen Reduzierungsmaßnahmen) durchschnittlich zehn Mal so hoch wie in China Mitte der neunziger Jahre. Der wichtigste Trend in China sei gegenwärtig ein effizienterer Einsatz von Energien als Folge der marktwirtschaftlichen Transformation. Weiterhin deuteten die stark verbesserten Lebensqualitätsindikatoren (steigende Lebenserwartung, verbesserte Nahrungsmittelversorgung) darauf hin, dass viele Katastrophenszenarien für China zu einseitig seien. Erfahrungen aus anderen Weltregionen legen nahe, dass in China in den kommenden Jahren und Jahrzehnten ein fundamentaler Wandel der Umweltindikatoren einsetzen kann, wie er sich mit fortschreitender Wirtschaftsentwicklung auch in anderen Ländern Ostasiens (Japan, Singapur) manifestiert hat. In westlichen Medien verbreitete "ahistorische Annahmen und unrealistische Erwartungen" (Smil) sind deshalb kein guter Gradmesser für die zukünftige Entwicklung der Umweltpolitik in China.

Die Weltbank stellte in einer umfassenden Studie über die chinesische *Umweltpolitik* der neunziger Jahren fest, dass sich in einigen Teilbereichen Fortschritte feststellen lassen (World Bank 2001). So gelang in der zweiten Hälfte der neunziger Jahre eine Reduzierung der Schadstoffemissionen in Luft und Wasser aufgrund verstärkter Regulierung und der Auswirkungen industrieller Strukturreformen. Durch die Schließung unprofitabler Schwerindustrieunternehmen und tausender ländlicher Kleinunternehmen, die zu den größten Emissionsverursachern zählen, konnte eine deutliche Reduzierung der umweltschädlichen Emissionen erreicht werden. Darüber hinaus konnten staatliche Investitionen und internationale Hilfsprogramme für Aufforstungsprojekte der Tendenz zur Entwaldung zumindest in einigen Regionen entgegenwirken. Der Weltbank zufolge hat China hier im Vergleich zu Ländern auf ähnlicher Entwicklungsstufe Herausragendes geleistet. Allerdings werden die Anforderungen an die Umweltpolitik in den kommenden Jahren wachsen. Längerfristige präventive, auf Nachhaltigkeit gerichtete Strategien müssen an die Stelle von zentralstaatlichen "Feuerwehr"-Maßnahmen im Umweltschutz treten. Ein Ausbau der Umweltschutzbehörden und der Umweltschutzgesetzgebung, neue Regulierungsinstrumente mit marktkonformen Anreizwirkungen und eine verstärkte öffentliche Partizipation in Umweltfragen können zu einer umweltverträglicheren Wirtschaftsentwicklung beitragen.

Die *institutionellen Bedingungen der Umweltpolitik* in China unterscheiden sich allerdings grundsätzlich von denen in industrialisierten liberalen Demokratien. So herrscht in China eine zentralstaatliche Politikinitiative vor: Die chinesische Regierung hat den Umweltschutz zwar als eine Hauptaufgabe benannt und dem Staatlichen Umweltschutzamt (gängiges englisches Akronym: SEPA) inzwischen den gleichen Rang wie einem Ministerium eingeräumt. Allerdings wird die SEPA bezeichnenderweise weiterhin nicht unter der Bezeichnung "Umweltministerium" im Kernbestand der 28 Staatsratsorgane auf Ministerialebene aufgeführt. Häufig stehen lokale Wirtschaftsinteressen im Widerspruch zu den Zielen der Umweltpolitik. Auf regionaler Ebene haben die Interessen lokaler Wirtschaftsakteure, darunter zahlreiche notorisch umweltverschmutzende Gemeinde- und Dorfunternehmen, de facto Vorrang gegenüber der zentralstaatlichen Umweltpolitik (Edmonds 2000; Ma/Ortolano 2000). Im September 2003 trat ein neues zentralstaatliches Umweltschutzgesetz (Gesetz über die Abschätzung von Umweltfolgen) in Kraft, mit dem Umweltschutz-Anforderungen für Behörden und Unternehmen sowie Haftungsfragen klarer festgelegt werden. Das Staatliche Umweltschutzamt, das maßgeblichen Einfluss auf die Gesetzesformulierung nahm, erhält durch dieses Gesetz zusätzliche Aufsichtskompetenzen. Die Standards des Umweltschutzes in Betrieben sollen durch das Gesetz erhöht werden.

Umfragen der letzten Jahre haben ergeben, dass Umweltprobleme in der Bevölkerung zu den drängendsten gesellschaftlichen Problemen gezählt wurden, zum Teil noch vor Arbeitslosigkeit und Kriminalität. Die Bürger selbst jedoch dürfen in dieser Frage kaum die Initiative ergreifen: Bisher existiert nur eine kleine Zahl umweltschutzbezogener Nichtregierungsorganisationen (NRO), die über sehr begrenzte Artikulationsrechte verfügen. Glaubwürdige Informationen über Umweltprobleme aber sind erfahrungsgemäß ohne offene Artikulations- und Organisationschancen der vor Ort betroffenen Bevölkerung kaum zu gewinnen. Dies ist eine strukturelle Schwäche der ohne demokratische Partizipation und ohne unabhängige Rechtsprechung betriebenen Umweltpolitik in China.

4.5 Korruption, "Kaderkapitalismus" und das politisch-ökonomische Schattensystem

In China blieben nach Einleitung der Wirtschaftsreformen die grundlegenden Organisationsprinzipien des Parteistaates unverändert. Das Verhalten der politischen Akteure aber wandelte sich dramatisch: Auf private Vorteilsnahme gerichtete Tauschgeflechte politischer und ökonomischer Akteure (die im Staatssektor ja alle zur von der KPC eingesetzten Funktionärsschicht gehören) begannen die offizielle Ordnung in einem Umfang zu unterlaufen, der in der Mao-Ära undenkbar gewesen wäre. Heute erscheint der chinesische Parteistaat in weiten Teilen als ein Basar, auf dem politische Macht systematisch gegen wirtschaftliche Vorteile getauscht wird. Dieser "Kaderkapitalismus" ist der deutlichste Ausdruck des politisch-ideologischen Verfalls der KPC. Folgerichtig wird die Eindämmung der Korruption (in China ist dieser Begriff noch weiter definiert als in westlichen Gesellschaften und umfasst nicht nur Bestechlichkeit im Amt, Veruntreuung öffentlicher Mittel und widerrechtliche Aneignung von Staatseigentum, sondern auch moralische Verfehlungen) von der KP-Führung als Kampf "auf Leben und Tod" für die Partei eingeschätzt.

4.5.1 Das Ausmaß der Korruption

Das für die Korruptionsbekämpfung zuständige Organ der Parteizentrale – die ZK-Disziplinkontrollkommission – gibt an, dass bis 1998 die Zahl der Anzeigen und Ermittlungen in Korruptionsfällen ständig stieg, dass immer höherrangige Funktionäre involviert waren und dass die Geldsummen und Vermögenswerte, um die es in den Ermittlungen ging, von Jahr zu Jahr sprunghaft zunahmen. Nach 1998 allerdings sei die Zahl der bekannten Korruptionsfälle zurückgegangen. Ob hierfür ein tatsächlicher Rückgang der Korruptionsneigung unter Funktionären ursächlich ist, bleibt zweifelhaft. Vermutlich hatte die politische Führung die Weisung erteilt, diese dunkle Seite der KP-Herrschaft nicht zu stark ans Licht zu zerren. Problematisch an dem in China praktizierten Verfahren der Korruptionsbekämpfung ist, dass sich die KP-Disziplinarorgane gewöhnlich auf interne Sanktionen (von Verweisen über Geldbußen bis hin zu Degradierungen) beschränken. Nur in jedem fünfzehnten Korruptionsfall, in den Parteifunktionäre verwickelt sind, und erst nach dem formalen Parteiausschluss des Betroffenen wird Anklage bei der staatlichen Justiz erhoben.

Die Sozialwissenschaften tun sich schwer damit, das Korruptionsniveau in verschiedenen Ländern vergleichend zu messen. Indizes, die auf Befragungen von international tätigen Geschäftsleuten, Forschern und Unternehmensberatungen im Hinblick auf deren Korruptionswahrnehmung beruhen, bieten jedoch nützliche Richtwerte. Dem vergleichenden *Index der Korruptionswahrnehmung* zufolge, den die Nichtregierungsorganisation Transparency International periodisch herausgibt, fand sich die VRC im Jahre 2001 unter Staaten mit mittelhoher Korruptionsanfälligkeit auf Platz 57 (von insgesamt 91) etwa auf gleichem Niveau wie die Türkei und Argentinien, wurde aber als weniger korruptionsgeprägt eingeschätzt als etwa Indien oder Russland (TI 2001).

Sucht man nach quantitativen Indikatoren für das Ausmaß der Korruption, so kann unter anderem die *Kapitalflucht* als ein Orientierungsmaß dienen. Nach

4.5 Korruption, "Kaderkapitalismus", ökonomisches Schattensystem 181

inoffiziellen Berechnungen chinesischer Forscher stieg die Summe des illegal ins Ausland transferierten Kapitals zwischen 1991 und 2000 von jährlich rund 10 auf bis zu 45 Mrd. US$. Allerdings wird ein Teil dieses Fluchtkapitals nach der Geldwäsche im Ausland wieder in China reinvestiert (sog. "round-tripping" meist via Hongkong). Schätzungen chinesischer Wirtschaftswissenschaftler zufolge erleidet die chinesische Volkswirtschaft durch Korruption einen jährlichen Verlust in Höhe von 13-17% des BIP. Diese Kosten entstehen durch entgangene Steuereinnahmen, durch die Aufwendungen für die Strafverfolgung sowie durch Veruntreuung von Geldern, die für Investitionen bestimmt sind.

4.5.2 Spielregeln eines "Administrativen Marktes"

Mit dem Wegfall des extremen Drucks permanenter politischer "Säuberungen" und mit der wachsenden ideologischen Verunsicherung in der Reformperiode wurde die Kontrolle der Parteizentrale über die Funktionärsschicht geschwächt. Die zuvor etablierten politischen Kontrollmechanismen verloren an Wirksamkeit. Ähnlich wie in vielen anderen sozialistischen Systemen verwandelte sich der chinesische Staat in einen riesigen Basar: Betriebsdirektoren, Parteisekretäre und Behördenleiter zweigten Produktions- und Finanzmittel aus dem staatlichen Wirtschaftssektor ab, um damit neu entstehende Märkte zu beliefern; politische Leitungspositionen oder behördliche Genehmigungen wurden gegen Gewinnbeteiligungen in lukrativen Privatgeschäften getauscht; einzelne hochrangige Funktionäre begannen als Patrone für eine sich rasch verzweigende Unterwelt zu fungieren.

Da die Funktionäre der Partei aber immer noch an den Schlüsselstellen in Behörden, vielen Betrieben und Polizei sitzen, läuft auf diesem Basar ohne politische Verbindungen nichts. Es handelt sich um einen Tauschmarkt *innerhalb* der administrativen Strukturen, einen "Administrativen Markt" (Naishul' 1991; Heilmann 2000). Die KPC wird unter diesen Bedingungen zu einem organisatorischen Mantel für ganz anders gerichtete Aktivitäten. Die Mitglieder der Funktionärsschicht operieren zwar offiziell weiter innerhalb der staatlichen Hierarchien, aber das Verhalten einer wachsenden Zahl von Funktionären wird von anderen Regeln bestimmt: von den Tauschgeschäften auf dem Administrativen Markt.

Die Macht der Partei- und Staatsfunktionäre gegenüber den Unternehmen beruht heute nicht mehr auf direkter politisch-ideologischer Kontrolle, sondern erwächst aus den umfassenden Verfügungsrechten der Wirtschaftsverwaltung. Verwaltungs- und Parteikader nehmen entscheidenden Einfluss darauf, welcher Unternehmer billige Kredite erhält, wer bestimmte Grundstücke oder Gebäude zur Nutzung überlassen bekommt, wer günstige Verträge abschließen darf, wer wie viele Steuern bezahlen muss und wer politische Protektion genießt. Chinesische Unternehmer sind deshalb auf eine enge Zusammenarbeit mit der Staats- und Parteibürokratie angewiesen. Die Abhängigkeit besteht allerdings wechselseitig: Die privaten Zusatzeinkommen der Kader und die Haushaltseinnahmen der von ihnen verwalteten Gebietskörperschaften stützen sich auf die Gewinnabführungen profitabler Unternehmen.

Die Abkehr von der Planwirtschaft hat in China einem Kapitalismus den Weg bereitet, der durch die Omnipräsenz von Kadern im Wirtschaftsleben geprägt ist. Die kleinen und größeren Machthaber auf allen Ebenen von Partei, Verwaltung und Armee nutzen die Möglichkeiten zur persönlichen Bereicherung, die die noch unvollkommene Markt- und Rechtsordnung ihnen bietet. Die enge Verflechtung zwischen alten Macht- und neuen Wirtschaftseliten prägt das Verhältnis zwischen Parteistaat, Wirtschaft und Gesellschaft. Die in der KPC beheimateten Machteliten und die aus den verschiedenen Unternehmensformen hervorgegangenen neuen Wirtschaftseliten sind verbunden durch für beide Seiten nützliche, symbiotische Beziehungsnetze, die unterhalb der Systemoberfläche existieren. Innerhalb dieser informellen Beziehungsgeflechte zwischen Parteikadern, Verwaltungsfunktionären, Bankbeamten, Finanzmanagern und Unternehmern finden die nicht-öffentlichen Tausch- und Verhandlungsprozesse statt, die das Wirtschaftsgeschehen in weiten Teilen Chinas kennzeichnen.

Die informellen Strukturen an den Grenzen zwischen Politik und Wirtschaft haben ganz wesentlich dazu beigetragen, dass sich das Kommandosystem des kommunistischen Zentralstaates gelockert hat. In gewisser Hinsicht stehen die Verwaltungs- und Regierungsorgane der unteren Ebenen in einem Loyalitätskonflikt zwischen zentralstaatlichen Vorgaben und den vor Ort im Rahmen der Beziehungsgeflechte vorgebrachten wirtschaftlichen Forderungen. Auf der Ebene von Kreisen, Gemeinden und Dörfern sind lokale Funktionäre und Unternehmensleiter in einer Interessenallianz vereint, deren Ziel es ist, möglichst autonom gegenüber zentralstaatlichen Vorgaben entscheiden und handeln zu können.

4.5.3 Informelle Privatisierung des Staatsvermögens

In China ist die Privatisierung von Staatsvermögen bis heute mit ideologischen Tabus belegt. Diese Tabus haben aber nicht verhindern können, dass

4.5 Korruption, "Kaderkapitalismus", ökonomisches Schattensystem 183

die Privatisierungsfrage auch in China ins Zentrum des Wandels geriet. Die Neuverteilung staatlicher Vermögenswerte wird in China überwiegend auf dem Wege der "informellen" Privatisierung bewerkstelligt: In einem stillschweigenden, nirgendwo registrierten, aber stetigen Transfer staatlicher Vermögenswerte in private Hände. So werden etwa die Aktiva vieler chinesischer Staatsunternehmen (Immobilien, Kreditmittel oder auch Kontingente für die Stromnutzung) von findigen Betriebsdirektoren "durch die Hintertür privatisiert" und in einträgliche Nebengeschäfte gelenkt. Somit steht auch in China die Privatisierung staatlicher Vermögenswerte im Zentrum des Reformprozesses, wobei Managern von Staatsunternehmen und mit ihnen verbundenen Funktionären in der Wirtschaftsverwaltung eine zentrale Rolle zukommt. Es handelt sich hierbei um einen Diebstahl von Staatsvermögen, der in der Summe inzwischen riesige Ausmaße angenommen hat. Nach offiziellen Schätzungen sollen sich allein bis Mitte 1997 schon mindestens 12 Prozent des gesamten Staatsvermögens verflüchtigt haben. Den verfügbaren Informationen zufolge hat sich in den letzten Jahren die informelle Privatisierung in China noch beträchtlich beschleunigt (X.L. Ding 2000 und 2001). Durch die Bereicherung vieler Parteifunktionäre und ihrer Entourage wird die politische Macht der Funktionärsschicht in privaten ökonomischen Reichtum transformiert. Die politische Elite des kommunistischen Regimes passt sich dadurch dem veränderten wirtschaftlichen Umfeld an.

4.5.4 Schmuggelnetzwerke

In der chinesischen Außenwirtschaft manifestieren sich die Grundmuster des "Administrativen Marktes" vor allem in transnationalen Schmuggelnetzwerken. Dies wurde dadurch begünstigt, dass die chinesische Regierung mit protektionistischen Maßnahmen und uneinheitlichen Sonderregelungen für eine Vielzahl von Export- und Technologiezonen ein schwer durchschaubares System von Eingriffs- und Abschöpfungsmöglichkeiten in Politik und Verwaltung geschaffen hat.

Etwa seit Mitte der achtziger Jahre nahm der organisierte Schmuggel unter Beteiligung von legalen Unternehmen einen starken Aufschwung. Vor Beginn der jüngsten Kampagne zur Schmuggelbekämpfung 1998 entsprach der Gesamtwert der geschmuggelten Ware schätzungsweise bis zu einem Zehntel der legalen Importe Chinas. Der Schmuggel wurde insbesondere durch die wachsende Zahl von Gemeinschaftsunternehmen mit Hongkonger Geschäftspartnern in den Küstenregionen gefördert und weitete sich von Konsumgütern über Kraftfahrzeuge auf Rohstoffe für die Industrieproduktion aus. Die Güter wurden mittels Bestechung und Dokumentenfälschungen durch Häfen und Zollstellen hindurchgeschleust.

Mit dem neuen Öffnungsschub seit 1992 und dem verstärkten Engagement auslandschinesischer Investoren und Händler wuchsen das Volumen des Schmuggels wie auch die Zahl der beteiligten Unternehmen und sonstigen Akteure rasch an. Der Schmuggel wurde zu einem umfassenden Schatten-Außenhandel. Nun beteiligten sich oftmals ganze Regierungsbehörden, Zollämter, Grenzschutz- und Militäreinheiten sowie Banken. In manchen Regionen wurden die Schmuggelerträge als Grundlage für die örtliche Wirtschaftsentwicklung verstanden und gerechtfertigt. Der Großteil des Schmuggelgeschäfts wird über Hongkong per Schiffsfracht abgewickelt. Hongkong dient auch gewöhnlich als Ort der "Geldwäsche" für das durch den Schmuggel erworbene "heiße" Kapital.

Der Schmuggel lässt sich als die außenwirtschaftliche Komponente jenes "Administrativen Marktes" verstehen, der sich zwischen Politik und Ökonomie in der chinesischen Übergangsordnung herausgebildet hat. Zugleich ist er die illegale Kehrseite der besonderen Kooperationsformen, die sich zwischen lokalen Verwaltungen in den Küstenregionen des chinesischen Festlandes einerseits sowie Unternehmern und Investoren insbesondere aus Hongkong und Taiwan andererseits herausgebildet haben (Heilmann/Kupfer/Gras 2000).

4.5.5 Varianten der Korruption

Ein hohes Korruptionsniveau wirkt im Allgemeinen dämpfend auf das Investitionsverhalten und das Wirtschaftswachstum, da durch die politische Manipulation der Wirtschaftsregulierung Anreize zum Strukturwandel und zu produktiven Tätigkeiten schwach bleiben. Wie aber ist das hohe Wirtschaftswachstum in China angesichts eines hohen Korruptionsniveaus zu erklären?

Hierzu muss man unterschiedliche Typen der politischen Korruption unterscheiden, die ganz verschiedene ökonomische Wirkungen nach sich ziehen (Wedeman 1997). Im chinesischen Kontext ist es sinnvoll, zwischen drei Grundvarianten zu unterscheiden, die in Übersicht 4.9 aufgeführt sind.

4.5 Korruption, "Kaderkapitalismus", ökonomisches Schattensystem

Übersicht 4.9: *Grundvarianten der politischen Korruption in der VR China*

Variante	Merkmale	Wirkung auf Wirtschaftswachstum
Konfiskatorische "räuberische" Korruption	Systematischer Diebstahl öffentlicher und privater Finanz- und Vermögenswerte; Konsum oder Export (Kapitalflucht) der abgeschöpften Werte.	extrem wachstumsfeindlich
"Dividenden-Eintreibung"	Politische Akteure fordern regelmäßig Teile des Profits von Unternehmen ein; im Tausch gegen wachstums- und stabilitätsfördernde administrative Leistungen.	wachstumskonform
Organisierte Kriminalität	Tritt als konfiskatorische Korruption wie auch als "Dividenden-Eintreibung" auf. Unterschiedliche Kräfteverhältnisse und Tauschbeziehungen zwischen politischen und kriminellen Akteuren bis hin zur "Privatisierung des Staates".	meist wachstumsfeindlich

© Heilmann 2002/2004

Während die Wirkungsweisen und Folgen der konfiskatorischen Korruption und der organisierten Kriminalität hinlänglich bekannt sind, bedarf die Variante der *"Dividenden-Eintreibung"* der näheren Erläuterung, da zumindest in den wirtschaftlich erfolgreichen Regionen Chinas dieser Korruptionsspielart eine entscheidende Rolle zukommt. Die *Dividenden-Eintreibung* ist eine Nebenerscheinung wachstumsfördernder Wirtschaftspolitik, die es höherrangigen politischen Akteuren erlaubt, Teile des Profits prosperierender Privatunternehmen einzufordern. Hier werden gleichsam politisch-administrative Regeln, Maßnahmen und Leistungen, die es nicht-staatlichen Unternehmen erlauben, Profite zu machen, getauscht gegen einen Anteil an den Profiten dieser Unternehmen. Durch eine solche Dividenden-Abführung entstehen starke Anreize für politische Akteure, eine Wirtschaftsregulierung zu betreiben, die zu produktiven Tätigkeiten und unternehmerischer Expansion ermuntert. Die Kompensation korrupter Politiker wird auf diese Weise an die Entwicklung der Unternehmensprofite gekoppelt. Transferzahlungen von Unternehmen an politische und bürokratische Patrone lassen sich in diesem Kontext als Form der Gewinnbeteiligung und Dividendenausschüttung verstehen.

In Fällen von hohem Wirtschaftswachstum bei gleichzeitig hohem Korruptionsniveau – wie etwa in China oder auch jahrzehntelang in Südkorea –

ist eine Dominanz der "Dividenden-Eintreibung" gegenüber anderen Korruptionsformen charakteristisch. Korruption kann eine positive Wirkung auf das Wirtschaftswachstum nur dann ausüben, wenn die abgeschöpften Finanz- und Vermögenswerte in produktive Branchen und Unternehmen reinvestiert werden. Dies ist aber nur unter besonderen politischen und wirtschaftlichen Bedingungen wahrscheinlich: Die in Korruptionsnetzwerken beteiligten politischen und bürokratischen Akteure müssen über eine sichere Position und damit über einen langen Zeithorizont verfügen, um nicht in "räuberische" Verhaltensweisen (konfiskatorische Korruption) zu verfallen, die auf kurzfristige Bereicherung angelegt sind. Darüber hinaus müssen Investitionen im Inland profitabler sein als im Ausland, wenn es nicht zu einem massiven Export illegal angeeigneten Kapitals kommen soll. In China sahen korrupte Nomenklatura-Akteure Investitionen im Inland offenkundig lange Zeit als lohnend an, denn privat angeeignetes "heißes Kapital" wurde nach einer "Geldwäsche" in Hongkong überwiegend wieder in China investiert. Sollten sich andere Investitionsziele künftig als profitabler erweisen, so könnte dieser für die chinesische Volkswirtschaft vergleichsweise günstige Kreislauf allerdings unterbrochen werden.

Große Bedeutung für die Ausprägung verschiedener Korruptionsformen besitzt die Wirtschafts- und Exportstruktur (Wedeman 1997): Bei einer breiter gestreuten Exportstruktur von Industriegütern, die wie im Falle Chinas nur durch ständige Investitionen am Laufen zu halten ist, führt ungehemmt "räuberisches" Verhalten zur Zerstörung der Produktionsgrundlagen. Das damit verbundene Versiegen der Einnahmequellen steht im Gegensatz zu den Interessen von Funktionären und Managern, die von einer beständigen Rentenabschöpfung profitieren.

Beunruhigend sind die zahlreichen Hinweise darauf, dass sich die Korruptionsvariante der Organisierten Kriminalität in China rasch auszubreiten und auf Partei- und Regierungsstellen selbst in größeren Städten überzugreifen scheint. Seit den neunziger Jahren sind in der VR China mehrere überregionale Netzwerke der organisierten Wirtschaftskriminalität aufgedeckt worden, die jeweils hochrangige Partei- und Staatsfunktionäre einschlossen und sich vor allem in illegalen Finanzmarkt-, Immobilien- und Schmuggelgeschäften betätigten. Auf der Jahrestagung des Nationalen Volkskongresses im März 2002 wurde das Problem der Protektion krimineller Vereinigungen durch Partei- und Regierungsfunktionäre von Vertretern der Justiz offen angesprochen. Sollte sich diese Variante der politischen Korruption weiter verbreiten, dürfte dies das staatliche Gewaltmonopol, die organisatorische Einheit der KP und auch die wirtschaftlichen Wachstumschancen wesentlich stärker beschädigen als die "Dividenden-Eintreibung", die in den Küstenregionen zumindest bislang politische Stabilität und wirtschaftliches Wachstum ermöglichte.

4.5.6 Widerstände gegen die Korruptionsbekämpfung

Die Tiefenstrukturen der chinesischen Reformpolitik bestehen aus einem Geflecht von Tauschbeziehungen, Begünstigungen und Manipulationen, in dem politische Akteure die führende Rolle spielen. Dieses Geflecht behindert nicht nur die Entstehung eines offeneren wirtschaftlichen und politischen Wettbewerbs, sondern erschwert insgesamt die Durchsetzung allgemein gültiger, staatlich gesetzter Regeln. Die politischen und wirtschaftlichen Akteure in China bewegen sich virtuos in den Grauzonen des Wandels und lassen in ihrem praktischen Handeln keinen Zweifel daran, dass unkonventionelle Wege der Interessendurchsetzung wesentlich effektiver sind als legale. Informelle Spielregeln in Politik und Wirtschaft schieben sich gleichsam unter die offiziellen Strukturen, verändern diese, hebeln sie aus oder ergänzen sie. Das Verständnis dieser Doppelbödigkeit ist von grundlegender Bedeutung, um zu begreifen, wie die chinesische Gesellschaft sich an politischen Vorgaben vorbei neu organisiert.

Die in den neunziger Jahren eingeleiteten Kampagnen zur Bekämpfung von Korruption in Partei und Verwaltung haben nur bescheidene Erfolge gezeitigt. Die Gründe hierfür sind offensichtlich: Viele führende Parteifunktionäre und deren Familienmitglieder sind selbst in die weitläufigen Korruptionsgeflechte eingebunden und haben kein Interesse daran, eine Kampagne zur Aufdeckung dieser Strukturen mitzutragen. So trifft die Korruptionsbekämpfung in vielen Landesteilen und Institutionen auf Widerstand innerhalb der Funktionärsschicht. Daran haben auch die Korruptionsuntersuchungen gegen mehrere Spitzenfunktionäre nichts geändert, die seit 1995 zu einer Reihe von Amtsenthebungen und Verurteilungen auch auf höchster politischer Ebene (sogar im Politbüro) geführt haben.

Die mangelnde Abgrenzung zwischen politischen und wirtschaftlichen Verfügungsrechten bereitet den Boden für die grassierende Korruption in China. Eine umfassende politisch-administrative Verfügungsgewalt und ein durch politische Eingriffe verzerrter und intransparenter Marktwettbewerb bieten vielfältige Gelegenheiten zur korruptiven Abschöpfung. Die Abkehr von der Staatswirtschaft erfordert den Aufbau eines Systems gesicherter privater Verfügungsrechte anstelle des alten Systems, in dem Rechte durch den

Rang in einer politischen Hierarchie definiert werden. Ohne eine drastische Beschränkung der Verfügungsrechte, Kompetenzen und Interventionen der Behörden gegenüber Unternehmen und ohne durchgreifende institutionelle Reformen, die den Kern des politischen Systems beträfen – gewaltenteilige Ordnung mit parlamentarischer Kontrolle, unabhängiger Justiz und regierungskritischen Medien –, ist eine Eindämmung des Korruptionsproblems nicht zu erwarten. Da solche Reformen aber das Machtmonopol der KPC einschränken würden, sind die Widerstände gegenüber der Schaffung unabhängiger Kontrollinstanzen bisher unüberwindlich.

4.6 Außenwirtschaftliche Öffnung, WTO-Beitritt und politischer Wandel

Seit den ersten Öffnungsansätzen 1979 wuchs der chinesische Außenhandel mit beeindruckender Geschwindigkeit (Übersicht 4.10). Im Jahr 2002 übertraf China nach WTO-Angaben die Niederlande, Italien und Kanada und nahm den fünften Rang unter den größten Handelsnationen (nach USA, Deutschland, Japan und Frankreich) ein. Das Außenhandelsvolumen der VRC belief sich 2002 auf 621 Mrd. US-Dollar, und der Außenhandel erreichte einen Wert von nahezu 50% des BIP. Die Zunahme des Außenhandels steht in engem Zusammenhang mit dem Zufluss ausländischer Direktinvestitionen (ADI): Ausländische Unternehmen, die mit ihren Investitionen Produktionsstandorte in China aufbauen, tragen durch Lieferungen von Vor- und Zwischenprodukten nach China und dem anschließenden Reexport der Endprodukte maßgeblich zur Ausweitung der Handelsströme bei. China zog in den Jahren 1999-2001 jährlich rund drei Viertel der gesamten ADI im ost- und südostasiatischen Raum (Japan ausgenommen) an. Übersicht 4.11 verdeutlicht das Ausmaß der jährlich nach China fließenden ADI im internationalen Vergleich.

Über den tatsächlichen Umfang und die Herkunft ausländischer Direktinvestitionen (ADI) in der VR China wird in der Forschung weiterhin rege diskutiert. Bei mindestens einem Viertel der in den letzten Jahren nach China fließenden ADI handelt es sich um so genannte „round tripping"-Investitionen: Aus der VR China wird Kapital – an staatlichen Beschränkungen vorbei – nach Hongkong und in bestimmte Steueroasen transferiert, um von dort aus als „ausländische" Investitionen zu Vorzugsbedingungen (Steuernachlässe etc.) wieder in der VR China reinvestiert („recycled") zu werden.

4.6 Außenwirtschaftliche Öffnung, WTO und politischer Wandel

Übersicht 4.10: *Entwicklung der chinesischen Exporte im internationalen Vergleich (Mrd. US$)*

	1990	1994	1998	2000	2002
China	62,1	121,0	183,6	249,3	325,6
Hongkong	82,4	151,5	174,9	202,4	200,6
Südkorea	65,0	96,0	132,3	172,3	162,5
Taiwan	67,1	92,9	110,5	148,3	130,3
Indien	18,6	26,4	33,9	42,3	50,0
Japan	287,6	397,0	387,9	479,2	416,0
Deutschland	421,1	427,1	542,8	551,5	612,2

Quelle: Welthandelsorganisation (WTO).

Übersicht 4.11: *Realisierte ausländische Direktinvestitionen (ADI) im Vergleich (Mrd. US$, gerundet)*

	1985-1995[1]	1996	1997	1998	1999	2000	kumulierte ADI[2]	Anteil (%)
China	12	40	44	44	40	41	347	5,5
Indien	0,5	2,4	3,6	2,6	2,2	2,3	19	0,3
Russ.Föd.	0,4	2,5	6,6	2,8	2,9	2,7	19	0,3
USA	44	85	106	186	276	281	1.239	19,6
EU	67	109	129	249	305	617	2.376	37,6
Welt	183	378	473	680	866	1271	6.314	100,0

[1] Jährlicher Durchschnitt [2] Bis einschließlich 2000. Quelle: UNCTAD 2001.

Spätestens seit dem WTO-Beitritt Chinas setzte sich unter ausländischen Investoren die Annahme durch, dass China zum „workshop of the world", also zu einem dauerhaft konkurrenzlos günstigen industriellen Fertigungsstandort, aufsteigen werde. Das Jahr 2002 brachte einen Rekord an vertraglich vereinbarten ausländischen Direktinvestitionen für China, was gleichzeitig die weltwirtschaftlichen Abhängigkeiten des Landes vergrößerte: Die 411.000 in China operierenden Unternehmen mit ausländischer Beteiligung (Stand: Ende August 2002) trugen nach Angaben der chinesischen Regierung im Jahr 2001 knapp 20% zu den staatlichen Steuereinnahmen sowie 50% zu Chinas Exporten bei und schufen Dutzende von Millionen Arbeitsplätzen (allein 23 Mio in der städtischen Wirtschaft; das sind rund 10% der dort Beschäftigten). Zugleich traten chinesische Unternehmen immer markanter als transnationale Investoren hervor und hatten bis Mitte 2003 insgesamt bereits knapp 30 Mrd. US$ im Ausland investiert.

Diese vehemente Einbeziehung in transnationale Handels- und Kapitalströme zog politische Kräfteverschiebungen, Lernprozesse und Veränderungen der politischen "Spielregeln" nach sich, die von der chinesischen Führung nicht beabsichtigt waren. Mit der außenwirtschaftlichen Öffnung nach 1979 verfolgte die chinesische Führung beispielsweise keineswegs die Absicht, die Staatsunternehmen unter Konkurrenzdruck zu setzen. Vielmehr sollte der Kern der Staatswirtschaft geschützt bleiben. Im rasch wachsenden Exportsektor aber entstanden neue Unternehmsformen (meist mit ausländischer bzw. auslandschinesischer Beteiligung), deren Aufstieg den *Niedergang des staatlichen Wirtschaftssektors* beschleunigte.

Durch die Einbindung der chinesischen Küstenwirtschaft in transnationale Fertigungsnetzwerke (Import von Vor- und Zwischenprodukten nach China, Reexport der Fertigprodukte ins Ausland) veränderte sich die Autorität der Zentralregierung in unvorhergesehener Weise: Die dezentralen Interessengeflechte, die sich zwischen lokalen Regierungen und Funktionären einerseits sowie ausländischen Unternehmern und Investoren andererseits bildeten, entzogen sich zunehmend zentralstaatlichen politischen Vorgaben und *schwächten die Durchsetzungsfähigkeit der Zentrale* (Hongying Wang 2001).

Die mit den außenwirtschaftlichen Verflechtungen zunehmenden administrativen Kooperationserfordernisse führten schließlich sogar zu *Veränderungen in der Binnenorganisation, Finanzierung und Tätigkeit chinesischer Staatsorgane*: Reorganisationsmaßnahmen etwa im Handelsministerium oder in der Zollhauptverwaltung werden gegenwärtig durch Kooperationsprogramme westlicher Partner genauso unterstützt wie die Reformbemühungen der Staatlichen Umweltschutzbehörde oder des Ministeriums für Zivilverwaltung, das unter anderem für die landesweite Durchführung von Dorfwahlen (vgl. 5.6.4) und für die Aufsicht über das Verbändewesen (vgl. 5.4) zuständig ist. Darüber hinaus wurde ein erheblicher Teil der neueren chinesischen Wirtschaftsgesetzgebung durch ausländische juristische Berater mitgestaltet.

Auch den mit weltwirtschaftlichen Verflechtungen einhergehenden *Souveränitätsverlust von Nationalstaaten* wollte die chinesische Regierung lange Zeit nicht akzeptieren. Seit Mitte der neunziger Jahre aber bereitete sich die Regierung konkret auf den WTO-Beitritt vor und begann, ihre Wirtschaftspolitik an die Vorgaben des Welthandelsregimes anzupassen.

Infolge der weltwirtschaftlichen Einbindung nimmt also der Druck zur institutionellen Erneuerung im Bereich von Verwaltung, Recht und Justiz erkennbar zu. Allerdings greifen vereinfachende Annahmen, die von einer automatischen *Wechselwirkung von außenwirtschaftlicher und politischer Libe-*

ralisierung (bzw. Destabilisierung des bestehenden politischen Systems) ausgehen, zu kurz. Die unvermeidliche Folge einer Liberalisierung des Außenhandels ist eine umfassende Neuverteilung von Macht und Einkommen. Für diejenigen Akteure, die bisher von restriktiven Außenhandelskontrollen und insbesondere von dezentralen Sonderregelungen und Möglichkeiten zur korruptiven Abschöpfung profitierten, sind die Regeln der WTO eine Bedrohung. Sollten sich durch die außenwirtschaftliche Öffnung die beschäftigungspolitischen und sozialen Verwerfungen in China verschärfen, werden es viele chinesische Funktionäre nicht nur für wirtschaftlich notwendig, sondern auch für politisch legitim halten, zumindest verdeckten Widerstand gegen eine konsequente Senkung der Außenhandelsschranken zu leisten.

Deshalb ist die Umsetzung der WTO-Vereinbarungen eine durch und durch politische Frage, die von fundamentalen – wenn auch meist nicht offen ausgetragenen – Konflikten zwischen unterschiedlichen Interessen in Zentralregierung und regionalen politischen Führungen begleitet sein wird. Politische Ressentiments, die sich im Zusammenhang mit den chinesischen WTO-Zugeständnissen auch gegen die eigene politische Führung richten, könnten in künftigen Konfliktfällen erhebliche Sprengkraft entfalten und zu einer Zunahme, nicht zur Reduzierung von Handelskonflikten führen.

Im Zweifelsfall wird die chinesische Regierung stets eher die WTO-Regeln verletzen und auf protektionistische Maßnahmen zurückgreifen als eine soziale und politische Desintegration des Landes hinnehmen. Im Kern handelt es sich hier um die Frage, inwieweit es die politische Elite Chinas dulden kann, dass der internationale Wettbewerbsdruck die politisch-ökonomischen Strukturen in der VR China aufbricht und umformt. Die politische und wirtschaftliche Macht der Funktionärsschicht und der mit ihr verbundenen ökonomischen Akteure steht auf dem Spiel.

4.7 Ist die VR China noch ein sozialistisches System?

Seit Einleitung der Wirtschaftsreformpolitik 1979 und den neuerlichen Reformschüben der neunziger Jahre hat sich das wirtschaftliche Umfeld der kommunistischen Herrschaft in China dramatisch verändert. Anders als in den osteuropäischen kommunistischen Staaten vor 1989 sind in China nicht wirtschaftliche Stagnation und wirtschaftsstrukturelle Verkrustungen, sondern gerade die Dynamik der Wirtschaftsreformen (Abbau planwirtschaftlicher Kommandostrukturen, hohes Wachstum, Exportorientierung, Strukturwandel) ursächlich für eine Schwächung der Ein-Partei-Herrschaft. In China bildet die Kommunistische Partei weiterhin den organisatorischen Kern des politischen Systems. Position und Tätigkeiten der Partei und ihrer Funktionäre im wirtschaftlichen und gesellschaftlichen Leben aber haben sich fundamental gewandelt. Diese Entwicklung ist nicht zu trennen von markanten Verschiebungen in der *sozialen Basis der KP-Herrschaft*. Jahrzehntelang waren Betriebsleitungen und Belegschaften von Staatsunternehmen direkt nach der Funktionärsschicht die wichtigste Klientel der KPC. Mit dem Niedergang der Staatsindustrie aber verliert diese Klientel zusehends an politischem Gewicht. Die städtischen Mittelschichten, die unmittelbar am stärksten von den bisherigen Reformen profitieren konnten, müssen heute als wichtigste Massenbasis der KPC angesehen werden (Pei 1999). In der chinesischen Wirtschaftspolitik aber haben Interessengruppen an Einfluss gewonnen, die erst im Laufe der neunziger Jahre Zugang zur nationalen politischen Führung fanden: die sich rasch differenzierende, auf internationale Fusionen und Übernahmen hin orientierte Finanzbranche; Unternehmen mit ausländischer Kapitalbeteiligung (hier haben sich viele global operierende Konzerne engagiert); private chinesische Großunternehmen. Diese Kräfteverschiebungen wurden in den chinesischen WTO-Vereinbarungen manifest, mit denen viele staatliche Industrie- und Dienstleistungsbetriebe sowie Chinas Getreideproduzenten unter Druck geraten (zur politischen Verhandlungsmacht informeller Lobby-Gruppen siehe im Detail 2.5.2).

Angesichts der fundamentalen Veränderungen im Wirtschaftssystem stellt sich die Frage, ob und inwiefern die VR China überhaupt noch als "sozialistisches" System zu bezeichnen ist. Immerhin wird die Herrschaftsordnung in der Verfassung der VRC als sozialistisches System und die Wirtschaftsordnung als "sozialistische Marktwirtschaft" gekennzeichnet (vgl. 3.2). Was ist vom Sozialismus in China überhaupt noch übrig geblieben?

Übersicht 4.12 schlüsselt zur Veranschaulichung dieser Frage die einzelnen Merkmale sozialistischer Systeme (zusammengestellt nach Holmes 1986; White/Gardner/Schöpflin 1987; Kornai 1995) für die VR China in unterschiedlichen Phasen ihrer Existenz auf. Es zeigt sich, dass im Jahre 2003 nur noch im Bereich der politischen Merkmale die Mehrzahl – drei von fünf – der Kriterien für ein sozialistisches System voll erfüllt ist. Im wirtschaftlichen und gesellschaftlichen Bereich hingegen kann heute keines der Merkmale mehr als voll erfüllt gelten. Es wird deutlich, dass China sich *mitten im Übergang zu einer postsozialistischen Ordnung* befindet. Die Bezeichnung der VR China als "sozialistisches" System ist in wirtschaftlicher und sozialer Hinsicht nicht mehr gerechtfertigt. Das folgende Kapitel wird dies für den Bereich des sozialen Wandels darlegen.

4.7 Ist die VR China noch ein sozialistisches System?

Übersicht 4.12: *Ist die VR China ein sozialistisches System?*

Allgemeine Merkmale/Kriterien für ein sozialistisches System	Inwieweit waren / sind diese Kriterien erfüllt?		
	1978	1989	2003
POLITISCHE MERKMALE			
1. Machtmonopol einer nach leninistischen Prinzipien organisierten Staatspartei	●	●	●
2. Gewaltenkonzentration statt Gewaltenteilung	●	●	●
3. Der Staatspartei direkt unterstellter Sicherheitsapparat	●	●	●
4. Hohe staatliche Überwachungskapazität gegenüber politischen Abweichungen	●	●	◐
5. Von der Staatspartei verbindlich propagierte Variante der marxistisch-leninistischen Ideologie	●	◐	◑
WIRTSCHAFTLICHE MERKMALE			
6. Verstaatlichung von Privateigentum; Dominanz öffentlichen Eigentums (Ziel: Eliminierung von Ausbeutungsphänomenen)	●	●	◐
7. Administrative, imperative Wirtschaftsplanung (Ziel: Eliminierung von Konjunkturzyklen und Wirtschaftskrisen)	●	◐	◑
8. Aktive staatliche Umverteilung von Vermögen und Einkommen (Ziel: soziale Gleichheit bzw. Mindestversorgung)	●	◐	◑
9. Staatliches Außenhandelsmonopol unter Kontrolle der Zentralregierung (Ziel: Ausstieg aus ungeregeltem Handel/Weltmärkten)	●	◐	○
GESELLSCHAFTLICHE MERKMALE			
10. Soziale Gleichheit als vorrangiges politisches Ziel	●	◐	○
11. Umfassende soziale Absicherungen (unter der Bedingung politischer Loyalität)	●	◐	◑
12. Organisierte Abhängigkeit (politische Verfügung über individuelle Lebenschancen)	●	◐	◑
13. Umfassende soziale Kontrolle (in Wohn- und Arbeitseinheiten)	●	●	◐

● Kriterium voll erfüllt. ○ Kriterium gar nicht mehr erfüllt.
◐ Kriterium nur noch teilweise erfüllt. ◑ Kriterium überwiegend nicht mehr erfüllt.
© Heilmann 2002/2004

5 Staat und Gesellschaft

Seit die Parteiführung in den achtziger Jahren weitgehend auf ideologische Massenkampagnen zur Politikdurchsetzung verzichtete und den politischen Konformitätsdruck verringerte, ging die Kontrolle der KPC über das Privatleben der Bevölkerung schrittweise zurück. Es setzte eine fortschreitende Pluralisierung von Lebensformen, Konsumgewohnheiten, Wertvorstellungen und sozialen Milieus ein. Welche politischen Auswirkungen hat der soziale Wandel der vergangenen zweieinhalb Jahrzehnte? Ist die chinesische Gesellschaft etwa auf dem Weg zur Selbstbehauptung gegenüber der Autorität von Partei und Staat?

5.1 Politische Kontrolle der Bevölkerung

Die politische Kontrolle der Bevölkerung stützte sich in der VRC bis in die achtziger Jahre hinein nicht primär auf staatliche Sicherheitsorgane. Vielmehr spielten besondere Methoden der Kontrolle eine wichtige Rolle bei der Herrschaftssicherung, insbesondere politische Kampagnen, die Danwei-Organisation und eine restriktive Wohnsitzregistrierung. Erst die Schwächung dieser Kontrollmechanismen hat seit den achtziger Jahren einen rapiden Ausbau des Polizeiapparates nach sich gezogen.

5.1.1. Kontrollmechanismen unter Wandlungsdruck

Zu den charakteristischen Herrschaftsinstrumenten der KPC gehörten bis zum Ende der siebziger Jahre die sogenannte "Massenlinie" und der "Klassenkampf". In einer nicht abreißenden Serie von *politischen Kampagnen* wurden die "Volksmassen" zur Durchsetzung der revolutionären Ziele der Partei und zur "Säuberung" der Gesellschaft von "Klassenfeinden" (Grundbesitzer, Privatunternehmer und sämtliche politische Gegner der KPC) mobilisiert. Unter

5.1 Politische Kontrolle der Bevölkerung

dem Druck des "Klassenkampfes" erzwang die KPC ein hohes Maß an politischer Konformität (Bennett 1976). Die durch willkürliche Demütigungen, Denunziationen und Gewaltakte gekennzeichneten Massenkampagnen fanden in der "Großen Proletarischen Kulturrevolution" (1966-1976) ihren Höhepunkt. Diese von Mao Zedong initiierte Massenbewegung sollte offiziell der Überwindung feudalistischer und bourgeoiser Relikte, der Schaffung eines neuen sozialistischen Menschen sowie der "Säuberung" von Partei und Gesellschaft dienen. Mit den Aufrufen Maos, die "Klassenfeinde" auch in der KP zu suchen, taten sich tiefe Risse in der Herrschaftsordnung auf. Zuvor unterdrückte soziale Spannungen entluden sich in blutigen bürgerkriegsähnlichen Auseinandersetzungen zwischen rivalisierenden Gruppen in Partei und Gesellschaft. Nach den Wirren der "Kulturrevolution" und dem Tode Mao Zedongs 1976 schwenkte die chinesische Führung Ende der siebziger Jahre unter der Regie Deng Xiaopings auf einen Kurs der administrativen und wirtschaftlichen Konsolidierung um. Die KPC bedient sich heute nur noch gelegentlich – etwa bei der Bekämpfung der Kriminalität oder illegaler religiöser Gruppen – maoistischer Kampagnenmethoden, ohne allerdings offen auf die "Klassenkampf"-Ideologie der Mao-Ära zurückzugreifen.

In Chinas Städten wurde in den fünfziger Jahren – in einer eigentümlichen Kombination sozialer Kontrollmechanismen des traditionellen ländlichen Chinas, der kommunistischen Basisgebiete und des sowjetischen Systems – ein dichtes Netz sogenannter *Danwei* ("Basiseinheiten") in Unternehmen, Behörden, Schulen und Straßenvierteln etabliert. Jeder Chinese wurde an seiner Arbeits-, Ausbildungs- oder Wohnstätte einer von der KPC beaufsichtigen Basisorganisation zugeordnet. Die Danwei nahm wichtige Funktionen im Alltag wahr, von der Wohnungsversorgung und Krankenversicherung über die Streitschlichtung bis hin zu Eheberatung und Familienplanung. Die weitreichenden Eingriffs- und Verteilungsbefugnisse der Danwei ermöglichten ein nahezu lückenloses System sozialer Beaufsichtigung und politischer Bevormundung in Chinas Städten. Mit dem Vordringen der Marktwirtschaft seit den achtziger Jahren allerdings büßten die "Basiseinheiten" viele ihrer Funktionen ein: Mit dem Wachsen des privaten Wirtschaftssektors entstanden neue marktwirtschaftliche Alternativen etwa bei der Arbeitssuche oder der Wohnraumversorgung. Der Niedergang vieler Staatsunternehmen trug ebenfalls zu einem Funktionsverlust der Danwei bei. Für viele Chinesen bringt diese Entwicklung einerseits neue Freiräume und Entfaltungsmöglichkeiten mit sich, andererseits aber auch höhere Lebensrisiken, da eine umfassende soziale Absicherung im Rahmen der Danwei immer seltener gewährleistet ist (Lü/Perry 1997).

In Chinas Städten spielen *Einwohnerkomitees*, die eine Nachbarschaftsaufsicht über die Wohnbevölkerung ausüben, eine im Wandel befindliche Rolle. Bislang waren gewöhnlich ältere Frauen oder Männer in den Einwohnerkomitees aktiv und betreuten bis zu 1.000 Haushalte. Seit 1999 wird auf Initiative der Zentralregierung mit Direktwahlen zu Selbstverwaltungskomitees (besetzt durch teilweise bezahlte und gut ausgebildete Vollzeitkräfte) in größeren städtischen Wohnbezirken (*shequ*) mit bis zu 5.000 Haushalten experimentiert (Kojima/Kokubun 2002). Die Wahlexperimente stoßen bei der städtischen Bevölkerung nach bisherigen Erfahrungen gewöhnlich auf deutlich weniger Interesse als in Chinas Dörfern (hierzu 5.6.4). Aber die neuen Selbstverwaltungskomitees spielen in vielen städtischen Wohnbezirken inzwischen eine zentrale Rolle in der Vergabe von Sozialhilfe (insbesondere auch in der Feststellung der Bedürftigkeit) und sollen so übergeordnete Regierungsstellen entlasten.

Eine effektive Kontrolle über die Bevölkerung funktioniert nur in Verbindung mit einer strikten *Wohnsitzkontrolle* und einer erzwungenen Immobilität der Bevölkerung: Wohnortwechsel sind im System der staatlichen Haushaltsregistrierung (*hukou*-System) nur in Ausnahmefällen vorgesehen. Nicht nur bleiben Chinesen meist lebenslang an ihren einmal zugewiesenen Wohnort gebunden. Vielmehr ist das chinesische System der Wohnsitzkontrolle durch eine strikte Trennung zwischen städtischer und ländlicher Haushaltsregistrierung gekennzeichnet. Die städtische Bevölkerung ist in der Versorgung mit preiswerten Lebensmitteln sowie in der sozialen Sicherung durch den Staat seit den fünfziger Jahren stark privilegiert. Die Landbevölkerung dagegen kann an den sozialistischen Privilegien der Städte kaum teilhaben, da ein legaler Wohnsitzwechsel für sie fast völlig ausgeschlossen ist (Cheng/Selden 1997).

Durch die strikte Wohnsitzkontrolle wurde in China die Bildung von großflächigen Armutssiedlungen ("Slums") am Rande städtischer Ballungsräume durch unkontrollierte Zuwanderung aus ländlichen Räumen, wie sie für viele Entwicklungsländer kennzeichnend ist, weitgehend vermieden. Seit den achtziger Jahren haben aber die Folgen des Wirtschaftswachstums zu grundlegenden Veränderungen in der räumlichen Mobilität der Bevölkerung geführt: In den Boom-Regionen an Chinas Küste trat ein sehr großer Bedarf an Arbeitskräften zu Tage. Deshalb wurde ländlichen Arbeitsuchenden erstmals in großer Zahl gestattet, in den Städten vorübergehend eine Arbeit aufzunehmen. Seit den neunziger Jahren ziehen jährlich Millionen Wanderarbeiter auf der Suche nach Arbeit in die städtischen Ballungsräume. Eine offizielle Wohnsitzregistrierung können sie dort jedoch bis heute meist nicht

5.1 Politische Kontrolle der Bevölkerung

oder nur mittels Bestechung erlangen, da die chinesischen Behörden nur vorsichtige Lockerungen des alten Systems der Wohnsitzkontrolle zugestehen. Möglichkeiten, das rigide Wohnsitzsystem mittel- bis langfristig durch ein Meldesystem mit verbesserten Rechten für ländliche Zuwanderer zu ersetzen, werden in den letzten Jahren in lokalen Experimenten erprobt (Human Rights in China 2002).

Insgesamt verlieren die aus der Mao-Ära stammenden Mechanismen der sozialen Kontrolle durch wirtschaftliche Veränderungen und zunehmende räumliche Mobilität an Wirksamkeit. Deshalb verfügt die chinesische Bevölkerung heute über größere private – rechtlich allerdings nicht abgesicherte – Freiheiten als jemals zuvor unter kommunistischer Herrschaft. So haben sich die Möglichkeiten zur wirtschaftlichen Betätigung, zur Meinungsäußerung im privaten Kreis, zu Inlands- und Auslandsreisen sowie künstlerische und wissenschaftliche Ausdrucksmöglichkeiten stark ausgeweitet. Die politische Führung duldete die Entstehung neuer Freiräume, die allerdings durch willkürliche Repressalien verwundbar bleiben.

5.1.2 Geburtenkontrolle und Ein-Kind-Politik

Eine der größten Herausforderungen für die politische Führung Chinas ist wegen der weitreichenden wirtschaftlichen und sozialen Folgen die Kontrolle des Bevölkerungswachstums. In der Mao-Ära trug der rasche Zuwachs der chinesischen Bevölkerung maßgeblich dazu bei, dass sich trotz zeitweise hoher wirtschaftlicher Wachstumsraten der Lebensstandard eines großen Teils der ländlichen Bevölkerung nicht durchgreifend verbesserte. Chinesische Wissenschaftler haben mit Rücksicht auf ökonomische und ökologische Bedingungen eine optimale Bevölkerungsgröße von 0,7 Mrd. Menschen für das Territorium der VRC empfohlen. Die tatsächliche Bevölkerungszahl aber nähert sich gegenwärtig 1,3 Mrd. Menschen und wird bis 2050 nach unterschiedlichen Szenarien bei 1,4 bis 1,7 Mrd. Menschen ihren Scheitelpunkt erreichen (Scharping 2003).

Übersicht 5.1 gibt einen Eindruck von der Entwicklung der Bevölkerungsstruktur. Die 1979/80 eingeleitete Geburtenkontrollpolitik hat zu einer Verlangsamung des Bevölkerungswachstums geführt (Bevölkerungszuwachs im Jahresdurchschnitt 1979-1997: ca. 15 Mio.; 1998-2000: ca. 10 Mio.). Allerdings sind die statistischen Angaben zur Geburtenentwicklung durch erhebliche Erfassungsprobleme gekennzeichnet, da ein beachtlicher Teil der nicht genehmigten Zweitgeburten an der staatlichen Registrierung vorbeiläuft. Die tatsächlichen Geburtenzahlen liegen deshalb vermutlich höher (Scharping/Heuser 1995).

Übersicht 5.1: *Bevölkerungsstruktur der VR China*

	Bevölk. insgesamt (Mio.)	Stadt/ Land (Mio.)		Urbanisierungsgrad (%)	Bevölk.-Wachstumsrate*	Altersstruktur*** (%)			Personen pro Familie (Ø)
1953	594	77	505	15	k.A.	36	59	4	4,33
1964	695	127	567	18	k.A.	41	56	4	4,43
1982	1.008	211	797	21	1,57	34	62	5	4,41
1990	1.134	300	834	26	1,44	28	67	6	3,96
2000	1.265	458	807	36	0,88**	23	70	7	3,44

Gerundete Angaben (bei Summenbildung Rundungsabweichungen).
*Natürliche Wachstumsrate (%) im betreffenden Jahr. **Angabe für 1999. ***Drei Kategorien nach Lebensjahren: 0-14 / 15-64/ 65 u.älter;
Quelle: Offizielle Zensusdaten nach ZGTJNJ, Staatliches Statistikamt der VRC.

Die Regierung hält sich zugute, dass durch die staatliche Geburtenkontrolle seit Anfang der achtziger Jahre etwa 300 Mio. Geburten verhindert wurden. Zugleich ziehen diese Maßnahmen eine Veränderung der Altersstruktur nach sich. Zwar war Anfang 2002 der Anteil der Altersgruppe der über 60jährigen in China mit 10% viel kleiner als etwa in Japan oder Deutschland (knapp 25%); China hat also gegenwärtig eine vergleichsweise noch junge Bevölkerung. Aber infolge der Geburtenkontrollpolitik der vergangenen beiden Jahrzehnte wächst die Altersgruppe der über 60jährigen in China gegenwärtig vier Mal so schnell wie die Gesamtbevölkerung. Dies macht leistungsfähige Alters- und Krankenversicherungssysteme erforderlich, die jahrzehntelang an eine Beschäftigung im Staatssektor gekoppelt waren und sich mit dem Niedergang dieses Sektors nun schon seit Jahren im Umbruch befinden. Die Reform der sozialen Sicherungssysteme wird in regional verschiedenen Formen praktiziert, war bisher durch gravierende finanzielle Unregelmäßigkeiten gekennzeichnet und scheint von einer langfristig verlässlichen institutionellen Verankerung weit entfernt zu sein (Schädler 2001).

Gegenwärtig werden pro Frau statistisch nur noch 1,4 Kinder geboren. Aber die von staatlicher Seite angeordnete Ein-Kind-Politik (Anfang der siebziger Jahre war eine Zwei-Kind-Politik propagiert worden) gehört vor allem in der ländlichen Bevölkerung zu den unpopulärsten politischen Programmen, für deren Durchsetzung der Staat einen hohen personellen und

5.1 Politische Kontrolle der Bevölkerung

materiellen Aufwand betreiben muss. Die mit der Ein-Kind-Politik verbundenen Maßnahmen sind nicht nur im Westen, sondern auch in China selbst umstritten. Aufklärung und Strafgeldandrohungen sollen die Bevölkerung zur Kooperation veranlassen, aber für den Fall der Zuwiderhandlung werden von manchen ländlichen Verwaltungsstellen strengste Sanktionen bis hin zu Zwangssterilisationen und Zwangsabtreibungen (auch im Spätstadium der Schwangerschaft) verhängt.

Die Zentralregierung gibt in der Regel nur allgemeine Leitlinien und Zielgrößen für die Geburtenkontrolle vor und überlässt den Provinzen die Festlegung konkreter Verfahren. Die praktische Durchsetzung wird dann an die unteren Verwaltungsebenen delegiert. Die Praxis der Geburtenkontrollpolitik fällt deshalb je nach Region und je nach politischem Druck der höheren Ebenen äußerst unterschiedlich aus. Sie kann von drakonischen Maßnahmen bis hin zur massenhaften Vergabe von Ausnahmegenehmigungen und damit zur Umgehung der politischen Vorgaben reichen. In vielen ländlichen Regionen ist de facto ein Trend zu Familien mit zwei Kindern zu beobachten.

Erst im Laufe der neunziger Jahre wurde eine kostspielige und korruptionsanfällige Geburtenplanungsverwaltung bis zur Gemeinde-Ebene hinunter aufgebaut. Vor 1991 gab es Geburtenplanungskommissionen nur von der Kreisebene an aufwärts. Ein nationales *Bevölkerungs- und Geburtenplanungsgesetz* trat im September 2002 in Kraft. Dieses Gesetz schreibt Grundprinzipien der bisherigen Bevölkerungspolitik fest (Förderung von Empfängnisverhütung und Spätheiraten, Strafen im Falle einer Zweitgeburt, ethnische Minderheiten dürfen wie bisher mehr Kinder haben), lässt den Provinzregierungen aber weiterhin große Spielräume in der praktischen Ausgestaltung und Durchführung. Im Gesetz wird bestimmt, dass männliche nicht gegenüber weiblicher Nachkommenschaft bevorzugt werden darf. Als Folge der traditionell verwurzelten Bevorzugung von Söhnen, die besonders auf dem Lande vielfach zu selektiver Abtreibung weiblicher Föten und zu Kindstötungen führt, hat sich die Geschlechterrelation unter Neugeborenen stark verschoben. 1999 wurden Fachstudien zufolge landesweit auf 100 weibliche Neugeborene 117 Jungen geboren, mit regional zum Teil weitaus stärker ausgeprägten Ungleichgewichten. Ein gravierender Frauenmangel wird die Folge sein, dem das Gesetz entgegenzuwirken sucht. Das neue Gesetz enthält keine Ansätze dazu, die Ein-Kind-Politik zu lockern. Bei der Durchsetzung der Geburtenkontrolle sollen zwar die Rechte der Bürger gewahrt bleiben. Ein explizites Verbot der Zwangsmaßnahmen aber, die bislang verbreitet zur Anwendung kamen und innerhalb wie außerhalb Chinas auf massive Kritik stoßen, ist im Gesetz nicht zu finden.

5.2 Menschenrechte und politische Opposition

Verletzungen der Menschenrechte, insbesondere der politischen und bürgerlichen Rechte, sind eine der konfliktträchtigsten Fragen im Verhältnis Chinas zum Westen. Seit der blutigen Niederschlagung der Protestbewegung von 1989 steht die VR China immer wieder im Mittelpunkt der internationalen Menschenrechtspolitik (hierzu 6.6).

5.2.1 Menschenrechtsverständnis und politische Repression

Die chinesische Tradition hat nichts hervorgebracht, was dem westlichen Menschenrechtsbegriff im Sinne individueller, unveräußerlicher, dem Staate vorausgehender Rechte entspräche. Recht wurde traditionell in erster Linie als Instrument der Verbrechenskontrolle und der Machtdurchsetzung der Herrschenden eingesetzt. Zwar lassen sich in der chinesischen Ideengeschichte durchaus Anknüpfungspunkte etwa für die Konzepte der Menschenwürde und der Herrschaftsbegrenzung finden. Diese Ideen konnten sich jedoch zu keinem Zeitpunkt in der Geschichte Chinas politisch durchsetzen. Der entscheidende Schritt von der abstrakten Idee zum konkreten rechtlichen Schutz der Menschenwürde wurde nicht vollzogen (Davis 1995).

Die vier seit 1949 in der VR China verabschiedeten Verfassungen führen zwar einen Katalog von Freiheits- und Mitwirkungsrechten auf, ordnen diese jedoch den Interessen und Zielen des "sozialistischen Aufbaus" unter. Menschenrechte hatten in den Verfassungen von 1954, 1975 und 1978 "Klassencharakter", und unter der "Diktatur des Proletariats" bestand folglich keine Notwendigkeit, "Klassenfeinden" Menschenrechte zu gewähren. Das "revolutionäre Volk" musste vor seinen Feinden entschlossen geschützt werden: Massentribunale und Klassenkampfkampagnen übernahmen die Bestrafung der politischen Abweichler. Mao Zedong selbst machte nie ein Hehl aus seiner Verachtung abstrakter, "bourgeoiser" Menschenrechte.

Nach 1979 stufte die KP-Führung um Deng Xiaoping die Bedeutung des "Klassenkampfs" herab. Bürgerliche und politische Rechte wurden nun theoretisch vielen Gruppen zugänglich, die zuvor durch ihre Klassenherkunft davon ausgeschlossen waren. Der ausführliche Grundrechtekatalog, der in der Verfassung von 1982 (Art. 33-50) enthalten ist, weist nach seinem Wortlaut eine große textliche Übereinstimmung mit westlichen Grundrechteformulierungen auf. Die Wirksamkeit solcher Grundrechte hängt jedoch entscheidend von ihrer Durchsetzbarkeit ab, von einer funktionierenden Gewaltenteilung

5.2 Menschenrechte und politische Opposition

und einem effektiven gerichtlichen Schutz. Die Verfassung der VR China enthält jedoch weitreichende Einschränkungen der politischen und bürgerlichen Rechte, da ihre Ausübung den "Interessen des Staates, der Gesellschaft und des Kollektivs" untergeordnet wird (Art. 51). Nach Artikel 1 ist die "Sabotage des sozialistischen Systems" allen Organisationen und Individuen verboten.

Nachdem die chinesischen Kommunisten 1949 die Macht errungen hatten, errichteten sie ein gewaltiges Straflagersystem. Bis zur Einleitung der Reform- und Öffnungspolitik im Jahre 1979 saßen durchweg mindestens zehn Millionen Menschen, darunter mehrere Millionen politische Häftlinge, in den Zwangsarbeitslagern ein. Während des Gründungsterrors der frühen fünfziger Jahre wurden knapp zwei Prozent der chinesischen Bevölkerung in Lager deportiert, und im ersten Jahrzehnt nach der Machtübernahme verloren mehrere Millionen Chinesen durch Verfolgungen ihr Leben. Zwar gab es in der VR China zu keinem Zeitpunkt Vernichtungslager, aber Misshandlungen, Seuchen und Hungersnöte führten dennoch zu einer überdurchschnittlich hohen Sterblichkeit in den Lagern (Domenach 1995).

Nach 1978 wurden fast drei Millionen politische Opfer der Herrschaft Mao Zedongs freigelassen. Die Ausmaße des Gefängnis- und Lagersystems aber sind weiterhin beachtlich. Das Justizministerium gab für 1994 eine Zahl von insgesamt rund 1,4 Millionen Strafgefangenen an. Hinzu kommt die Zahl der in anderen Strafvollzugsanstalten Inhaftierten (Fabriken und Lager zur "Besserung durch Arbeit", Lager für Militärpersonal etc.). Neueren westlichen Forschungen zufolge gab es in China in den neunziger Jahren konstant etwa zwei Millionen Strafgefangene in 1.250 Gefängnissen und Arbeitslagern. Insgesamt kommen in China etwa 165 Strafgefangene auf 100.000 Bürger. Dies ist eine im internationalen Vergleich nicht sehr hohe Zahl (vgl. die Tabelle in 3.10.5). Der entsprechende Wert für die USA liegt mehr als viermal so hoch (Seymour 2000; Tanner 1995).

Unter den chinesischen Strafgefangenen finden sich nach neueren Forschungsarbeiten höchstens ein Prozent – also bis zu 20.000 – politische Häftlinge (Seymour/Anderson 1998). Zur Verfolgung politischer Abweichungen dienen heute insbesondere willkürlich ausgedehnte Inhaftierungen und Folterungen, sogenannte "Administrativstrafen" ohne Gerichtsverfahren, Einweisungen in die Psychiatrie sowie nicht-öffentliche Gerichtsverfahren, in denen den Angeklagten eine Gefährdung der weit gefassten "Staatssicherheit" zur Last gelegt wird. Im Laufe der neunziger Jahre wurden gegen Anhänger oppositioneller politischer und religiöser Gruppen häufig "Administrativstrafen" (mehrjährige "Besserung durch Arbeit" in Umerziehungseinrichtungen, meist

Fabriken) verhängt, um ein formales Gerichtsverfahren zu umgehen. Seit 1999 ist die Zahl der aus Gewissensgründen Inhaftierten gestiegen, vor allem wegen des harten Vorgehens gegen die Falungong-Bewegung und ähnliche religiös-spirituelle Gruppen (s. hierzu 5.7.4).

Um über Bekanntheitsgrad und Akzeptanz der Menschenrechtsidee in der chinesischen Bevölkerung Aussagen zu machen, ist es nötig, über den kleinen Zirkel engagierter politischer Aktivisten hinauszuschauen. Begriffe wie Menschenwürde und Menschenrechte erscheinen vielen Chinesen blass, abstrakt und fremd. Solange sie nicht oppositionelle Organisationen gründen oder öffentlich zum Sturz der kommunistischen Führung aufrufen, können sich Chinesen heute relativ sicher vor politischer Verfolgung fühlen. Unmut in der Bevölkerung erregen jedoch Missstände wie die grassierende Korruption, die Behördenwillkür und der mangelnde Rechtsschutz. Konkrete Unzufriedenheiten stehen im Zusammenhang etwa mit der zwangsweisen Umsiedlung und Zerschlagung ganzer Stadtbezirke im Zuge von kommerziellen Immobilienprojekten, mit der willkürlichen Verhängung von Geldstrafen und Gebühren durch lokale Behörden und mit den unzureichenden Möglichkeiten, sich gegenüber schikanösen Verwaltungs- und Polizeiakten zur Wehr zu setzen.

Das verbreitete Interesse an einer verantwortlichen, inkorrupten und berechenbaren Form des Regierens ist bislang kaum mit Forderungen nach politischen Mitwirkungsrechten verbunden. Zur Zeit halten viele Chinesen eine Regierung der starken Hand für notwendig, die unter den schwankenden Bedingungen der "sozialistischen Marktwirtschaft" Stabilität und Ordnung garantiert. Hierin zeigt sich, dass in China bislang die breite gesellschaftliche Unterstützung für eine Durchsetzung von Menschenrechten und Demokratie fehlt. Zwar werden Herrschaftswillkür und Behördenschikanen offen kritisiert und entschieden abgelehnt - dies ist ein bemerkenswerter Fortschritt gegenüber der Mao-Ära. Den Schritt zur Einforderung demokratischer Mitwirkungsrechte und zu persönlichem politischen Engagement aber haben die meisten Chinesen angesichts einer immer noch übermächtigen Staatsgewalt bislang nicht vollzogen.

5.2.2 Politische Opposition und Protestbewegungen

Unter kommunistischer Herrschaft wurden in China seit den fünfziger Jahren alle Formen organisierter politischer Opposition unterdrückt, ohne dass jedoch alle kritischen Stimmen vollständig zum Schweigen gebracht werden konnten. So nutzten zahlreiche Intellektuelle und andere Parteikritiker wäh-

5.2 Menschenrechte und politische Opposition

rend einer kurzen Phase der Liberalisierung 1957 ("Hundert-Blumen-Bewegung"), in einzelnen Phasen der "Kulturrevolution" und in einer Trauer- und Protestbewegung im März/April 1976 ("Bewegung vom 5.April") die Gelegenheit zur Äußerung grundsätzlicher Kritik an der Herrschaftspraxis der KPC. Seit der "Demokratiemauer-Bewegung" 1978-79, aus der auch der prominente Dissident Wei Jingsheng hervorging, sind Forderungen nach Gewährung umfassender Menschen- und Bürgerrechte nicht mehr verstummt (zur Geschichte politischer Opposition in der VRC: Moody 1977; Nathan 1986; Barmé/Javin 1992).

In der städtischen Protestbewegung des Frühsommers 1989 wurden die Begriffe "Demokratie" und "Menschenrechte" schließlich zu politischen Losungen, die Ablehnung von politischer Willkür und Sehnsucht nach größeren Freiheitsräumen zum Ausdruck brachten. Im Zentrum der Proteste standen Beijinger Studenten, denen es gelang, mit Demonstrationen und Hungerstreiks bis zu zwei Millionen Bürger für den Protest gegen Inflation, Korruption und Amtswillkür zu mobilisieren. Eine Mehrheit in der Parteispitze verstand die Kundgebungen von Beginn an als "gegenrevolutionäre Rebellion" und als Bedrohung für die Herrschaft der KPC. Gegen den Widerstand des damaligen KP-Generalsekretärs Zhao Ziyang setzten die Revolutionsveteranen um Deng Xiaoping schließlich den Beschluss durch, regierungstreue Truppen aus verschiedenen Regionen des Landes um Beijing zusammenziehen und das Kriegsrecht zu verhängen. Unter Einsatz von Schusswaffen und Panzern schlug das chinesische Militär in der Nacht zum 4. Juni 1989 die Protestbewegung nieder. Nach auseinandergehenden Schätzungen kamen damals in Beijing zwischen 500 und 1.500 Menschen ums Leben. Auch in den Provinzen fielen zahlreiche Demonstranten gewaltsamen Unterdrückungsmaßnahmen zum Opfer. Zehntausende Kundgebungsteilnehmer wurden verhaftet, Tausende zu langjährigen Haftstrafen, Dutzende zum Tode verurteilt (Schier/Cremerius/Fischer 1993; Reichenbach 1994; Brook 1998; eine in ihrer Authentizität unsichere Quelle ist Nathan/Link/Zhang 2001).

Trotz der massiven Repression im Anschluss an die Proteste von 1989 sollen 1991 in zwölf Großstädten Chinas noch zwischen 60 und 70 oppositionelle Untergrundorganisationen existiert haben. In der Mehrzahl handelte es sich um Folgeorganisationen der Bewegung von 1989, darunter eine "Chinesische Fortschrittsallianz" und eine "Sozialdemokratische Partei Chinas" (s. Übersicht 5.2). Keine dieser politischen Vereinigungen hatte mehr als ein paar Dutzend Mitglieder. Darüber hinaus wurden zu Beginn der neunziger Jahre auch Organisationen von Mao-Loyalisten durch die Sicherheitsorgane aufgedeckt, die sich gegen die politische Linie der nachmaoistischen Führung wandten. Anfang 1994 sollen nach Hongkonger Informationen noch in rund 30 chinesischen Städten politische Untergrundorganisationen verschiedener Couleur aktiv gewesen sein. Seit 1994 wurde der Druck auf solche Oppositionszirkel durch Verwarnungen, Verhaftungen und Verurteilungen erheblich erhöht, und im Jahr 1995 hatte die chinesische Führung ihr Ziel einer Zerschlagung der Dissidentenorganisationen weitgehend durchgesetzt. Viele politische Untergrundaktivisten wurden zu Haftstrafen verurteilt oder ins meist US-amerikanische Exil gedrängt. Die Sicherheitskräfte sind angewiesen, alle Formen organisierter politischer Opposition im Keim zu ersticken (Ding Ding 2000).

Übersicht 5.2: *Demokratieorientierte Untergrundorganisationen in der VR China nach 1989 (ausgewählte Beispiele)*

Bezeichnung	Gründung	Verbreitung
Liberal-demokratische Partei	1991	Beijing
Chinesische Fortschrittsallianz	1990	Beijing, Tianjin
Sozialdemokratische Partei	1991	mehrere Provinzen
Friedens-Charta	1993	Beijing
Vereinigung für Menschenrechte	1993	Shanghai
Vereinigung zum Schutz der Arbeitnehmerrechte	1994	Beijing
Vereinte Front	1995	Nanjing
Demokratische Partei Chinas	1998	Hangzhou, Wuhan, Jinan, Shenyang, Changchun, Harbin, Shanghai, Beijing

© Heilmann 2002/2004

In Hongkong finden Menschenrechtsaktivisten bisher weiterhin die Möglichkeit zur publizistischen Betätigung, wie sich am Beispiel des Hongkonger "Informationszentrums für Menschenrechte und Demokratie" zeigt. Die nach 1989 in zahlreichen Ländern gegründeten Organisationen der chinesischen Exilopposition allerdings sind untereinander und intern so zerstritten, dass sie keine einheitliche und attraktive Programmatik entwickeln konnten (Buruma 2001).

Im Sommer 1998 kam es mit den Bemühungen um Gründung einer "Demokratischen Partei Chinas" wieder zu einem überregionalen Zusammenschluss von Dissidenten in Hangzhou und sieben weiteren politischen Zentren Chinas (Heilmann 1998c). Auch wenn dieser Versuch, an dem landesweit mehrere Hundert Personen beteiligt gewesen sein sollen, von den Sicherheitsbehörden schließlich rigoros unterbunden wurde, so belegt er doch die Möglichkeit zur Vernetzung politischer Dissidenten. Auffällig ist, dass sich der Schwerpunkt der oppositionellen Aktivitäten seit Mitte der neunziger Jahre von Beijing in politisch gewichtige Provinzhauptstädte wie Hangzhou, Wuhan, Xi'an oder Nanjing zu verlagern scheint, wo die politische Kontrolle zum Teil weniger scharf ist.

Bemerkenswert in der Gründungsphase der "Demokratischen Partei Chinas" war, wie unsicher lokale Behörden auf die Vorstöße der Oppositionellen reagierten, solange eindeutige Vorgaben der politischen Zentrale noch fehlten. Auch die sporadische Unterstützung regierungskritischer Publikationen durch Verlagshäuser, Zeitungen und sogar Parteifunktionäre seit Mitte der neunziger Jahre macht deutlich, dass das Anliegen der politischen Reform auf breitere Sympathien trifft, als bisher manifest werden konnte. Allerdings konnten die Sicherheitsorgane sowohl die Konsolidierung überregionaler Dissidentenorganisationen als auch eine Allianzenbildung zwischen Dissidentenzirkeln und unzufriedenen Arbeitern verhindern. Erst solche übergreifenden Organisationsformen könnten eine ernsthafte politische Herausforderung für die KPC darstellen.

5.3 Städtische Gesellschaft und neue Mittelschicht

Die Machtübernahme der KPC 1949 hatte eine durchgreifende Änderung der traditionellen Sozialstruktur Chinas zur Folge. Zuvor dominierende Gesellschaftsschichten wie die der Grundherren und Kaufleute wurden zerschlagen, die Eigentumsverhältnisse durch einschneidende Umverteilungsmaßnahmen (Bodenreform, Kollektivierung der Landwirtschaft, Verstaatlichung der wichtigsten Industrien) grundlegend verändert. Von der Partei eingesetzte Kader besetzten die wichtigsten Verwaltungspositionen. Fehlende Kontrollen gegenüber den allmächtigen Parteiorganen führten schon bald zu einer selbstherrlichen Amtsführung und materiellen Privilegierung leitender Funktionäre: Die Führungskader der Partei wurden zur neuen herrschenden Schicht Chinas (Lü Xiaobo 2000). Seit den achtziger Jahren beginnt sich mit Veränderungen und Ausdifferenzierungen der Beschäftigten- und Einkommensstrukturen (s. Übersicht 5.3) eine neue gesellschaftliche Schichtung mit politisch noch unklaren Konsequenzen zu entwickeln.

5.3.1 Einkommensdifferenzierung und soziale Schichtung

Bis 1978 war die chinesische Gesellschaft durch eine wenig gespreizte, fast egalitäre Einkommensverteilung auf sehr niedrigem Wohlstandsniveau gekennzeichnet. Aufgrund der Privilegierung der städtischen Bevölkerung mit staatlichen Dienstleistungen bestand allerdings in der Nahrungsmittel- und Wohnraumversorgung sowie im Bildungs- und Gesundheitswesen ein scharfes Gefälle zwischen städtischer und ländlicher Gesellschaft, das in konventionellen Statistiken zur Einkommensverteilung nicht angemessen zum Ausdruck kommt. Auch die vielfältigen Versorgungsvorteile der Funktionärsschicht (Dienstwohnungen, -personal, -wagen etc.) sind nicht mit Einkommensstatistiken, die sich an monetären Größen orientieren, zu erfassen.

Übersicht 5.3: *Veränderungen der Beschäftigtenstruktur*

	1995 (Mio.)	2000 (Mio.)	Anteil 1995 (%)	Anteil 2000 (%)
Beschäftigte insgesamt	680	712	100	100
Agrarsektor	355	356	52	50
Industriesektor	156	160	23	23
Dienstleistungssektor	169	196	25	28
Staatsbetriebe	113	81	17	11
Städt. Kollektivbetriebe	32	15	5	2
Ländliche Kollektivbetriebe	129	128	19	18
Aktiengesellschaften	3	5	0,5	0,6
Priv. Kleingewerbe (Stadt u. Land)	46	51	7	7
Andere nicht-staatliche Betriebe	15	39	2	6

Gerundete Angaben (bei Summenbildung Rundungsabweichungen möglich).
Quelle: ZGTJNJ / Staatliches Statistikamt der VRC.

Unterschiedliche Berechnungen des Gini-Koeffzienten (Maßzahl für die gesellschaftliche Einkommensverteilung zwischen 0 [Gleichverteilung] und 1 [vollständige Einkommenskonzentration]) kommen übereinstimmend zu dem Schluss, dass die VRC gegenwärtig zu den ostasiatischen Ländern mit einer besonders stark ausgeprägten Ungleichverteilung gehört. Die chinesische Regierung sieht einen Gini-Koeffizienten von über 0,4 als "Gefahrenschwelle" für die soziale Stabilität an (ZK-Organisationsabteilung 2001). China hat diese Linie nach unabhängigen Berechnungen bereits Mitte oder Ende der

5.3 Städtische Gesellschaft und neue Mittelschicht

neunziger Jahre überschritten (UNDP 1999) und erreicht heute einen Koeffizienten von etwa 0,46. Nach offiziellen Angaben hatte dieser Wert 1978 bei 0,21 in der ländlichen und 0,16 in der städtischen Gesellschaft gelegen. Nach 1979 kam es als Folge der wirtschaftlichen Umwälzungen zu einem starken Urbanisierungstrend. Bereits rund 36% der Gesamtbevölkerung leben in städtischen Gebieten, was einem Zuwachs von 10% seit 1990 entspricht. Die Politik der Wirtschaftsreformen verhalf vielen städtischen Haushalten zu einer sprunghaften Steigerung von Lebensstandard und Konsumniveau. Die Früchte dieser Steigerung sind allerdings nach Regionen sehr unterschiedlich verteilt (s. Übersicht 5.4). Das durchschnittliche Pro-Kopf-Einkommen ist in den Städten mehr als doppelt so hoch wie auf dem Land. Dennoch geht auch in den Städten die Einkommensschere immer weiter auseinander: Defizitäre Staatsbetriebe können häufig nur noch unregelmäßig die Löhne an ihre Arbeiter auszahlen. Die noch in den achtziger Jahren durch ihre sozialen Absicherungen privilegierten Arbeiter in Staatsbetrieben gehören nun zunehmend zu den untersten städtischen Einkommensschichten.

Übersicht 5.4: *Jahreseinkommen und Konsumstandard der Bevölkerung nach Regionen (Ende 1999)*

Verwaltungs-einheit		Nettojahres-einkommen pro Kopf (RMB Yuan)	Anzahl Geräte pro 100 Haushalte			
			Farbfern-seher	Motor-roller	Wasch-maschine	Kühl-schrank
Shang hai	Stadt	10.932	144	2	93	103
	Land	5.409	83	61	72	73
Henan	Stadt	4.532	102	14	90	70
	Land	1.948	33	10	20	6
Guiz-hou	Stadt	4.934	109	14	95	79
	Land	1.363	12	6	10	1
Tibet	Stadt	6.909	119	6	81	69
	Land	1.310	10	0,2	4	1

Quelle: ZGTJNJ, Staatliches Statistikamt der VRC.

Partei- und Verwaltungskader haben an den wirtschaftlichen Veränderungen nach 1979 aktiv mitgewirkt und an den Früchten des Wachstums überproportional teilhaben können. Sie sind durch ihre umfassenden politischen Verfügungsrechte privilegiert und haben sich und ihre Familien in eine wirtschaftlich sehr komfortable bis extrem wohlhabende Stellung gebracht. Das tatsächliche Ausmaß ihres privaten Reichtums müssen viele Kaderfamilien allerdings verbergen, da dieser Reichtum zum großen Teil durch die "informelle", nicht legale Privatisierung staatlicher Vermögenswerte entstanden ist. Ein beachtlicher Teil der Einkommen und des Vermögens von Kaderhaushalten ist deshalb statistisch überhaupt nicht erfassbar (zum "Kaderkapitalismus" vgl. 4.5).

Eine umfassende Studie der Chinesischen Akademie der Sozialwissenschaften unterteilt die gegenwärtige chinesische Gesellschaft in *fünf Schichten* (Lu Xueyi 2002):

- *Oberschicht*: Höchste Führungskader, leitende Manager von Großbetrieben, Eigentümer großer Privatunternehmen, Fachspitzenkräfte ("Professionals") aus den Bereichen Technik, Finanzen, Forschung etc.
- *Obere Mittelschicht*: Obere Führungskader, mittlere Manager staatlicher Großbetriebe, Leiter mittelgroßer staatlicher Betriebe, Eigentümer mittelgroßer Privatunternehmen, höhere "Professionals".
- *Mittlere Mittelschicht*: Durchschnittliche Fachkräfte, Eigentümer kleiner Privatbetriebe, Verwaltungspersonal, Kleingewerbetreibende, spezialisierte landwirtschaftliche Unternehmer.
- *Untere Mittelschicht*: Kleingewerbetreibende, durchschnittliche Verdiener aus Dienstleistungssektor, Industrie und Landwirtschaft.
- *Unterschicht*: Erwerbslose Arbeiter oder Bauern, Beschäftigungslose am Rande oder unter der Armutsgrenze.

Die Oberschicht umfasst in keinem der untersuchten Orte (auch nicht in der SWZ Shenzhen) mehr als 1% der Beschäftigten, die Unterschicht nicht mehr als 5%. Allerdings bestehen zwischen verschiedenen Städten krasse Unterschiede im Verhältnis der oberen, mittleren und unteren Mittelschicht. Während die untere Mittelschicht etwa in der SWZ Shenzhen nur 32% umfasst, finden sich in anderen untersuchten Städten Anteile von bis zu 90%. Die Angehörigen der wohlhabenderen drei Schichten machten Ende 1999 nach den Erkenntnissen der Studie in der SWZ Shenzhen 66% und in der Provinzhauptstadt Hefei 55% aus.

5.3.2 Mittelschichten, Privatunternehmer und Bürgergesellschaft

Eine der am meisten diskutierten sozialen Veränderungen besteht in der Herausbildung neuer städtischer Mittelschichten, die unter anderem gekenn-

5.3 Städtische Gesellschaft und neue Mittelschicht

zeichnet sind durch ein vergleichsweise hohes Bildungsniveau, ein stabiles Haushaltseinkommen und wachsendes Privatvermögen, das die Anschaffung von Wohnungen und Autos sowie häufigere Urlaubsreisen ermöglicht. Durch ihre Ausbildung, Berufstätigkeit oder Reisen sind die Angehörigen der Mittelschichten internationalen Einflüssen besonders stark ausgesetzt.

Nationale Durchschnittszahlen sind mit großer Vorsicht zu behandeln. Es lässt sich aber gestützt auf die Studie der Akademie der Sozialwissenschaften annäherungsweise sagen, dass Anfang 2000 rund 7 Mio. Beschäftigte zur Oberschicht und 123 Mio. zur oberen Mittelschicht gehörten. Diese beiden sehr konsumkräftigen Einkommensschichten repräsentieren den gehobenen städtischen Wohlstand und sind auch die bevorzugte Zielgruppe ausländischer Konzerne. Etwa 250 Mio. Erwerbstätigte lassen sich zur mittleren Mittelschicht zählen, die bei anhaltendem städtischen Wirtschafts- und Einkommenswachstum in die oberen Einkommensschichten aufsteigen können.

Übersicht 5.5: *Wachstum der oberen Einkommensschichten*

	1952	1978	1988	1999
Partei-/Verwaltungskader	0,5	1,0	1,7	2,1
Manager öffentl. Betriebe	0,1	0,2	0,5	1,5
Privatunternehmer	0,2	0,0	0,02	0,6
Techn.-wiss. Fachkräfte	0,9	3,5	4,8	5,1
Verwaltungspersonal	0,5	1,3	1,7	4,8
Kleingewerbetreibende	4,1	0,03	3,1	4,2
Dienstleistungspersonal	3,1	2,2	6,4	12,0
Industriearbeiter	6,4	19,8	22,4	22,6
Bauern	84,2	67,4	55,8	44,0
Arbeits-/Erwerbslose	k.A.	4,6	3,6	3,1

Anteil an Gesamtzahl der Beschäftigten in Prozent. Schwarz umrahmt: Daten zur Oberschicht bzw. oberen und mittleren Mittelschicht.
Quelle: Lu Xueyi/Chines. Akademie der Sozialwissenschaften 2002.
© Heilmann 2002/2004

Die Entwicklung besser ausgebildeter und finanzkräftiger städtischer Mittelschichten, die als tragende Kräfte einer *Bürgergesellschaft* auf Abwehr- und Mitwirkungsrechte gegenüber der Staatsgewalt drängen, hat in anderen ostasiatischen Staaten wie Taiwan, Südkorea oder Thailand zu Demokratisierungsbestrebungen beigetragen. Die Frage, ob auch in China eine Bürgergesellschaft entsteht, wurde nach 1989 heftig diskutiert (Brook/Frolic 1997). Die Debatte dreht sich um demokratiegeschichtlich vertraute Fragen: um Probleme der gesellschaftlichen Selbstorganisation, die Grundlagen des gesellschaftlichen Pluralismus, die Differenzierung von Staat, Ökonomie und politischer Öffentlichkeit (Sandschneider 1995). Die Hoffnungen, die auf eine von städtischen Mittelschichten getragene Bürgergesellschaft in China gesetzt werden, erscheinen jedoch verfrüht. Viele Angehörige der Mittelschichten sind in staatlichen oder staatsnahen Organisationen und Betrieben (und dies umfasst in China sogar den größten Teil der Finanzwirtschaft) angestellt und damit in einem umfassenden Sinne abhängig vom Staat.

Die noch junge städtische Mittelschicht ist bisher ohne schärfere politische Konturen geblieben. Die Studentenproteste von 1989 beispielsweise mündeten nur in wenigen Großstädten wie Beijing in eine Massenbewegung. Die wohlhabenderen Schichten der städtischen Gesellschaft und große Teile der Privatunternehmerschaft hielten sich in den meisten Provinzhauptstädten auffällig zurück. Seit 1989 sind öffentliche Protestaktionen überwiegend von Arbeitern oder Bauern ausgegangen, die von sozialem Abstieg und von Armut akut bedroht sind. Mit Ausnahme einzelner Intellektueller und Dissidenten beteiligten sich Angehörige der einkommensstarken Mittelschichten in den neunziger Jahren hingegen kaum an politischen Protesten.

Das stärkste Bedürfnis nach Selbstbehauptung gegenüber Verwaltungseingriffen wäre normalerweise unter den *Privatunternehmern* zu erwarten, die sich gegenüber der Konkurrenz staatsnaher Betriebe zu behaupten haben (Fischer 1995). Ende 2000 gab es rund 4 Mio. Privatunternehmer (Eigentümer von Unternehmen mit mehr als acht Angestellten) und 30 Mio. registrierte Kleingewerbetreibende. Deren Betriebe tragen zusammen mit den privaten Landwirtschaftsbetrieben inzwischen mehr als die Hälfte zum chinesischen BIP bei und haben Dutzende Millionen neuer Arbeitsplätze in städtischer und ländlicher Wirtschaft geschaffen (IFC 2000). Chinesische Privatunternehmer besitzen allerdings keine gemeinsame Gruppenidentität. Dies ist bedingt durch den sehr heterogenen sozialen Hintergrund (von Universitätsabsolventen bis zu ehemaligen Straflager-Häftlingen ohne Schulabschluss), durch das unterschiedliche wirtschaftliche Gewicht (größere Unternehmen verfügen als bedeutsame Steuerquelle über ein beachtliches Eigengewicht gegenüber den Behörden und brauchen kleinere nicht, um ihre Interessen vorzubringen) und durch die auf persönliche Bekanntschaften gegründeten Sonderbeziehungen zu Schlüsselfiguren in den lokalen Behörden. Privatunternehmer bevorzugen die individuelle Kontaktpflege zu führenden Partei- und Regierungskadern an Stelle von kollektiven Verhandlungen (Wank 1995).

Eine nationale Stichprobenuntersuchung zur Privatunternehmerschaft kam 1994 zu der Erkenntnis, dass immerhin einer von fünf Privatunternehmern Mitglied der KPC oder des Kommunistischen Jugendverbandes war (eigentlich wurde der Beitritt von Privatunternehmern zur KPC erst 2001 offiziell genehmigt) und dass unter den Privatunternehmern in den Städten und auf dem Land rund ein Fünftel zuvor als Partei- oder Verwaltungskader tätig waren. Auch fand sich ein auffällig hoher Anteil von Kadern unter den Verwandten und Freunden der Privatunternehmer. Partei- und Staatskader stellten die "Kerngruppe" im Beziehungsnetz der Privatunternehmer dar. Diese Sonderbeziehungen erklären, warum Privatunternehmer sich bisher nicht als Interessengruppe von der Funktionärsschicht abzusetzen versuchen. Chinas Privatunternehmer können nicht zu einer gegenüber dem Staate unabhängigen gesellschaftlich-politischen Kraft werden, solange sie in ihrem wirtschaftlichen Erfolg auf die Protektion durch Partei- und Verwaltungsfunktionäre angewiesen sind.

Zusammenfassend lässt sich zur Rolle der Mittelschichten sagen, dass die damit gemeinten Gesellschaftsgruppen bislang vornehmlich an sozialem Statusgewinn durch Einkommens- und Vermögenszuwachs sowie an politischer Sicherheit interessiert sind. Da sie bisher von den Wirtschaftsreformen massiv profitiert haben, sich mit der Funktionärsschicht gut arrangiert haben oder sogar auf deren Protektion angewiesen sind, gibt es zur Zeit keinen Anlass, gegen die Herrschaftsordnung aufzustehen.

5.4 Gesellschaftliche Vereinigungen und Gewerkschaften

Eng verbunden mit der möglichen Entstehung einer Bürgergesellschaft ist die Frage, wie weit in der VRC die Bildung gesellschaftlicher Vereinigungen möglich ist, die als Mittler zwischen Gesellschaft und Staat die Artikulierung und Bündelung bestimmter Gruppeninteressen übernehmen können. Unmittelbar vor Einleitung der Reform- und Öffnungspolitik gab es in China nichts, was sich als Verbändesystem bezeichnen ließe: Die Interessenvermittlung fand ausschließlich innerhalb und zwischen Organen des Parteistaates statt. Hierzu gehörten auch von der Partei installierte "Massenorganisationen" wie der Gesamtchinesische Gewerkschaftsbund (s. 5.4.2).

Vor diesem mono-organisatorischen Hintergrund ist die rasante Entwicklung und fortschreitende Differenzierung des Verbändesystems seit 1979 umso bemerkenswerter. In der Reformperiode entstanden vielfältige neue Formen gesellschaftlicher Vereinigungen vor allem in Chinas Städten, darunter Industrie- und Unternehmervereinigungen, Wissenschaftler- und Ingenieursvereinigungen, Verbraucherschutzverbände, Freizeitvereine sowie zahlreiche andere spezialisierte Organisationen. Ende 1999 gab es knapp 137.000 beim Ministerium für Zivilverwaltung registrierte Vereinigungen auf den verschiedenen Verwaltungsstufen, darunter 43.000 im akademisch-wissenschaftlichen und 75.000 im wirtschaftlich-berufsständischen Bereich (Zhongguo minzheng tongji nianjian 2000). Im November 2002 waren es insgesamt nur noch 134.000 registrierte Vereinigungen. Dies bedeutet eine weitere – politisch beabsichtigte – Reduzierung der Gesamtzahl seit 1998 (163.000). Trotz der offiziellen Bezeichnung als "gesellschaftliche Vereinigungen" (*shehui tuanti*) sind in der Realität Organisationen vom Typ "Gongo" (government-organized non-governmental organization) in China die Regel. Über die Vereinigungen im engeren Sinne hinaus waren noch rund 100.000 gesellschaftliche Non-profit-Einheiten (Stiftungen, Kulturorganisationen etc.) registriert.

Übersicht 5.6: *Gesellschaftliche Vereinigungen in der VRC*

	1998	1999	2002
Gesells. Vereinigungen insgesamt	162.900	136.850	134.000
neu zugelassene Vereinigungen	k.A.	9.200	k.A.
Zulassung ausgesetzt bzw. entzogen	k.A.	35.250	k.A.
Gesells. Vereinigungen auf Provinzebene	k.A.	19.800	k.A.
Gesells. Vereinigungen auf Bezirks-/Großstadt-Ebene	k.A.	50.300	k.A.

Quelle: Ministerium für Zivilverwaltung.
© Heilmann 2002/2004

5.4.1 Staatliche Regulierung des Verbändewesens

Das chinesische Verbändewesen ist überaus heterogen. Gesellschaftliche Vereinigungen weisen auf verschiedenen Ebenen des Verwaltungssystems und in verschiedenen politischen Regelungsbereichen äußerst unterschiedliche Beziehungen zu Partei- und Staatsinstitutionen auf (White/Howell/Shang 1996). Diese Beziehungen reichen von nahezu vollständiger parteistaatlicher Kontrolle ("Massenorganisationen") über parastaatliche Verbände (nach 1979 auf staatliche Initiative hin gegründete Verbände) bis hin zu einem Non-

5.4 Gesellschaftliche Vereinigungen und Gewerkschaften

profit-Sektor informeller Vereinigungen (Umwelt-Initiativen, Selbsthilfegruppen, Alumni-Clubs etc.), die von staatlicher Seite geduldet werden.
Die Regulierung des Vereinigungswesens gehört zu den politisch sensibelsten Fragen in der VR China. Der Grundsatz der Vereinigungsfreiheit gilt nicht, und von einer autonomen und öffentlichen Vertretung partikularer Interessen durch Verbände kann keine Rede sein. Die Gründung von Vereinigungen wird durch vielfältige staatliche Restriktionen erschwert. Zwischen 1979 und 1989 existierten noch keine landesweit gültigen Bestimmungen zur Regulierung des Verbändewesens, sondern lediglich einzelne sektorale und örtliche Vorschriften zur Erfassung der größten Vereinigungen. In dieser Phase kam es - insbesondere in Großstädten und wirtschaftlich prosperierenden Regionen - zu einem staatlicherseits nur schwach kontrollierten raschen Wachstum des Vereinigungswesens. Nach 1989 war die staatliche Politik gegenüber gesellschaftlichen Vereinigungen durch eine Doppelstrategie gekennzeichnet: einerseits durch die Unterdrückung von Vereinigungen, die das Machtmonopol der KPC potenziell gefährden könnten, und andererseits durch Bemühungen um eine staatskorporatistische Einbindung der bedeutendsten Gesellschaftsgruppen.

Nach der - für die KP-Führung bedrohlichen - Erfahrung mit Gründungen unabhängiger politischer Organisationen im Frühsommer 1989 wurden neue strikte Bestimmungen für die offizielle Zulassung und Registrierung gesellschaftlicher Vereinigungen erlassen. Unter anderem wurde allen Vereinigungen vorgeschrieben, sich unter einer staatlichen Bürgschafts- und Aufsichtsorganisation zu registrieren. So wurden zwischen 1989 und 1991 auf nationaler und regionaler Ebene sämtliche Vereinigungen (mit Ausnahme der offiziellen "Massenorganisationen") einer Überprüfung unterworfen. Von 119.000 Organisationen, die einen Antrag auf Registrierung stellten, akzeptierte das zuständige Ministerium für Zivilverwaltung bis zum Sommer 1992 lediglich 90.000. Schon von 1992 an aber fanden kleinere Vereinigungen neue Wege, die restriktive Registrierungspraxis zu umgehen, indem sie sich als "Sekundärvereinigungen" unter offiziell zugelassenen Verbänden, die sich dazu bereit fanden, formierten. Deshalb wurden im September 1998 die Bestimmungen zur Zulassung gesellschaftlicher Vereinigungen verschärft und tausenden Vereinigungen die Registrierungen entzogen (s. Übersicht 5.6).

Das gegenwärtige Regierungssystem der VR China weist eine Reihe von Merkmalen auf, die kennzeichnend für ein System des *autoritären Staatskorporatismus* sind (Unger/Chan 1995). So werden Wirtschaftsverbände und gesellschaftliche Vereinigungen von staatlichen Instanzen lizenziert und kontrolliert; Führungspositionen werden unter Mitwirkung von Regierungsstellen oder direkt durch Verwaltungs- und Parteifunktionäre besetzt; die Verbände verfügen über ein Repräsentationsmonopol (häufig verstärkt durch Zwangsmitgliedschaft); staatliche Stellen kontrollieren die von den Verbänden vorgebrachte Interessenartikulierung; die Vereinigungen sind hierarchisch oder zumindest parallel zur Struktur der staatlichen Verwaltung organisiert. Der Staat beschränkt sich nicht auf eine Rolle als Adressat und Vermittler gesellschaftlich-wirtschaftlicher Interessen, sondern nimmt selbst die Spitze der Hierarchie ein: Regierungsorgane fungieren als Wächter über die Verbände.

Politisch unliebsame Vereinigungen haben gewöhnlich keine Chance, eine Registrierung und damit Legalisierung zu erlangen. Viele chinesische Verbände besitzen deshalb einen parastaatlichen Charakter, ein großer Teil ist sogar erst auf staatliche Initiative hin begründet worden. Es versteht sich von selbst, dass auf diese Weise zustande gekommene Organisationen nur in sehr eingeschränktem Sinne als "pressure groups" im Dienste der von ihnen vertretenen Klientel fungieren können. Manche der nach 1979 gegründeten neuen Verbandsorganisationen (einige sind in Übersicht 5.7 aufgeführt) entwickeln allerdings einen janusköpfigen Charakter, indem sie Funktionen sowohl der staatlichen Aufsicht als auch der Interessenartikulierung im Dienste ihrer Klientel wahrnehmen.

Übersicht 5.7: *In der nationalen politischen Willensbildung der VR China aktive Vereinigungen (Auswahl)*

	Staatliche Aufsicht	Repräsentierte Klientel
Verband für Unternehmensführung	Staatl. Entwicklungs- u. Reformkommission	Leitendes Management staatlicher Großbetriebe
Bund für Industrie und Handel	ZK-Einheitsfront-Abteilung	Größere private Unternehmen
Verband der Unternehmen mit ausländ. Kapitalbeteiligung	Handelsministerium	Unternehmen mit ausländ. Kapitalbeteiligung
Vereinigung der chinesischen Bürgermeister	Ministerium für das Bauwesen	Stadtregierungen
Rechtsanwälteverband	Justizministerium	Anwaltsstand (teils privatwirtschaftlich)
Journalistenverband	ZK-Propaganda-Abteilung	Journalisten in staatlichen Medien

© Heilmann 2002/2004

5.4 Gesellschaftliche Vereinigungen und Gewerkschaften 215

Bemerkenswert ist die Entstehung eines unspektakulären, aber vitalen Non-Profit-Sektors mit staatlicher Duldung. Hierzu gehören nichtstaatliche Vereinigungen, die drängende gesellschaftliche Probleme behandeln, in denen sich die Staatsbürokratie aus politischen (Wiedergutmachungsforderungen gegenüber Japan), moralischen (AIDS-Hilfe oder Sexualaufklärung) oder finanziellen (Selbsthilfegruppen von Wanderarbeitern oder Landfrauen) Gründen nicht engagieren kann oder will. Erwähnenswert sind auch Ehemaligen-Vereinigungen von Veteranenoffizieren, ehemaligen Rotgardisten der "Kulturrevolution" oder Universitätsabsolventen, die zum Teil eine bedeutende Rolle im politischen und wirtschaftlichen Leben spielen, aber keiner organisatorischen Kontrolle unterworfen sind.

In der politischen Realität ist das Verbändesystem der VRC keineswegs institutionell einheitlich und ausgewogen gestaltet. Riesige Bevölkerungsteile wie die Bauern oder die meisten Arbeiter in der ländlichen Industrie sind bisher überhaupt nicht durch Verbände repräsentiert. Eine lückenlose, zentralisierte Organisation des Verbändesystems, die das Modell des Staatskorporatismus impliziert, ist somit bisher in der VR China nicht realisiert worden: Vielmehr bestehen unübersehbare Brüche und Spannungen zwischen den verschiedenen Ebenen nahezu aller Verbandsorganisationen, die auf nationaler und lokaler Ebene große Unterschiede in ihren Beziehungen zu staatlichen Stellen und in ihren Betätigungsfeldern aufweisen. Auch werden die offiziellen korporatistischen Bestimmungen durch eine Vielzahl von halb- oder inoffiziellen Vereinigungen unterlaufen. Die chinesische Praxis des Korporatismus in der Zeit nach 1989 hat demnach einen geringeren Integrations- und Stabilisierungseffekt erzielt, als von der politischen Führung erhofft. Die Dezentralisierung und Fragmentierung der staatlichen Autorität, die von den wirtschaftlichen und gesellschaftlichen Veränderungen vorangetrieben wird, macht auch vor dem Verbändesystem nicht halt. Insofern handelt es sich bei der chinesischen Variante des Staatskorporatismus um ein fragiles, unvollständiges System, in dem es zunehmend schwieriger wird, staatlich kontrollierte Repräsentations- und Meinungsbildungsmonopole aufrechtzuerhalten.

5.4.2 Parteigelenkte Gewerkschaften unter Druck

Die KPC bestimmt sich ungeachtet aller wirtschaftlichen und sozialen Veränderungen weiterhin als "Vorhut der Arbeiterklasse". Deshalb ist der Nationale Gewerkschaftsbund (Ende 2000: 104 Mio. registrierte Mitglieder) als Dachverband aller regionalen Untergliederungen, der Branchengewerkschaften und der Betriebsgewerkschaftskomitees einer politischen Aufsicht durch Parteiorgane unterworfen. Hauptamtliche Gewerkschaftsfunktionäre werden von KP-Gremien eingesetzt und gehören zum Kadersystem der KPC. So hat der Gewerkschaftsbund bis heute das Image einer Unterorganisation der KPC nicht abstreifen können. Die enge Verbindung zur Partei garantiert den Gewerkschaftsfunktionären Zugang zur politischen Macht, ein Repräsentationsmonopol und staatlich gesicherte Privilegien. Es handelt sich bei dem Gewerkschaftsbund um eine klassische leninistische "Massenorganisation", die sich an ein völlig verändertes wirtschaftliches Umfeld anpassen muss (Hong/Warner 1998).

Im Gewerkschaftsgesetz der VRC von 1992 (novelliert 2001) wie auch im Arbeitsgesetz (1994) wird den Gewerkschaften eine prekäre Spagatposition zugewiesen: Sie sollen sowohl die Interessen der Arbeiter vertreten als auch mit Betriebsleitungen und Staatsbehörden im Dienste rascher wirtschaftlicher Entwicklung harmonisch kooperieren und außerdem als "Brücke" zwischen Partei und Arbeiterschaft fungieren. In allen Betrieben mit mehr als 25 Beschäftigten muss gemäß der Novelle des Gewerkschaftsgesetzes 2001 ein Betriebsgewerkschaftskomitee errichtet werden (Unternehmen mit ausländischer Kapitalbeteiligung eingeschlossen), und die Betriebsleitungen dürfen die Gründung nicht behindern. Allerdings ist eine Genehmigung durch die übergeordnete Organisation des Gewerkschaftsbundes erforderlich, womit die Errichtung unabhängiger Gewerkschaften unterbunden werden soll (Ahl 2001). 2% der Bruttolohnsumme in Unternehmen müssen an die Gewerkschaftsorganisation abgeführt werden. Die Arbeitnehmervertretung hat die Aufgabe, Verhandlungen mit der Unternehmensleitung über Arbeitsbedingungen, Gehälter, Kündigungen etc. zu führen und für eine gute Zusammenarbeit zwischen Management und Belegschaft zu sorgen. Ein Streikrecht ist weder in der Verfassung von 1982 noch in den einschlägigen Gesetzen vorgesehen. Das Gewerkschaftsgesetz enthält aber die Bestimmung, dass Gewerkschaftsvertretungen in Fällen von Arbeitsniederlegungen als Vermittler auftreten sollen.

Der Gewerkschaftsbund ist infolge der Wirtschaftsreformpolitik mit grundlegenden organisatorischen Herausforderungen konfrontiert: einem umfassenden Wandel des wirtschaftlichen und betrieblichen Kontextes der Gewerkschaftstätigkeit, einer fortschreitenden Segmentierung der Arbeiterschaft außerhalb des Staatssektors sowie wachsender Unglaubwürdigkeit unter der eigenen Klientel und Konkurrenz durch inoffizielle Arbeitervertretungen. Diesen Entwicklungen standen die offiziellen Gewerkschaften bisher meist passiv gegenüber. Allerdings lassen sich jüngst Tendenzen erkennen, dass die Betriebsgewerkschaftskomitees in manchen Regionen aktiver für die Interessen der Belegschaften eintreten. Auch sollen sie vereinzelt an der Organisation von Streiks beteiligt gewesen sein. Die Interessengegensätze zwischen Arbeitern im bislang privilegierten, aber unter Marktbedingungen gefährdeten städtischen Staats- und Kollektivsektor und den vielfach von Ausbeutung betroffenen Arbeitern im prosperierenden Privat- und ländlichen Kollektivsektor lassen die Entstehung rivalisierender unabhängiger Gewerkschaftsorganisationen zwingend notwendig erscheinen (Chan 2002; Gransow 1999). Autonome Arbeitervertretungen werden bisher entschieden unterdrückt und Arbeiteraktivisten inhaftiert, selbst wenn die Regierung auf Forderungen demonstrierender Arbeiter eingeht, wie nach den wochenlangen Massendemonstrationen gegen die sozialen Folgen von Betriebsschließungen in der nordostchinesischen Provinz Liaoning im Frühjahr 2002.

5.4.3 Perspektiven einer offeneren Interessenvermittlung

Trotz einer erheblichen quantitativen Zunahme im Vereinigungswesen der VRC ist bislang kein organisierter Pluralismus in der politischen Interessenvermittlung in Gang gekommen. In dem gegenwärtig zu beobachtenden korporatistischen Arrangement zwischen staatlichen Instanzen und parastaatlichen Vereinigungen könnten für die Zukunft beachtliche Veränderungspotenziale liegen. In jüngster Zeit lässt sich in einigen gewichtigen nationalen Verbänden (namentlich im Bund für Industrie und Handel) eine Tendenz erkennen, stärker im Namen und für die Interessen der jeweiligen Klientel zu sprechen. Daraus könnte sich auf längere Sicht eine liberalere Form des Korporatismus entwickeln, die als Ausgangspunkt für die allmähliche Herausbildung politisch eigenständiger Interessenverbände dienen kann. Eine solche schrittweise Einbeziehung der wichtigsten gesellschaftlichen Interessengruppen in die politische Willensbildung erscheint derzeit eher wahrscheinlich als die kurzfristige Entstehung einer pluralistischen Bürgergesellschaft.

5.5 Medien und Öffentlichkeit

Den Kern politischer Liberalisierung und Pluralisierung bilden Meinungs-, Presse- und Informationsfreiheit. Diese Freiheiten sind in der VRC nicht gegeben. Zwischen 1986 und 1989 sowie wieder seit Mitte der neunziger Jahre gab es phasenweise eine politisch geduldete, teilweise sogar durch Vertreter der Parteiführung geförderte, rege Debatte über politische Reformerfordernisse, in der auch parteikritische Publizisten zu Wort kamen (Heberer / Sausmikat 2002). Diese vornehmlich von Intellektuellen geführten Diskussionen jedoch erreichten nur in Ausnahmefällen eine breitere Öffentlichkeit. Die Funktion der Medien aber, die in einem sozialistischen System hauptsächlich der ideologischen Indoktrination dienen, hat sich seit 1979 in einer Weise verändert, die weniger mit politischen Freiheiten als vielmehr mit der Macht der Kommerzialisierung zu tun hat. Heute stehen Unterhaltung und Information zu unpolitischen Themenbereichen im Vordergrund der Medientätigkeit. Es sind Medienbetriebe entstanden, die auf kommerziellen Erfolg ausgerichtet sind und dennoch die von der KPC auferlegten politischen Beschränkungen nur selten verletzen.

5.5.1 Die Kommerzialisierung der Medienbranche

Die chinesische Medienbranche ist spätestens seit dem Rückzug des Staates aus der Vollsubvention 1992 von zunehmender Kommerzialisierung geprägt. Die entstandenen Finanzierungslücken konnten nur durch Erfolg bei den Konsumenten und durch Werbeeinnahmen, also durch eine Kommerzialisierung der Medieninhalte kompensiert werden. Werbeeinnahmen stellten 1998 bereits über 60% der gesamten Einnahmen in der Medienbranche dar. Im Verlagswesen arbeiten zwar fast alle Betriebe seit Jahren gewinnorientiert. Sie gelten aber formal nicht als Unternehmen, sondern sind als "öffentliche Dienstleistungseinheiten" (*shiye danwei*) definiert, denen etwa die Kapitalaufnahme an der Börse bislang nicht möglich ist (Fischer 2001).

Übersicht 5.8: *Wachstum des Publikationswesens*

	1980	1990	1999
Bücher (Neuersch.)	21.621	80.224	141.831
Zeitschriften	2.191	5.751	8.187
Zeitungen	188	1.444	2.038
Verlage	k.A.	k.A.	530

Quelle: ZGTJNJ/Staatliches Statistikamt der VRC.

In China sind inzwischen über 2.000 Tageszeitungen und mehr als 8.000 Zeitschriften im Umlauf. Das Zentralorgan der KPC, die "Volkszeitung" (*Renmin ribao*), hat eine Auflage von ca. vier Millionen Exemplaren. Aller-

5.5 Medien und Öffentlichkeit

dings sind die meisten ihrer Abonnenten staatliche Einrichtungen, denn die Mehrzahl der Leser bevorzugt parteifernere Zeitungen. Der Trend zur Konzernbildung hat dazu geführt, dass große Verlagsgruppen in Beijing, Guangzhou und Chengdu entstanden. Ende 2001/Anfang 2002 wurden nationale Unternehmensgruppen für Presse- und Verlagswesen sowie für Rundfunk, Film und Fernsehen gebildet, die sich mit Hilfe ausländischer Partner zu international konkurrenzfähigen Medienkonzernen entwickeln und auch die internationale Vermarktung der Olympiade 2008 übernehmen sollen.

Mehrere transnationale Medienkonzerne (darunter Murdochs News Corporation, AOL Time Warner, Walt Disney und Bertelsmann) haben im Laufe der neunziger Jahre enge Beziehungen zu chinesischen Regierungsstellen kultiviert, um einen Marktzugang zu erlangen. Im Frühjahr 2002 hatten 26 ausländische TV-Kanäle Senderechte für exklusive Hotel- und Wohnanlagen oder für lokale Kabelnetze. Die westlichen Anbieter verzichteten praktisch vollständig auf chinabezogene politische Inhalte und präsentierten sich als verlässliche Partner der chinesischen Regierung.

Übersicht 5.9: *Verbreitung von Medien- und Kommunikationstechnik in der städtischen Bevölkerung (2000)*

Provinz	Anzahl der Geräte pro 100 Haushalte			
	Farbfernseher	HiFi-Anlage	Computer	Mobiltelefon
Beijing	146	30	32	28
Shanghai	147	32	26	29
Henan	108	13	6	12
Sichuan	119	25	8	17
Guizhou	114	24*	6	6
Tibet	120	24	1	7*
Xinjiang	102	18	6	5
Nationaler Durchschnitt	*117*	*22*	*10*	*19*

*1999. Quelle: ZGTJNJ/Staatliches Statistikamt der VRC.

Besonders die städtische Bevölkerung Chinas hat Zugang zu einer immer größeren Medienvielfalt gewonnen: Ein Farbfernseher gehört inzwischen zur Standardausstattung der meisten Haushalte. Rund 360 Fernsehstationen versorgten Ende 1999 92% der Bevölkerung mit Fernsehsendungen. Auch das Internet erlebte Ende der neunziger Jahre einen rasanten Aufschwung, konnte sich bislang jedoch noch nicht landesweit als Massenmedium etablieren, was mit der noch relativ geringen Verbreitung von Personalcomputern zusammenhängt (vgl. 5.5.3). Kommunikationstechnische Geräte sind besonders in der Bevölkerung Beijings und Shanghais weit verbreitet (vgl. Übersicht 5.9).

5.5.2 Politische Medienkontrolle

Die Kommerzialisierung hat in den neunziger Jahren Organisation und Inhalte der chinesischen Medien fundamental verändert, ohne dass diese Entwicklung jedoch – bis auf seltene Ausnahmen – zu einer insgesamt offeneren und kritischeren Berichterstattung in politischen Angelegenheiten beigetragen hätte. Nach wie vor beaufsichtigt die KPC mittels ihrer Propaganda-Abteilungen, der Staatlichen Hauptverwaltung für Rundfunk, Film und Fernsehen (diese war noch bis 1998 ein eigenes Ministerium) und des Staatlichen Amtes für Presse- und Verlagswesen auf den verschiedenen Verwaltungsebenen die Berichterstattung und legt die Parameter dessen fest, was in den Medien präsentiert werden darf. Bestimmungen für das Verlagswesen etwa verbieten Inhalte, die eine Gefährdung für die "nationale Einheit" oder "soziale Stabilität" darstellen könnten, "Separatismus" fördern oder "nationale Sicherheitsinteressen" verletzen. Die vage gehaltenen Vorschriften erlauben den zuständigen Behörden einen großen Interpretationsspielraum bei der Anwendung der Regelungen. Journalistische Arbeit in China ist deshalb riskant. Sowohl inländische als auch ausländische Journalisten müssen mit strikter Überwachung und Kontrolle rechnen, und bei Verstößen gegen die Vorschriften sind harte Sanktionen möglich: Entlassung, Versetzung oder sogar Inhaftierung chinesischer Journalisten, Neuorganisation oder Schließung ganzer Redaktionen sowie Nichtverlängerung der Arbeitserlaubnis oder Ausweisung von ausländischen Chinakorrespondenten.

Darüber hinaus ordnen die Propaganda-Abteilungen regelmäßig Medienkampagnen nach Vorgaben der nationalen oder regionalen politischen Führung an und liefern wörtlich zu übernehmende Vorlagen für die Berichterstattung im Falle politisch bedeutsamer aktueller Ereignisse. Solche standardisierten offiziellen Medienverlautbarungen rufen bei Lesern und Fernsehzuschauern häufig zynische Reaktionen und Desinteresse hervor. Aber bei Themen, die nationalistische Emotionen aufrühren (besonders deutlich in der Taiwan-Frage und in Konflikten mit den USA), können die staatlich kontrollierten Medien mit einigem Erfolg die Wahrnehmungs- und Beurteilungsmuster in der Bevölkerung lenken (Lynch 1999; Zhao Yuezhi 1998).

Die Gegenüberstellung von Belegen für eine anhaltend strikte politische Medienkontrolle und Anzeichen für eine mögliche Lockerung in Übersicht

5.5 Medien und Öffentlichkeit

5.10 zeigt, dass gegenwärtig kein eindeutiger Trend zur Medienliberalisierung zu erkennen ist. Die fortschreitende Kommerzialisierung, neue Technologien (Satellitenfernsehen, Internet) und das Engagement internationaler Medienunternehmen könnten zu einer Ausweitung der vorgegebenen Grenzen beitragen. Dies ist jedoch keineswegs eine zwangsläufige Entwicklung. Aus heutiger Sicht ist es wahrscheinlich, dass sich aufgrund kommerzieller Interessen der Trend zur Entpolitisierung der populären Medien und zur Dominanz unterhaltungs- und konsumbezogener Medieninhalte zunächst noch verstärken wird. Damit wäre auch dem Interesse der KPC gedient, kontroverse politische Themen aus der medialen Öffentlichkeit herauszuhalten. "Marktlogik" und "Parteilogik" können auf diese Weise im gegenwärtigen chinesischen Medienwesen koexistieren (Fischer 2001). Öffentliche Kontrolle von Politik und Verwaltung aber können die chinesischen Medien nicht leisten.

Übersicht 5.10: *Politische Medienkontrolle und die Macht der Kommerzialisierung in der VR China*

Belege für anhaltende politische Kontrolle	Anzeichen für Lockerung der politischen Kontrolle
• Politisch-ideologischer Führungsanspruch der KPC in der "Propaganda-Arbeit" • Fortbestehende Medienkontrolle durch Partei- und Staatsorgane • Verbindliche inhaltliche Vorgaben zur Berichterstattung über politische Themen • Effektive Sanktionsmechanismen gegen Redakteure/Redaktionen • Keine Zulassung privater Medienunternehmen • Beschränkungen gegenüber ausländischem Engagement	• Rückzug des Staates aus der Medienfinanzierung • Kommerzialisierung von Inhalten und Präsentation • Weniger parteinahe Medien sind erfolgreicher bei Lesern und Anzeigenkunden • Bildung von kommerziell operierenden Medienkonzernen • Nur indirekte politische Kontrolle über deren Konzerntöchter • Grenzen der Presseberichterstattung regional sehr unterschiedlich • Beginnende internationale Öffnung der Medienbranche

Zusammengestellt nach Fischer 2001.
© Heilmann 2002/2004

5.5.3 Internet und Öffentlichkeit

In der Diskussion zu den gesellschaftlichen und politischen Wirkungen des Internet wird häufig erwartet, dass dieses neue Medium in China maßgeblich zur Erweiterung der Meinungs- und Informationsfreiheit beitragen und die Entstehung einer pluralistischen Öffentlichkeit beschleunigen könne. Viele dieser Hoffnungen erscheinen bei nüchterner Einschätzung der bisherigen Entwicklungen trügerisch (Wacker 2000; Giese 2001; Zhang/Woesler 2002).

Die Internetnutzung ist seit Ende der neunziger Jahre rasant angestiegen. Ende 2002 gab es bereits rund 58 Mio. Nutzer mit sehr rasch steigender Tendenz. Gleichzeitig sind die staatlichen Kontrollen über die Internet-Nutzung effektiver ausgestaltet worden: Zu mindestens 19.000 Web-Seiten wird von den chinesischen Aufsichtsbehörden nach politischen Kriterien der Zugang gesperrt. Wegen der strikten inhaltlichen Kontrollen, denen Printmedien, Fernseh- und Rundfunksender unterworfen sind, dient das Internet tatsächlich als attraktives Ausweichmedium für individuelle kreativ-kommerzielle Initiativen: So ist inzwischen ein reger Markt für Bekenntnisliteratur, Ratgeberseiten, Online-Tagebücher und Ähnliches entstanden. Dies gilt aber vornehmlich für nichtpolitische Inhalte. Davon, dass in China eine von politischer Kontrolle unabhängige gesellschaftliche Sphäre innerhalb des Internet entstanden sei, kann kaum die Rede sein. Nur ein sehr kleiner Teil der Bevölkerung hat überhaupt Zugang, und der überwiegende Teil dieser Nutzer ist primär an Business-Informationen und Unterhaltung interessiert, nicht an politischen Seiten. Und selbst politisch orientierte Internet-Communities erscheinen bislang überwiegend als sozial isolierte Zirkel mit Ad-hoc-Charakter ohne organisatorische Zielsetzung. Nur die Falungong-Bewegung hat es zwischenzeitlich offenbar verstanden, das Internet für die Kommunikation zwischen der Führung in den USA und den Aktivisten in der VRC zu nutzen. Vermutlich wurde auch ein Teil der Protestaktivitäten von Falungong mit Hilfe des Internets koordiniert (zu Falungong vgl. 5.7.4).

Staatliche Internet-Kontrollen (durch Spezialabteilungen der Sicherheitsbehörden, technische Zugangsbarrieren, strafrechtliche Verfolgung von Providern, Kontrolle von Internet-Cafés etc.) haben sich gegenüber den Normalnutzern in China als effektiv erwiesen. Die überraschendste Entwicklung besteht aber wohl darin, dass die Regierung mit einigem Erfolg leistungsfähige und attraktive Portalseiten (z.B. www.peopledaily.com.cn) aufgebaut hat und diese zur Selbstdarstellung und Öffentlichkeitsbeeinflussung etwa in wiederkehrenden Konflikten mit den USA nutzt. Das Informationsmonopol der Partei erscheint also vielfach durchlöchert, aber keineswegs vollständig gebrochen. Das Internet ist ein zusätzlicher Schritt in der Erosion staatlicher Informationskontrolle, nicht aber ein Quantensprung in der Entwicklung hin zu einer pluralistischen, weite Teile der chinesischen Gesellschaft erfassenden Öffentlichkeit.

5.6 Ländliche Gesellschaft und dörfliche Selbstverwaltung

Der soziale Wandel in den ländlichen Regionen Chinas folgt anderen Mustern als in den Städten. Aufgrund des rigiden Systems der Wohnsitzregistrierung (vgl. 5.1.1), das die Bauern – in den Worten eines Parteifunktionärs – gleichsam "auf der Scholle festnagelte", unterscheiden sich die Lebensbedingungen und Erwerbschancen für Chinesen mit ländlichem Wohnsitz auch heute noch gravierend von den Bedingungen, unter denen Chinesen mit städtischem Wohnsitz leben.

Darüber hinaus bestehen auch zwischen verschiedenen ländlichen Regionen gewaltige Divergenzen im Hinblick auf naturräumliche Lebensbedingungen, Bevölkerungszahl und wirtschaftliches Entwicklungsniveau. Deshalb lassen sich kaum sinnvolle Aussagen über "die ländliche Gesellschaft" Chinas als Ganzes treffen: Zu groß und offensichtlich sind die Unterschiede zwischen westlichen Armutsregionen, Minderheitengebieten sowie wirtschaftlich begünstigten küstennahen Provinzen. Die folgenden Abschnitte beschränken sich deshalb auf Haupttendenzen der Entwicklung in der ländlichen Gesellschaft.

5.6.1 Sozialer Wandel in ländlichen Gebieten

Die Grundstrukturen der ländlichen Gesellschaft unterliegen einem durchgreifenden Wandel. Offiziellen Zensusdaten zufolge gab es im Jahr 2000 458 Mio. Chinesen mit städtischem Wohnsitz (36%) und 807 Mio. mit ländlichem Wohnsitz (64%). Noch 1990 hatte der Anteil der ländlichen Bevölkerung bei 74% gelegen. Ein Blick auf die Beschäftigten (China 2000 insgesamt: 712 Mio.) macht weitere große Veränderungen deutlich: Von den 500 Mio. Beschäftigten mit ländlichem Wohnsitz arbeiteten rund 130 Mio. in der ländlichen Industrie und schätzungsweise 80-120 Mio. (über die Jahre und saisonal schwankend) in städtischen Ballungsräumen als Wanderarbeiter. Nur noch ungefähr 250-290 Mio. Menschen sind also ausschließlich in der Landwirtschaft tätig. Die Gruppe der landwirtschaftlich Tätigen ist in sich sehr heterogen: von spezialisierten, ertragskräftigen landwirtschaftlichen Unternehmen über wohlhabende Einzelhaushalte bis hin zu Bauern, die mit ihrer Feldarbeit nicht einmal zur Eigenversorgung fähig sind. Die Zahl der in öffentlichen Betrieben arbeitenden Arbeitskräfte hat sich seit 1989 reduziert, dafür hat die Zahl der Angestellten in ländlichen Privatunternehmen sehr stark zugenommen (s. Übersicht 5.11).

Übersicht 5.11: *Beschäftigungsstruktur der ländlichen Gesellschaft*

	1989	1999
Landwirtschaftl. Unternehmer u. bäuerliche Haushalte	57	50
Arbeitskräfte in öffentlichen Betrieben*	24	18
In Privatunternehmen angestellte Arbeitskräfte	4	17
Fachpersonal (Bildung, Gesundheit, Technik etc.)	2	2,5
Kleingewerbetreibende	5	8
Privatunternehmer	0,2	0,6
Leiter von Gemeinde- oder Dorfbetrieben	3	1,5
Partei- und Verwaltungskader	6	7

Anteil an Beschäftigten mit ländlichem Wohnsitz in %. Gerundete Angaben *Am Wohnsitz Arbeitende und Wanderarbeiter.
Quelle: Lu Xueyi/Chines. Akademie der Sozialwissenschaften 2002.
© Heilmann 2002/2004

Im Vergleich zur städtischen Bevölkerung hat die ländliche Bevölkerung weniger vom Wachstum der chinesischen Wirtschaft profitiert (vgl. Übersicht 5.12). Chinesische Forscher haben berechnet, dass durchschnittlich nur 10-15% der Ausgaben der Zentralregierung der ländlichen Bevölkerung zugute kommen, obwohl diese insgesamt mehr Steuern und Abgaben zahlt als die städtische Bevölkerung. Die Einkommenskluft zwischen städtischer und ländlicher Bevölkerung war Ende der neunziger Jahre so groß wie zu keiner Zeit nach Gründung der VRC (Hu Angang 1999). Allerdings sind die regionalen Unterschiede beträchtlich: Während die ländliche Bevölkerung im Verwaltungsbereich Shanghais 1999 über ein durchschnittliches Jahreseinkommen von rund 5.400 RMB Yuan pro Kopf verfügte, lagen die ländlichen Jahreseinkommen in der armen Provinz Guizhou nur bei knapp 1.400 RMB Yuan (vgl. Übersicht 5.4). Es ist unzweifelhaft, dass die massive Benachteiligung der ländlichen Bevölkerung politische Ursachen hat: Chinas Bauern fehlen politische Repräsentanten auf den entscheidenden Regierungsebenen und Möglichkeiten zur kollektiven Artikulierung ihrer Interessen.

5.6 Ländliche Gesellschaft und dörfliche Selbstverwaltung

Übersicht 5.12: *Städtische und ländliche Einkommen 1985-99*

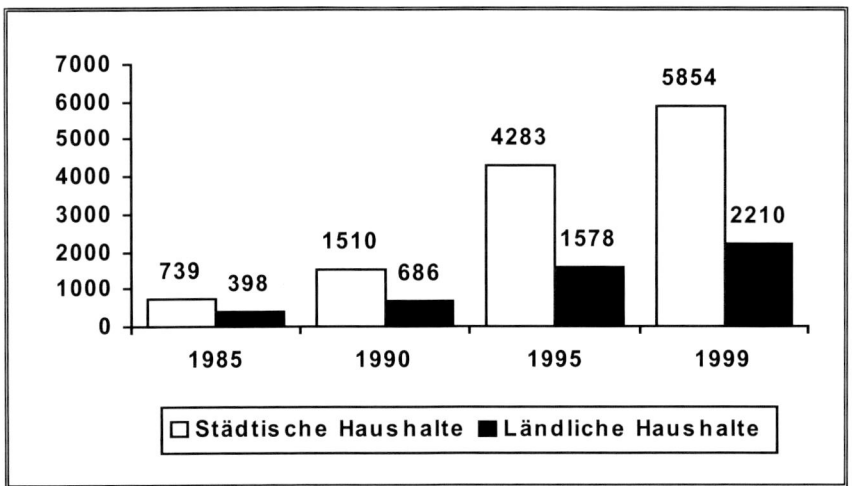

Netto-Jahreseinkommen pro Kopf in RMB Yuan (nationaler Durchschnitt).
Quelle: ZGTJNJ/Staatliches Statistikamt der VRC.
© Heilmann 2002/2004

De facto verschlechterte sich die Versorgungslage der ländlichen Bevölkerung in vielen Gebieten trotz tendenziell steigender Einkommen in den neunziger Jahren, denn einerseits haben die Landbewohner hohe Kosten etwa für Schulbesuch und Krankenversorgung ohne staatliche Hilfen selbst zu tragen, andererseits sinken die für agrarische Erzeugnisse gezahlten staatlichen Abnahmepreise. Weiterhin ist die ländliche Bevölkerung vielerorts durch ein intransparentes Netz von Steuern, Sonderabgaben und Spezialgebühren belastet, die teilweise willkürlich von den Gemeindeverwaltungen erhoben werden (Heberer/Taubmann 1998). Die Mitgliedschaft in der Welthandelsorganisation (WTO) wird die chinesische Agrarwirtschaft zusätzlich unter Wettbewerbsdruck setzen (vgl. 4.6).

Auf dem XVI. Parteitag der KPC (November 2002) und in neuen gesetzlichen Regelungen über ländliche Pachtverträge und Bodennutzungsrechte (in Kraft seit März 2003) wurden wichtige Veränderungen der ökonomischen und rechtlichen Stellung von Chinas Bauern festgelegt: Chinas ländliche Bevölkerung soll Nutzungsrechte über Grund und Boden künftig auch weiterverkaufen können. Der Transfer von Nutzungsrechten muss freiwillig und gesetzesgemäß von statten gehen und Bauern müssen bei der Abtretung ihrer

Nutzungsrechte entschädigt werden. Die Rechte der Bauern sollen damit besser vor lokaler Behördenwillkür geschützt und die Entstehung größerer, privater landwirtschaftlicher Einheiten soll ermöglicht werden. Die Bauern sollen als Marktakteure mit gesicherten Rechten respektiert werden. Formal ist eine Privatisierung der Eigentumsrechte an ländlichem Grund und Boden weiterhin nicht vorgesehen, de facto aber können nun die privaten Nutzungsrechte weiterverkauft werden. Allerdings fehlen in vielen ländlichen Gebieten lückenlos geführte Grundbücher, die für eine Geltendmachung von Nutzungsrechten unabdingbar sind. Auf dem Parteitag wurde darüber hinaus bekräftigt, dass die Regierung eine gezielte Urbanisierungsstrategie in ländlichen Räumen (mit Schwerpunkt auf der Bildung von kleinen und mittleren Städten) betreiben werde, um beschäftigungslosen Bauern und armen ländlichen Bevölkerungsteilen neue Erwerbschancen zu bieten.

5.6.2 Ländliche Armut und staatliche Armutsbekämpfung

Noch bis Mitte der siebziger Jahre hat es in einigen Provinzen Chinas schwere Hungersnöte, in vielen ländlichen Regionen wiederkehrende Versorgungsengpässe gegeben. Die ländliche Armut war 1975 Anlass zu heftigen Auseinandersetzungen im Politbüro, als Deng Xiaoping gegenüber den Befürwortern ideologisch-kollektivistischer Kampagnen für eine Stärkung individueller materieller Anreize in der Landwirtschaft eintrat. Deng scheiterte zunächst mit seinem Vorstoß, verfolgte aber nach dem Tod Maos entschieden eine Revision der bis dahin gültigen kollektivistischen ländlichen Gesellschaftspolitik. Die Verbesserung der wirtschaftlichen Lage auf dem Lande war nach 1979 der entscheidende Antrieb für die Duldung dezentraler Reforminitiativen. Mit der Auflösung der ländlichen Kollektivwirtschaft, die von den Bauern selbst angetrieben und von der Parteizentrale schließlich legalisiert wurde, stiegen die bäuerlichen Familienhaushalte wieder zu den Grundeinheiten der ländlichen Wirtschaft auf und durften ihre Produktionsüberschüsse selbst vermarkten. Diese Anreize führten zu einer sprunghaften Verbesserung der Versorgungslage und einer beachtlichen Reduzierung der Armut.

Nach offiziellen Angaben in einem Weißbuch der Regierung ging der Anteil der Bevölkerung, der unterhalb der offiziellen Armutsgrenze lebt, von 31% (250 Mio.) im Jahr 1978 auf 3% (30 Mio.) im Jahr 2000 zurück. Vielfache Berichte über die Fälschung der Armutsstatistiken durch lokale Regierungen, die sich höheren Ebenen als erfolgreiche Wirtschaftspolitiker präsentieren wollen, lassen darauf schließen, dass das tatsächliche Ausmaß der Armut größer ist, als es die offiziellen Zahlen angeben. 1998 lag die von der Regierung veranschlagte Armutsgrenze bei einem äußerst niedrigen Pro-Kopf-Jahreseinkommen von 635 RMB Yuan. Internationale Organisationen legen statt dessen ein Einkommen von 1 US$ pro Tag als Armutsschwelle zugrunde. Nach diesem Maßstab lebten 1998 immer noch 230 Mio. Chinesen (18,5% der Bevölkerung) in Armut (UNDP 2001).

Von keiner internationalen Organisation wird allerdings bezweifelt, dass die Armutsreduzierung zu den ganz großen humanitären Erfolgen der Wirtschaftsreformpolitik in der VRC gehört. Chinas Erfolge seit 1979 werden vom UNDP und anderen internationalen Organisationen als vorbildlich für andere Entwicklungsländer eingeschätzt (UNDP 1997-2001). Während in den achtziger Jahren allein die Einführung neuer materieller Anreize für eine Produktions- und Einkommenssteigerung in den meisten ländlichen Regionen sorgte und damit zur Armutsreduzierung führte, hat sich die Armutsbekämpfung in den neunziger Jahren trotz eines ehrgeizigen Regierungsprogramms und großzügiger internationaler Hilfen als schwieriger erwiesen. Die Regierung konnte das 1996 proklamierte Ziel einer vollständigen Beseitigung der Armut in China bis zum Jahr 2000 nicht realisieren (Khan/Riskin 2001).

Die Koordination der staatlichen Armutsbekämpfung ist auf nationaler Ebene in einer Zentralen Führungsgruppe angesiedelt, in der mehrere Ministerien und Behörden die Maßnahmen abstimmen. Die Durchführung der einzelnen Maßnahmen müssen Regierungen vor allem auf Provinz- und Kreisebene leisten. Bei der inhaltlichen Ausgestaltung und Finanzierung der Armutsbekämpfungsprogramme spielen internationale Organisationen wie UNDP, Asian Development Bank (ADB) und Weltbank oder nationale Entwicklungshilfeagenturen wie etwa die deutsche Gesellschaft für technische Zusammenarbeit (GTZ) eine wichtige Rolle. Zentralstaatliche Investitionen sollen vor allem der regionalen Strukturförderung zugute kommen. Die Einkommenslage armer Haushalte soll unter anderem durch Programme, bei denen die Mitarbeit an Infrastrukturprojekten mit Nahrungsmitteln entgolten wird ("food for work"), verbessert werden.

Die Weltbank hat 1999 nach umfassenden Vorstudien und in Zusammenarbeit mit chinesischen Regierungsstellen einen Katalog von Maßnahmen vorgelegt, wie strukturelle Defizite in der ländlichen Wirtschaft und die ländliche Armut beseitigt werden könnten. Die Vorschläge reichen vom Aufbau leistungsfähiger ländlicher Kreditinstitute über eine Reorganisation des Agrarhandels bis hin zu einer effektiveren Landnutzung und einer Reform des Pachtsystems (World Bank 1999a). Ein entscheidendes, trotz vielfacher Appelle und Verbote der Regierungszentrale ungelöstes Problem besteht in der völlig überhöhten Abgabenlast, die der ländlichen Bevölkerung aufgebürdet wird, um aufgeblähte lokale Verwaltungen zu finanzieren. Diese Abgabenlast und die teilweise stark gesunkenen Preise für Agrarprodukte, zu denen landwirtschaftliche Tätigkeiten sich nicht mehr lohnen, tragen zu verbreiteter Unterbeschäftigung und Perspektivenlosigkeit in der ländlichen Gesellschaft bei (Bernstein/Lü 2003). Eine massenhafte Landflucht ist die Folge.

5.6.3 Landflucht und Wanderarbeiter

Der Migrationsdruck auf die städtischen Wirtschaftsräume ist eines der unübersehbaren Anzeichen für den fundamentalen sozialen Wandel, den die chinesische Gesellschaft gegenwärtig durchläuft. Dem jüngsten nationalen Bevölkerungszensus zufolge wurden für 2000/2001 rund 121 Mio. Chinesen als Wanderbevölkerung (*liudong renkou*) eingestuft. Von diesen wandern 42 Mio. (35%) über die Grenzen der eigenen Provinz hinweg in andere Provinzen, wohingegen 79 Mio. innerhalb der eigenen Provinz (außerhalb ihres Heimatkreises) nach Arbeit suchen. In vielen Städten werden große Beschäftigungsgruppen (Bauarbeiter, Haushaltshilfen, Gastronomiepersonal) inzwischen fast ganz von ländlichen Zuwanderern gestellt. In zahlreichen Großstädten haben sich die Zuwanderer nach landsmannschaftlichen Gruppen in bestimmten Stadtvierteln konzentriert und dort sogar eine eigene soziale Infrastruktur (Kindergärten, Schulen, Ärzte etc.) eingerichtet, weil ihnen die städtischen Einrichtungen verschlossen bleiben.

Städtische Bevölkerung und Regierungen stehen den Wanderarbeitern misstrauisch gegenüber. Die Zuwanderer werden in den Städten nicht als Bürger mit gesicherten Rechten, sondern ausschließlich als billige, austauschbare Arbeitskräfte angesehen und behandelt. Zwar leisten die einsatzfreudigen ländlichen Arbeitskräfte einen unverkennbaren Beitrag zum wirtschaftlichen Wachstum und zur Verbesserung des Dienstleistungsangebots in den Städten. Gleichzeitig aber entziehen sie sich den herkömmlichen sozialen und politischen Kontrollinstrumenten. Wachsende Konzentration und zunehmende Aufenthaltsdauer in den Städten lassen die Wanderbevölkerung als Ursache für zunehmende Kriminalität und als Potenzial für soziale Unruhen erscheinen (Solinger 1999).

Seit den achtziger Jahren wurde von regionalen Regierungen versucht, den Zuzug zu begrenzen und "illegale" Zuwanderer in ihre Heimatgebiete zurückzuschicken. Immer wieder richten sich drastische Polizeimaßnahmen gegen die Migranten, die von willkürlichen körperlichen Misshandlungen bis

5.6 Ländliche Gesellschaft und dörfliche Selbstverwaltung

zum Abriss von deren Wohnquartieren reichen. Seit Mitte der neunziger Jahre bemüht sich die Zentralregierung um eine bessere administrative Koordination der Wanderungsbewegungen. Neue, national einheitliche Meldebestimmungen wurden 1995 erlassen, denen zufolge Wanderarbeiter eine Abwanderungsgenehmigung an ihrem ländlichen Wohnsitz und eine Aufenthaltsgenehmigung von städtischen Behörden benötigen. In der Regel können Migranten aber nur durch Bestechung zu einem vollwertigen städtischen Wohnsitz kommen. Einige lokale Regierungen haben die Vergabe solcher Wohnsitzregistrierungen formalisiert, sofern der Migrant beispielsweise als Unternehmer und Investor in der betreffenden Stadt tätig ist. 2003 setzte die Zentralregierung einige Bestimmungen außer Kraft, die eine diskriminierende Behandlung von Wanderarbeitern in Städten begründet hatten, und forderte Stadtregierungen dazu auf, die Rechte und Interessen der Zuwanderer besser zu schützen.

China durchläuft gegenwärtig eine Phase massenhafter Landflucht, wie sie typisch für Entwicklungs- und Schwellenländer ist. Allerdings bietet das dynamische chinesische Wirtschaftsumfeld den Migranten auch viele Chancen für private Initiativen. Tatsächlich haben die Wanderarbeiter aus heutiger Sicht äußerst wichtige Beiträge zur Wirtschaftsentwicklung geleistet: Zuwanderer haben mit ihrem Kleingewerbe den Privatsektor in den Städten begründet; sie bilden durch ihre städtische Erwerbstätigkeit Sparvermögen, das zum Teil an die ärmeren Familienmitglieder in den Heimatorten transferiert wird; die agileren unter den Migranten erwerben in den Städten handwerkliche und unternehmerische Qualifikationen, die sie bei einer Rückkehr in die Heimat zum Aufbau eigener Betriebe nutzen können.

5.6.4 Dörfliche Selbstverwaltung und Dorfwahlen

Seit der Entkollektivierung der Landwirtschaft Anfang der achtziger Jahre ist die Autorität der KPC in vielen ländlichen Regionen geschwächt worden. In dem lückenhaften politisch-administrativen System, das nach der Auflösung der Volkskommunen und Produktionsbrigaden zurückblieb, erlebten traditionelle Clanverbände sowie religiös-kultische und kriminelle Untergrundorganisationen einen großen Aufschwung. Das Spektrum der Organisationsformen, die heute in Chinas Dörfern anzutreffen sind, ist außerordentlich vielgestaltig: Von den altbekannten Parteikomitees und Parteizellen über archaisch anmutende Clanherrschaften bis hin zu gewählten Dorfleitungen reichen die Ausprägungen dörflicher Führungsstrukturen. Regionale Unterschiede im wirtschaftlichen Entwicklungsstand sind gewöhnlich entscheidend für die Ausprägung der politischen Strukturen auf dem Lande.

Um die Stabilität des politischen Gefüges in ländlichen Regionen sicherzustellen, entschloss sich die chinesische Führung Mitte der achtziger Jahre, neue politische Mittel zu erproben: die "basisdemokratische" Direktwahl der Dorfbewohnerkomitees und ihrer Vorsteher. Nach einer elfjährigen Phase, in der Dorfwahlen in verschiedenen Provinzen erprobt wurden, verabschiedete der Ständige Ausschuss des NVK im November 1998 das "Gesetz über die Organisation der Dorfbewohnerkomitees", das die dörflichen Selbstverwaltungsbefugnisse umfassend regeln soll. Das Gesetz legt fest, dass alle Kandidaten direkt von den Dorfbewohnern nominiert werden, dass mehr Kandidaten als zu besetzende Positionen aufgestellt werden müssen und dass geheim abgestimmt wird (O'Brien/Li 2000). An der Abfassung des Gesetzes hatten ausländische Berater mitgewirkt, die – zum Teil finanziert von westlichen Regierungen und Stiftungen – einen Beitrag zur Demokratisierung Chinas an der dörflichen Basis leisten wollten. Die direkt gewählten Dorfkomitees sollen exekutive Funktionen in allen Dorfangelegenheiten wahrnehmen, beaufsichtigt von Dorfversammlungen oder deren Vertretern.

Die Selbstverwaltungsstrukturen sollen die bessere Implementierung unpopulärer Politiken (Geburtenkontrolle und Steuereintreibung) ermöglichen und allgemein die Effizienz der lokalen Verwaltung erhöhen. Zwischen Ende 1998 und Mitte 2001 hatten nach offiziellen Angaben bereits rund 600 Mio. Bauern in 27 Provinzen an Dorfwahlen teilgenommen, die Wahlbeteiligung soll im Schnitt bei über 80% gelegen haben. Bisherige Erfahrungen zeigen jedoch, dass die bei westlichen Beobachtern verbreitete Einschätzung der lokalen Wahlen als Beitrag zur Demokratisierung auf unterster Ebene zu optimistisch scheint: De facto sind die autonomen Entscheidungsbefugnisse der direkt gewählten Vertreter meist gering. Sie selbst sind der Weisung durch lokale Parteisekretäre unterworfen, die keinen demokratischen Kontrollen unterliegen; zudem unterstehen sie in allen politisch wichtigen Fragen der "Anleitung" (*zhidao*) durch die übergeordnete Gemeindeverwaltung und sind daher enger in die offizielle Verwaltungshierarchie eingebunden, als es der Begriff "Selbstverwaltungsebene" suggeriert (Alpermann 2001). Lediglich in Dörfern mit relativ gut entwickelter lokaler Unternehmensstruktur scheinen gewählte Dorfkomitees teilweise gegenüber den Parteisekretären an realer Durchsetzungsfähigkeit gewonnen zu haben. Zudem ist festzustellen, dass die Wahlen im Hinblick auf Wahlverfahren, Kandidatenaufstellung und Auswertung nach wie vor erheblichen Verzerrungen und Manipulationen unterliegen, da die Parteivertreter in jeder Phase der Wahl in den Ablauf eingreifen

5.7 Ethnische und religiöse Minderheiten 231

können und dies auch häufig tun. Dennoch präsentiert die chinesische Regierung die Dorfwahlen national und international medienwirksam als "basisdemokratische" Institution.

Auch wird inzwischen über eine Ausweitung von Direktwahlen auf höhere Verwaltungsebenen diskutiert. So wurde etwa auf der Jahrestagung der PKKCV 1999 ein Antrag eingebracht, in dem die Einführung von Direktwahlen für die leitenden Positionen in staatlichen Gemeinderegierungen vorgeschlagen wird. Vereinzelt wurde seit 1999 mit solchen Wahlen experimentiert. Eine zu optimistische Beurteilung der Chancen einer "Demokratisierung von unten" durch Ausweitung lokaler Wahlen sollte jedoch nicht den Blick auf die sehr begrenzten Chancen von Selbstverwaltungsstrukturen in einem hierarchischen Parteistaat wie der VRC verstellen. Dies wird auch anhand der politischen Hemmnisse für die Gebietsautonomie ethnischer Minderheiten in der VRC deutlich.

5.7 Ethnische und religiöse Minderheiten

Ein besonderes Problem für die umfassenden Kontrollansprüche der KPC stellt sich im Hinblick auf ethnische und religiöse Minderheiten. Die VR China ist etwa im Vergleich zur ehemaligen Sowjetunion oder zum heutigen Indien ein eher homogener Staat: 91,6% der Bevölkerung stellten Ende 2000 die Han-Chinesen, wie die ethnische Gruppe der Chinesen offiziell bezeichnet wird. Obwohl die 55 offiziell als "Minderheitennationalitäten" (*shaoshu minzu*) anerkannten Volksgruppen nur etwas mehr als 8% der Gesamtbevölkerung der VRC ausmachen, bewohnen sie – etwa in Tibet und Xinjiang – riesige Territorien in den dünn besiedelten Randgebieten Chinas (Mackerras 1994).

5.7.1 Ethnische Minderheiten und Gebietsautonomie

Nach Jahrzehnten der Unterdrückung werden den ethnischen Minderheiten seit den achtziger Jahren zwar formal wieder größere Sonderrechte zugestanden als in den Jahrzehnten zuvor. 1984 wurde eigens ein Gesetz über die Gebietsautonomie der Nationalitäten (kurz "Autonomiegesetz", 2001 novelliert) verabschiedet, das in Siedlungsgebieten ethnischer Minderheiten eine weitreichende Selbstverwaltung sowie das Recht auf die Pflege der eigenen Sprache und Kultur vorsieht (Heberer 1984; Binh 1996). In der Realität sind die

Autonomiebefugnisse der Minderheiten jedoch äußerst begrenzt: Aufgrund ihrer wirtschaftlichen Unterentwicklung sind die meisten Autonomiegebiete von Zuwendungen der chinesischen Zentralregierung abhängig; die örtlichen politischen und betrieblichen Schlüsselpositionen werden durch übergeordnete Organe der KPC nach politischen Loyalitätskriterien vergeben; Polizei, Justiz und Militär werden landesweit von Han-Chinesen dominiert und gehen in den Minderheitengebieten mit besonderer Härte gegen politische "Abweichungen", "separatistische" Bewegungen und "terroristische" Aktivitäten vor. Das staatlich garantierte Recht auf lokale Selbstverwaltung schließt ausdrücklich kein Recht auf Sezession vom chinesischen Staat ein. Nur in Bereichen wie Sprache, Kultur, Bildung und lokaler Wirtschaftsförderung genießen die Minderheiten tatsächliche Autonomierechte. Ein wichtiges Sonderrecht besteht darin, dass gegenüber den ethnischen Minderheiten eine gelockerte Variante der Geburtenkontrollpolitik zur Anwendung kommt und sie nicht der Ein-Kind-Politik unterworfen werden. Deshalb ist das Bevölkerungswachstum unter den Minderheitenvolksgruppen höher als unter Han-Chinesen.

Übersicht 5.13: *Verbreitungsgebiet und Bevölkerungszahl der größten Minderheitennationalitäten Chinas*

Name	Verbreitungsgebiet	Bevölkerungszahl (Mio.)	
		1990	2000
Zhuang	*Guangxi*, Yunnan, Guangdong	15,6	16,2
Mandschu	sechs nord- und nordöstliche Provinzen	9,8	10,7
Hui	*Ningxia*, 18 weitere Provinzen	8,6	9,8
Miao	sieben südwest-/zentralchines. Provinzen	7,3	8,9
Uighuren	*Xinjiang*	7,2	8,4
Tujia	Hunan, Hubei, Guizhou, Chongqing	5,7	8,0
Yi	Yunnan, Sichuan, Guizhou	6,6	7,8
Mongolen	*Innere Mongolei* u. fünf nördl. Provinzen	4,8	5,8
Tibeter	*Tibet*; Sichuan, Qinghai, Gansu, Yunnan	4,6	5,4

Quelle: ZGTJNJ 2000 und 2002. Kursiv hervorgehoben sind "Autonome Regionen" der entsprechenden Minderheit.
© Heilmann 2002/2004

Das Autonomiegesetz stellt klar, dass die Wahrung der Einheit der VR China das übergeordnete Ziel der chinesischen Nationalitätenpolitik ist und dass alle Nationalitäten und autonomen Gebiete der Führung der Kommunistischen

5.7 Ethnische und religiöse Minderheiten

Partei unterstehen. Als besonders problematisch für das Funktionieren einer regionalen Gebietsautonomie erweist sich die politisch-administrative Doppelstruktur von Partei- und Staatsorganen in der VR China (vgl. 3.2 und 3.3). Selbstverwaltungsbefugnisse der staatlichen Organe haben kaum reale Auswirkungen, wenn die politisch ausschlaggebenden KPC-Organe von Han-Chinesen dominiert und in eine zentralisierte Parteihierarchie eingebunden sind. In den Führungsgremien der KPC in den "Autonomen Regionen" stellen von der Parteizentrale eingesetzte Han-Chinesen durchweg die Mehrheit (vgl. Übersicht 5.14).

Übersicht 5.14: *Zusammensetzung politischer Führungsgremien in "Autonomen Regionen" der VRC – Anteil han-chinesischer Kader*

	Regierung	Parteikomitee
Xinjiang	44 %	67 %
Inn. Mongolei	50 %	61 %
Ningxia	50 %	73 %
Guangxi	71 %	61 %
Tibet	33 %	57 %

Angaben für 1998. Quelle: ZK-Organisationsabteilung 1999.
© Heilmann 2002/2004

5.7.2 Unabhängigkeitsbestrebungen in Tibet und Xinjiang

Vor diesem Hintergrund haben seit Ende der achtziger Jahre Unabhängigkeitsbestrebungen vor allem in Tibet (nach dem jüngsten offiziellen Bevölkerungszensus in Tibet sind 92% der Bevölkerung in der Autonomen Region – 2,4 Mio. von insgesamt 2,6 Mio. – ethnische Tibeter; exiltibetische Gruppen schätzen, dass nach Berücksichtigung der han-chinesischen Zuwanderung der Anteil deutlich niedriger liegt) und Xinjiang (wo Muslime rund 60% der Bevölkerung, zugewanderte Han-Chinesen knapp 40% ausmachen) starken Auftrieb bekommen. Es kommt in diesen beiden westlichen Regionen immer wieder zu Protesten und vereinzelten Terrorakten, die sich gegen die chinesische Herrschaft, religiöse Unterdrückung oder Diskriminierung der einheimischen Volksgruppe gegenüber han-chinesischen Zuwandern richten (zu Tibet: Barnett 1994; Hoppe 1997; zu Xinjiang: Hoppe 1995; AI 2002).

In *Tibet* rechtfertigt die Regierung der VRC ihren Souveränitätsanspruch damit, dass die Region seit der Eingliederung in die Yuan-Dynastie Mitte des

13. Jahrhunderts ein untrennbarer Teil Chinas sei. Die seit Ende der fünfziger Jahre angewandten gewaltsamen Methoden zur Durchsetzung der chinesischen Herrschaft, die zur Flucht des Dalai Lama ins indische Exil führten, werden als "Befreiung" Tibets von einer "feudalistischen Sklaverei" dargestellt, in der Leibeigene 95% der Bevölkerung ausgemacht hätten (eine Darstellung der jüngeren politischen Geschichte Tibets ohne Idealisierung des traditionellen tibetischen Herrschaftssystems findet sich bei Tsering 1999). Dieser "Befreiung" fielen nicht nur viele Widerstand leistende Tibeter, sondern auch ein großer Teil der Kulturgüter Tibets zum Opfer. Insbesondere Mönche und Nonnen, die sich nicht mit dem Exil des Dalai Lama und politischen Eingriffen ins Glaubens- und Klosterleben abfinden, sind Gegenstand der Überwachung und der Repression. Andererseits ist nicht zu bezweifeln, dass die chinesische Herrschaft eine grundsätzliche Verbesserung der Versorgungslage und des Lebensstandards für die meisten in Tibet Lebenden bewirkt hat. Da han-chinesische Zuwanderer bei der Vergabe von Arbeitsplätzen, Geschäftslizenzen, Krediten etc. gegenüber Tibetern oft bevorzugt werden, befürchten viele Tibeter eine schleichende "Sinisierung" Tibets auf dem Wege der Zuwanderung.

Die chinesische Regierung sagt, dass der Weg zu formellen Verhandlungen über eine Rückkehr des Dalai Lama frei sei, sobald dieser anerkenne, dass Tibet ein integraler Bestandteil des Territoriums der VR China sei. Der Dalai Lama hat erklärt, dass er keine staatliche Unabhängigkeit Tibets anstrebe, sondern eine grundlegende Veränderung des politischen Status Tibets mit dem Ziel einer föderationsähnlichen Abgrenzung von politischen Befugnissen zwischen Beijing und Lhasa. Die Exilbewegung des Dalai Lama wird durch einige westliche Regierungen bzw. politische Stiftungen finanziell unterstützt. Dies wertet die chinesische Regierung als Beleg dafür, dass der Dalai Lama ein "Agent ausländischer feindlicher Kräfte" sei, die auf eine Abspaltung Tibets von China hinarbeiteten. Dennoch werden zwischen Vertretern der chinesischen Regierung und des Dalai Lama seit Mitte der neunziger Jahre, mit Unterbrechungen und außerhalb Chinas, informelle Gespräche geführt, in denen Diplomaten anderer Staaten als Vermittler fungieren. Im September 2002 wurden Gesandte des Dalai Lama von Beijinger Regierungsstellen zu inoffiziellen Gesprächen in Beijing und vom Regierungschef der Autonomen Region Tibet zu einem „privaten" Austausch in Lhasa empfangen. Der Regierungschef der Autonomen Region Tibet bekräftigte die grundsätzliche Kritik der chinesischen Regierung an den „separatistischen Aktivitäten" des im Exil lebenden Dalai Lama. Nach Angaben der tibetischen Exilführung war es 1993 letztmals zu einer solchen Begegnung zwischen hochrangigen

5.7 Ethnische und religiöse Minderheiten

Vertretern beider Seiten gekommen. Im Mai 2003 reiste wieder eine tibetische Delegation auf Einladung der ZK-Einheitsfrontabteilung nach China. Konkrete Ergebnisse der zur Vertrauensbildung gedachten Gespräche stehen noch aus.

Die Tibet-Frage ist für die chinesische Regierung wegen ihrer internationalen Rückwirkungen politisch besonders brisant. Dem Dalai Lama gelang es kraft seines persönlichen Charismas und durch intensive informelle Diplomatie, die westliche Öffentlichkeit für die tibetische Sache einzunehmen. Selbst der Tod des Dalai Lama wird nicht zu einer Lösung der Tibet-Frage führen, da dann auch nach Einschätzung von Beijinger Politikberatern voraussichtlich radikalere Elemente die Oberhand in der Exilführung gewinnen werden. Einige chinesische Sozialwissenschaftler haben deshalb vorgeschlagen, Tibet im Rahmen einer umfassenden Verfassungsreform und Föderalisierung der VR China weit reichende Autonomierechte zuzugestehen. Dies wäre mit den politischen Zielen des Dalai Lama vereinbar. Zugleich aber wird damit deutlich, in welchem Maße eine friedliche Beilegung des Tibet-Konflikts von politischen Veränderungen in der VR China insgesamt abhängig ist.

Im vorwiegend muslimisch besiedelten *Xinjiang* ("Neue Gebiete", Bezeichnung aus dem 18.Jahrhundert, als die Region durch die mandschurische Qing-Dynastie erobert wurde) kämpft eine Vielzahl von Untergrundorganisationen für die "Befreiung Ostturkestans" von chinesischer Herrschaft. Immer wieder kommt es besonders in den grenznahen südlichen Regionen Xinjiangs zu Bombenanschlägen und gewalttätigen Unruhen. Die Untergrundkämpfer unterhalten nach Angaben der chinesischen Regierung Verbindungen zu radikalen islamistischen Gruppen in Zentralasien. Ausbildung, finanzielle und logistische Unterstützung sowie Waffen sollen jahrelang über die Taliban in Afghanistan und das von Osama bin Laden aufgebaute terroristische Netzwerk bereitgestellt worden sein. Die chinesische Regierung nutzte die internationalen Anstrengungen zur Bekämpfung des Terrorismus nach dem 11. September 2001, verschärfte die gegen terroristische Aktivitäten gerichteten Bestimmungen im Strafgesetz und ging mit Massenverhaftungen gegen Aktivisten und Gruppen in Xinjiang vor, die aus der Sicht der Sicherheitsorgane umstürzlerische oder terroristische Ziele "unter dem Deckmantel der Religion" verfolgen (AI 2002; Tyler 2003).

Trotz der Unabhängigkeitsbestrebungen in Tibet und Xinjiang erscheint ein staatlicher Zerfall Chinas in mehrere unabhängige Einzelstaaten, wie er in der Sowjetunion zu beobachten war, unwahrscheinlich. Das "sowjetische Szenario" ist auf den chinesischen Kontext kaum anwendbar: Im Vergleich zur ehemaligen Sowjetunion mit einem Anteil an nicht-russischen ethnischen

Gruppen von nahezu fünfzig Prozent kann China mit seinem relativ geringen Minderheitenanteil von insgesamt gerade 8,4% als ethnisch weitgehend homogen angesehen werden. Obwohl Unruhen in den Siedlungsgebieten ethnischer Minderheiten besonders häufig auftreten, erscheint es aufgrund der geographischen und politischen Randlage dieser Regionen unwahrscheinlich, dass dortige Sezessionsbestrebungen auf das gesamte Herrschaftsgebiet übergreifen könnten (Goodman/Segal 1994).

5.7.3 Religiöse Minderheiten

In der VR China sind die buddhistischen, christlichen und muslimischen Religionsgemeinschaften ebenso wie andere kultisch-religiöse Gruppen mit wechselnder Intensität Restriktionen und Verfolgungen ausgesetzt. Die KPC begann gleich nach ihrer Machtkonsolidierung zu Beginn der fünfziger Jahre mit einem rigorosen Kampf gegen "feudalistischen Aberglauben" und "reaktionäre" Religionsgemeinschaften. Der Glaube an den Kommunismus sollte möglichst rasch an die Stelle der traditionellen Religionen treten, und noch heute gilt die Mitgliedschaft in der KPC offiziell als unvereinbar mit der Zugehörigkeit zu einer Religionsgemeinschaft (de facto häufen sich die Klagen in Parteidokumenten, dass viel Parteikader religiösen Gemeinschaften angehören). So kam es von den fünfziger Jahren an zu willkürlichen und oft auch grausamen Verfolgungen, die in der Zeit der "Kulturrevolution" (1966-1976) ihren Höhepunkt erfuhren: Zahllose religiöse Stätten wurden zerstört, viele geistliche Führer und Gläubige so genannter "gegenrevolutionärer" Religionsgemeinschaften inhaftiert, gefoltert oder gar getötet.

Nach dem Ende des "kulturrevolutionären" Klassenkampfes wurden religiöse Aktivitäten allmählich wieder zugelassen. Die Religionsfreiheit ist seit 1978 verfassungsmäßig verankert, und die Religionsausübung wird im Rahmen staatlicher Reglementierung und Kontrolle geduldet. Strikt untersagt sind jedoch alle religiösen Aktivitäten, die die öffentliche Ordnung und nationale Sicherheit gefährden, die körperliche Gesundheit von Bürgern schädigen oder das staatliche Bildungswesen beeinträchtigen. Religiöse Organisationen dürfen darüber hinaus auch nicht die Unterstützung ausländischer Kräfte in Anspruch nehmen. Dies stellt beispielsweise die katholischen Gläubigen vor das Dilemma, entweder ihre Bindung an den Papst aufzugeben (wie dies die staatlich anerkannte katholische Kirche Chinas getan hat) oder illegal im Untergrund agieren zu müssen (Evers/Malek/Wolf 2002).

5.7 Ethnische und religiöse Minderheiten

Die Zahl der Religionsangehörigen erholte sich seit Beginn der Reformära rasch. In den neunziger Jahren konnten die christlichen Kirchen sowie auch spirituell-religiöse "Geheimgesellschaften" eine große Zahl neuer Anhänger gewinnen. Ende der neunziger Jahre gab es in der VR China nach offiziellen Angaben über 100 Mio. Anhänger von Religionsgemeinschaften, darunter überwiegend lokal organisierte Buddhisten und Daoisten. Neben 20-25 Mio. Muslimen (überwiegend in den nordwestlichen Regionen Chinas) gibt es vorsichtigen inoffiziellen Schätzungen zufolge etwa 25-30 Mio. Protestanten und 12 Mio. Katholiken (Overmyer 2003). Die Zahl der in protestantischen Hauskirchen und katholischen Untergrundgemeinden aktiven Christen aber lässt sich nicht verlässlich benennen, sodass es sich bei diesen Angaben nur um Richtwerte handelt.

Die chinesische Führung beobachtet die Anziehungskraft religiöser Organisationen mit Misstrauen. Seit Mitte der neunziger Jahre wurden deshalb wieder schärfere Kontrollen (Zwangsregistrierung und staatliche Überwachung sämtlicher Kultstätten) sowie gezielte Repressalien (Verhaftung der Führer von Untergrundgemeinschaften, polizeiliche Auflösung von "illegalen" religiösen Versammlungen) durchgeführt. Die kommunistische Führung hegt – ähnlich wie die kaiserliche Verwaltung der chinesischen Vergangenheit – ein grundsätzliches Misstrauen gegenüber außerstaatlichen Vereinigungen und Religionslehren, die potenziell eine Bedrohung der staatlichen Ordnung darstellen könnten. Dies wird auch in den massiven Repressalien deutlich, die sich gegen die Falungong-Bewegung richteten (Malek 2001).

5.7.4 "Geheimgesellschaften" und Falungong

Das Wiederaufleben von Sekten und Geheimgesellschaften (*huidaomen*: spirituell-religiöse Gruppierungen, die wegen ihrer potenziell staatsfeindlichen Lehren und Aktivitäten von der Regierung verboten werden und deswegen im Geheimen operieren) ist eines der schillerndsten Phänomene der Reformära. Die zum Teil auf jahrhundertealte Vorläufer und Traditionen zurückgreifenden Vereinigungen entwickelten zum Zwecke der Geheimhaltung verschwörerische Praktiken, die sie bis heute den chinesischen Machthabern als politisch bedrohlicher erscheinen lassen, als sie es gewöhnlich sind. In wirtschaftlichen Notzeiten wurden solche Vereinigungen allerdings immer wieder zu Kristallisationspunkten sozialer Unruhen (Kupfer 2001).

Ein interner Bericht des Ministeriums für Öffentliche Sicherheit von 1985 schätzte die Geheimgesellschaften als die bedeutendste "gegenrevolutionäre"

Kraft ein. Mehrere hundert zum Teil weitverzweigte Organisationen mit insgesamt mehreren Millionen Anhängern wurden von den Sicherheitskräften als politisch gefährlich eingestuft. Besonders aktiv sind die Geheimgesellschaften in Regionen, wo sie historisch fest verwurzelt sind und auf günstige soziale Voraussetzungen treffen. Mit einigem Erfolg sind in solchen traditionellen Hochburgen auch die örtlichen Organe der KPC unterwandert worden. Bedrohlich wirkt aus der Sicht der Sicherheitsorgane auch, dass manche dieser Gruppen über rege Verbindungen zu verwandten Vereinigungen im Ausland verfügen und von dort unterstützt werden.

Die international prominenteste chinesische "Geheimgesellschaft" ist gegenwärtig *Falungong* ("Kultivierung des Gebotsrades"). Hierbei handelt es sich um eine 1992 gegründete synkretistische Bewegung, die sich auf traditionelle Atem- und Bewegungsübungen (*qigong*) sowie buddhistisch geprägte Lehren der Selbstkultivierung stützt, um den Weg zu "Erleuchtung und Weisheit" zu bereiten. Die Lehrschriften des Begründers von Falungong – Li Hongzhi, der seit 1998 in den USA lebt – sind in vielen Grundelementen unvereinbar mit einem rationalistisch-wissenschaftlichen Weltbild und enthalten auch eine implizite Fundamentalkritik an der bestehenden Herrschaftsordnung der VR China, die Li als moralisch völlig degeneriert versteht. Anhänger hat diese Lehre in allen Teilen der chinesischen Gesellschaft und auch in der Funktionärsschicht gefunden. Die Anhängerschaft ist örtlich unterschiedlich, meist aber nur locker organisiert. Bemerkenswert allerdings ist die hohe Einsatz- und Opferbereitschaft der offensichtlich sehr gut organisierten Aktivisten und Übungsleiter. An den Übungsstunden der Falungong-Anhänger, die vor 1999 in Schulungszentren der Bewegung sowie auf Sportplätzen und in öffentlichen Parks abgehalten wurden, nahmen Millionen von Chinesen teil. Auch in Hongkong, Taiwan und westlichen Gesellschaften hat Falungong viele Anhänger gefunden. Die Kommunikation zwischen Li Hongzhi und den in China lebenden Aktivisten und Übungsleitern der Bewegung wird mittels der illegalen Verbreitung von Büchern, Videos und Tonbändern sowie des Internet aufrecht erhalten (Heberer 2001; Holbig 2001; Seiwert 2000; Tong 2002).

Falungong war bereits 1996 von der Regierung als gefährliche Sekte eingestuft und aus der offiziellen Qigong-Vereinigung ausgeschlossen worden. Zum Gegenstand drastischer Repressionsmaßnahmen wurde Falungong, als sich eine aus der Sicht der Parteiführung außergewöhnliche organisatorische Kapazität offenbarte: Im April 1999 versammelten sich mehr als zehntausend Falungong-Anhänger am Sitz der Partei- und Regierungszentrale in Beijing, um gegen die Einstufung von Falungong als gefährliche Sekte zu protestieren.

Im Juli kam es in 30 Provinzstädten zu abgestimmten Protestkundgebungen. Zehntausende Anhänger versuchten, durch Demonstrationen in den politischen Zentren Chinas eine staatliche Legalisierung ihrer Versammlungen und Übungen zu erreichen, zogen dadurch aber eine überaus harte polizeiliche Repression auf sich. Die Bereitschaft der Falungong-Anhänger zu riskanten öffentlichen Protestdemonstrationen und die Unterwanderung der Funktionärsschicht und Parteimitgliedschaft forderten unmittelbar das Organisationsmonopol der KPC heraus.

Falungong ist allerdings nur die prominenteste einer Reihe anderer populärer spiritueller Bewegungen (Qigong-Gruppen, buddhistisch-daoistische Vereinigungen, christlich inspirierte Gruppierungen), die gegenwärtig eine große Anziehungskraft ausüben. Alle diese nicht legal registrierten Bewegungen werden in einer seit Sommer 1999 laufenden landesweiten Kampagne zur "Bekämpfung von Irrlehren" (fan xiejiao) rigoros verfolgt. Regierungsstellen behaupten, dass viele dieser Gruppen von Scharlatanen angeführt würden, die ihre Mitglieder finanziell und sexuell ausbeuteten. Anführer solcher Gruppierungen werden regelmäßig zu schweren Strafen, sogar zum Tode verurteilt. Ihre Anhänger werden durch Verhaftungen, Folterungen, Einweisungen zur "Besserung durch Arbeit" oder in die Psychiatrie verfolgt. In den Jahren 2000/2001 sollen nach Erkenntnissen westlicher Menschenrechtsorganisationen mindestens 10.000 Falungong-Anhänger für mehrere Jahre zur "Besserung durch Arbeit" in Lagern und Gefängnisfabriken eingewiesen, Dutzende in der Untersuchungshaft zu Tode gekommen sein.

Ängste vor sozialem Abstieg und moralische Orientierungslosigkeit, die nicht nur unter den Verlierern der Reformpolitik verbreitet sind, machen die Bevölkerung empfänglich für die Heilsversprechen und den Halt, den religiöse Lehrer und spirituelle Gruppierungen in gesellschaftlichen Umbruchsituationen bieten. Die Ausbreitung religiös-spiritueller Untergrundbewegungen trotz staatlichen Verbots und massiver Repressalien stellt eine politische Herausforderung für die Herrschaft der KPC dar und steht in engem Zusammenhang mit dem allgemein wachsenden sozialen Unruhepotenzial.

5.8 Soziales Unruhepotenzial

Soziale Unruhen, die die Stabilität der politischen Ordnung gefährden, gehören aus der Sicht der KP-Führung zu den sensibelsten Fragen der Herrschaft. Meist wird nur über isolierte Vorfälle berichtet, wenn die Aufklärung darüber aktuellen politischen Zielsetzungen der Zentralregierung etwa in der Bekämpfung lokaler Missstände dienen kann. Gelegentlich gelangen düstere Einschätzungen über die Bedrohung der inneren Sicherheit durch soziale Unruhen an die Öffentlichkeit, wie beispielsweise eine ausführliche Studie der ZK-Organisationsabteilung (2001), die verdeutlichte, wie ernst das Problem in der Parteizentrale genommen wird.

Ein von der politischen Zentrale nicht kurzfristig zu regelndes Strukturproblem besteht in der sozialen Marginalisierung großer Bevölkerungsteile. Die von den Früchten des wirtschaftlichen Wachstums ausgeschlossenen Gruppen umfassen nach Schätzung des Ökonomen Hu Angang 100-150 Mio. Menschen. Dies entspricht ungefähr der Zahl der heute schon Erwerbslosen auf dem Land und in den Städten. Es handelt sich um die soziale Marginalisierung von grob einem Zehntel der Bevölkerung (Hu Angang 1999).

5.8.1 Arbeitslosigkeit, Arbeiterproteste und ländliche Unruhen

Sozial besonders explosiv ist die Situation mehrerer Dutzend Millionen Arbeitskräfte in staatlichen Betrieben, deren Arbeitsplätze und sozialer Status wegen mangelnder Wettbewerbsfähigkeit ihrer Betriebe gefährdet sind (s. Übersicht 5.15). Da es sich um eine zuvor unter der kommunistischen Herrschaft privilegierte Schicht handelt, ist die Verbitterung gegenüber der politischen Führung groß. Spontane *Arbeitsniederlegungen und öffentliche Proteste städtischer Arbeiter*, die zuvor nur äußerst selten vorkamen, haben seit Beginn der neunziger Jahren stark zugenommen. Die Proteste richten sich gegen Verzögerungen der Lohnzahlungen, drohenden Arbeitsplatzverlust, Korruption der Betriebsführungen sowie - besonders in Unternehmen, die unter Hongkonger oder taiwanischer Leitung stehen – gegen miserable Arbeitsbedingungen und mangelhafte Sicherheitsvorkehrungen. Immer wieder wurden auch Forderungen nach der Einrichtung unabhängiger Gewerkschaften laut. Oft geben die regionalen Führungen einzelnen Forderungen der Arbeiter nach, so dass es bisher nur selten zu blutigen Unterdrückungsmaßnahmen durch die Sicherheitskräfte kam. Allerdings sind die Parteiorganisationen in allen Großunternehmen angewiesen worden, ihre Kontrolle über die offizielle Gewerkschaftsorganisation zu verstärken und unter allen Umständen zu verhindern, dass autonome Arbeitervertretungen in den Unternehmen Fuß fassen (Chan 2002, Gransow 1999; vgl. auch 5.4.2).

Ein kaum kalkulierbares, bislang aber nur in Einzelvorfällen zu Tage getretenes Unruhepotenzial stellen in städtischen Ballungsräumen die Populationen der *Wanderarbeiter* dar, deren Zahl auf 80-120 Mio. geschätzt wird.

5.8 Soziales Unruhepotenzial

Die Beziehungen zwischen städtischer Bevölkerung und Behörden einerseits und den landsmannschaftlich, nach Heimatregion und Dialekt organisierten Wanderarbeitern andererseits sind oft außerordentlich gespannt. Es ist üblich, dass Behörden und Polizei die ungeliebten, aber nützlichen Migranten willkürlich drangsalieren und maßregeln. In den neunziger Jahren wurden einzelne detaillierte Berichte über lokale Unruhen bekannt, in denen Wanderarbeiter eine prominente Rolle spielten.

Übersicht 5.15: *Arbeitslosigkeit und Arbeitskräfteüberhang*

	1978	1988	1994	2000	2002
Städtische Arbeitskräfte: Offizielle Arbeitslosenquote*	5,3 %	2,0 %	2,8 %	3,1 % (6 Mio.)	4,0%
Städtische Arbeitskräfte: Nichtbeschäftigte und Unterbeschäftigte**	--	--	--	ca. 10-15% (ca. 20-30 Mio.)	--
Ländliche Arbeitskräfte: Nichtbeschäftigte und Unterbeschäftigte**	--	--	--	ca. 30 % (ca. 150 Mio.)	--

*Quelle: Staatliches Statistikamt. **Schätzungen von Economist Intelligence Unit und Newton/Subbaraman 2002 unter Einschluss von offiziell registrierten Arbeitslosen, "freigestellten" De-facto-Arbeitslosen sowie unterbeschäftigten Arbeitskräften und Erwerbslosen mit städtischem bzw. ländlichem Wohnsitz.
© Heilmann 2002/2004

Besonders in wirtschaftlich zurückgebliebenen ländlichen Regionen hat die Zahl lokaler und oft gewalttätiger Unruhen, die sich gegen korrupte Verwaltungen, überhöhte Abgaben und sonstige lokale Missstände richten, markant zugenommen. Die lokalen Regierungen fordern in solchen Fällen häufig Einheiten der Bewaffneten Volkspolizei von höheren Verwaltungsebenen an, die dann die Unruhen gewaltsam niederschlagen und die "Rädelsführer" festnehmen. Gelegentlich führen die *Bauernproteste* aber auch zu Zugeständnissen lokaler oder übergeordneter Regierungsstellen und damit zu einer Linderung der Missstände. Insgesamt wurden 1998 nach inoffiziellen Angaben landesweit ungefähr 60.000 größere soziale Unruhen registriert, 1999 zwischen 100.000 und 110.000. Seitdem soll die Zahl wieder etwas zurückgegangen sind. Eine überregionale Koordination ländlicher Unruhen war bislang nicht zu erkennen (Bernstein 1999; ZK-Organisationsabteilung 2001; Perry 2002; O'Brien 2002).

5.8.2 Kriminalität und Mafia-Organisationen

Auch die starke Zunahme der Kriminalität (allerdings von einem sehr niedrigen Niveau aus) gehört zu den Manifestationen einer Destabilisierung des sozialen Gefüges. Chinesischen Kriminologen zufolge war die Verbrechenshäufigkeit Mitte der neunziger Jahre rund acht Mal größer als nur zehn Jahre zuvor. Gewaltverbrechen, Jugend- und Bandenkriminalität sowie Drogenvergehen zeigten eine besonders starke Zunahme. Der rasche soziale Wandel und ein unzureichendes Justizsystem werden als wichtigste Ursachen für diese Entwicklung angesehen. Nach Polizeistatistiken hat die Bandenkriminalität in den neunziger Jahren dramatisch zugenommen. Während 1986 etwas mehr als 30.000 kriminelle Banden mit rund 114.000 Mitgliedern erfasst wurden, waren es 1994 bereits 200.000 Gruppierungen mit schätzungsweise 900.000 Mitgliedern. Die meisten kriminellen Banden sind klein und nur lokal aktiv. Im Laufe der neunziger Jahren haben sich aber auch einige größere kriminelle Organisationen formiert, die über Provinzgrenzen hinweg und in einigen Fällen sogar transnational operieren. Diese Mafias sind im Menschen- und Drogenschmuggel aktiv und haben an zahlreichen Orten Behörden, KP-Organisation, Zoll, Handel und Banken unterwandert. Eine landesweite Kampagne gegen die organisierte Kriminalität wurde im Frühjahr 2001 gestartet. Dies ist ein offizielles Eingeständnis des Ausmaßes der Probleme, vor das kriminelle Organisationen die Sicherheitsbehörden zunehmend stellen (vgl. 4.5.5). Allerdings wäre die Ausbreitung der organisierten Kriminalität ohne die Duldung und Protektion durch korrupte Funktionäre, insbesondere im Sicherheitsapparat, nicht denkbar. Darauf wurde während der Jahrestagung des NVK im März 2002 explizit hingewiesen.

5.8.3 Risiken für die Herrschaft der KPC

Das landesweite Unruhepotenzial, das sich aus den oft bruchstückhaften Daten und Informationen herauslesen lässt, scheint auf den ersten Blick beachtlich. Der soziale und politische Sprengstoff, der sich im Laufe der Wirtschaftsreformen angesammelt hat, könnte eine Bedrohung für die Herrschaftsordnung darstellen, wenn es eine Initialzündung gäbe, die in verschiedenen Regionen gleichzeitig wirkte.

Die in den letzten Jahren gehäuften Warnungen der Regierungszentrale vor einem Verfall der öffentlichen Ordnung in Teilen des Landes entspringen einerseits einer tiefen Besorgnis angesichts der allmählichen Erosion der po-

5.8 Soziales Unruhepotenzial

litischen und sozialen Kontrolle gegenüber der Bevölkerung. Andererseits dienen die Appelle zur Bekämpfung von Unruhefaktoren aber auch der Disziplinierung regionaler Führungen und der Rechtfertigung für die Unterdrückung aller Formen organisierter politischer Opposition: Mit dem Slogan der Stabilitätssicherung wird die politische Repression im Dienste der Machterhaltung beschönigt. Für Unruheerscheinungen in der Bevölkerung werden gezielte Manipulationen und Verschwörungen "feindlicher Kräfte" im In- und Ausland verantwortlich gemacht. Diese Logik wird auf die Falungong-Bewegung in gleicher Weise angewandt wie auf Massenproteste von Arbeitern.

Explosiv ist die soziale Lage tatsächlich in solchen Regionen, die eine besonders hohe Konzentration maroder Staatsunternehmen und im Modernisierungsprozess zurückbleibender ländlicher Gebiete aufweisen. Arbeiter und Bauern in diesen Gebieten gehören zu den Verlierern der Wirtschaftsreformpolitik. Sie bilden ein Protestpotenzial, das Gegner der KP-Herrschaft für ihre Zwecke mobilisieren können. Zur Zeit sind allerdings kaum Anzeichen dafür zu erkennen, dass solche politischen Mobilisierungsversuche unternommen werden. Aus sich heraus sind die Bauern bisher genauso wenig wie die Wanderarbeiter zur Organisierung einer breiten sozialen Bewegung gegen die kommunistische Herrschaft fähig. Anders stellt sich die Lage im Bereich der Industriearbeiterschaft dar, wo es immer wieder Ansätze zur Bildung autonomer Arbeitervertretungen gibt. Angesichts eines übermächtigen und im Alarmzustand befindlichen Repressionsapparats scheinen die Möglichkeiten zur Formierung einer überbetrieblichen oder gar überregionalen Arbeiterbewegung gegenwärtig aber kaum gegeben.

Bislang hat die chinesische Führung es vermocht, durch eine Kombination aus Repression und politischen Zugeständnissen dafür zu sorgen, dass soziale Unruhen auf lokale Ausschreitungen begrenzt blieben und keine Bedrohung des nationalen politischen Systems darstellten. Solange die Protestierenden ihre Forderungen auf konkrete Probleme konzentrierten, waren die meisten Regierungsstellen bereit, die Klagen der betroffenen Bevölkerungsgruppen anzuhören. Somit tragen soziale Proteste de facto zu einer – rechtlich nicht abgesicherten – Ausweitung von Meinungs-, Versammlungs- und Demonstrationsfreiheiten und zu Veränderungen im Umgang zwischen staatlichen Stellen und gesellschaftlichen Gruppen bei.

Unklar ist, ob die gegenwärtigen sozialen Spannungen China tatsächlich dauerhaft prägen werden oder ob es sich nur um Übergangsphänomene handelt: Ein so umfassender Strukturwandel, wie er in China stattfindet, muss unweigerlich mit sozialen Verwerfungen einhergehen. Unter den gegenwärtigen Bedingungen muss soziale Instabilität deshalb nicht unbedingt ein Zeichen für den nahen Untergang des politischen Systems sein, sondern kann auch auf einen zwar schmerzhaften, aber unvermeidlichen und letztlich womöglich erfolgreichen Anpassungsprozess hindeuten.

5.9 Politische Konsequenzen des gesellschaftlichen Wandels

Der von der Reform- und Öffnungspolitik in Gang gesetzte wirtschaftliche und gesellschaftliche Wandel zieht in der VR China eine schrittweise Transformation, nicht jedoch eine einfache Reduktion staatlichen Einflusses in Gesellschaft und Wirtschaftsleben nach sich. Im Konfliktfall waren die Autorität der Regierungszentrale und die Schlagkraft des Sicherheitsapparats bislang stets unwiderstehlich.

Dennoch hat die despotische Macht des chinesischen Staates, die unter der Herrschaft Mao Zedongs einen nahezu totalen Zugriff auf Wirtschaft und Gesellschaft erlaubte, seit Beginn der Reformperiode 1979 schrittweise substanzielle Einschränkungen erfahren. Das vereinfachende Bild einer Konfrontation zwischen Staat und Volk, wie es vielen journalistischen Darstellungen und zum Teil auch der wissenschaftlichen Diskussion um eine chinesische Bürgergesellschaft zugrunde liegt, kann die vielschichtigen Verflechtungserscheinungen im Verhältnis zwischen Staat und Gesellschaft in China nicht erfassen. Ein Großteil der am Wandel führend beteiligten sozialen Gruppen stützt sich auf enge Bande zum Parteistaat. Staatliche Instanzen und gesellschaftliche Kräfte arrangieren sich neu miteinander. Nur sehr zaghaft können sich gesellschaftliche Kräfte, Schichten und Organisationen entwickeln, die bereit und imstande sind, politische Freiheiten, Mitspracherechte und institutionelle Neuerungen zu erstreiten.

6 China in der internationalen Politik

Besonderheiten der außenpolitischen Willensbildung sowie allgemeine Grundelemente und ausgewählte zentrale Problemfelder in den chinesischen Außenbeziehungen sind Gegenstand dieses Kapitels. Die künftige Rolle Chinas in der Welt wird im Schlusskapitel 7 erörtert, das Perspektiven der innen- und außenpolitischen Entwicklung zum Gegenstand hat.

China scheint dank seiner ökonomischen Dynamik tatsächlich auf dem Weg zu "Prosperität und Macht", den erklärten Zielen aller chinesischen Modernisierungsbefürworter seit dem 19. Jahrhundert, zu sein. Die Wiedergewinnung einer zentralen, machtvollen Position Chinas im internationalen System ist in den Augen vieler Chinesen, aber auch vieler westlicher Kommentatoren nur noch eine Frage der Zeit.

Chinas Ökonomie hat seit den neunziger Jahren eine faszinierende Anziehungskraft ausgeübt. In dieser Zeit ist nur in die USA mehr ausländisches Kapital geflossen als nach China, und im Jahr 2000 zog China rund drei Viertel aller ausländischen Direktinvestitionen in Ost- und Südostasien (Japan ausgenommen) auf sich. 2002 stieg China zur fünftgrößten Handelsnation nach den USA, Deutschland, Japan und Frankreich auf. Die chinesische Regierung nutzt den wirtschaftlichen Aufstieg, um beharrlich auf eine Aufwertung des internationalen Status hinzuarbeiten. Chinas Außenpolitiker vermeiden trotz gelegentlicher offener Konflikte eine Verhärtung der Fronten gegenüber den westlichen Staaten, kultivieren ihren Einfluss auf die ostasiatischen Nachbarstaaten, verstärken die diplomatischen Avancen gegenüber Russland und den zentralasiatischen Nachfolgestaaten der Sowjetunion. Als Inhaber eines ständigen Sitzes im UN-Sicherheitsrat ist die VR China in vorderster Front beim internationalen Konfliktmanagement beteiligt. Kaum ein größerer internationaler Problembereich – gleich ob in sicherheits-, bevölkerungs- oder umweltpolitischen Fragen – kann ohne Zustimmung oder Mitarbeit der chinesischen Führung angegangen werden. Als drittgrößte Nuklearmacht der Welt und als einer der führenden Waffenexporteure ist die Bereitschaft Chinas zur Zusammenarbeit in der globalen und regionalen Rüstungskontrolle unverzichtbar.

Übersicht 6.1: *Wichtige Etappen in den Außenbeziehungen der VRC*

1950	Bündnisvertrag und enge Kooperation mit der Sowjetunion
1950-53	Koreakrieg; militärische Konfrontation mit den USA
1954, 1958	Erfolglose militärische Vorstöße gegen Taiwan
1959/1962	Territorialstreitigkeiten/Grenzkrieg mit Indien im Himalaya
nach 1956	wachsende chinesisch-sowjetische Spannungen; 1960 Abbruch der Kooperationsbeziehungen
1964	Erster Atombombentest; China wird Nuklearmacht
1969	Grenzkonflikte und Feuergefechte an der chinesisch-sowjetischen Grenze (Ussuri); Kriegsängste in China
1970-72	Aufnahme diplom. Beziehungen zu zahlreichen westl. Staaten, auch zur BRD (1972)
1971/72	Chinesisch-amerikanische Annäherung; grundlegende Neuorientierung der chinesischen Außenpolitik
1971	Aufnahme in die Vereinten Nationen (an Stelle Taiwans); Ständiges Mitglied des Sicherheitsrates mit Vetorecht
1975	Aufnahme offizieller Beziehungen zur EG
seit 1979	Einleitung der Politik der außenwirtschaftlichen Öffnung
1979	Aufnahme diplomatischer Beziehungen zu den USA
1979	Verlustreiche "Strafexpedition" gegen Vietnam wegen dessen Kambodscha-Politik
1980	Mitgliedschaft in Weltbank und IWF
1985	Abschluss eines Handelsabkommens mit der EG
1985/86	Entspannung im Verhältnis zur Sowjetunion
1986	Antrag auf Wiederaufnahme in das GATT
1989	Internat. Sanktionen gegen China wegen milit. Unterdrückung von städtischer Protestbewegung, kurzzeitig diplomat. Isolation; Menschenrechtsfrage wird zentraler Konfliktpunkt mit dem Westen. China intensiviert im Gegenzug Beziehungen mit Südostasien.
1990/91	Chinesische Kooperationsbereitschaft in Golfkrieg und in Kambodschafrage; Wiederaufnahme hochrangiger internationaler Kontakte
1991	China wird Mitglied der APEC
1994	Entkoppelung zw. Handels- und Menschenrechtsfragen in der US-amerikanischen Außenpolitik
1995	China erhält Beobachterstatus in der WTO
3/1996	Chinesische Militärmanöver in der Taiwan-Straße; USA entsenden zwei Flugzeugträgerverbände in die Region
5/1999	Im Jugoslawien-Krieg wird die chines. Botschaft in Belgrad zerstört; heftige anti-amerikanische Reaktionen in China
11/1999	Abschluss der chinesischen WTO-Beitrittsverhandlungen mit den USA

5/2000	Abschluss der chinesischen WTO-Beitrittsverhandlungen mit der EU
4/2001	Kollision eines chinesischen Abfangjägers mit einem US-Aufklärungsflugzeug; chinesisch-amerikanische Spannungen
7/2001	Chinesisch-russischer Freundschafts- und Kooperationsvertrag
9/2001	China unterstützt die USA in der Terrorismus-Bekämpfung, billigt militärische Maßnahmen gegen die afghanischen Taliban; Verbesserung des Verhältnisses zu den USA 2002/2003
11/2001	China und Asean beschließen Schaffung einer Freihandelszone bis 2010
12/2001	China wird in die WTO aufgenommen
5/2003	Die 2001 etablierte Shanghaier Organisation für Zusammenarbeit wird durch ein ständiges Sekretariat in Beijing aufgewertet.
10/2003	Erste bemannte Raumfahrt-Mission Chinas

© Heilmann 2002/2004

Für das westliche Ausland stellen sich im Zusammenhang mit dem Aufstieg Chinas in Weltwirtschaft und Weltpolitik grundlegende Fragen: Welche Grundmuster lassen sich in Chinas auswärtigen Beziehungen erkennen? Inwieweit lässt sich das aufstrebende Land in internationale Regelwerke und Verantwortlichkeiten einbinden? Verinnerlichen außenpolitische Akteure in China wirklich die Spielregeln internationaler Kooperation oder passen sie sich nur vordergründig an, um zu warten, bis China diese Regeln zu seinen Gunsten verändern kann? Wird China zu einer strategischen Bedrohung oder zu einem berechenbaren und kooperationsbereiten Partner? Ist deshalb eine Politik der Eindämmung oder der Einbindung Chinas sinnvoll?

Um ein angemessenes Verständnis zu gewinnen und politische Gestaltungsmöglichkeiten in den Beziehungen zu China zu erkennen, muss der Blick über vereinfachende Schwarz-Weiß-Kategorien hinaus gehen: Die Beziehungen zu China enthalten sowohl deutlich erkennbare Konfliktpotenziale als auch vielgestaltige Kooperationsmöglichkeiten. Auch ist eine Überbewertung der globalen Rolle Chinas auf keinen Fall angebracht (Friedrich 2000a): Projektionen, die schlicht die jüngste Entwicklung Chinas in die Zukunft fortschreiben, lassen die erkennbaren Grenzen und Risiken außer Acht, die für eine realistische Einschätzung der Rolle Chinas in den internationalen Beziehungen berücksichtigt werden müssen.

6.1 Die chinesische Sicht der internationalen Beziehungen

Prägende Grundannahmen und Ziele der chinesischen Außenpolitik, wie sie zumindest bis in die zweite Hälfte der neunziger Jahre hinein in den außenpolitischen Kreisen der VR China verbreitet waren und von der internationalen Forschung herausgearbeitet wurden, sind in Übersicht 6.2 aufgeführt (Robinson/Shambaugh 1994; Kim 1994; Economy/Oksenberg 1999; Lampton 2001a). Als eine unausgesprochene Grundannahme der chinesischen Außenpolitik gilt demzufolge, dass das historische "Reich der Mitte" eine zentrale Position in der internationalen Ordnung einzunehmen verdient und dass China dank wirtschaftlicher und militärischer Modernisierung in der Lage sein könnte, diesen angestammten Platz im 21. Jahrhundert wieder einzunehmen. Diese "sinozentrische" Sichtweise der internationalen Beziehungen kann angesichts des historischen Erbes und des jüngsten wirtschaftlichen Erfolgs nicht überraschen, hat aber weit reichende Folgen für Chinas Position als Nationalstaat in einer Welt der Interdependenz.

Übersicht 6.2: *Grundannahmen und zentrale Ziele der chinesischen Außenpolitik Mitte*

Grundannahmen in der chinesischen Außenpolitik
• Das historische "Reich der Mitte" verdient es, eine zentrale Position in den internationalen Beziehungen einzunehmen.
• Die internationalen Beziehungen werden im Wesentlichen durch Machtpolitik und Konkurrenz zwischen Nationalstaaten bestimmt.
• China hat als Nationalstaat den Zenit seiner Macht noch lange nicht erreicht. Deshalb dürfen in Fragen der nationalen Souveränität und territorialen Integrität nur taktische Zugeständnisse gemacht werden.
• Internat. "feindliche Kräfte" sind bestrebt, das aufstrebende China niederzuhalten.
• Multilaterale Bindungen sind ein zweischneidiges Schwert: Beschränkungen der nationalen Souveränität sind unerwünscht; internationale Mitsprache und internationaler Marktzugang aber sind für China nützlich.
Zentrale Ziele der chinesischen Außenpolitik
• Wahrung der nationalen Souveränität und Sicherheit.
• Sicherung günstiger internationaler Bedingungen für die ökon. Modernisierung.
• Mehrung der "umfassenden nationalen Stärke" (*zonghe guoli*).
• Bemühung um ein positives internationales *Image* als kooperationsbereite und verantwortungsbewusste Macht.
• Verhinderung einer internationalen Isolierung/dauerhaften Frontbildung gegen China.
• Bekämpfung aller Tendenzen, die eine Unabhängigkeit Taiwans implizieren könnten.

© Heilmann 2002/2004

6.1 Die chinesische Sicht der internationalen Beziehungen

Die chinesische Außenpolitik wurde bislang bestimmt von der Auffassung, dass internationale Beziehungen im Wesentlichen durch Machtpolitik gekennzeichnet sind: Die Mehrung der "umfassenden nationalen Stärke" (*zonghe guoli*) spielte eine zentrale Rolle in Denken und Rhetorik der chinesischen Außenpolitiker. Zugleich fürchtete man ausländische Einkreisungen und Bündnisse, die sich gegen China richten und den Aufstieg des Landes verhindern sollten. Die westlichen Vorhaltungen in der Menschenrechtspolitik etwa wurden als Teil einer Strategie "internationaler feindlicher Kräfte" gesehen. Staatspräsident Jiang Zemin stellte noch 1996 klar, dass "feindliche Kräfte im Westen" darauf abzielten, China zu "verwestlichen" und zu "zersetzen". Die Warnungen vor internationalen antichinesischen Verschwörungen, die sich aus den Zeiten des Imperialismus im 19.Jahrhundert und des Kalten Kriegs herleiten ließen, waren eine wichtige Ursache dafür, dass Beijing ein anhaltendes Misstrauen gegenüber der Einbindung in kollektive Sicherheitsregime zeigte. Multilateralismus wurde als Instrument gedeutet, um aufstrebende Großmächte klein zu halten: Dass China in einem internationalen Gremium dieselbe Stimme haben sollte wie etwa der Ministaat Singapur, ist aus dieser Logik heraus völlig unverständlich.

Bemerkenswert an der chinesischen Diplomatie sind bis heute typische, in Übersicht 6.3 aufgeführte taktische Vorgehensweisen, die zumindest teilweise von der traditionellen chinesischen Strategemlehre (von Senger 2000) geprägt scheinen. Chinesische Diplomaten gelten als Meister in der Anwendung von Listen und Taktiken, die von westlichen Verhandlungspartnern häufig nicht oder nur verspätet durchschaut werden (Solomon 1999).

Vielen aus westlicher Sicht provokatorisch und unberechenbar erscheinenden außenpolitischen Reaktionen Beijings liegt die feste Überzeugung zugrunde, dass China als Nationalstaat seinen Zenit noch lange nicht erreicht habe. Diese Überzeugung wird durch die faktische Entwicklung des wirtschaftlichen und militärischen Potenzials gestützt. Die westlichen Diskussionen über das Ende des Zeitalters der Nationalstaaten erscheinen vielen Beijinger Entscheidungsträgern und Politikberatern als Zeichen der politischen Schwäche, nicht als unvermeidliche Einsicht. Fragen der nationalen Souveränität und territorialen Integrität gehören aus Beijinger Sicht zu einem Bereich, in dem nur taktische Kompromisse, nicht aber substanzielle, endgültige Zugeständnisse gemacht werden dürfen. Manche Außenpolitiker in Beijing sehen die Zeit kommen, da China stark genug sein wird, nicht nur nach den Regeln mitzuspielen, die andere für die internationale Politik aufgestellt haben, sondern selbst zu den Mächten aufzusteigen, die die Formulierung der internationalen Spielregeln wesentlich bestimmen. Aus dieser Perspektive stellt China eine nicht saturierte Macht dar, die sich mit den gegenwärtigen internationalen Machtverhältnissen nur widerstrebend arrangiert.

Übersicht 6.3: *Typische taktische Vorgehensweisen der chinesischen Außenpolitik*

- Systematisch Vorteile aus den Mehrdeutigkeiten und Kompromissformeln in internationalen Abkommen ziehen.
- Die Vorzüge, die internationale Zusammenarbeit bietet, nutzen. Damit entstehende Kosten und Einschränkungen jedoch minimieren.
- Die Last der Aufrechterhaltung "guter Beziehungen" dem Verhandlungspartner aufbürden. Hochrangige ausländische "Freunde", die "China verstehen", durch häufige Einladungen und sonstige Sonderbehandlungen kultivieren und mit deren Hilfe chinakritische Personen kalt stellen.
- Wenn China in internationalen Foren in Bedrängnis gerät, die Unterstützung von Entwicklungsländern mobilisieren.
- In Verhandlungen mit westlichen Staaten moralische Überlegenheit durch Bezugnahme auf die Geschichte westlicher Kolonialpolitik in China (historische "Demütigungen") und anderen Entwicklungsländern gewinnen.
- Eine Vielzahl ausländischer Berater nach China einladen, um durch die Konkurrenz verschiedener westlicher Geldgeber ein Maximum an Zuwendungen zu erhalten.
- Gegensätzliche Auffassungen in der westlichen China-Diskussion genau analysieren und damit Argumente für die Verteidigung der Interessen Chinas sammeln.
- In internationale Abkommen eintreten, obwohl die institutionellen Kapazitäten zu deren Umsetzung in China noch fehlen. Dann internationale Finanzhilfe und Beratung erbitten, um die erforderlichen Kapazitäten aufzubauen.

Quelle: Mit eigenen Ergänzungen und Modifizierungen zusammengestellt aus Gu 1998; Economy/Oksenberg 1999; Solomon 1999; von Senger 2000.
© Heilmann 2002/2004

6.2 Neuorientierungen in Chinas Außenbeziehungen

Allerdings vollzog die chinesische Außenpolitik im Laufe der neunziger Jahre eine Neuorientierung und begann den Rahmen der zuvor gültigen Grundannahmen, Ziele und Taktiken zu überschreiten. Die in der Mao-Ära prägende Furcht um die militärische und territoriale Sicherheit Chinas trat in den Hintergrund. Zum Kennzeichen der Außenpolitik wurden unter der Ägide Deng Xiaopings der Ausbau außenwirtschaftlicher Beziehungen zur "kapitalistischen Welt" und eine rasch fortschreitende Einbeziehung Chinas in transna-

6.2 Neuorientierung in Chinas Außenbeziehungen

tionale Handels- und Kapitalströme, die mit dem Beitritt zur Welthandelsorganisation Ende 2001 noch weiter vertieft wurde. Dass die Ökonomisierung der Außenbeziehungen politischen Vorbehalten unterlag, wurde aber immer wieder deutlich, sobald aus chinesischer Sicht höherrangige Fragen der territorialen und nationalen Integrität (staatliche Einheit mit Taiwan, Gebietsansprüche im Südchinesischen Meer) ins Spiel kamen (Friedrich 2000a).

Unter der Führung Jiang Zemins ergaben sich neue außenpolitische Initiativen, die über die Deng-Ära hinausgingen. Erstens bekannte sich die chinesische Regierung seit Ende der neunziger Jahre zu den Vorteilen wirtschaftlicher "Globalisierung", sofern die "wirtschaftliche Sicherheit" Chinas nicht gefährdet werde. Die "Asienkrise" 1997-99 spielte für diese Neuorientierung eine wichtige Rolle: Die chinesische Regierung trug zur internationalen Krisenbewältigung bei, indem sie auf eine Abwertung der chinesischen Währung verzichtete und damit eine weitere Vertiefung der Finanzkrise abwendete (Kooperationserfordernisse und nationale Interessen fielen hier allerdings zusammen: ein Abwertungswettlauf hätte letztlich auch China geschadet). China konnte sich so als verantwortungsbewusste Großmacht präsentieren. Die "Asienkrise" markiert einen wichtigen Einschnitt in der chinesischen Außenpolitik: Obwohl die unmittelbaren Folgen für China begrenzt blieben, handelte es sich doch um den schwersten außenwirtschaftlichen Schock, dem die chinesische Politik in der Reformperiode ausgesetzt war (Moore/Yang 2001). Die chinesische Führung bekam die engen Grenzen nationaler wirtschaftspolitischer Souveränität vor Augen geführt, die selbst ein Land wie China beeinträchtigen, das noch strikte Kapitalverkehrskontrollen aufrechterhält. Als Reaktion aber trat Beijing bemerkenswerter Weise die Flucht nach vorne an: Mit dem Beitritt zur WTO wurden herkömmliche Souveränitätsvorstellungen im außenwirtschaftlichen Bereich zugunsten der Einbindung in die Spielregeln der transnationalen Märkte und der Disziplinierung durch eine zwischenstaatliche Organisation aufgegeben. Die positiven Wirkungen der wirtschaftlichen "Globalisierung" für Exportwachstum und Strukturwandel in China schätzte die Regierung trotz nationaler Souveränitätsverluste höher ein als die Risiken für die nationale "wirtschaftliche Sicherheit".

Zweitens setzte sich in der Ära Jiang Zemin die Erkenntnis durch, dass eine moderne Sicherheitspolitik über die militärischen Kräftekalkulationen des Kalten Krieges hinausgehen und organisatorische, ökonomische und technologische Faktoren einbeziehen muss. In diesem Zusammenhang stehen Bemühungen um eine energische Modernisierung der technischen Ausrüstung bestimmter Armeeteile (Raketentruppen, Luftwaffe etc.), eine durchgreifende Neuorganisation der Rüstungsindustrie, eine engere Kooperation militärischer und ziviler Forschung bzw. Produktion sowie eine Trennung der Armee von kommerziellen Unternehmungen mit dem Ziel der organisatorischen Straffung und Professionalisierung (Shambaugh 2003).

Im November 2002 bat die chinesische Regierung die NATO erstmals um einen regelmäßigen Dialog über strategische Fragen, gemeinsame Bedrohungen und Aktivitäten der NATO in Zentralasien. Bereits im Vorfeld dieser Initiative war in chinesischen Regierungsverlautbarungen – ganz im Gegensatz zur Kritik der vorangegangenen Jahre – die stabilisierende Rolle der NATO in regionalen Krisen gelobt worden. Auslöser für die chinesische Neuorientierung waren die 2002 zunehmend freundlicheren Beziehungen zu den USA und die Annäherung Russlands an die NATO, die China zu einer Neudefinition der eigenen Position und zum Dialog bewegten. In chinesischen Presseberichten wurde darauf hingewiesen, dass sich die traditionellen Regeln der Sicherheitspolitik verändert hätten und dass man neue Wege der Kooperation suchen müsse, um Sicherheit für China zu garantieren.

Mit dem Aufstieg der neuen "Vierten Führungsgeneration" waren in den Jahren 2002/2003 eine deutliche Intensivierung der Bemühungen Chinas um multilaterale Kooperation (markant etwa die breite vertragliche Absicherung der Beziehungen zur ASEAN) und eine wesentlich aktivere Beteiligung in der regionalen Konfliktbeilegung (insbesondere auf der koreanischen Halbinsel) zu erkennen. Noch ausgeprägter als in der vorangegangenen Führungsgeneration dürfte künftig die zwiespältige Haltung gegenüber den USA zum Ausdruck kommen. Einerseits ist die jüngere Führungsgeneration in ihrem ökonomischen Denken, Konsumverhalten und ihren Zukunftsvisionen sehr stark von US-amerikanischen Vorbildern beeinflusst und viel besser mit "dem Westen" vertraut als die Führungsgeneration um Jiang Zemin. Andererseits aber zeigt sich eine sehr kritische Haltung insbesondere gegenüber dem globalen politisch-moralischen Führungsanspruch der USA. Besonders ausgeprägt sind amerikakritische Haltungen oft gerade bei jüngeren chinesischen Führungskräften, die längere Zeit in den USA zugebracht haben. Europa spielt als Leitbild für chinesische Führungskräfte kaum eine prägende Rolle, allerdings wird die weltpolitische Rolle Europas als Gegengewicht zu den USA meist freundlicher eingeschätzt. Allgemein verbreitet sind unter Nachwuchsführungskräften in China aber grundlegende Zweifel daran, dass westliche politische und wirtschaftliche Institutionen als Vorbild für Chinas Zukunft einfach übernommen werden könnten (Li 2001; Miller/Liu 2001).

6.3 Außenpolitische Entscheidungsfindung

Die Wandlungstendenzen, die im Bereich der innenpolitischen Willensbildung und Entscheidungsfindung festgestellt wurden (siehe Kapitel 2), gelten auch auf dem Feld der Außen- und Sicherheitspolitik: Der Generationswechsel hin zu technokratischen Führungskräften sowie Tendenzen der Professionalisierung, institutionellen Pluralisierung und internationalen Verflechtung haben zu Veränderungen auch in Verfahren der außenpolitischen Willensbildung und Entscheidungsfindung und zu Lern- und Anpassungsprozessen unter den beteiligten Akteuren geführt (Economy/Oksenberg 1999; Lampton 2001a).

Außenpolitische Willensbildungsprozesse sind heute im Allgemeinen deutlich weniger ideologisch aufgeladen, hierarchisch-autokratisch strukturiert und personalisiert als unter der Führung Maos und Dengs. Mit den zunehmenden weltwirtschaftlichen Verflechtungen Chinas haben innen- und außenpolitische Interessenkonstellationen sowie Entscheidungsverfahren starken Einfluss aufeinander ausgeübt und sind heute von sehr ähnlichen Verfahrensregeln geprägt. Die Dominanz bürokratischer Organisationen, breite Konsultationen und Konsenssuche mit einem oft sehr hohen Abstimmungs- und Zeitaufwand kennzeichnen die außenpolitische wie die innenpolitische Entscheidungsfindung. Im Normalmodus der chinesischen Politik (s. 2.1.3) sind Entscheidungsverfahren von Verhandlungen zwischen bürokratischen Organen und durch die Dominanz von Fachleuten gekennzeichnet. Informations- und Überzeugungsarbeit sowie Allianzenbildungen innerhalb der Bürokratie sind bei komplexen Regelungsmaterien ausschlaggebend, nicht politische Machtworte. Im Krisenmodus allerdings – bei Bedrohungswahrnehmung, hohem Zeitdruck und verminderten Informationen sowie in nationalen Strategiefragen (Verhältnis zu Großmächten, Taiwan, WTO) – sind Entscheidungsverfahren weiterhin hochzentralisiert und von einzelnen Führungspersönlichkeiten oder einem engen Entscheidungszirkel dominiert.

In Übersicht 6.4 sind die wichtigsten Akteure in außenpolitischen Entscheidungsprozessen und deren Zusammenwirken aufgeführt (vgl. Swaine 1996; Lu Ning 2001).

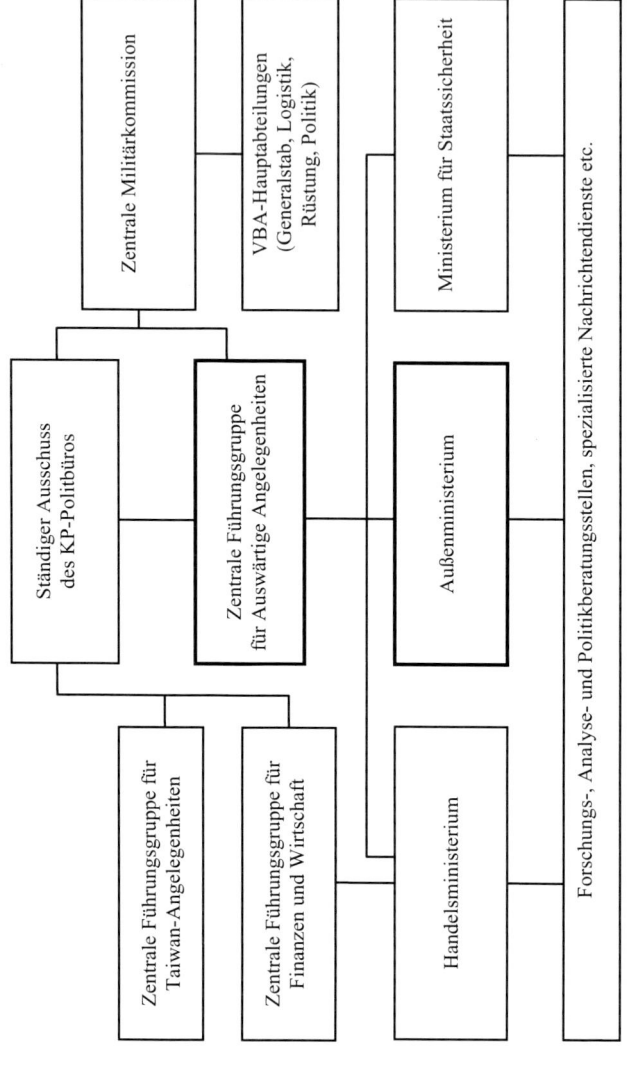

Übersicht 6.4: *Zentrale Akteure in außenpolitischen Entscheidungsprozessen (2003)*

6.3 Außenpolitische Entscheidungsfindung

An der Spitze der Entscheidungsstruktur steht der Ständige Ausschuss des KP-Politbüros, der über strategische Fragen der Außenpolitik und in internationalen Krisensituationen entscheidet. Ansonsten findet die außenpolitische Koordination in ressortübergreifenden Zentralen Führungsgruppen unterhalb des Politbüros statt. Besonders großes Gewicht besitzt hier die Zentrale Führungsgruppe für Auswärtige Angelegenheiten (gewöhnlich unter Leitung des KP-Generalsekretärs). Taiwan-Angelegenheiten (ebenfalls unter Vorsitz des Generalsekretärs) sowie Grundsatzfragen der Finanz- und Wirtschaftspolitik (unter Leitung des KP-Generalsekretärs oder des Ministerpräsidenten) werden in zwei weiteren Zentralen Führungsgruppen behandelt. Diese Führungsgruppen sind angewiesen auf die Vorarbeiten der professionellen Stäbe im Außenministerium, Handelsministerium und Staatssicherheitsministerium – in sicherheitspolitischen Fragen unter Einbeziehung auch der Zentralen Militärkommission.

Außenministerium und Handelsministerium haben für die Informationsgewinnung, Analyse und Entscheidungsvorbereitung seit den neunziger Jahren eine zentrale Position erlangt. 1998 wurde das bis dahin sehr einflussreichen Staatsratsamt für Auswärtige Angelegenheiten, das direkt dem Ministerpräsidenten unterstellt und somit dem Außenministerium vorgelagert war, auf die Rolle einer Stabsstelle der Zentralen Führungsgruppe für Auswärtige Angelegenheiten reduziert und personell ausgedünnt. Hierdurch erfuhr das Außenministerium eine weitere politische Stärkung, nachdem es im Bereich der Rüstungskontrolle bereits zuvor der Zentralen Militärkommission wichtige Befugnisse streitig gemacht hatte. Das Außenministerium ist allerdings in häufige Kompetenzkonflikte mit dem Handelsministerium (bis März 2003: Außenhandelsministerium; zur Reorganisation siehe 3.4.1) verwickelt, das im Kontext der WTO-Beitrittsverhandlungen eine deutliche politische Aufwertung erfuhr. Ständige Reibungen gibt es auf Seiten des Handelsministeriums mit regionalen Regierungen und Handelsgesellschaften, die die zentralisierte Aufsicht und Regelsetzung durch das Beijinger Ministerium in ihrer Außenhandelspraxis häufig missachten.

Insbesondere in den Verhandlungen um den chinesischen WTO-Beitritt wurde vor Augen geführt, wie komplex die außenpolitische Willensbildung in China geworden ist. Angesichts einer aufgeblähten, intern zerstrittenen chinesischen Verhandlungsdelegation musste der Delegationsführer letztlich den damaligen Ministerpräsidenten Zhu Rongji bitten, durch persönliches Eingreifen die Widerstände zu brechen. In anderen Bereichen internationaler Zusammenarbeit sind verhärtete bürokratische Interessen in gleicher Weise Ursache für politische Immobilität. Eine genaue Kenntnis innerchinesischer politisch-bürokratischer Interessengegensätze ist somit unabdingbar, um das chinesische Verhalten in internationalen Verhandlungen zu verstehen: "Chinese participation in international affairs is an extension of its domestic politics" (Economy/Oksenberg 1999: 23-24). Die enge Verflechtung zwischen innen- und außenpolitischen Entscheidungsverfahren führte einerseits dazu, dass die chinesische Führung die WTO-Beitrittsverhandlungen als Hebel nutzte, um innenpolitische Widerstände gegen Strukturreformen zu überwinden. Andererseits wurde die innere Situation Chinas (politische Widerstände, soziale Instabilität etc.) zugleich als Hebel genutzt, um von den internationalen Verhandlungspartnern Zugeständnisse zu erlangen. Die chinesischen Politiker spielten hier Widerstände auf zwei verschiedenen Verhandlungsebenen gegeneinander aus (zu diesem *"two-level game"* vgl. Holbig 1999).

Die WTO-Verhandlungen verdeutlichten, dass es der chinesischen Führung zunehmend schwer fällt, einschneidende Reformentscheidungen innenpolitisch durchzusetzen. Nur wenn Konsens in der Führungsspitze besteht und sich einzelne Vertreter der Parteispitze massiv persönlich einsetzen, ist es möglich, Lähmungen des Entscheidungsprozesses zu überwinden. Dies bedeutet, dass künftig Phasen der politischen Entscheidungsblockade voraussichtlich häufiger auftreten werden. Ausländische Interessenten werden zunehmend widersprüchliche Signale von unterschiedlichen politisch-bürokratischen Akteuren aus China empfangen. Und es wird schwierig sein zu wissen, wer wann das entscheidende "letzte Wort" in politischen Regelungsfragen gesprochen hat.

Die Rolle des Ministeriums für Staatssicherheit in der Außenpolitik und Außenwirtschaftspolitik ist naturgemäß intransparent (zur innenpolitischen und wirtschaftlichen Rolle s. 3.10.1). Den verfügbaren Informationen zufolge betreibt dieses Ministerium nicht nur die üblichen nachrichtendienstlichen Tätigkeiten in den politischen und militärischen Außenbeziehungen, sondern auch eine groß angelegte Außenwirtschaftsspionage und spielt deshalb eine wichtige Rolle in der Akquirierung moderner ziviler und militärischer Technologien.

Die außenpolitische Rolle militärischer Akteure aus der Zentralen Militärkommission oder aus den VBA-Hauptabteilungen (zu militärischen Organisationsstrukturen siehe im Detail 3.11.3) wird in den westlichen Medien häufig übertrieben dargestellt. Die besten Kenner des chinesischen außen- und sicherheitspolitischen Establishments stimmen darin überein, dass militärische Akteure bislang zu keinem Zeitpunkt zu einer unabhängigen Kraft in der außenpolitischen Entscheidungsfindung geworden sind (Lu Ning 2001; Swaine 2001). Die Autorität der zivilen Parteiführung ist bislang in außen- und auch in taiwanpolitischen Entscheidungsprozessen trotz vielfacher Einwände von militärischer Seite nicht in Frage gestellt worden.

6.4 Militärstrategie und Rüstungspolitik

Der Wandel der chinesischen Militärstrategie seit der Zeit der Staatsgründung hat erhebliche Auswirkungen auf die Kommando- und Kontrollstrukturen, die Rüstungspolitik und die Einsatzplanung. Die von den kommunistischen Guerilla-Kämpfern zunächst eingeschlagene Strategie des "Volkskriegs", der auf die chinesischen Volkmassen und maoistische Guerillamethoden setzte, wurde Ende der sechziger Jahre bis in die achtziger Jahre hinein von der Vorstellung eines großen nuklearen Konfliktes abgelöst, den man insbesondere mit der Sowjetunion erwartete. Seit Mitte der achtziger Jahre und insbesondere unter dem Eindruck des Golfkrieges 1991 erfolgte der Wandel zu einer Militärstrategie "begrenzter Kriege unter Hochtechnologiebedingungen" *(gaoji jishu tiaojian xia de jubu zhanzheng)*, mit der eine taktische Doktrin der "aktiven Verteidigung" verbunden wurde. Dieser Doktrin zufolge soll die militärische Initiative durch gezielte frühe Schläge mittels Luftwaffe, Raketenstreitkräften und Elitetruppen gesichert werden.

Ende der neunziger Jahre kam es unter dem Eindruck der US-amerikanischen Überlegenheit im Jugoslawien-Konflikt unter chinesischen Militärstrategen zu inoffiziellen Überlegungen über eine Strategie des "schrankenlosen Krieges" *(chaoxian zhan)*, der sich nicht an konventionelle militärische Regeln und Schlachtfelder hält, sondern beispielsweise mittels Terrorismus, Drogenexporten, Umweltzerstörungen oder auf dem Feld der Finanzmärkte und der Informationstechnologie geführt werden könne, so dass finanziell und militärtechnologisch unterlegene Staaten wie China selbst Gegnern wie den USA fatale Schäden zufügen und deren politisch-militärischen Apparat lähmen könnten. Ein kostspieliges und für China aussichtsloses Wettrüsten etwa im Bereich der Raketenstreitkräfte würde dadurch unnötig. In der Tat gab es bei den wiederholten Reibungen zwischen China und den USA seit 1996 Ansätze zu einem "Cyberwar", in dessen Rahmen amerikanische Regierungsserver blockiert und dort gespeicherte Informationen von chinesischen Hackern beschädigt wurden. Diese unkonventionellen militärstrategischen Denkansätze haben bisher jedoch keine offizielle Akzeptanz in der chinesischen Militärführung gefunden.

6.4.1 Verteidigungshaushalt und Rüstungspolitik

Bei der Umsetzung des Programms der "Vier Modernisierungen" rangierten die Aufwendungen für die militärische Modernisierung bis Ende der achtziger Jahre an einer der hinteren Stellen. Aus heutiger Sicht ist es bemerkenswert, dass die VBA-Führung so lange Zeit die Kürzung oder Stagnation des Verteidigungshaushaltes hinnahm, ohne gegen die von der zivilen Führung gesetzten Prioritäten zu opponieren. In den neunziger Jahren aber setzte die Militärführung unter dem Schock der militärtechnologischen Überlegenheit, die von den US-Streitkräften seit dem Golfkrieg mehrfach demonstriert worden war, sehr hohe Aufstockungen des Militärhaushaltes durch. Die staatlichen Finanzzuwendungen an die Armee wiesen teilweise zweistellige jährliche Zuwächse auf (vgl. Übersicht 6.5 für 1991-2000). So auch in den Jahren 2001 und 2002, in denen nach Angaben der chinesischen Regierung der Verteidigungshaushalt um jeweils knapp 18% wuchs. Für 2003 wurde ein Zuwachs von offiziell nur knapp 10% angekündigt.

Übersicht 6.5: *Militärausgaben der VR China 1991-2000*

Jahr	Militärausgaben in RMB Yuan (Mrd.)*	Veränderung zum Vorjahr (%)	Militärausgaben in US$ (Mrd.)*	Anteil am BIP (%)
1991	53,7	+8,9	12,7	2,5
1992	69,2	+28,9	15,4	2,7
1993	73,1	+5,6	14,2	2,1
1994	87,2	+19,3	13,6	1,9
1995	105	+20,4	13,9	1,8
1996	124	+18,1	15,3	1,8
1997	139	+12,1	16,6	1,9
1998	157	+12,9	19,0	2,0
1999	172	+9,6	21,1	2,1
2000	189	+9,9	23,0	k.A.

* Berechnungen des Stockholm International Peace Research Institute (SIPRI).
© Heilmann 2002/2004

Nach offiziellen chinesischen Regierungsangaben in Weißbüchern zu Verteidigungsfragen erreichten die Militärausgaben in den neunziger Jahren nur einen Anteil von weniger als 2% am Bruttoinlandsprodukt (USA: 4%). Die tatsächlichen und zum Großteil verdeckten Militärausgaben Chinas könnten allerdings schätzungsweise das Vier- bis Fünffache der offiziellen Angaben betragen. Denn Aufwendungen für militärische Forschung und Entwicklung, Subventionen für Unternehmen des Rüstungssektors sowie Unterhaltshilfen für Soldaten und ihre Familien sind in den Haushalten anderer Ressorts und von Provinzregierungen versteckt. Außerdem sind die Einnahmen, die das Militär aus Rüstungsexporten bezieht und zumindest bis 1998/99 auch aus militärischen Wirtschaftsunternehmen abzweigen konnte, in den offiziellen Angaben nicht berücksichtigt; allein hierbei dürfte es sich um Beträge in zweistelliger Milliardenhöhe handeln, die zumindest zum Teil in die militärische Modernisierung flossen (Shambaugh 2003).

6.4.2 China als militärische Bedrohung?

Seit den späten neunziger Jahren wurde die VR China in westlichen Publikationen immer wieder als militärisch bedrohliche Macht dargestellt, die dank eines massiven Aufrüstungsprogramms auf dem Wege sei, zum wichtigsten militärischen Rivalen der USA aufzusteigen (Bernstein/Munro 1997).

Trotz der beachtlichen Höhe der Militärausgaben weisen westliche Militärspezialisten jedoch nahezu übereinstimmend auf anhaltende Modernisierungshindernisse in Chinas Rüstungssektor hin (Shambaugh/Yang 1998; Shambaugh 2003). Die Ausgaben für Forschung und Entwicklung im Rüstungssektor sind im internationalen Vergleich außerordentlich niedrig. Die Rüstungsproduktion wird durch verstärkte Konversionsbemühungen (Übergang zur Produktion ziviler Güter) und durch die Abwanderung hochqualifizierter Fachkräfte in lukrativere Wirtschaftszweige geschwächt. Aufgrund finanzieller Engpässe und Exportbegrenzungen westlicher Industrieländer sind der Akquisition von militärischer Hochtechnologie enge Grenzen gesetzt. China kann fortgeschrittene Militärtechnologie vornehmlich aus Russland und Israel beziehen. Der Großteil der Militärtechnologie verharrt auf einem Jahrzehnte hinter den USA zurückliegenden Stand.

So hat die militärische Modernisierung Chinas trotz der Entwicklung relativ fortgeschrittener Waffensysteme im Bereich von Raketen- und Nukleartechnologie weiterhin mit grundsätzlichen Beschränkungen zu kämpfen. Nur eine kleine Zahl der insgesamt 24 Armeekorps der VBA kann als gut ausgebildet, diszipliniert und wohlausgestattet gelten. Kleinere Teilbereiche der chinesischen Streitkräfte (insbesondere die mobilen Krisenreaktionseinheiten, zum Teil auch die Raketenstreitkräfte) hatten in den neunziger Jahren zwar beachtliche Fortschritte zu verzeichnen, aber insgesamt hinken Waffensysteme, Kommando- und Kommunikationsstrukturen sowie militärische Ausbildung Jahrzehnte hinter dem neuesten Entwicklungsstand her (Shambaugh 2003). China ist von einer Fähigkeit zur Machtprojektion in der asiatisch-pazifischen Region noch weit entfernt. Militärfachleute attestieren den chinesischen Streitkräften aufgrund dieser Beschränkungen "kurze Arme und langsame Beine", deren Reichweite zwar bis nach Taiwan, nicht aber bis ins Südchinesische Meer reiche. Eine Überschätzung des chinesischen Militärpotenzials ist vor diesem Hintergrund nicht angebracht.

6.5 Chinas Kooperation und Einbindung in der internationalen Politik

Die Bereitschaft der chinesischen Regierung zu multilateraler Kooperation hat sich auf den ersten Blick seit den neunziger Jahren erheblich verstärkt. China ist inzwischen einer sehr großen Zahl von internationalen Organisationen und Verträgen beigetreten (s. Übersicht 6.6). Dies hat zu einer intensivierten und vielschichtigen zwischenstaatlichen Kooperationspraxis beigetragen. China hat sich in den Vereinten Nationen von einem Rebellen gegen das System zum Unterstützer des Systems gewandelt. Internationale Zusammenarbeit wird als Mittel verstanden, um den chinesischen Anspruch auf gleichberechtigte Mitsprache in der Weltpolitik zu untermauern. Die Vereinten Nationen sieht Chinas Führung als Basis für die Entwicklung einer multipolaren Weltordnung und Beschränkung der US-amerikanischen Dominanz in der internationalen Politik (Kim 1999).

Aus der Sicht der chinesischen Regierung kann *multilaterale Kooperation* als Mittel zur Verfolgung nationaler Interessen und internationaler Mitsprache dienen, nicht aber als Treibsatz für politische Lernprozesse oder institutionelle Angleichungen innerhalb Chinas und nicht als eigentliches Ziel chinesischer Außenpolitik. Insofern hat die chinesische Führung bislang Normen multilateraler Kooperation nicht wirklich verinnerlicht, sondern sich vornehmlich taktisch angepasst. Allerdings hat die Vervielfachung internationaler Kontakte im Laufe der Reformperiode das "Spielfeld" und die "Spieler" in den chinesischen Außenbeziehungen wesentlich komplexer werden lassen: Die meisten staatlichen Stellen stehen inzwischen in regelmäßigem und zum Teil sehr intensivem Kontakt mit internationalen staatlichen und nichtstaatlichen Organisationen sowie global operierenden Konzernen. *Transnationale Netzwerke* zwischen politischen, bürokratischen, wirtschaftlichen und wissenschaftlichen Akteuren spielen heute eine wichtige Rolle im Transfer von administrativem, rechtlichem und technischem Wissen sowie auch in der Interessenartikulierung im Kontext von Gesetzgebungsverfahren und Wirtschaftsregulierung.

Übersicht 6.6: *Chinas wachsende internationale Einbindung*

Mitgliedschaft in zwischenstaatl. Organisationen	Mitgliedschaft in nichtstaatl. internationalen Organisationen	Realisierte ausländische Direktinvestitionen (Mrd. US$)	Außenhandel in Relation zum BIP (%)
21 (1977)	71 (1977)	0 (1976)	10% (1978)
52 (1997)	1.163 (1997)	41 (2000) 347 (1979-2000)	44% (2000)

Quelle: Lampton 2001; ZGTJNJ.
© Heilmann 2002/2004

Die innerchinesische Verwaltungspraxis und Regierungsarbeit hat sich durch diese Verbindungen zum Teil massiv verändert. Manche staatliche Stellen und politische Programme etwa in den Bereichen Armutsbekämpfung, Umweltschutz und dörfliche Demokratieförderung sind von ausländischer Finanzierung und Beratung in hohem Maße abhängig. Regionale Regierungsstellen sind häufig in symbiotischen Beziehungsgeflechten mit ausländischen Investoren verbunden. Im Finanzmarkt sind innerchinesische Regulierer und Dienstleister besonders stark in transnationale Netzwerke eingebunden. Innerhalb Chinas sind so neue transnationale Interessengruppen und ganz neue Interessenkonstellationen entstanden, deren Schicksal aufs Engste mit der internationalen Öffnung und Weltmarktintegration Chinas verbunden ist. Durch diese Konsequenzen ökonomischer Interdependenz wird die chinesische Führung unweigerlich immer stärker in ihren souveränen politischen Handlungsmöglichkeiten beschränkt.

Besonders weit reichen die Zugeständnisse Chinas bei der Anpassung seiner Außenhandelsbestimmungen an die Vorgaben des *Welthandelsregimes*. Die Regierung hat zu diesem Zwecke beachtliche Teile des Außenhandelssystems und Wirtschaftsrechts reformiert (siehe Kapitel 4.6). Das Selbstbewusstsein der chinesischen Führung und die Bereitschaft zu multilateraler Kooperation in Handelsfragen zeigte sich auch in einem überraschenden Vorstoß Chinas zur Etablierung einer Freihandelszone mit der ASEAN. Der Aufbau einer solchen Zone wurde im November 2001 auf einem Gipfeltreffen mit den südostasiatischen Staaten beschlossen. Anfang 2003 wurde vereinbart, dass zwischen 2005 und 2010 die Zölle schrittweise bis auf Null reduziert werden sollen. Bemerkenswert ist, dass sich die multilateralen Bindungen Chinas im Laufe der neunziger Jahre *trotz* einer in zentralen Punkten zunächst unveränderten Weltsicht vervielfachten (Moore/Yang 2001). Die Gravitationskräfte ökonomischer Interdependenz sind aufgrund der ausgeprägten chinesischen Außenhandelsorientierung offensichtlich sehr stark und haben inzwischen auch zu Modifizierungen in der internationalen Rollenwahrnehmung der chinesischen Regierung geführt.

Während in den chinesischen Außenwirtschaftsbeziehungen kooperatives Verhalten zusehends an Boden gewinnt, lässt sich dies für die *Sicherheitspolitik* nur eingeschränkt beobachten. Obwohl nationale Sicherheit heute kaum mehr nur unilateral durch militärische und ökonomische Stärke begründet werden kann, findet die Vorstellung einer multilateral herzustellenden "kollektiven Sicherheit" nur langsam Eingang in das chinesische sicherheitspolitische Denken. Zwar zeigt sich auch auf dem Feld der Sicherheitspolitik eine selektive Bereitschaft zu multilateraler Zusammenarbeit, beispielsweise im UN-Sicherheitsrat, in der Entsendung kleinerer Militärkontingente zu UN-Friedensmissionen, im Beitritt zu den Verträgen über die Nichtverbreitung von Atomwaffen bzw. über einen umfassenden Atomtest-Stopp sowie beim Konfliktmanagement bezüglich der koreanischen Halbinsel (Medeiros/Fravel 2003). Im asiatisch-pazifischen Raum aber schüren Chinas militärische Arkanpolitik, Aufrüstungsmaßnahmen, Drohgebärden gegenüber Taiwan und Territorialansprüche im südchinesischen Meer viele Ängste vor einer chinesischen Bedrohung. Eine der bislang unerfüllten Herausforderungen für die Friedenssicherung im asiatisch-pazifischen Raum bleibt die Integration Chinas in ein kollektives System regionaler Sicherheit. Multilaterale Dialogforen wie etwa das ASEAN Regional Forum (ARF, seit 1994) oder die Shanghaier Organisation für Zusammenarbeit (SOZ; 2001 von China, Russland und vier zentralasiatischen Staaten etabliert; vorausgehende Gipfeltreffen seit 1996) haben Kommunikation und Vertrauensbildung in der Region gestärkt, stellen bislang aber keine tragfähige und krisenfeste Sicherheitsstruktur dar (Maull/Nabers 2000; Wacker 2001).

Einer multilateralen Behandlung der Territorialkonflikte im südchinesischen Meer auf der Grundlage internationalen Rechts verschloss sich die chinesische Regierung lange Zeit. Im September 2002 signalisierte der damalige NVK-Vorsitzende Li Peng die Bereitschaft Beijings, gemeinsam mit den betroffenen Anrainerstaaten einen Verhaltenskodex für die friedliche Behandlung der Territorialstreitigkeiten auszuarbeiten. Im Oktober 2003 unterzeichnete die chinesische Regierung schließlich einen Freundschafts- und Kooperationsvertrag mit den ASEAN-Staaten, mit dem die Vertragsparteien sich verpflichten, im Konfliktfall keine militärische Gewalt anzuwenden.

Wie lassen sich die Chancen zu einer internationalen Einbindung Chinas insgesamt beurteilen? Formal wirkt die VRC heute in einer Vielzahl internationaler Regelwerke mit. Die Einbindung in sicherheitspolitischen Fragen allerdings geht viel weniger weit als in Fragen des internationalen Handels oder technischer Standards. In der chinesischen Außenpolitik ist, was die *bevorzugten Kooperationsformen* angeht, eine klare Abstufung zu erkennen (Möller 2001: 11): erstens "Bilateralismus aus der Position des Stärkeren", zweitens "Bilateralismus bei annähernd deckungsgleichen Interessen" und drittens "statusfördernder Multilateralismus mit geringer Verbindlichkeit". Die chinesische Führung ist häufig nur dann bereit, multilateralen Regelwerken beizutreten, wenn diese durch einen Mangel an Konsens unter den mitwirkenden Staaten gekennzeichnet sind und somit größere politische Manövriermöglichkeiten bieten.

6.6 China und die internationale Menschenrechtspolitik

Beijings selektive Kooperation und taktische Manöver in der internationalen Politik zeigen sich besonders deutlich in Menschenrechtsangelegenheiten. Mit der Aufnahme in die Vereinten Nationen 1971 hatte die Volksrepublik China die inhaltlich vage Verpflichtung auf die Menschenrechte übernommen, die in der UN-Charta festgehalten ist, wich aber zunächst der Einbeziehung in internationale Menschenrechtsaktivitäten aus. In den achtziger Jahren wurde das Land dann jedoch Mitglied der UN-Menschenrechtskommission, erklärte ausdrücklich, die Menschenrechte achten zu wollen, und ratifizierte eine Reihe spezieller Menschenrechtskonventionen etwa gegen Rassendiskriminierung und Folter. Erst mit der Protestbewegung von 1989 und ihrer blutigen Unterdrückung rückte China ins Zentrum der internationalen Menschenrechtspolitik. Der internationale Druck auf die chinesische Führung erhöhte sich drastisch. Die jährlich wiederkehrende amerikanische Kontroverse um Gewährung der Meistbegünstigung für China, die Dokumentation von Menschenrechtsverletzungen durch nichtstaatliche Organisationen und die Ausübung von Druck in bilateralen Beziehungen und Gesprächen führten zu gelegentlichen Zugeständnissen der chinesischen Führung (Kent 1993/1999; Santoro 2000; Foot 2001).

Darüber hinaus reagierte die chinesische Führung auf den internationalen Druck mit einer differenzierteren, theoretisch besser fundierten Erwiderung auf westliche Vorhaltungen. Das angebliche "Monopol" des Westens auf Formulierung und Auslegung der Menschenrechte sollte gebrochen werden.

Beijing begann damit, sich der Sprache der Menschenrechte zu bemächtigen und mit einer eigenen Interpretation westlichen Vorhaltungen entgegenzutreten. Diese Bemühungen führten zur Veröffentlichung umfangreicher offizieller Weißbücher zur innerchinesischen Menschenrechtssituation. Die chinesische Führung hält ihren ausländischen Kritikern vor, sich mit Hilfe einer selbstgerechten Menschenrechtspolitik in die inneren Angelegenheiten anderer Staaten einzumischen. Der Westen beabsichtige offenbar, Regionen mit gänzlich verschiedenen kulturellen Traditionen eine fremde Wertordnung aufzuzwingen, um damit unliebsame politische Systeme zu unterminieren. Der individualistische, westliche Menschenrechtsbegriff könne, so die Beijinger Führung, keine universelle Gültigkeit beanspruchen: Unterschiedliche Entwicklungsstufen und Traditionen erforderten ein jeweils eigenständiges Menschenrechtsverständnis. Auf dem Weg zur Modernisierung hätten die Rechte auf Leben, Existenzsicherung und Entwicklung Vorrang vor individuellen politischen Freiheiten. Das entscheidende Kriterium für die Beurteilung der Menschenrechtslage in einem Entwicklungsland sei, ob das politische System wirtschaftlichen und sozialen Fortschritt und die Lebensqualität der Menschen fördere.

Während der Menschenrechtskonferenz der Vereinten Nation im Juni 1993 prallten die unterschiedlichen Auffassungen und Interessen aufeinander. China stimmte zwar dem Schlussdokument der Wiener Konferenz zu, das neben einer großen Zahl von Kompromissformeln festhält, dass es die Pflicht der Staaten sei, "alle Menschenrechte und Grundfreiheiten unabhängig von ihren jeweiligen politischen, wirtschaftlichen und kulturellen Systemen zu fördern und zu schützen". Die Zustimmung wurde im nachhinein jedoch in offiziellen Verlautbarungen relativiert: Die – völkerrechtlich nicht bindende – Wiener Deklaration beinhalte auch Auffassungen westlicher Länder, mit denen China nicht zufrieden sein könne. China habe aber einem Kompromiss nicht im Weg stehen wollen. Nach langem Zögern ratifizierte der chinesische Nationale Volkskongress im März 2001 die Internationale Konvention über wirtschaftliche, soziale und kulturelle Rechte ("Sozialpakt" von 1966). Die Ratifizierung der politisch brisanteren Konvention über bürgerliche und politische Rechte aber ist bislang nicht erfolgt (dieser "Zivilpakt" wurde von China im Oktober 1998 lediglich unterzeichnet). Die kooperativ erscheinende chinesische Haltung in der internationalen Menschenrechtspolitik steht bis heute in scharfem Kontrast zur repressiven innerchinesischen Menschenrechtspraxis (siehe hierzu 5.2).

6.7 Die Taiwan-Frage

Die Taiwan-Frage ist gerade auch in militärischer Hinsicht das konfliktträchtigste Problemfeld der chinesischen Außenbeziehungen. Hier besteht eine reale Gefahr für einen bewaffneten Konflikt unter Beteiligung der USA. Chinesische Drohgebärden, Großmanöver und Raketenabschüsse in der Taiwan-Straße führten im Frühjahr 1996 dazu, dass die amerikanische Regierung zwei Flugzeugträgerverbände in das Gebiet entsandte. Die Taiwan-Frage ist ein aus dem chinesischen Bürgerkrieg und dem Kalten Krieg entstandenes Kernproblem der chinesischen Politik. Sie ist aufs Engste mit dem militärischen Kräfteverhältnis und dem sicherheitspolitischen Gesamtgefüge im asiatisch-pazifischen Raum sowie mit der Rolle der USA in der Region verknüpft.

6.7.1 Gegensätzliche Positionen zum Status Taiwans

Für die Regierung der VR China stellt die Wiedervereinigung mit der "abtrünnigen Provinz" Taiwan eine innere Angelegenheit dar: Es gehe um die Wiederherstellung der nationalen Einheit, Souveränität und territorialen Integrität Chinas. Da Taiwan als untergeordnete regionale Einheit eingestuft wird, lehnt Beijing Verhandlungen auf gleichberechtigter Basis ab und hat erfolgreiche Anstrengungen unternommen, um Taiwan in der internationalen Diplomatie zu isolieren und aus internationalen Organisationen herauszuhalten (eine Ausnahme bilden Wirtschaftsorganisationen wie Asian Development Bank, WTO oder APEC, in denen Taiwan als "separates Zollterritorium" unter der Bezeichnung „Chinese Taipei" von Beijing geduldet wird). Beijing fordert die strikte Einhaltung einer "Ein-China-Politik" in der internationalen Diplomatie, was eine Doppelvertretung – etwa nach dem deutschen Modell vor 1990 – in den Vereinten Nationen und in anderen internationalen Organisationen blockiert. Beijing ist bislang auch nicht bereit, eine gewaltsame Lösung der Taiwan-Frage als Handlungsoption auszuschließen. Die Wiedervereinigung soll nach Vorgaben Beijings dem Prinzip "Ein Land, zwei Systeme" folgen, das bereits im Falle Hongkongs glaubwürdig angewandt worden sei. Taiwan könne noch wesentlich weiter gehende Zugeständnisse im Hinblick auf Autonomierechte erwarten als Hongkong: Neben der Beibehaltung eines separaten Wirtschafts-, Währungs- und Zollterritoriums sowie einer eigenständigen Regierungsstruktur seien sogar separate Streitkräfte denkbar.

Aus der Sicht der Regierung in Taibei (andere Umschriften: Taipei oder Taipeh) stellen die Beziehungen zum chinesischen Festland das zentrale existentielle Problem für Taiwan dar. Taiwan hält an seinem Status als alternativer Staatsordnung unter der Bezeichnung "Republik China" fest, hat jedoch den Alleinvertretungsanspruch für ganz China aufgegeben. Taibei besteht auf gleichberechtigten Verhandlungen mit der Regierung der Volksrepublik; diese Vorbedingung aber akzeptiert Beijing nicht. Widerstreitende Interessen im Parteiensystem sowie in der Bevölkerung erschweren die Gestaltung einer kohärenten Festlandpolitik von Seiten Taibeis. Große Teile der taiwanischen Bevölkerung misstrauen den Autonomie-Versprechungen Beijings grundsätzlich. Viele Taiwaner sehen das Angebot Beijings, Taiwan den Status einer Sonderverwaltungsregion unter kommunistischer Herrschaft zuzugestehen, als Unterwerfungsstrategie an. Auch die offizielle Position der Regierung in Taibei ist mit den Beijinger Vorschlägen unvereinbar: Eine Wiedervereinigung könne nur im Rahmen eines demokratischen, freien und wohlhabenden Chinas vollzogen werden. Aus dieser Sicht kann letztlich erst ein grundlegender Systemwandel auf dem Festland die Voraussetzungen für eine vertrauensvolle Lösung der Taiwan-Frage schaffen. Dabei schwingt auch die Hoffnung mit, dass der Erfolg Taiwans als chinesischer und zugleich demokratischer und wohlhabender Staat Leitbild für die Modernisierung Festland-Chinas werden könnte. Die ungeklärte Frage der Wiedervereinigung Chinas bzw. der Unabhängigkeit Taiwans bleibt die prägende innenpolitische Konfliktlinie auf der Insel und verschärft institutionelle Blockaden im politischen System Taiwans (zur taiwanischen Innenpolitik konzise: Schubert 2003a).

In völkerrechtlicher Hinsicht und in der diplomatischen Praxis ist der Status Taiwans immer wieder Gegenstand von Diskussionen. Die meisten Staaten und internationalen Organisationen verfolgen eine Ein-China-Politik zugunsten der VRC, wie sie von Beijing vehement gefordert wird. Taiwan bildet jedoch ein de facto unabhängiges Regime mit den Attributen eines demokratischen Staates. Viele Staaten wie etwa die USA oder Deutschland unterhalten in Taiwan als Wirtschaftsbüros deklarierte informelle diplomatische Vertretungen. Die Sicht Taiwans als De-facto-Staat wird auch in weiten Teilen von Gesellschaft und Politik in Taiwan selbst vertreten, ist aber für die Regierung der VRC völlig unakzeptabel.

6.7.2 Ökonomische Wiedervereinigung

Trotz aller politischer Gegensätze und Kommunikationsblockaden wurde von der Regierung der VRC seit den achtziger Jahren eine immer engere wirtschaftliche Verflechtung mit Taiwan durch Sonderkonditionen für taiwanische Privatinvestoren gefördert. Die ökonomischen Verflechtungen werden auf Seiten Taiwans von privatwirtschaftlichen Unternehmern vorangetrieben, die sich in den Küstenregionen der VR China auf enge informelle Beziehungsgeflechte mit lokalen politisch-administrativen Akteuren stützen. Diese "Netzwerk-Integration" (Herrmann-Pillath 1994) findet auf einem doppelten Boden statt: Die informellen Netzwerke dienen als Basis für Transaktionen sowohl in der legalen Wirtschaft als auch in einer umfangreichen Schatten- und Schmuggelwirtschaft (Heilmann/Kupfer/Gras 2000).

Übersicht 6.7: *Wirtschaftliche Verflechtungen zwischen Taiwan und der VR China (Angaben in Mrd. US$)*

Jahr	Offiziell registrierter, indirekter Handel[1]	Handelsbilanz zugunsten Taiwans[1]	von taiwanischer Regierung offiziell genehmigte Festland-Investitionen[1]	von VRC-Regierung registrierte taiwanische Festland-Investitionen[2]
1990	5,2	+3,6	k.A.	k.A.
1994	17,9	+14,1	1,0	5,4
1998	24,0	+15,7	1,5	3,0
2000	33,8	+20,4	2,6	4,0
Gesamtsumme der Investitionen 1979-2000			17*	48*

[1]Mainland Affairs Council, Taiwan. Der Umfang der gesamten Handelsströme (incl. des nicht-registrierten Austauschs) liegt beträchtlich höher. [2]Staatliches Statistikamt der VR China. *Inoffizielle Schätzungen der taiwanischen Regierung belaufen sich auf 60-70 Mrd. US$ für 1979-2001.
© Heilmann 2002/2004

Die "ökonomische Wiedervereinigung" zwischen Taiwan und dem Festland ist schon weit fortgeschritten. Ende des Jahres 2001 beliefen sich die gesamten (offiziellen und inoffiziellen) taiwanischen Investitionen auf dem chinesischen Festland auf schätzungsweise 60-70 Mrd. US$, was einem Anteil von etwa einem Sechstel an den gesamten in China seit 1979 realisierten ausländischen Direktinvestitionen entspräche. 50.000 taiwanische Unternehmen fertigen auf dem Festland und beschäftigen Millionen von Arbeitskräften. Taiwan ist nach Hongkong zur inoffiziell zweitwichtigsten Investitionsquelle der VRC aufgestiegen. Einige chinesische Küstenregionen, vor allem Guangdong, Fujian und die Shanghai-Region, haben ganz außerordentlich von dem Zustrom profitiert.

In enger Verzahnung mit den Investitionsströmen haben auch die in der Regel über Hongkong geleiteten Handelsströme in den neunziger Jahren trotz weiterhin bestehender offizieller Restriktionen eine sprunghafte Steigerung erfahren. Seit 1995 ist die VR China unter Einschluss Hongkongs zum wichtigsten Handelspartner Taiwans aufgestiegen – noch vor den Vereinigten Staaten, die in den vorangegangenen drei Jahrzehnten die Spitzenposition eingenommen hatten. Die Regierung der VRC nimmt ein überaus großes Defizit im Handel mit Taiwan hin (allerdings dient ein großer Teil der für das Festland bestimmten taiwanischen Exporte der Weiterverarbeitung für den Reexport). Die Beijinger Führung zählt darauf, dass mit wachsender China-Abhängigkeit der taiwanischen Unternehmen auch die politischen Abhängigkeiten wachsen. Die Außenhandelsabhängigkeit Taiwans gegenüber der Volksrepublik hat tatsächlich dramatisch zugenommen, was ganz im Sinne der Regierung in Beijing ist, nicht aber im Sicherheitsinteresse der taiwanischen Regierung liegen kann.

Die taiwanische Regierung verhängte in den neunziger Jahren vielfältige Beschränkungen für Handels- und Investitionstätigkeiten auf dem Festland. Die Wirksamkeit dieser Maßnahmen war stets zweifelhaft, da viele taiwanische Unternehmen ihre Festlandaktivitäten über im Ausland registrierte Tochtergesellschaften abwickeln und die Auflagen der Regierung in Taibei umgehen. Die wirtschaftliche Verflechtung Taiwans mit dem Festland verstärkte sich und zog innenpolitische Folgen in Taiwan nach sich: Taiwanische Unternehmer übten zunehmend offenen Druck auf die eigene Regierung aus, die Beschränkungen in den Wirtschaftsbeziehungen mit dem Festland aufzuheben. Taiwan könne sich einfach nicht dem globalen Trend zur Öffnung des Festlandmarktes entgegenstellen. Tatsächlich reduzierte die taiwanische Regierung auch mit Blick auf die Erfordernisse der Ende 2001 erlangten WTO-Mitgliedschaft der VRC und Taiwans viele Beschränkungen. Direkte Handelsbeziehungen über die Taiwan-Straße hinweg aber erscheinen aufgrund des anhaltenden politischen Misstrauens kurzfristig nur schwer realisierbar.

6.7.3 Die politische Praxis der Beziehungen

Mit der Zunahme des wirtschaftlichen und touristischen Austauschs zwischen dem Festland und Taiwan entstand die Notwendigkeit einer Koordinierung zumindest in technischen und administrativen Fragen vom Postverkehr bis hin zur Behandlung von Flugzeugentführern. Inoffizielle Gespräche zwischen autorisierten, aber offiziell nichtstaatlichen Vermittlerorganisationen beider Seiten führten 1994 zwischenzeitlich zu einer Verbesserung des politischen Klimas. Die Verhandlungen durften jedoch nicht die Frage der Wiedervereinigung selbst berühren und wurden im Kontext der militärischen Spannungen 1995/96 abgebrochen und nicht wieder aufgenommen.

Die chinesische Partei- und Militärführung bezieht einen Militärschlag gegen Taiwan weiterhin in ihre strategischen Planungen ein. Seit 1995 führte die VBA immer wieder Manöver und Raketentests in der Taiwan-Straße durch, um politischen Druck auf Führung und Bevölkerung des Inselstaates auszuüben. Die Herstellung der nationalen Einheit wird von der Beijinger Führung als erstrangige politische Aufgabe angesehen.

In westlichen Medien wird oft darüber spekuliert, dass die Taiwan-Politik der chinesischen Regierung durch interne Auseinandersetzungen zwischen verschiedenen Personen, Gruppierungen, und Organisationen geprägt sei: "Falken" in der Armee stünden "gemäßigten" Kräften in der Parteiführung und im Außenministerium gegenüber. Nach neuen Forschungsergebnissen halten sich solche Gegensätze in sehr engen Grenzen: Über die grundsätzliche Strategie in der Taiwan-Frage besteht ein breiter Konsens in der chinesischen zivilen und militärischen Führung; Jiang Zemin war seit 1994 der eindeutig dominierende Entscheidungsträger in der Taiwan-Politik (Swaine 2001) und kümmerte sich auch nach seinem Ausscheiden als KP-Generalsekretär noch intensiv um diesen Politikbereich. Aus der Sicht der chinesischen Partei- und Militärspitze besteht im Hinblick auf taiwanische Schritte zur Unabhängigkeit keinerlei Raum für Kompromisse. Militärische Maßnahmen hat die chinesische Regierung angekündigt für den Fall einer taiwanischen Unabhängigkeitserklärung, einer "Einmischung" durch Dritte, einer nuklearen Aufrüstung Taiwans, eines inneren Ordnungszusammenbruchs in Taiwan oder einer "dauerhaften Weigerung der taiwanischen Behörden", die Wiedervereinigung auf dem Verhandlungswege herbeizuführen. Militärschläge werden also nicht ausgeschlossen, auch wenn die chinesische Führung sich zum Vorrang einer friedlichen Lösung bekennt. Zugleich machte die Regierung der VRC mehrfach deutlich, dass sie eine Lösung der Taiwan-Frage im Rahmen einer lockeren chinesischen Konföderation ausschließe: Die Formel "Ein China, zwei

Systeme" sei die einzige denkbare Grundlage für Verhandlungen über Taiwans Zukunft. 2002 und 2003 sandte Beijing gelegentlich moderate Signale in Richtung Taibei: Direkte Handelsbeziehungen müssten nicht mehr zwangsläufig an die vorherige Anerkennung des Ein-China-Prinzips durch Taibei geknüpft sein. Man könne die Handelsbeziehungen von den politischen Beziehungen trennen, indem man Unternehmen über die Etablierung von Schiffs- und Flugverbindungen verhandeln lasse. Beijing ist offenbar zuversichtlich, dass die wirtschaftliche Attraktivität des Festlandmarktes in der Taiwan-Frage möglicherweise noch wirkungsvoller für die eigenen Interessen arbeitet als politisch-militärische Drohungen.

6.7.4 Strategische Ambiguität der USA in der Taiwan-Frage

Auch die militärischen Kapazitäten gegenüber Taiwan sind jedoch gezielt ausgebaut worden. Das strategische Kräfteverhältnis in der Taiwan-Straße ist seit Ende der neunziger Jahre aufgrund der massiven Aufstockung des Arsenals von Kurzstreckenraketen auf dem chinesischen Festland in Bewegung geraten. Die VBA hat ihre Raketenstreitmacht an der Taiwan gegenüberliegenden Ostküste von 30-50 (1996) auf 150-200 Trägersysteme (2000) ausgebaut. Allerdings wird das chinesische Militär aus heutiger Sicht noch bis mindestens 2006 brauchen, um eine vollständige Seeblockade und amphibische Angriffsoperationen gegen Taiwan durchführen zu können (Shambaugh 2000b; Wagener 2000).

In militärischer Hinsicht kommt eine Schlüsselrolle den Vereinigten Staaten zu, deren Position in der Taiwan-Frage durch eine bewusste, aber konflikträchtige "strategische Ambiguität" gekennzeichnet ist. Einerseits bekennt sich die US-Regierung seit Aufnahme diplomatischer Beziehungen 1979 zur Ein-China-Politik zugunsten der VRC. Andererseits unterhalten die USA aber breit gefächerte Sonderbeziehungen unterhalb der diplomatischen Ebene zu Taiwan, die sich auf den vom amerikanischen Kongress verabschiedeten "Taiwan Relations Act" (TRA, 1979) stützen. Diesem zufolge wird eine Bedrohung der Sicherheit Taiwans als Bedrohung US-amerikanischer Interessen definiert. Lieferungen modernster Defensivwaffen an Taiwan werden mit den Zusagen des TRA gerechtfertigt und sind ein ständiger Streitpunkt zwischen Beijing und Washington. Im Falle eines Angriffs der VRC auf Taiwan könnte nicht nur die USA in einen bewaffneten Konflikt verwickelt werden, sondern auch Japan aufgrund des militärischen Beistandspaktes mit den USA. Während die Clinton-Regierung die militärische Bedeutung der amerikanischen Sicherheitszusage für Taiwan herunterspielte, erklärte Präsident Bush Jr. im Frühjahr 2001, dass die USA bereit seien, "alles Notwendige" zu tun, um Taiwan vor einer Invasion zu schützen (Möller 2001). Zwischen 2001 und 2003 aber verbesserten sich die Beziehungen zwischen Beijing und Washington so markant, dass auch die Bush-Administration in der Taiwan-Frage eine zurückhaltende, an Konfliktminimierung orientierte Position einnahm und die taiwanische Regierung aufforderte, alles zu unterlassen, was eine Verschärfung der Spannungen provozieren könne.

6.8 Chinesisch-amerikanische Beziehungen

Die Beziehungen zu den USA sind seit der Auflösung der Sowjetunion der bei weitem wichtigste außenpolitische Bezugspunkt Chinas. Noch zu Zeiten des Kalten Krieges machten die chinesisch-amerikanischen Beziehungen eine fundamentale Verschiebung von Konfrontation und Feindseligkeit (vom Koreakrieg 1950 bis zur Annäherung 1971) hin zur strategischen Kooperation gegenüber der Sowjetunion (1971-1989) durch. Mit dem Ende des Kalten Krieges verlor die bilaterale Kooperation die einigende Zielsetzung. Seitdem sind wiederkehrende heftige Schwankungen in den chinesisch-amerikanischen Beziehungen zu beobachten, die von der innenpolitischen Dynamik und von Perzeptionsverschiebungen in beiden Ländern sowie von militärischen Vorfällen (1996, 1999, 2001, vgl. Übersicht 6.1 am Kapitelanfang) verursacht wurden. Während die Präsidenten Clinton und Jiang Zemin zumindest rhetorisch eine "konstruktive strategische Partnerschaft" anstrebten, kennzeichneten die Gegner dieser China-Einbindungspolitik sowie Präsident Bush Jr. – allerdings nur zu Beginn seiner Amtszeit – China als "strategischen Konkurrenten" für die USA.

Für eine strategische Partnerschaft zwischen China und den USA fehlen die Grundlagen: Die Sicht der internationalen Beziehungen und der eigenen Rolle in der Welt, die militärisch-strategischen Interessen sowie die Regierungssysteme beider Länder sind grundverschieden. China andererseits als für die USA bedrohliche Macht zu präsentieren, erscheint ebenfalls unangemessen: Die chinesische Regierung hat weder den politischen Willen noch den internationalen Einfluss oder die militärische Macht, um die USA in deren globaler Rolle herauszufordern. Von einem neuen "Kalten Krieg" zu sprechen ist demnach fehl am Platze (Shambaugh 2000b). Ein Konkurrenzverhältnis zwischen China und den USA aber ist in vielen Politikbereichen tatsächlich gegeben: Beide Länder beanspruchen eine strategische Führungsrolle in Ostasien und streben danach, die Macht der anderen Seite im pazifischen Raum einzuhegen. China ist nicht bereit, sich mit der massiven Militärpräsenz der USA (etwa ein Fünftel der gesamten US-Streitkräfte untersteht dem Pacific Command) und der dominierenden sicherheitspolitischen Rolle der USA in der Region abzufinden, und plädiert dafür, die amerikanische "Hegemonie" auch über den pazifischen Raum hinaus durch eine multipolare internationale Ordnung unter Führung der Vereinten Nationen abzulösen.

Die strategische Konkurrenz schließt eine konstruktive Kooperation in wichtigen anderen Bereichen – von der Nichtverbreitung von Nuklearwaffen über die Koreafrage und die Terrorismusbekämpfung bis hin zu Drogenhandel, Umweltschutz und selbstverständlich Wirtschaftsaustausch – in der Praxis der amerikanisch-chinesischen Beziehungen nicht aus. In den bilateralen Beziehungen sind Elemente der Konkurrenz wie auch der Kooperation enthalten. Aus heutiger Sicht hat nur die Taiwan-Frage das Potenzial, die beiden Mächte in einen direkten militärischen Konflikt hineinzuziehen.

Die Vereinigten Staaten betrieben nach 1989 phasenweise – besonders jeweils in den ersten Monaten nach dem Antritt einer neuen US-Administration – eine China-Politik, die vor offenen Konfrontationen in Handels- und Menschenrechtsfragen nicht zurückschreckte. Auch unter der neuen Bush-Administration deutete sich anfangs eine härtere Gangart gegenüber China an. Die amerikanische China-Politik ist mit den innenpolitischen Kräfteverhältnissen in Washington immer wieder beträchtlichen Schwankungen ausgesetzt. Sehr unterschiedliche Kräfte sind hier am Werk: Die US-Regierung sieht sich einerseits mit einem immer energischeren Lobbying für die Interessen des Chinahandels durch amerikanische Unternehmen und Wirtschaftsverbände konfrontiert. Andererseits gibt es im Kongress und in den Medien eine sehr einflussreiche Taiwan-Lobby, die sich mit Erfolg für die Unterstützung des demokratischen Taiwan einsetzt. Teile des außenpolitischen Establishments in Washington vertreten gegenüber der VR China eine mal mehr, mal weniger dezidierte "Agenda for Change", die zur Ablösung der kommunistischen Herrschaft beitragen soll.

Hauptkonfliktpunkte zwischen China und den USA sind neben der Taiwan-Frage chinesische Rüstungsexporte, das geplante amerikanische Raketenabwehrsystem sowie Spannungen in Menschenrechts- und Handelspolitik. Die Menschenrechtsfrage verlor in der zweiten Hälfte der neunziger Jahre an politischer Brisanz in den bilateralen Beziehungen – nicht weil sich die Lage in China durchgreifend gebessert hätte, sondern weil die amerikanische Regierung (sowohl unter Clinton als auch unter Bush Jr.) nach 1994 die Han-

6.8 Chinesisch-amerikanische Beziehungen

delsbeziehungen nicht mehr an eine Verbesserung der Menschenrechtslage in China koppelte. Heftig umstritten sind Pläne der amerikanischen Regierung zum Aufbau eines Raketenabwehrsystems, wodurch die chinesische Regierung Sicherheitsarchitektur und Machtverhältnisse in der Region bedroht sieht. Auch die Handelsbeziehungen werden mit Sicherheit eine zentrale Konfliktquelle bleiben: Im Jahr 2000 übertraf das US-amerikanische Defizit im Handel mit China das mit Japan und belief sich 2002 auf 103 Mrd. US$ (amerikanische Angaben unter Einschluss Hongkongs). In Zeiten der Hochkonjunktur sind die USA bereit, ein solches Defizit nicht zu einem zentralen politischen Streitpunkt zu machen. In Zeiten wirtschaftlicher Unsicherheit aber wird die amerikanische Toleranz hier deutlich geringer ausfallen (Rupprecht 2001). Folgerichtig verstärkten die USA 2003 gemeinsam mit Japan ihren Druck auf die chinesische Regierung, um diese zu einer Aufwertung der chinesischen Währung zu bewegen und so die Außenhandelsungleichgewichte zu verringern.

In den politischen Beziehungen aber ergaben sich infolge der Neuausrichtung der US-Außenpolitik nach den Terrorattacken vom September 2001 neue Möglichkeiten zu einer Intensivierung der bilateralen Kooperation bei gleichzeitiger Hintanstellung alter Konflikte (Kreft 2003). China unterstützte die von den USA angeführte Bekämpfung des transnationalen Terrorismus und übte auch nur verhaltene Kritik am amerikanisch-britischen Eingreifen im Irak 2003. Die US-Regierung ließ im Gegenzug die Kennzeichnung Chinas als „strategischer Konkurrent" fallen und billigte die Einstufung einer islamistischen Untergrundorganisation in Xinjiang als terroristische Gruppierung. Im Vorfeld des Staatsbesuches von Jiang Zemin in den USA im Oktober 2002 wurde von chinesischer Seite eine Reihe von militärischen Exportbeschränkungen erlassen, die langjährigen amerikanischen Forderungen entgegenkamen. Darüber hinaus zeigte sich mit Rücksicht auf das chinesisch-amerikanische Verhältnis eine rhetorische Mäßigung Beijings auch in Taiwan- und Tibet-Angelegenheiten. Die gegenseitige Abstimmung in der Behandlung der nordkoreanischen nuklearen Herausforderung wurde erheblich verstärkt. Von chinesischen Diplomaten wurde die entgegenkommende Politik gegenüber den USA damit erklärt, dass China in den wirtschaftlich und innenpolitisch kritischen nächsten zwanzig Jahren gute Beziehungen zu den USA brauche. Außerdem seien die Interessen Chinas an einer stabilen internationalen Ordnung wie auch an der Bekämpfung transnationaler krimineller und terroristischer Organisationen inzwischen denen von entwickelten Ländern sehr ähnlich. Die in der Vergangenheit häufigen sprunghaften Ausschläge in den amerikanisch-chinesischen Beziehungen seien für keine Seite von Vorteil. Man müsse auf eine Verstetigung der Zusammenarbeit hinarbeiten. Die grundlegenden Spannungsursachen und Rivalitäten zwischen den USA und China aber sind durch die neuen Kooperationsschritte nicht aufgehoben: Die USA bleiben ein politisch und militärisch übermächtiger Widersacher für die chinesische Regierung, solange amerikanische Politiker auf eine Veränderung des bestehenden Herrschaftssystems in China drängen und der Wiedervereinigung mit Taiwan im Wege stehen.

Als Gegengewicht gegen die amerikanische Dominanz wird von der chinesischen Führung eine "strategische Partnerschaft" mit Russland gepflegt (Abschluss eines Freundschafts- und Kooperationsvertrages im Juli 2001). Tatsächlich gibt es gemeinsame Standpunkte in internationalen Fragen (etwa in der Ablehnung auswärtiger Einmischungen in der Tschetschenien- bzw. Taiwanfrage) und in sicherheitspolitischer Hinsicht bieten die chinesisch-russischen Beziehungen das bislang einzige Beispiel für wirkungsvolle Vertrauens- und Sicherheitsbildung in Ostasien (Möller 2001). Dennoch handelt es sich bei dieser Partnerschaft insgesamt um eine selektive Ad-hoc-Zusammenarbeit, der aufgrund unterentwickelter Wirtschaftsbeziehungen zwischen China und Russland auch die vitale ökonomische Grundlage fehlt.

6.9 Chinas Beziehungen zu Europa und Deutschland

Die USA und die europäischen Regierungen teilen einige grundsätzliche Ziele in ihrer China-Politik (Rupprecht 2001): China soll als berechenbarer und verantwortungsbewusster Akteur in die internationalen Beziehungen eingebunden werden; Chinas politisches System soll sich öffnen und demokratisch-rechtsstaatlichen Prinzipien folgen; Chinas wirtschaftliche und soziale Modernisierung soll ohne drastische Einbrüche fortgeführt werden. Über diese allgemeinen Zielsetzungen hinaus aber bestehen deutlich Unterschiede in der Sicht- und Herangehensweise gegenüber dem aufstrebenden China.

In der chinesischen Außenpolitik wird die Europäische Union als einheitlicher und handlungsfähiger Akteur nur in der multilateralen Handelspolitik wahrgenommen. In den chinesischen WTO-Beitrittsverhandlungen spielte die EU tatsächlich in Abstimmung mit den US-amerikanischen Verhandlungsführern eine Schlüsselrolle. Seit Mitte der neunziger Jahre hat die chinesische Regierung durch regelmäßige Konsultationen, jährliche Gipfeltreffen und die Aufnahme eines Menschenrechtsdialogs die politischen Beziehungen zur Europäischen Union – offensichtlich als Gegengewicht zur sonstigen Dominanz der USA – gezielt aufgewertet (Friedrich 2000b). Diese Aufwertung hat aber wohl in erster Linie symbolische Bedeutung. Denn die europäischen Staaten werden von Chinas Außenpolitikern als individuelle, untereinander rivalisierende Akteure betrachtet, die sich etwa in Fragen der Menschenrechtspolitik (divergierende europäische Positionen in der UN-Menschenrechtskommission) wie auch bei der Finanzierung großer Investitionsprojekte in China (konkurrierende einzelstaatliche Finanzhilfen, Entwicklungskredite und Bürgschaften) gegeneinander ausspielen lassen (Gu 1998). Beim Wettbewerb um Großprojekte innerhalb Chinas (etwa Kernkraftwerke und Schnellbahnsysteme) befinden sich die europäischen Regierungen häufig in einem regelrechten Subventionswettlauf. Chinesische Regierungsstellen haben diese Rivalitäten durch eine selektive Bevorzugung wechselnder Staaten in Importgeschäften und Infrastrukturprojekten für die eigenen Zwecke geschickt zu nutzen verstanden.

6.9.1 Europäisch-chinesische Wirtschaftsbeziehungen

Die Europäische Union ist nach Japan und den USA der drittwichtigste Handelspartner Chinas. In der zweiten Hälfte der neunziger Jahre schob sich die EU als Quelle ausländischer Direktinvestitionen in China sogar vor die USA und Japan. Die Importe der EU aus China stiegen seit 1990 von knapp 20 auf 70 Mrd. € im Jahr 2000 an. Die Exporte nach China nahmen in diesem Zeitraum von knapp 6 auf 25 Mrd. € zu. Für China ist Europa ein viel wichtigerer Wirtschaftspartner als umgekehrt China für Europa. Denn der Handel mit China erreichte 2000 einen Anteil von nur knapp 5% am gesamten EU-Außenhandel (etwa vergleichbar mit dem Anteil der Schweiz), während die EU-Ökonomien in den letzten Jahren einen Anteil von rund 15% am chinesischen Außenhandel hielten. Aus europäischer Sicht ist Ende 2000 ein Handelsbilanzdefizit von 45 Mrd. € aufgelaufen, das von der Europäischen Kommission auf vielgestaltige Marktzugangsbeschränkungen in China sowie auf chinesisches Export-Dumping zurückgeführt wird. Hierauf reagierte die EU-Kommission mit einer Serie von Anti-Dumping-Verfahren. Ende der neunziger Jahre unterlagen rund die Hälfte der chinesischen Exporte nach Europa Einfuhrquoten und anderen nicht-tarifären Handelshemmnissen (Seitz 2000). In den chinesisch-europäischen Handelsbeziehungen bestehen somit erhebliche Konfliktpotenziale, die auch mit dem chinesischen Beitritt zur WTO nicht einfach verschwanden.

6.9.2 Europäisch-chinesische politische Beziehungen

Die Beziehungen zwischen China und den Staaten Westeuropas waren für beide Seiten bis in die achtziger Jahre hinein nur von nachrangiger Bedeutung. Erst mit der außenwirtschaftlichen Öffnung Chinas und dem Ende der strategischen Zwänge des Kalten Krieges gewannen die Beziehungen an Gewicht. Von der chinesischen Regierung werden die Europäische Union bzw. die größeren europäischen Mächte als weltpolitisches Gegengewicht gegen die Dominanz der USA begriffen. Da sicherheitspolitische Friktionen – etwa in der Taiwan-Frage – zwischen Europa und China nicht die militärstrategische Brisanz wie in den chinesisch-amerikanischen Beziehungen besitzen, gestalten sich die Beziehungen trotz wiederkehrender Krisen – vor 1997 jährlich wegen chinakritischer Anträge der Europäer in der UN-Menschenrechtskommission, 1993/94 wegen französischer Waffenlieferungen an Taiwan, 1996 wegen einer chinakritischen Tibetresolution des deutschen Bundestages, 1992-1997 wegen britisch-chinesischer Kontroversen in der Hongkong-Frage – insgesamt reibungsärmer.

Die Politik der westeuropäischen Staaten gegenüber China unterschied sich vor allem in den Jahren zwischen 1990 und 1994 deutlich von der Vorgehensweise der Vereinigten Staaten. Im Gegensatz zu Teilen des außenpolitischen Establishments in den USA sind europäische Regierungen gleich welcher Couleur bis heute nicht bereit, zu dem Erosionsprozess der kommunistischen Herrschaft in China offensiv durch ihre Außenpolitik beizutragen, und zweifeln auch an der Wirksamkeit solcher Maßnahmen. In Strategiepieren bzw. Maßnahmekatalogen der EU-Kommission zur Chinapolitik von 1995, 1998 und 2001 wurde mit dem Ziel einer "umfassenden Partnerschaft" eine Intensivierung nicht nur des wirtschaftlichen, sondern auch der politischen und gesellschaftlichen Beziehungen zu China angemahnt. Erklärte Ziele sind: die Einbindung Chinas in die "internationale Gemeinschaft" durch intensiveren chinesisch-europäischen politischen Dialog; die Stärkung multilateraler Gespräche mit regionaler Einbettung im Rahmen des Asia-Europe Meetings (ASEM); Unterstützung von Chinas Transformation zu einer offeneren und menschenrechtsfreundlicheren Gesellschaft; Verstärkung der weltwirtschaftlichen Integration Chinas durch Unterstützung des chinesischen WTO-Beitritts und durch konkrete Hilfen in zentralen Wirtschaftsbereichen (Unternehmensumstrukturierung, Finanzreformen, Wirtschaftsrecht, Umwelt und Energie).

Auf EU-Ebene wurde seit Mitte der neunziger Jahre eine Serie von mittel- bis langfristig angelegten europäisch-chinesischen Kooperationsprogrammen

6.9 Chinas Beziehungen zu Europa und Deutschland

eingeleitet, die eine breite Basis für den Ausbau der politischen Beziehungen legen sollen: institutionelle Hilfen und Weiterbildungsmaßnahmen zur Verbesserung der Menschenrechtssituation und des Justizapparats in China, Unterstützung von Maßnahmen zur Armutsbekämpfung und zu verbessertem Umweltschutz, Unterstützung der Regierungsstrukturen auf dörflicher Ebene, eine chinesisch-europäische Management-Schule in Shanghai, technische Zusammenarbeit etwa im Bereich der chinesischen Zollverwaltung, Verhandlungen über die Eindämmung illegaler Einwanderung und der damit verbundenen organisierten Kriminalität ("Menschenschmuggel"). Bislang ist allerdings nicht ersichtlich, dass diese verschiedenen Kooperationsprogramme zu einer besser abgestimmten und wirkungsvolleren China-Politik der europäischen Staaten beigetragen haben. Die Kooperationsprogramme mit China auf einzelstaatlicher bzw. auf EU-Ebene laufen gewöhnlich unkoordiniert nebeneinander her, und dies schwächt die Wirkung der zum Teil finanziell üppig ausgestatteten Einzelprogramme.

6.9.3 Deutsch-chinesische Beziehungen

Die facettenreiche Geschichte der chinesisch-deutschen Beziehungen kann an dieser Stelle nicht nachgezeichnet werden (einige wichtige Daten sind in Übersicht 6.8 aufgeführt; vertiefend Leutner/Trampedach 1995; Meissner/Feege 1995; Neßhöver 1997; Friedrich 1998; Kotzel 2002; Schüller 2003). China wurde von manchen westdeutschen Außenpolitikern seit den siebziger Jahren eine wichtige strategische Rolle gegenüber der Sowjetunion zugedacht. Nach dem Untergang der UdSSR aber traten die wirtschaftlichen Chancen in China in den Vordergrund. Dies wurde deutlich formuliert im "Asienkonzept" der Regierung Kohl von 1993, das einen Schwerpunkt auf die Förderung der Beziehungen zur VR China legte. Im Mai 2002 veröffentlichte das Auswärtige Amt ein neues Regionalkonzept für Ostasien, das die grundlegenden Interessen und Aufgaben der deutschen Außenpolitik auch gegenüber China benennt. Die "Integration des an politischer und wirtschaftlicher Bedeutung rasch zunehmenden China in die Staatengemeinschaft" wird als eines der wichtigsten außenpolitischen Anliegen aufgeführt. Über die Wirtschaftsbeziehungen hinaus soll sicherheits-, menschenrechts- und entwicklungspolitischen Anliegen künftig ein größeres Gewicht zukommen. Konkretere Maßnahmenprogramme zur Chinapolitik finden sich in ressortbezogenen Regionalkonzepten, die einzelne Bundesministerien in ihrem Zuständigkeitsbereich erarbeiten.

Die deutsche Regierung wird von chinesischer Seite als einer der wichtigsten Akteure in Europa geschätzt. Die Beziehungen gestalteten sich – abgesehen von einem offenen, aber rasch beigelegten Konflikt um die Tibet-Problematik (1996 hatte der deutsche Bundestag in einer Resolution den Status Tibets als völkerrechtlich strittig bezeichnet und von einer tibetischen "Exilregierung" gesprochen) – seit den neunziger Jahren reibungsarm. Wie schon zuvor zu Helmut Kohl suchten Vertreter der chinesischen Staatsführung auch zu Bundeskanzler Schröder fast freundschaftliche Beziehungen. Im Jahr 2000 wurde ein bilateraler Rechtsstaatsdialog etabliert, der hochrangige chinesische und deutsche Politiker, Beamte und Wissenschaftler zusammenbringt und zu einer Modernisierung des Justizsystems und Verbesserung der Menschenrechtslage in China beitragen soll.

Außer Frage steht, dass aus deutscher Sicht die bilateralen Beziehungen vorrangig der Exportförderung und Sicherung der deutschen Wirtschaftspräsenz in China gelten. Dies ist plastisch daran zu erkennen, dass deutsche Kanzler jüngst stets mit einer sehr großen Wirtschaftsdelegation nach China reisten und dort aktiv für Projekte deutscher Konzerne warben. Auffällig ist in den deutsch-chinesischen Beziehungen die prominente Rolle der Vorstandsvorsitzenden von Großkonzernen mit Stammsitz in Deutschland (führende Investoren in China sind Volkswagen, DaimlerChrysler, Siemens, ThyssenKrupp, Bayer und BASF). Der Vorstandsvorsitzende der Siemens AG, Heinrich von Pierer, der zugleich Vorsitzender des 1993 gegründeten Asien-Pazifik-Ausschusses der Deutschen Wirtschaft ist und durch alle politischen Krisen hindurch entschieden für den Ausbau der Wirtschaftsbeziehungen eintrat, wird von der chinesischen Führung als Repräsentant der deutschen Wirtschaft und Gesprächspartner besonders geschätzt.

Deutschland wurde im Laufe der neunziger Jahre zum mit Abstand wichtigsten europäischen Handelspartner Chinas und nahm Ende 2000 mit mehr als 5% Anteil am chinesischen Außenhandel den sechsten Rang unter allen Handelspartnern Chinas ein (zur Entwicklung der Handelsbeziehungen: Taube 2001). Andererseits stieg China im Jahr 2002 zum wichtigsten Handelspartner Deutschlands in Asien auf und schob sich damit erstmals vor Japan. Der Anteil des Chinahandels am deutschen Gesamtexport betrug im Jahr 2002 dennoch lediglich 2,2% (Rang 12 unter den Abnehmern deutscher Exporte noch hinter Polen) und an den deutschen Gesamtimporten 4,0% (Rang 8 unter den Ursprungsländern deutscher Importe noch vor der Schweiz). Seit den neunziger Jahren entwickelte sich in der Handelsbilanz ein Defizit zu Lasten Deutschlands, das aber seit 2000 aufgrund der wachsenden Importnachfrage auf Seiten Chinas wieder zurückging (2002: 6,6 Mrd. € Defizit bei einem Gesamthandelsvolumen von 35,6 Mrd. €).

Die Entwicklung deutscher Direktinvestitionen in China verlief bis 1998 schleppend, beschleunigte sich jedoch mit dem näher rückenden WTO-Beitritt Chinas. 2001 wurde Deutschland zum größten europäischen Investor in China, wenn auch mit weitem Abstand auf Hongkong, Taiwan, Japan und die USA. Deutsche Unternehmen haben zwischen 1978 und 2001 insgesamt 7,6 Milliarden US$ in China investiert und ihr Engagement in den Jahren 2002 und 2003 nochmals beträchtlich ausgeweitet.

Im Bereich der deutsch-chinesischen Entwicklungszusammenarbeit wurden erste Kooperationsvereinbarungen Anfang der achtziger Jahre getroffen. China stieg zum größten Empfänger deutscher Entwicklungshilfe auf. Politisch umstritten ist das starke Engagement, weil China aufgrund systematischer Menschenrechtsverletzungen ein zentrales Vergabekriterium deutscher Entwicklungshilfe nicht erfüllt. Schwerpunkte der Entwicklungszusammenarbeit lagen in den neunziger Jahren auf den Gebieten des Umwelt- und Ressourcenschutzes, der Armutsbekämpfung, der Infrastrukturförderung, der beruflichen Bildung sowie der Privatwirtschaftsförderung. Zwischen 1985 und 2000 wurden Zusagen von deutscher Seite in einer Gesamthöhe von 2 Mrd. € für die finanzielle Zusammenarbeit und 1,1 Mrd. € für die technische Zusammenarbeit (einschließlich der von politischen Stiftungen, kirchlichen Entwicklungshilfewerken etc. eingesetzten Mittel) gemacht (Schüller 2000). Sonderkreditzusagen von mehreren hundert Mio. € für U-Bahn-Bauvorhaben mit deutscher Beteiligung in Shanghai und Guangzhou weisen darauf hin, dass zumindest Teile der deutschen China-Entwicklungshilfe unmittelbar der Exportförderung dienen. Ende Dezember 2002 wurde die Transrapid-Strecke in Shanghai im Beisein des chinesischen Ministerpräsidenten und des deutschen Bundeskanzlers eingeweiht. Der Bau der Strecke (Gesamtkosten: 1,2 Mrd. €) war von der Bundesregierung mit rund 100 Mio. € bezuschusst worden. Dieses Projekt wurde gekennzeichnet als Symbol für die deutsch-chinesische Wirtschafts- und Technologiekooperation und für die hochrangige politische Unterstützung, die diese Zusammenarbeit genießt.

Übersicht 6.8: *Wichtige Etappen in der Geschichte der deutsch-chinesischen Beziehungen seit 1949*

1949	Diplomat. Anerkennung der VRC durch die DDR; 1950 Abschluss eines Abkommens über Warenaustausch und Zahlungsverkehr DDR - VRC. Die BRD erkennt weder die VRC noch die Republik China auf Taiwan an.
1955	Ein Erlass des Staatspräsidenten Mao Zedong verkündet das Ende des Kriegszustandes mit Deutschland u. den Wunsch nach friedl. Beziehungen.
1955	Abschluss eines Grundsatzvertrages über Freundschaft und Zusammenarbeit zwischen der DDR und der VR China.
1960	Die DDR-Führung stellt sich im chinesisch-sowjetischen Konflikt auf die Seite der Sowjetunion.
1961	Die chinesische Regierung äußert ihre uneingeschränkte Zustimmung zum Bau der Berliner Mauer.
1964	"Berner Gespräche" zw. Beamten des Auswärtigen Amtes und chinesischen Diplomaten über Handelsabkommen. Die Gespräche scheitern.
Herbst 1972	Aufnahme diplomatischer Beziehungen BRD-VRC im Gefolge der amerikanisch-chinesischen Annäherung.
1973	Abschluss eines ersten umfassenderen Handelsabkommens BRD-VRC.
1985	Inkrafttreten eines bilateralen Investitionsschutzabkommens BRD-VRC. VW nimmt Autoproduktion in Shanghai auf.
1985/86	Handelsabkommen DDR-VRC für 1986-1990; Abkommen für langfristige wirtschaftliche und technische Zusammenarbeit DDR-VRC.
Juni/Juli 1989	Die DDR-Führung unterstützt das militärische Vorgehen der chinesischen Führung gegen die Demonstrationsbewegung in China. Der deutsche Bundestag äußert sein Entsetzen. Sanktionen gegen VRC im europäischen Rahmen, die bis 1992 (Rüstungsexporte ausgenommen) wieder aufgehoben werden.
November 1989	Die chinesische parteioffizielle "Volkszeitung" kritisiert den Zehn-Punkte-Plan Bundeskanzler Kohls über den Weg zu einer deutschen Konföderation.
Oktober 1990	Der Botschafter der VRC in Ost-Berlin kehrt nach China zurück. Die chinesische Regierung erklärt ihre Freude über die Vereinigung Deutschlands.
1993	Das "Asien-Konzept" der Bundesregierung misst den Beziehungen zur VR China besonderes Gewicht bei. Der Asien-Pazifik-Ausschuss der Deutschen Wirtschaft wird gegründet.
1996	Scharfe diplomatische Proteste Chinas im Zusammenhang mit der chinakritischen Tibet-Resolution des deutschen Bundestages.
2000	Deutsch-chinesische Vereinbarung über die Rechtszusammenarbeit (zur Förderung von Rechtsstaatlichkeit in China).
2002	China wird vor Japan zum wichtigsten deutschen Handelspartner in Asien

© Heilmann 2002/2004

7 Perspektiven der politischen Entwicklung

7.1 Die politische Übergangsordnung der VR China

Obwohl die offiziellen politischen Institutionen der VR China erstarrt scheinen, hat sich die Art und Weise, wie politische Entscheidungen zustande kommen und durchgesetzt werden, tiefgreifend gewandelt. Im Normalfall sind politische Entscheidungsverfahren heute geprägt durch die Beteiligung einer Vielzahl verschiedener innerstaatlicher Akteure und eine Verlagerung wichtiger administrativer Kompetenzen auf untere Regierungsebenen. Darüber hinaus konterkarieren informelle Tauschbeziehungen zwischen politischen und wirtschaftlichen Akteuren die Befehlshierarchie der Kommunistischen Partei. Ein politisch-ökonomisches Schattensystem hat sich herausgebildet, das sich der Kontrolle durch die Parteizentrale entzieht (vgl. Kapitel 2 bzw. Kapitel 4).

Vom Totalitarismus der Mao-Ära, als Funktionäre und Organisation der Kommunistischen Partei einen totalen Zugriff auf das wirtschaftliche und gesellschaftliche Leben ausüben konnten, ist die gegenwärtige politische Ordnung der VR China weit entfernt. Statt dessen lässt sich das politische System als "fragmentierter Autoritarismus" kennzeichnen, in dem zentrale Durchgriffe nur in Ausnahmeperioden des "Krisenmodus" möglich sind (vgl. 2.6). Nur im Bereich der formalen politischen Institutionen sind die Kriterien für ein sozialistisches System in der VR China noch erfüllt. In wirtschaftlicher und sozialer Hinsicht hingegen ist die Bezeichnung der VR China als sozialistisches System nicht mehr gerechtfertigt (vgl. 4.7). Staatliche, wirtschaftliche und gesellschaftliche Akteure arrangieren sich nach neuen Regeln miteinander (vgl. 5.9). Insgesamt lässt sich die VR China deshalb als eine *postsozialistische Herrschaftsordnung* begreifen, die sich mitten in einem umfassenden Transformationsprozess befindet, in der die Veränderungen der offiziellen politischen Institutionen aber dem rasanten wirtschaftlichen und sozialen Wandel weit hinterherhinken.

Viele in China zu beobachtende politische und soziale Phänomene weisen offenkundige Analogien zu anderen Entwicklungsländern oder osteuropäischen Umbruchstaaten auf: weit verbreitete politische Korruption, regionale Sonderentwicklungen, soziale Ungleichheit, interregionale Disparitäten, massenhafte Landflucht und organisierte Kriminalität. Dennoch bestehen weiterhin grundlegende Unterschiede, die die VR China von anderen großen und komplexen Staaten wie etwa Indien, Brasilien oder Russland unterscheiden. Geburtenkontrolle und Armutsbekämpfung sind erfolgreicher und die soziale Mobilität größer als in den meisten Entwicklungsländern. China kann über einen Zeitraum von mehr als zwei Jahrzehnten ein außergewöhnliches Wirtschaftswachstum vorweisen. Das Land besitzt eine sehr große Attraktivität für internationale Investoren und hat mit der weltwirtschaftlichen Integration bislang sehr positive Erfahrungen gemacht. Besondere Vorteile bezieht die chinesische Wirtschaft aus dem großen Engagement von Unternehmern aus Hongkong und Taiwan sowie anderer Auslandschinesen. Die wichtigsten Stärken und Potenziale für Chinas künftige Entwicklung sind in Übersicht 7.1 aufgeführt.

Übersicht 7.1: *Voraussetzungen für Chinas künftige politische, wirtschaftliche und soziale Entwicklung*

Stärken und Potenziale	Schwächen und Risiken
Vergleichsweise starke administrative Kapazität in der Umsetzung politischer Maßnahmen	Erosion dieser Kapazität durch Korruption und lokale Eigeninteressen
Ausgeprägte Lernbereitschaft unter politischen und wirtschaftlichen Führungskräften	Rigide offizielle leninistische Institutionen des politischen Systems
Ansätze zu institutionellen Reformen (Wirtschaftsrecht, Verwaltung, Zentralbank, zivile Kontrolle über Armee)	Instabile Legitimationsbasis und abnehmende organisatorische Integrität der Kommunistischen Partei
Sehr dynamische nicht-staatliche und exportorientierte Wirtschaft	Überkapazitäten; stark defizitärer, teilreformierter Staatssektor; massive Eingriffe politischer Akteure ins Wirtschaftsleben
Sehr hohe Inlandssparquote	Sehr labiles Bankensystem
Attraktivität als internationales Investitionsziel	Großes Konfliktpotenzial in Außenpolitik und Außenhandel
Große Fortschritte im Aufbau der wirtschaftlichen Infrastruktur	Interregionales Entwicklungsgefälle und hohes Maß an Umweltzerstörung
Junge und sehr ehrgeizige Bevölkerung; wachsende Mittelschichten	Sich verschärfende soziale Ungleichheiten und soziale Spannungen; Sozialversicherungen unzureichend

© Heilmann 2002/2004

7.1 Die politische Übergangsordnung der Volksrepublik China

Dass die chinesische Regierung immer noch stabiler wirkt und mit größerer Autorität ausgestattet ist als Regierungen in den meisten Entwicklungs- und Umbruchsländern, macht einen guten Teil der Anziehungskraft gegenüber ausländischen Investoren aus, die ein berechenbares politisches Umfeld schätzen. Wie robust aber sind die Machtgrundlagen tatsächlich, auf die sich die Herrschaft der Kommunistischen Partei stützen kann? Die KPC verfügt nicht mehr über die Requisiten ihrer früheren Macht: charismatische Führung, eine allgemein verbindliche offizielle Ideologie, Massenmobilisierung für die Ziele der politischen Führung, disziplinierte Partei- und Verwaltungsorganisation bis auf die untersten Ebenen. Korruption und private Wirtschaftstätigkeit haben die politische Kontrolle durch die Partei geschwächt. Als wichtigste Faktoren, die die KP-Herrschaft unter diesen Bedingungen noch zusammenhalten, sind zu nennen:

- die beträchtliche Verbesserung des Lebensstandards für große Teile der Bevölkerung und für die Funktionärsschicht seit 1979;
- der seit Beginn der neunziger Jahre im Vergleich zu vorangegangenen Jahrzehnten starke Zusammenhalt in der zentralen Parteiführung;
- die kompromisslose und gewaltsame Verteidigung des Machtmonopols der Partei mittels eines schlagkräftigen Repressionsapparats;
- die Einbindung eines großen Teils der neuen wirtschaftlichen Eliten und neuen sozialen Ober- und Mittelschichten in das Herrschaftssystem;
- die in Partei und Bevölkerung verbreitete Furcht vor einem umfassenden Ordnungszusammenbruch;
- eine patriotisch-nationalistische Grundstimmung unter Funktionären und in der Bevölkerung, die es der Partei erlaubt, sich als Hüterin der nationalen Würde gegenüber ausländischen Herausforderungen zu präsentieren.

Diese Machtgrundlagen werden allerdings durch gewaltige Aufgaben herausgefordert, die von der Parteiführung in der nahen Zukunft politisch zu bewältigen sind und große Risiken mit sich bringen (Übersicht 7.1). Politische Eingriffe ins Wirtschaftsleben müssen beschränkt, private Eigentums- und Vertragsrechte besser geschützt werden. Zugleich müssen neue Wege beschritten werden, um den zunehmenden sozialen Spannungen und dem Entwicklungsgefälle zwischen Regionen entgegenzuwirken. Hinzu kommt eine Reihe hoch virulenter Konfliktpotenziale in Chinas Außenbeziehungen, von der Taiwan-Frage bis hin zu Handelskonflikten. Im Kern geht es um den Aufbau eines verantwortlichen, berechenbaren, auf die Herrschaft des Rechts gestützten politischen Systems, das die Vielfalt der in der chinesischen Gesellschaft vorhandenen Interessen durch politischen Pluralismus repräsentieren und Konflikte ohne Rückgriff auf Gewaltmaßnahmen beilegen kann.

7.2 Szenarien der politischen Entwicklung

Welche Zukunft haben die Kommunistische Partei und das von ihr dominierte politische System unter diesen Voraussetzungen? Die folgenden Szenarien sind als heuristische Instrumente und analytische Konstrukte zu verstehen. Sie dienen dazu, die Bandbreite alternativer Entwicklungsmöglichkeiten zu erfassen, indem Grundtendenzen der gegenwärtigen Entwicklungen in bewusster, einseitiger Überspitzung in die Zukunft hinein fortgeschrieben werden. Die Reichweite der Szenarien ist auf mittlere Frist – also auf die nächsten fünf bis zehn Jahre – begrenzt.

7.2.1 Szenario I: "Politisch gelenkte Transformation"

- Aufgeklärte zentrale Führung; breite politische Konsultationen
- Übergang zum marktwirtschaftlichen, demokratischen und föderalen Verfassungsstaat
- Anhaltendes Wirtschaftswachstum, Überwindung ökonomischer Strukturdefekte
- Sozialer und interethnischer Ausgleich
- Hohe ausländische Investitionen, aber wiederkehrende Handelskonflikte
- Spannungsreiche Integration Chinas in die globale Zusammenarbeit

Dieses "best case"-Szenario beruht auf der Annahme, dass es einer Allianz technokratisch orientierter Parteiführer der neuen Führungsgeneration gelingen kann, eine schrittweise politische Transformation einzuleiten, die von Konsultationen und Konflikten mit neu entstehenden politischen Kräften vorangetrieben wird, ohne dass es zu einem Kollaps des politischen Systems kommt. Zwar wird auch eine solche "aufgeklärte" zentrale Führung zunächst am Machtmonopol der KPC festhalten. Aber um der drängenden wirtschaftlichen und sozialen Fragen Herr zu werden, muss sich die chinesische Führung auf einen Kurs der institutionellen Erneuerung begeben. Politische Konsultationen unter Einbeziehung wichtiger wirtschaftlicher und regionaler Interessengruppen führen dazu, dass die Gestaltungsmacht zwischen Zentrale und Regionen neu aufgeteilt wird, ohne die nationale Einheit und den Bestand des politischen Systems selbst in Frage zu stellen. Auch die unterentwickelten

7.2 Szenarien der politischen Entwicklung

und bisher benachteiligten Regionen des chinesischen Inlands werden in die Entscheidungsfindung und Verantwortung der zentralen politischen Führungsgremien fest eingebunden. Die Schlichtung ethnischer Konflikte etwa in Tibet und Xinjiang wird im Rahmen eines dezentralisierten, quasi-föderalen Systems mit größerem Erfolg betrieben.

Mit der Festigung dezentraler Machtbasen und politischer Interessengruppen werden Forderungen nach grundlegenden politischen Reformen immer stärker. Die KPC distanziert sich vom Marxismus-Leninismus, ändert ihren Namen und verwandelt sich in eine hegemoniale "Volkspartei", die durch eine Vielzahl innerparteilicher Gruppierungen zunehmend pluralisiert wird. Um der nationalen Führungsspitze bzw. dem starken Mann an deren Spitze demokratische Legitimität zu verleihen, werden Präsidentschaftswahlen abgehalten, in denen das Staatsoberhaupt direkt durch das Volk bestimmt wird. Wahlen mit begrenzter Kandidatenkonkurrenz werden auch für die Volksvertretungsorgane auf den verschiedenen Verwaltungsebenen abgehalten. Aus der Kommunistischen Partei selbst sowie aus neu gebildeten gesellschaftlichen Organisationen heraus entstehen Parteien, die um die Macht konkurrieren. Auf diese Weise werden allmählich die Institutionen eines demokratischen, föderalen Verfassungsstaates aufgebaut. Eine solche kontrollierte, mit den wichtigsten politischen Gruppen ausgehandelte Transformation erlaubt zugleich ein anhaltendes Wirtschaftswachstum und die graduelle Überwindung der bestehenden wirtschaftlichen Strukturdefekte.

Das globale wirtschaftliche, militärische und politische Gewicht Chinas wächst weiter. Es kommt immer wieder zu Handelskonflikten, diplomatischen Konfrontationen und militärischen Spannungen (Territorialstreitigkeiten, Taiwan-Frage). Da China aber immer tiefer in die Weltwirtschaft und in zwischenstaatliche Abkommen eingebunden ist, wird die einseitige Durchsetzung nationaler Interessen gehemmt. Chinas ostasiatische Nachbarstaaten inklusive Japans und Russlands müssen die Führungsrolle Chinas in der Region akzeptieren. Das inzwischen völlig mit der Festlandwirtschaft verflochtene Taiwan akzeptiert schließlich den Beitritt zu einer lockeren chinesischen Konföderation mit großzügigen Autonomierechten. Zwischen der VR China und den Vereinigten Staaten entwickeln sich spannungsgeladene Beziehungen, die von gemeinsamen wirtschaftlichen Interessen getragen werden, aber von zunehmenden machtpolitischen Rivalitäten geprägt sind.

7.2.2 Szenario II: "Permanentes Krisenmanagement"

- Dauerhaft ungefestigte Regierungs- und Rechtsordnung
- Oligarchische Machtstrukturen; organisierte Kriminalität
- Wiederkehrende tiefe wirtschaftliche Einbrüche und soziale Unruhen
- Prosperität in Küstenregionen; Stagnation im Inland
- Nationalistisch-populistische Politik; ethnische Konflikte
- Reduzierung ausländischer Investitionen
- Internationale Spannungen und evtl. militärische Konfrontationen

Dieses Szenario geht davon aus, dass die wirtschaftlichen Strukturbedingungen und der hohe politische Problemdruck eine zentralisierte Steuerung und politisch kontrollierte Modernisierung dauerhaft unmöglich machen. Die schwierigen Fragen etwa der sozialen Sicherung, der ländlichen Gesellschaft und Agrarwirtschaft, der Umstrukturierung der Staatsunternehmen, der Korruption, der ethnischen Spannungen und der Umweltzerstörung bieten über Jahre hinaus einen immensen Konfliktstoff. Viele dieser Konflikte sind nicht ohne politische Auseinandersetzungen und wirtschaftlich-soziale Einbrüche zu bewältigen. Eine einvernehmliche, stetige Modernisierungspolitik ist nicht möglich. Die zentralstaatlichen Machtbefugnisse werden angesichts zusehends offensiverer Forderungen der Regionen noch stärker eingeschränkt als bisher. Informelle politisch-wirtschaftliche Oligarchien und organisierte Kriminalität verstärken den internen Verfall der Kommunistischen Partei, ohne dass es zu offenen politischen Abspaltungen kommt. So besteht die chinesische Politik in noch ausgeprägterer Form als heute in den kommenden fünf bis zehn Jahren aus einem permanenten Krisenmanagement.

Für das Ausland bleibt China im Kontext dieses Szenarios ein schwieriges, unsicheres Terrain. Die chinesische Außenpolitik kann sich unter instabilen inneren Voraussetzungen nicht auf einen verlässlichen Kurs der internationalen multilateralen Zusammenarbeit festlegen. Chinas politische Führung forciert eine nationalistisch-populistische Politik, um sich eine Legitimationsbasis zu verschaffen. Deshalb nehmen die internationalen und militärischen Spannungen erheblich zu. Soziale und politische Instabilität wie auch regionale Differenzierung machen China für die internationale Politik und Wirtschaft zu einem schwer berechenbaren Partner. Da die Hoffnungen auf eine ungebremste Entwicklung des chinesischen Marktes sich zunehmend als unrealistisch erweisen, gehen die ausländischen Investitionen deutlich zurück.

7.2 Szenarien der politischen Entwicklung

7.2.3 Szenario III: "Politischer Ordnungskollaps"

- Spaltung und Zerfall der KPC; nur noch symbolische Zentralgewalt
- Einbruch der wirtschaftlichen Dynamik
- Wachsendes soziales Gefälle in und zwischen Regionen
- Ländliche Unterentwicklung; hohe Arbeitslosigkeit
- Soziale Unruhen, ethnische Konflikte, religiöse Erneuerungsbewegungen
- Landflucht und hoher Auswanderungsdruck; Slumbildung in städtischen Ballungsräumen
- Rückzug ausländischer Investoren
- Militäraktionen zur Außenablenkung innenpolitischer Spannungen

Dieses "worst case"-Szenario geht davon aus, dass die zentrale Führung durch interne Auseinandersetzungen gelähmt wird. Ein Machtvakuum in der Beijinger Entscheidungszentrale führt dazu, dass die Kommunistische Partei binnen kurzer Frist auf allen Organisationsebenen in Flügel und Gruppierungen zerfällt, die sich offen befehden. Ein großer Teil der einfachen Mitglieder kündigt die Gefolgschaft auf und zieht sich aus der Parteiorganisation spontan zurück. Die regionalen und sozialen Gegensätze, die sich im Laufe der Wirtschaftsreformen verstärkt haben, führen zu einer Welle von neuen Massenwanderungen, Protestbewegungen und ethnischen Konflikten wie auch zur Verselbständigung politischer und militärischer Cliquen in den Provinzen. In China bilden sich ähnliche Strukturen heraus, wie sie in den ersten zehn Jahren des postkommunistischen Russlands hervortraten: Die Zentralgewalt wird auf eine symbolische Funktion reduziert; auf lokaler Ebene aber dominieren Machtstrukturen, die nicht zu einer Öffnung oder gar Demokratisierung des politischen Systems beitragen, sondern eine Allianz zwischen alter Machtelite und neuer Wirtschaftselite begünstigen, die den Großteil der Bevölkerung ausschließt.

Aufgrund der abrupten Schwächung der politischen Kontrollstrukturen und gewaltsamer innerer Auseinandersetzungen in China kommt auf die angrenzenden Staaten, aber auch auf attraktive Zielländer in Australien-Ozeanien, Nordamerika und Westeuropa, eine gewaltige Migrations- und Flüchtlingswelle zu. Der Zusammenbruch der kommunistischen Herrschaft führt zu schweren Rückschlägen für die meisten ausländischen Wirtschaftspartner. Die bisher in China getätigten ausländischen Direktinvestitionen müssen zumindest teilweise abgeschrieben werden. Auch internationale bewaffnete Konflikte mit chinesischer Beteiligung sind im Rahmen dieses Szenarios nicht auszuschließen: Innerchinesische politische und militärische Gruppierungen können sich zu einem Militärschlag gegen Taiwan entschließen, um für eine Außenablenkung der innenpolitischen Spannungen zu sorgen und um sich nationalistische Emotionen innerhalb Chinas zunutze zu machen.

7.2.4 Einschätzung der Szenarien

Mit einem kurzfristigen Zeithorizont kommt das Szenario des "permanenten Krisenmanagements" der wahrscheinlichen Entwicklung am nächsten. Mit einem mittelfristigen Zeithorizont aber gewinnt das Szenario des "politischen Ordnungskollapses" an Gewicht. Denn eine dauerhafte innere Stabilisierung Chinas zeichnet sich nicht ab. Und eine politisch gelenkte und ausgehandelte Transformation (Szenario I) erscheint, selbst wenn sich der Wille zu umfassenden politischen Reformen in der neuen Führungsgeneration finden sollte, aufgrund der Erosion zentralstaatlicher Autorität und des organisatorischen Verfalls der KPC nicht realistisch. Die vielen ungelösten Strukturprobleme in Wirtschaft, Gesellschaft und Regierungssystem werden kaum einen planvollen, stetigen und straff kontrollierten Modernisierungskurs erlauben, wie ihn die chinesische Führung anstrebt.

Kurzfristig erscheint die Bereitschaft zur offenen Revolte gegen das kommunistische Regime auf einzelne soziale Gruppen begrenzt, die die Parteiführung durch wirtschaftliche Zugeständnisse (etwa im Falle der Arbeiterschaft in Staatsbetrieben) und harte Repression (im Falle organisierter politischer Opposition) im Zaum zu halten sucht. Zur Zeit gibt es auch keine Ansätze zu einer programmatisch oder personell zusammenhängenden Oppositionsbildung innerhalb der KPC. Ebenfalls keine konkreten Anhaltspunkte gibt es für regionale Verselbständigungstendenzen durch Allianzen aus abtrünnigen Parteikadern, Militärs oder Unternehmern in einzelnen Provinzen.

Mittel- und langfristig, also in den nächsten fünf bis fünfzehn Jahren, sind die fundamentalen politischen Risiken beträchtlich. Insgesamt erscheint die derzeitige politische Stabilität in China vordergründig und prekär. Es wurde darauf hingewiesen, dass die schwere Schieflage des Finanzsystems sich zusammen mit den zunehmenden sozialen Spannungen als Auslöser auch für politische Verwerfungen erweisen könnte (vgl. 3.6). Autoritäre Regierungssysteme, deren Legitimation sich wie in China vornehmlich auf wirtschaftliche Erfolge stützt, sind im Falle eines Wachstumseinbruchs besonders anfällig für einen abrupten politischen Zerfall: In Wirtschaftskrisen manifestieren

7.2 Szenarien der politischen Entwicklung

sich dann rasch die zerbrechlichen Grundlagen der politischen Legitimation, die labile Unterstützung durch politisch-wirtschaftliche Eliten und Bevölkerung wie vor allem auch die mangelnden Möglichkeiten zur Einsetzung einer glaubwürdigen neuen Regierung. Insbesondere aber aufgrund der internen Verfallserscheinungen der „Ankerorganisation" der VR China – der Kommunistischen Partei – ist mit der Fortdauer des heutigen politischen Systems nicht langfristig zu rechnen. Entscheidend wird sein, ob die unausweichlichen Veränderungen des Machtgefüges und der politischen Institutionen sich schrittweise vollziehen lassen, ohne dass die Handlungsfähigkeit der Regierung kollabiert. Je länger aber politische Veränderungen hinausgezögert werden, desto wahrscheinlicher wird es, dass sich diese abrupt und außerhalb der Kontrolle der KPC-Führung vollziehen werden.

Im Falle einer Desintegration der Parteihierarchie wird die verfügbare Staatskapazität davon abhängen, inwieweit es noch unter kommunistischer Herrschaft gelingen kann, ein sich selbst tragendes, auf Verfassung und Recht – nicht mehr auf Parteiweisungen – gestütztes Gefüge von staatlichen Organisationen zu etablieren. Einer solchen Transformation von der Parteidiktatur ohne politischen Ordnungszusammenbruch zum Verfassungsstaat stehen allerdings alle historischen Erfahrungen entgegen: Eine „weiche politische Landung" ist noch keiner kommunistischen Parteidiktatur gelungen. China wird deshalb voraussichtlich – so wie andere ehemals von Kommunistischen Parteien regierte Staaten – durch ein tiefes Tal der politischen Destruktion und Rekonstruktion gehen müssen. Wie tief und lang dieses Tal sein wird, hängt von der binnen- und außenwirtschaftlichen Entwicklung der kommenden Jahre und vom politischen Handeln der neuen Führungsgeneration ab. Da der wirtschaftliche Strukturwandel in China aber schon viel weiter vorangekommen ist als etwa in den osteuropäischen Staaten 1989, wird der durch einen politischen Systemwechsel verursachte ökonomische Einbruch in China voraussichtlich weniger drastisch ausfallen. Auch wird Chinas junge und ehrgeizige Bevölkerung sogar unter instabilen Rahmenbedingungen eine große unternehmerische Dynamik entfalten können.

Gleich, welches Szenario eintritt: Grundsätzlich ist das sowjetische Szenario des staatlichen Zerfalls auf den chinesischen Kontext kaum anwendbar. Im Vergleich zur ehemaligen Sowjetunion (mit einem Anteil an nichtrussischen ethnischen Gruppen von nahezu fünfzig Prozent) ist China mit einem Minderheitenanteil von etwas mehr als 8% ethnisch überwiegend homogen. Die Leitvorstellung der Reichseinheit ist in der chinesischen Gesellschaft und politischen Elite fest verankert, und die Einheit Chinas wird von einer starken nationalistischen Grundströmung getragen. In den Siedlungsgebieten ethnischer Minderheiten wie Tibet und Xinjiang ist die Situation verschieden: Dort werden mit einer weitergehenden Schwächung der Beijinger Zentralgewalt vermutlich separatistische Bewegungen noch größeren Ausmaßes als bisher in Gang kommen. Aufgrund der geographischen und politischen Randlage dieser Regionen ist es jedoch unwahrscheinlich, dass dortige Sezessionsbestrebungen auf das chinesische Kerngebiet übergreifen. Auch wenn die nationale Einheit Chinas somit nicht grundsätzlich gefährdet scheint, wird sich die Tendenz zu einer stärker regionalisierten Herrschaftsorganisation wahrscheinlich fortsetzen. Denn innerhalb Chinas sind regional völlig unterschiedliche Voraussetzungen für die wirtschaftliche, soziale und politische Modernisierung entstanden. Während sich in den östlichen Küstenregionen Vorgänge abzeichnen, die Analogien zu früheren Stadien der Entwicklung etwa in Taiwan nahe legen, können sich die armen Regionen im Inland und an der Peripherie nur schwer aus Rückständigkeit und Despotismus lösen. So ist damit zu rechnen, dass sich innerhalb Chinas zukünftig noch ausgeprägtere regionale Sonderentwicklungen nicht nur im Bereich der Wirtschaft, sondern möglicherweise auch im Bereich der politischen Herrschaftspraxis – zwischen gewaltsamem Provinz-Despotismus und konsultationsorientiertem Provinz-Autoritarismus – herausbilden könnten.

Mit Blick auf die *soziale Entwicklung* wird China voraussichtlich immer deutlichere Analogien teils zu postkommunistischen, teils zu lateinamerikanischen Gesellschaften aufweisen. Eine kleine politische und ökonomische Elite hat sich in China – ähnlich wie im postkommunistischen Russland – einen Großteil der ehemals staatlichen Vermögenswerte durch Manipulationen und Korruption angeeignet (Ding Xueliang 2000/2001). In China zeichnet sich zugleich, hier eher einem Land wie Brasilien ähnlich, der Aufstieg einiger moderner Metropolen in den Küstenregionen bei gleichzeitigem Verfall der ländlichen Wirtschaft und Gesellschaft ab – mit den aus Lateinamerika bekannten Konsequenzen der massenhaften Landflucht und der Armutssiedlungen am Rande städtischer Ballungsräume. Die gesellschaftlichen Spannungen und Wanderungsbewegungen innerhalb Chinas lassen sich trotz wirtschaftlicher Dynamik und trotz einer autoritären Regierungsordnung schon heute kaum mehr im Zaum halten. Sollten die politischen Kontrollstrukturen geschwächt werden, werden soziale Unruhen und Landflucht viel stärker sichtbar werden.

7.3 Chancen einer Demokratisierung Chinas

Chinas politische Entwicklung wird aufgrund der zunehmenden internationalen Bedeutung des Landes von prominenten Politikforschern als entscheidend für den endgültigen Siegeszug der Demokratie in der Welt angesehen (Diamond 1999). Ist das westliche Leitbild des demokratischen Verfassungsstaates aber überhaupt ein realistisches Zukunftsszenario für China?

Die politische Führung Chinas hat in den neunziger Jahren eine Reihe von Strukturreformen durchgesetzt, die theoretisch auch Voraussetzungen für eine künftige demokratische Ordnung schaffen könnten. Die zivile Kontrolle über die Armee und deren kommerzielle Unternehmungen wurde gestärkt. Eine moderne, an internationalen Vorbildern orientierte Wirtschaftsgesetzgebung wurde eingeleitet und eine Pluralisierung gesellschaftlicher Lebensstile geduldet. In innerparteilichen Personalabstimmungen gibt es inzwischen eine begrenzte Kandidatenkonkurrenz. Gesetzgebungsverfahren sind verbindlich geregelt und die Volkskongresse in ihren Kontrollfunktionen aufgewertet worden. Gegen Verwaltungsentscheidungen gibt es eine zunehmende Zahl erfolgreicher gerichtlicher Klagen, und in der Stadtbevölkerung zeigt sich insgesamt ein gestärktes Bewusstsein der eigenen Rechte. Die ökonomische Entwicklung produziert also auch in China eine differenziertere und mit neuen Einflussmöglichkeiten ausgestattete Gesellschaft. Manche Autoren kennzeichnen dies als begrenzten "autoritären Pluralismus", andere sehen hierin sogar Ansatzpunkte für eine "schleichende Demokratisierung" (Pei 1997), die sich – nicht unähnlich dem Systemwandel in Taiwan – auf längere Sicht auch auf dem chinesischen Festland durchsetzen werde.

Dieser optimistischen Perspektive lassen sich gewichtige Einwände entgegenhalten. Nach den Kriterien, die in der vergleichenden Demokratieforschung als allgemeine Funktionsvoraussetzungen für die Errichtung einer stabilen Demokratie erarbeitet wurden (Schmidt 2000), weist die VR China zwar einzelne günstige Vorbedingungen auf: weitgehende ethnische Homogenität (ethnische Minderheiten sind nur in der westlichen Peripherie konzentriert), ein hohes Wirtschaftswachstum bei moderater Inflation, bislang sehr positive Erfahrungen mit der Einbindung in die Weltmärkte und wachsende technologisch-kulturelle Verflechtungen mit demokratischen Gesellschaften. Darüber hinaus aber zeigen sich viele markante Defizite. Das Pro-Kopf-BIP hat nur in manchen Küstenregionen ein Niveau erreicht (2500 US$ und mehr), das nach historischer Erfahrung gewöhnlich eine günstige Grundlage für fortschreitende gesellschaftliche Pluralisierung und politische Liberalisierung bietet (so auch in Taiwan zu Beginn der siebziger Jahre). Nur

in diesen Regionen, die maximal 400 Mio. Chinesen umfassen, hat sich eine –
allerdings sehr heterogene – Mittelschicht von bis zu 150 Mio. Menschen
gebildet, die dank ihres Einkommens-, Bildungs- und Informationsniveaus als
tragende Kraft einer Demokratisierung in Frage käme. Die wirtschaftlich
weniger entwickelten und zum Teil bitterarmen Inlandsregionen aber stellen
mit rund 900 Mio. Menschen immer noch bei weitem die Mehrheit der Bevölkerung. Als sehr ungünstig für eine Demokratisierung Chinas werden sich
dauerhaft die zunehmenden sozialen und regionalen Disparitäten im Land
erweisen. Schwer wiegt auch, dass bürgerschaftliches Engagement in gesellschaftlichen Vereinigungen weiterhin unterdrückt und unterentwickelt ist und
dass Rechts- und Justizsystem immer noch weitgehend politischen Weisungen unterliegen und nicht als institutionelles Gegengewicht gegen die Macht
politischer Akteure fungieren können. Die demokratischen Direktwahlen der
Dorfvorsteher, die seit 1987 in Chinas Dörfern schrittweise eingeführt wurden, haben bislang keine erkennbare Wirkung auf die Regierungspraxis oberhalb der dörflichen Selbstverwaltungsebene ausgeübt. Was politischkulturelle Faktoren angeht, erscheinen die Voraussetzungen für eine demokratische Ordnung in China besonders ungünstig: Es fehlen wirkungsmächtige liberal-konstitutionelle Traditionen, positive historische Erfahrungen im
Umgang mit politischem Wettbewerb und friedlicher politischer Konfliktbeilegung sowie ein Minimalkonsens im Hinblick auf Bürgerrechte und Grenzen
staatlicher Macht.

Der Beitrag der Medien und des Internet zur Entstehung einer pluralistischen Meinungsbildung und öffentlichen Kontrolle, die für eine demokratische Ordnung unverzichtbar sind, ist gegenwärtig skeptisch zu beurteilen
(vgl. 5.5). Fraglich ist auch, ob die Ausrichtung der *olympischen Sommerspiele 2008* in Beijing einen Liberalisierungs- und Demokratisierungsschub
auslösen kann, wie er in Südkorea mit den olympischen Spielen von Seoul
1988 verbunden war. Zweifellos stellt die Ausrichtung der Olympiade einen
weiteren Schritt Chinas in die Welt hinein dar. Die chinesische Regierung
plant, die Olympiade zur Selbstdarstellung eines wirtschaftlich und sportlich
starken, für internationale Investoren und Massentourismus attraktiven China
zu nutzen. Die politische Führung gibt sich aber nicht der Illusion hin, dass
die Olympiade als internationale Propagandaschau für die Überlegenheit der
chinesischen Herrschaftsordnung dienen kann (deshalb sind Vergleiche mit
der Olympiade von Berlin 1936 irreführend). Die Präsenz internationaler
Medien, die sich vornehmlich auf Beijing und Shanghai konzentriert, wird in
China geringere Wirkung entfalten als in dem vergleichsweise kleinen und
stark auf den Großraum Seoul konzentrierten Südkorea 1988. Ungewiss ist

7.3 Chancen einer Demokratisierung Chinas

auch, ob eventuelle Boykott-Drohungen westlicher Staaten zu einer Politikänderung der chinesischen Regierung in der Menschenrechts- oder in der Taiwanfrage führen könnten. In jedem Falle werden die politischen Auswirkungen der Olympiade von den inneren Voraussetzungen in China selbst abhängen. Die Olympiade kann eine politische Liberalisierung in China verstärken und beschleunigen, nicht aber selbst hervorrufen.

Das größte Hemmnis für eine substanzielle und nicht bloß formale Demokratisierung Chinas wird darin bestehen, dass wirtschaftliche und politische Machtressourcen auf einen äußerst kleinen Teil der Bevölkerung konzentriert sind. Selbst die ökonomische Liberalisierung ist weniger weit gediehen, als es den Anschein hat. Viele chinesische Ökonomen und Unternehmer vertreten die Auffassung, dass der tatsächliche Grad an wirtschaftlicher Freiheit in China wesentlich geringer ist, als es die offizielle Rhetorik und der harte wirtschaftliche Wettbewerb suggerieren: Chinesische Unternehmer sind so stark auf informelle politisch-wirtschaftliche Beziehungsgeflechte angewiesen, dass von unternehmerischer Unabhängigkeit wie auch von Eigentums- und Vertragssicherheit nicht wirklich die Rede sein kann. Dies bietet eine einfache Erklärung dafür, dass die politische Demokratisierung nicht vorankommt: Die politische Klasse ist unter veränderten Bedingungen aufs Engste in wirtschaftliche Tauschnetzwerke eingebunden, und die wichtigsten wirtschaftlichen Akteure sind immer noch vielfältigen politischen Abhängigkeiten unterworfen. Insbesondere auf den unteren Organisationsebenen ähnelt die KPC inzwischen nicht selten einer mafiosen Gruppierung: Die Parteifunktionäre schöpfen Profite aus legalen und illegalen Unternehmungen ab und können zugleich Widerstände gegen solche Praktiken mit Hilfe des staatlichen Gewaltmonopols bekämpfen. Die Dominanz informeller Tauschnetzwerke, die sich nicht nur im Bereich der Korruption, sondern auch in der legalen Wirtschaft Chinas findet, wird von westlichen Wissenschaftlern und Geschäftsleuten häufig als Manifestation eines flexiblen "Netzwerk-Kapitalismus" gekennzeichnet (Hongying Wang 2001). In der Tat haben informelle Netzwerke in einer von politischer Reglementierung geprägten Ökonomie den Vorteil, dass sie widersinnige staatliche Beschränkungen überwinden helfen und die unternehmerische Dynamik am Leben halten. Die Schattenseiten aber zeigen sich in einer grassierenden Korruption, in der Plünderung von Vermögenswerten im Staatssektor, in Manipulationen im Finanzsystem sowie in politischem Zynismus und wachsender sozialer Ungleichheit.

Das gesamte wirtschaftliche und politische System Chinas bewegt sich auf einem doppelten Boden: Es gibt die legale, offiziell gepriesene Oberfläche des Wandels von der Plan- zur Marktwirtschaft unter Leitung der Kommunistischen Partei. Und es gibt die Tiefenstruktur einer dynamischen inoffiziellen Wirtschaft, in die große Teile der Funktionärsschicht verwickelt sind, um sich private Vorteile zu sichern. In China sprechen Sozialwissenschaftler inzwischen von einem System der "Machtkapitalisierung" (He 1998): Politische Macht wird systematisch gegen wirtschaftlichen Einfluss und materielle Vergünstigungen getauscht. Und ein fundamentaler Fehler rein ökonomischer Analysen der chinesischen Wirtschaft besteht darin, dass der doppelbödige politische Gehalt des Wirtschaftslebens unterschätzt oder gar völlig verkannt wird.

In einer zugespitzten Weise lässt sich sagen, dass in China gar nicht ein Wandel von der Plan- zur Marktwirtschaft vonstatten geht, wie er offiziell als Ziel der Reformpolitik verkündet wird. Vielmehr wird die – zuvor auch schon von vielen informellen Verhandlungs- und Tauschpraktiken gekennzeichnete – alte Planwirtschaft in eine "Clanwirtschaft" transformiert: in eine Ökonomie, die von dicht geknüpften (und häufig um hochrangige Funktionärsfamilien gruppierten) Tauschnetzwerken aus politischen und unternehmerischen Akteuren dominiert wird. Aus dieser Sicht ist die "Sozialistische Marktwirtschaft" Chinas geprägt durch die Privatisierung von Profiten zugunsten solcher "Clans" und durch die Sozialisierung von Verlusten zu Lasten des Staates und der breiten Bevölkerung.

Wer kann die Demokratisierung in China überhaupt voranbringen? Es lässt sich gegenwärtig nicht eine wichtige politische oder gesellschaftliche Gruppe in China entdecken, die demokratische Wert- und Ordnungsvorstellungen repräsentieren könnte und zugleich über die Ressourcen verfügt, die demokratische Transformation Chinas zu beschleunigen. Die städtische Mittelschicht einschließlich der Privatunternehmerschaft ist zu eng mit staatlichen Stellen und der Funktionärsschicht verbunden. Der Vorstoß zu einer Demokratisierung wird deshalb aus der Funktionärsschicht selbst kommen müssen. Hier aber gibt es bislang unüberwindliche Widerstände gegen institutionelle Reformen, die zur politisch-ökonomischen Erneuerung unverzichtbar wären: ein umfassender Rückzug des Staates aus der Wirtschaft, ein konsequenter Schutz privater Eigentums- und Vertragsrechte sowie die Errichtung unabhängiger politischer und justizieller Kontrollorgane. Solche Reformen würden der Sonderstellung der Funktionärsschicht den Boden entziehen.

Trotzdem ist nicht auszuschließen, dass Teile der Nomenklatura den Übergang zu einer formalen Demokratie befürworten könnten, um die Beschränkungen der kommunistischen Herrschaft abschütteln und ihr illegal erworbenes Vermögen endgültig legalisieren zu können. Diese zynische Haltung zur Demokratisierung hat im Zerfallsprozess der Sowjetunion und im anschließenden russischen Privatisierungsprogramm eine bedeutende Rolle gespielt (Solnick 1999). Das Risiko ist für die mächtigeren Mitglieder der Nomenklatura gering, da diese sich mit den zuvor begründeten informellen Beziehungsgeflechten und illegal erworbenen Vermögenswerten auch im Falle eines Systemzusammenbruchs in komfortablen Positionen in die neue Zeit hinüberretten können.

Den Erkenntnissen der historisch-quantitativen Demokratisierungsforschung zufolge (Vanhannen 1997) ist eine so ausgeprägte Ungleichverteilung wirtschaftlicher, sozialer und politischer Machtressourcen wie in China dem Aufbau demokratischer Institutionen genauso wenig förderlich wie die Dominanz informeller Netzwerke zwischen politischen, wirtschaftlichen und kriminellen Akteuren, die erfahrungsgemäß über einen offiziellen Systemwechsel hinweg Bestand haben. Deshalb ist in China selbst im besten Falle nur die Entstehung einer formalen Fassadendemokratie zu erwarten, die – in dieser Hinsicht teilweise Brasilien, teilweise Russland ähnlich – durch sehr starke soziale und regionale Disparitäten, einen eingeschränkten politischen wie wirtschaftlichen Wettbewerb und durch im Kern oligarchische Machtverhältnisse bestimmt sein wird. Für Demokratisierungseuphorie gibt es in China wenig Anlass.

7.4 Chinas Position in der Welt

Chinas künftige Position in der internationalen Politik wird davon abhängen, wie der rasante innere wirtschaftliche und gesellschaftliche Wandel politisch bewältigt wird und ob die Erneuerung der politischen Institutionen ohne einen Ordnungskollaps in kontrollierten Schritten gelingt. Sollte sich das wirtschaftliche Hochwachstum fortsetzen und das politische System einen schrittweisen Anpassungsprozess an die veränderten sozioökonomischen Bedingungen vollziehen, so könnte China tatsächlich zu einer neuen Supermacht heranwachsen (Overholt 1994; Seitz 2000). Sollte in China aber eine dauerhaft wirtschaftlich erfolgreiche, autoritäre Herrschaftsordnung bestehen bleiben, so wird auch dieser Staat mit Rücksicht auf die Interessen der einflussreichen Küstenprovinzen und deren Exportwirtschaft nicht einfach eine konfrontative Außen- und Handelspolitik betreiben können. Somit steht China in den kommenden Jahrzehnten ein spannungsgeladener Prozess der Anpassung und Neuausrichtung nationaler Interessen und Prioritäten unter den Bedingungen weltweiter Interdependenz bevor.

Im Falle einer stagnierenden wirtschaftlichen Entwicklung und eines abrupten politischen Zusammenbruchs aber könnte China allein schon durch unkontrollierte Auswanderungswellen eine bedrohliche "Chaosmacht" (Müller-Hofstede 1995) nicht nur im asiatisch-pazifischen Raum, sondern auch gegenüber der westlichen Welt entfalten. Die Konsequenzen des WTO-Beitritts werden hier vermutlich keine entscheidende Rolle spielen. Alarmistische Autoren sehen in den harten Liberalisierungserfordernissen der WTO den möglichen Auslöser für wirtschaftlichen Niedergang, soziale Unruhen und den Kollaps der politischen Ordnung in China (Chang 2001). Solche Einschätzungen aber vernachlässigen, dass China durch eine Serie außenwirtschaftlicher Liberalisierungsmaßnahmen seit den späteren neunziger Jahren weltwirtschaftlich bereits stärker integriert ist, als gemeinhin angenommen wird. Dadurch sind die strukturellen Anpassungszwänge im Kontext des WTO-Beitritts weniger bedrohlich, als in den meisten Berichten beschworen (Lardy 2002). Auch wird die chinesische Regierung im Zweifelsfall stets eher die WTO-Regeln verletzen und auf protektionistische Maßnahmen zurückgreifen als eine soziale und politische Desintegration des Landes hinnehmen (vgl. 4.6).

Ein weiterer Aufstieg Chinas in Weltwirtschaft und Weltpolitik wird jedoch in keinem Falle ohne anhaltende Reibungen und auch akute Konflikte im internationalen Umfeld zu bewältigen sein. Handelskonflikte, diplomatische Konfrontationen und im Extremfall auch begrenzte militärische Auseinandersetzungen etwa im Zusammenhang mit der Taiwan-Frage sind nicht unwahrscheinlich. China hat den Zenit seiner nationalen Machtentfaltung noch nicht erreicht. Da dieses Bewusstsein in China fest verankert ist und im internationalen Bedeutungsgewinn des Landes eine reale Bestätigung findet, werden sich Chinas Nachbarländer, die USA und die europäischen Staaten einer grundsätzlichen Herausforderung stellen müssen: Die Weltordnung, die China akzeptieren kann, gibt es noch nicht. Eine solche für China akzeptable Ordnung wird sich nur durch eine aktive Einbeziehung Chinas in die Gestaltung von Weltwirtschaft und Weltpolitik schaffen lassen.

8 Literatur- und Quellenverzeichnis

> Ergänzungen zu diesem Buch im Internet:
> http://www.chinapolitik.de

8.1 Nachschlagewerke zur allgemeinen Grundinformation

Cambridge History of China, Volume 14/Volume 15, The People's Republic (1987 bzw. 1991), hgg. von Roderick MacFarquhar und John K. Fairbank. Cambridge/New York: Cambridge Univ. Press.
China Directory (2001), jährlich, Chinesisch-Englisch, hgg. von Radiopress Japan. Kanagawa: Radiopress.
China Statistical Yearbook/*Zhongguo tongji nianjian*, jährlich, Chinesisch-Englisch, hgg. vom Staatlichen Statistikamt der VRC. Beijing: Zhongguo tongji chubanshe/China Statistical Press.
Das große China-Lexikon (2003), hgg. von Brundhild Staiger, Stefan Friedrich und Hans-Willm Schütte. Darmstadt: Wissenschaftliche Buchgesellschaft/Primus Verlag.
Dictionary of the Political Thought of the People's Republic of China (2001), hgg. von Henry He. Armonk/N.Y.: M.E. Sharpe.
Dictionary of the Politics of the People's Republic of China (1998), hgg. von Colin Mackerras/Donald McMillen/Andrew Watson. London: Routledge.
Directory of Chinese Government and Organizations (2000), hgg. von George J. Liu. Wash., DC/Beijing: PacifiCom, Inc.
Directory of Officials and Organizations in China: A Quarter-Century Guide (2003), hgg. von Malcolm L Lamb. Armonk/N.Y.: M.E. Sharpe
Kompendium der deutsch-chinesischen Beziehungen (2000), hgg. von Bettina Ehlers. Hamburg: Deutsches Übersee-Institut.
New Cambridge Handbook of Contemporary China, hgg. von Colin Mackerras (2001). Cambridge: Cambridge University Press.
Provinzporträts der VR China: Geographie, Wirtschaft, Gesellschaft (1998), hgg. von Renate Krieg et al. Hamburg: Institut für Asienkunde.
Research Guide to Central Party and Government Meetings in China, 1949-1986 (1989), hgg. von Kenneth G. Lieberthal/Bruce J. Dickson. Armonk/N.Y.: M.E. Sharpe.
State of China Atlas (2000), hgg. von Stephanie Donald/Robert Benewick. London: Penguin Books.
Who Was Who in the People's Republic of China (1998), hgg. von Wolfgang Bartke. München: K.G. Saur.
Zhongguo gongchandang zhizheng wushi nian (50 Jahre unter der Regierung der KPC) (1999). Beijing: Zhonggong dangshi chubanshe.
Zhonghua renmin gongheguo zhengfu jigou wushi nian (50 Jahre Regierungsorgane der VR China) (2000). Beijing: Dangjian duwu chubanshe.

8.2 Internet-Quellen zu aktuellen Entwicklungen (Auswahl)

Nachrichten- und Portalseiten
http://www.scmp.com (Englisch). South China Morning Post; Tageszeitung aus Hongkong mit umfassender China-Berichterstattung.

http://www.peopledaily.com.cn (u.a. Chinesisch, Englisch). Internet-Plattform des Zentralorgans der KPC (Renmin Ribao/Volkszeitung), breit gefächertes offizielles Informationsangebot, Vielzahl von Links zu Regierungsstellen.
http://www.chinaonline.com (Englisch). US-amerikanisches China-Portal mit Nachrichtenüberblick und Analyse. Schwerpunkt: Wirtschaft, Finanzen.
http://sun.sino.uni-heidelberg.de/igcs/index.html (Deutsch). Portalseite zur internationalen Chinaforschung.

Regierung
http://www.gov.cn (Chinesisch/Englisch). Staatliche Seite mit allgemeinen Regierungsinformationen und Links zu Provinzregierungen.
http://www.peopledaily.com.cn/zcxx/zcbw_home.html (Chinesisch). Aktuelle Informationen aus den Ministerien und der KPC.
http://www.chinapolitik.de. Wissenschaftliche Analysen zum politischen System der VR China.

Rechtssystem
http://www.chinalawinfo.com/ (Chinesisch/Englisch). Webseite von Jura-Studenten der Peking Universität: Gesetzestexte, Adressen, Rechtsberatung.
http://www.jura.uni-goettingen.de/chinarecht. Kommentierte Übersetzungen aus dem Recht der VR China, herausgegeben von Frank Münzel.
http://www.qis.net/chinalaw/index.html English). Website der Universität Maryland zum Rechtssystem der VR China, Hongkong und Taiwan

Menschenrechte
http://www.humanrights-china.org (Chinesisch/Englisch). Staatliche Dokumente zur Menschrechtspolitik.
http://www.hrichina.org (Chinesisch/Englisch). Von in den USA tätigen chinesischen Wissenschaftlern gegründete Menschenrechtsorganisation.

Militär
http://jczs.sina.com.cn (Chinesisch). Informationen zu aktuellen Entwicklungen in der VBA, auch Grundlagenmaterial.
http://www.comw.org/cmp/ (Englisch). Online-Ressourcen über Militärpolitik und militärische Kapazitäten Chinas von The Commonwealth Institute, Cambridge, Massachusetts.

Außenpolitik
http://www.fmprc.gov.cn (Chines./Englisch). Seite des Außenministeriums der VRC.
http://usinfo.state.gov/regional/ea/uschina/ (Englisch). Web-Seite des US-amerikanischen State Department über die Beziehungen USA - China; regelmäßige Aktualisierung.
http://www.stanford.edu/~fravel/chinafp/intro.htm (Englisch). Aktuelle, thematisch geordnete Informationen über die chinesische Außenpolitik.

Statistiken
http://www.stats.gov.cn/ (Englisch/Chinesisch). Informationsnetz des Statistikbüros der VR China
http://www.cia.gov/cia/publications/factbook/geos/ch.html (English). CIA World Factbook; Daten und Fakten zur VR China.

8.3 Ausgewählte Periodika für die Forschung zur chinesischen Politik

Asian Survey (University of California, Berkeley)
Asien (Deutsche Gesellschaft für Asienkunde, Hamburg)
Caijing (Stock Exchange Executive Council, Beijing)
China aktuell (Institut für Asienkunde, IFA, Hamburg)
China Journal (Australian National University, Canberra)
China Perspectives (Centre d'Etudes Français sur la Chine contemporaine, Hongkong)
China Quarterly (School of Oriental and African Studies, London)
Economist (London)
Far Eastern Economic Review (Hongkong)
Issues and Studies (Institute of International Relations, Taibei)
Journal of Contemporary China (Center for China-US Cooperation, University of Denver)
Zhongguo shehui kexue (Chinesische Akademie der Sozialwissenschaften, Beijing)

8.4 Literaturverzeichnis

ADB [Asian Development Bank] (2001), Key Indicators of Developing Asian and Pacific Countries 2001. Manila: ADB (http://www.adb.org).
Ahl, Björn (2001), "Die Rolle der Gewerkschaften in der VR China", in: Newsletter der deutschchines. Juristenvereinigung, 8.Jg., Heft 4, S.172-181.
AI [Amnesty International] (2002), China's Anti-Terrorism Legislation and Repression in the Xinjiang Uighur Autonomous Region. London, March 2002.
Alpermann, Björn (2001), Der Staat im Dorf: Dörfliche Selbstverwaltung in China. Hamburg: Institut für Asienkunde.
Ash, Robert F. et. al. (Hg.) (2000), Hong Kong in Transition: The Handover Years. New York: Palgrave.
Balcerowicz, Leszek (1995), "Understanding Postcommunist Transitions", in: Diamond, Larry/Plattner, Marc F. (1995), Economic Reform and Democracy, S.86-100. Baltimore: John Hopkins University Press.
Barmé, Geremie/Javin, Linda (Hg.) (1992), New Ghosts, Old Dreams: Chinese Rebel Voices. New York: Hill and Wang.
Barnett, Robert (Hg.) (1994), Resistance and Reform in Tibet. London: Hurst.
Barnouin, Barbara / Yu, Changgen (1993), Ten Years of Turbulence: The Chinese Cultural Revolution. London: Kegan Paul.
Bauer, Edgar (1995), Die unberechenbare Weltmacht. China nach Deng Xiaoping. Berlin: Ullstein.
Baum, Richard (1994), Burying Mao: Chinese Politics in the Age of Deng Xiao-ping. Princeton: Princeton University Press.
Bennett, Gordon (1976), Yundong: Mass Campaigns in Chinese Communist Leadership. Berkeley: University of California Press.
Bernstein, Richard/Munro, Ross H. (1997), "The Coming Conflict with America", in: Foreign Affairs, March-April 1997, S.18-32.
Bernstein, Thomas (1999), "Farmer Discontent and Regime Responses", in: Goldman/MacFarquhar 1999, S.197-219
Bernstein, Thomas/Lü, Xiaobo (2003), Taxation without Representation in Contemporary Rural China. New York: Cambridge University Press.
Bianco, Lucien (2001), Peasants Without the Party: Grass-Roots Movements in Twentieth-Century China. Armonk, N.Y.: M.E. Sharpe.

Binh, G. Phan, "How Autonomous Are the National Autonomous Areas of the PRC?", in: Issues and Studies, July 1996, Vol.32, No.7, S.83-108.
Blume, Georg/Yamamoto, Chikako (2002), Modell China. Im Reich der Reformen. Berlin: Wagenbach.
Bohnet, Armin (Hg.) (1993), Chinas Weg zur Marktwirtschaft. Muster eines erfolgreichen Reformprogramms? (Bd.1+2), Münster: LIT.
Bolt, Paul J. (2000), China and Southeast Asia's Ethnic Chinese: State and Diaspora in Contemporay Asia. New York: Praeger.
Brahm, Laurence J. (2001), China's Century: The Awakening of the Next Economic Powerhouse. New York: Wiley.
Brie, Michael (1996), Transformationsgesellschaften zwischen Institutionenbildung und Wandel des Informellen. Arbeitspapier 8/1996, Max-Planck-Gesellschaft, Arbeitsgruppe Transformationsprozesse, Humboldt Universität, Berlin.
Brook Timothy/Frolic, Michael (Hg.) (1997), Civil Society in China. Armonk/N.Y.: M.E.Sharpe.
Brook, Timothy (1998), Quelling the People: The Military Suppression of the Beijing Democracy Movement. Stanford: Stanford University Press.
Brooker, Paul (2000), Non-Democratic Regimes. Theory, Government and Politics. New York: St. Martin's Press.
Burns, John P. (1994), "Strengthening Central CCP Control of Leadership Selection: The 1990 Nomenklatura", The China Quarterly, No.138 (June 1994), S.458-491.
Buruma, Ian (2001), Bad Elements: Chinese Rebels from Los Angeles to Beijing. NewYork: Random House.
Cabestan, Jean-Pierre (1994), Le système politique de la Chine populaire. Paris: Presses Universitaires de France.
Chan, Anita (2001), China's Workers Under Assault: The Exploitation of Labor in a Globalizing Economy. Armonk, N.Y.: M.E. Sharpe.
Chan, Che-Po/Drewry, Gavin (2001), "The 1998 State Council Organizational Streamlining", in: Journal of Contemporary China, Vol.10, No.29, S.553-572.
Chang, Cordon G. (2001), The Coming Collapse of China. New York: Random House.
Cheek, Timothy/Saich, Tony (Hg.) (1997), New Perspectives on State Socialism in China. Armonk, N.Y.: M.E. Sharpe.
Cheek, Timothy (2002), Mao Zedong and China's Revolutions: A Brief History With Documents. New York: Palgrave.
Cheng, Tiejun/Selden, Mark (1997), "The Construction of Spatial Hierarchies: China's Hukou and Danwei Systems", in: Cheek/Saich (1997), S. 23-50.
Cheung, Peter T.Y. et al. (Hg.) (1998), Provincial Strategies of Economic Reform in Post-Mao China. Armonk/N.Y.: M.E. Sharpe.
Cheung, Tai Ming (1996), "The People's Armed Police: First Line of Defence", in: The China Quarterly 146, June 1996, S. 525-547.
Cheung, Tai Ming (2001), "The Influence of the Gun: China's Central Military Commission and Its Relationship with the Military, Party, and State Decision-Making Systems", in: Lampton (2001a), S. 61-90.
Cheung, Tai Ming (2002), China's Entrepreneurial Army. Oxford: Oxford University Press.
Ch'i, Hsi-sheng (1991), Politics of Disillusionment: The Chinese Communist Party under Deng Xiaoping, 1978-1989. Armonk/New York: M. E. Sharpe.
Ch'ien, Mu (2001), Traditional Government in Imperial China: A Critical Analysis. Hong Kong: The Chinese University Press.
Chung, Jae Ho (2000), Central Control and Local Discretion in China: Leadership and Implementation During Post-Mao Decollectivization. Oxford: Oxford University Press.
Davis, Michael C. (Hg.) (1995), Human Rights and Chinese Values: Legal, Philosophical, and Political Perspectives. Hong Kong: Oxford University Press.

Derichs, Claudia/Heberer, Thomas (Hg.) (2003), Einführung in die politischen Systeme Ostasiens. Opladen: Leske + Budrich.
DeVore, Howard O. (1999), China's Intelligence and Internal Security Forces (Jane's Special Report). Coulsdon: Jane's Information Group.
Diamond, Larry (1999), Developing Democracy. Baltimore: The John Hopkins University Press.
Diamond, Larry et al. (Hg.) (1997), Consolidating the Third Wave Democracies. Baltimore: The John Hopkins University Press.
Diamond, Larry/Myers, Ramon Hawley (Hg.) (2001), Elections and Democracy in Greater China. Oxford: Oxford University Press.
Dickson, Bruce J. (2003), Red Capitalist in China: The Party, Private Entrepreneurs, and Prospects for Political Change. New York: Cambridge University Press.
Ding, Ding (2000), Politische Opposition in China seit 1989. Frankfurt: Lang.
Ding, Xueliang (2000), "The Illicit Asset Stripping of Chinese State Firms", in: The China Journal, Issue 43, S.1-28.
Ding, Xueliang (2001), "Informal Privatization Through Internationalization: The Rise of *Nomenklatura Capitalism* in China's Offshore Business", in: British Journal of Political Science, Vol.30, S.121-146.
Dittmer, Lowell (1978), "Bases of Power in Chinese Politics", in: World Politics, Vol.31 (Oct.), 26-60.
Dittmer, Lowell (2001), "The Changing Nature of Elite Power Politics", in: The China Journal 45, Januar 2001, S. 53-67.
Domenach, Jean-Luc (1995), Der vergessene Archipel. Gefängnisse und Lager in der Volksrepublik China. Hamburg: Hamburger Edition.
Domes, Jürgen (1985), The Government and Politics of the PRC: A Time of Transition. Boulder: Westview.
Domes, Jürgen/Näth, Marie-Luise (1992), Geschichte der Volksrepublik China. Mannheim: B.I.Verlag.
Eberhard, Wolfram (1980), Geschichte Chinas. 3. Auflage. Stuttgart: Alfred Kröner.
Economy, Elizabeth/Oksenberg, Michael (Hg.) (1999), China Joins the World: Progress and Prospects. New York: Council on Foreign Relations.
Edmonds, Richard Louis (Hg.) (2000), Managing the Chinese Environment. Oxford: Oxford University Press.
Edwards, R. R./Henkin, L./Nathan, Andrew J. (1986), Human Rights in Contemporary China. New York: Columbia University Press.
Ess, Hans van (2003), Der Konfuzianismus, München: C.H. Beck.
Evers, Georg/Malek, Roman/Wolf, Notker (2002), Christentum und Kirche in der Volksrepublik China. München: Don Bosco.
Eyraud, Henri (2001), Chine, la réforme autoritaire. Paris: Bleu de Chine.
Fan, Gang (1994), "Dual Track Transition in China", in: Economic Policy (December), S.100-121.
Fewsmith, Joseph (2000), China Since Tiananmen: The Politics of Transition. Cambridge Modern China Series, Cambridge: Cambridge University Press.
Fewsmith, Joseph (2001), Elite Politics in Contemporary China. Armonk, N.Y.: M.E. Sharpe.
Fischer, Doris (1995), "Gibt es den chinesischen Privatunternehmer?", in: Osteuropa-Wirtschaft, 40. Jg., Heft 4, S.299-316.
Fischer, Doris (2000), Aufbau einer Wettbewerbsordnung im Transformationsprozess. Baden-Baden: Nomos.
Fischer, Doris (2001), "Rückzug des Staates aus dem chinesischen Mediensektor? Neue institutionelle Arrangements am Beispiel des Zeitungsmarktes", in: Asien 80, Juli 2001, S. 5-24.
Friedman, Edward/McCormick, Barrett L. (Hg.) (2000), What If China Doesn't Democratize? Implications for War and Peace. Armonk N.Y.: M.E. Sharpe.

Foot, Rosemary (2001), Rights Beyond Borders: The Global Community and the Struggle over Human Rights in China. Oxford: Oxford University Press.

Friedrich, Stefan (1998), "Die Beziehungen Deutschlands zur VR China sowie zu Taiwan, Hongkong und Singapur", in: Herrmann-Pillath/Lackner (1998), S.668-682.

Friedrich, Stefan (2000a), "Außenpolitik [der VR China]", in: Staiger (2000), S.103-134.

Friedrich, Stefan (2000b), China und die Europäische Union. Hamburg: Institut für Asienkunde.

Friedrich, Stefan (2001), "China – Großmacht im 21.Jahrhundert?", in: Bundesakademie für Sicherheitspolitik (Hg.), Sicherheitspolitik in neuen Dimensionen: Kompendium zum erweiterten Sicherheitsbegriff, Hamburg: Mittler, S.791-808.

Fu, Zhengyuan (1993), Autocratic Tradition and Chinese Politics. Cambridge: Cambridge University Press.

Gardet, Claudie (2000), Les Relations de la République populaire de Chine et de la République démocratique allemande 1949-1989. Bern: P.Lang.

Garver, John W. (1997), Foreign Relations of the People's Republic of China. Englewood Cliffs: Prentice Hall.

Gernet, Jacques (1989), Die chinesische Welt. Die Geschichte Chinas von den Anfängen bis zur Jetztzeit. Frankfurt: Insel Verlag.

Giese, Karsten (2001), "Internet, E-Business und Digital Divide in der VR China. Eine kritische Bestandsaufnahme", in: China aktuell 1/2001, S. 33-47.

Gill, Graeme (1994), The Collapse of a Single-Party System. The Disintegration of the Communist Party of the Soviet Union. Cambridge: Cambridge UP.

Goldman, Merle (1994), Sowing the Seeds of Democracy in China: Political Reform in the Deng Xiaoping Era. Cambridge: Harvard UP.

Goldman, Merle/MacFarquhar, Roderick (Hg.) (1999), The Paradox of China's Post-Mao Reforms, Cambridge: Harvard UP.

Goodman, David S.G. (1981), Beijing Street Voices: The Poetry and Politics of China's Democracy Movement, London: Marion Boyars.

Goodman, David S.G. (1994), Deng Xiaoping and the Chinese Revolution: A Political Biography. London: Routledge.

Goodman, David S.G./Segal, Gerald (Hg.) (1994), China Deconstructs: Politics, Trade and Regionalism. London/New York: Routledge.

Goodman, David S.G. (1999), "The New Middle Class", in: Goldman/ MacFarquhar 1999, S.241-261.

Gottwald, Jörn-Carsten (2003), "Im Osten nichts Neues: Vier Jahre und vier Monate rot-grüne Ostasienpolitik", in: Hanns Maull et al. (Hg.) (2003), Deutschland im Abseits? Rot-grüne Außenpolitik 1998-2003. Baden-Baden: Nomos, S.133-147..

Gransow, Bettina (1999), "Streiks, Arbeitskonflikte und Gewerkschaftsreformen: Potenzial für eine neue Arbeiterbewegung in der VR China?", in: Nord-Süd aktuell, 1/1999, S.64-79.

Gu, Xin (1994): "A Civil Society and Public Sphere in Post-Mao China? An Overview of Western Publications", China Information, Vol. VIII, No.3 (Winter 1993-1994), S.38-52.

Gu, Xuewu (1995), "Von Mao zu Deng: Chinas Wandel vom Totalitarismus zum Autoritarismus", in: Aus Politik und Zeitgeschichte, B 50/95, S.38-47.

Gu, Xuewu (1998), Ausspielung der Barbaren – China zwischen den Supermächten in der Zeit des Ost-West-Konfliktes. Baden-Baden: Nomos.

Guowuyuan jigou gaige gailan (1998), (Übersicht über die Reform der Organe des Staatsrates), Beijing: Xinhua chubanshe.

Hamrin, Carol Lee / Zhao, Suisheng (Hg.) (1995), Decision-Making in Deng's China: Perspectives from Insiders. Armonk/N.Y.: M.E.Sharpe.

He, Qinglian (1998), Xiandaihua de xianjing. Dangdai Zhongguo de jingji shehui wenti (Die Fallgrube der Modernisierung. Gegenwärtige Probleme der chinesischen Wirtschaft und Gesellschaft). Beijing: Jinri Zhongguo chubanshe.

Literatur- und Quellenverzeichnis

Heberer, Thomas (1984), "Gesetz über die Gebietsautonomie der Nationalitäten der VR China, Übersetzung und Kommentierung", in: China aktuell 10/1984, S. 601-609.
Heberer, Thomas (2001a), "Falungong – Religion, Sekte oder Kult? Eine Heilsgemeinschaft als Manifestation von Modernisierungsproblemen und sozialen Entfremdungsprozessen", Duisburger Arbeitspapiere Ostasienwissenschaften, 36/2001.
Heberer, Thomas (2001b), "Die Nationalitätenfrage am Beginn des 21. Jahrhunderts", in: Schubert (2001a), S. 81-133.
Heberer, Thomas (2001c), Unternehmer als strategische Gruppen: Zur sozialen und politischen Funktion von Unternehmern in China und Vietnam. Hamburg: Institut für Asienkunde.
Heberer, Thomas (2003), „Das politische System der VR China im Prozess des Wandels", in: Derichs/Heberer (2003), S.19-122.
Heberer, Thomas/Taubmann, Wolfgang (1998), Chinas ländliche Gesellschaft im Umbruch. Urbanisierung und sozio-ökonomischer Wandel auf dem Lande. Opladen/Wiesbaden: Westdeutscher Verlag.
Heberer, Thomas/Sausmikat, Nora (2002), "Politische Diskurse, Intellektuelle und politischer Wandel: Diskurswandel in China seit 1998", in: Asien, Nr.82, Januar, S.35-60.
Heck, Peter (2001), "Chinas Umweltkrise und der Primat der Ökonomie", in: Schubert (2001a), S. 235-266.
Heilmann, Sebastian (1996), Das politische System der VR China im Wandel. Hamburg: Institut für Asienkunde.
Heilmann, Sebastian (1998a), "Die neue chinesische Regierung: Abschied vom sozialistischen Leviathan?", in: China aktuell 3/1998, S.277-287.
Heilmann, Sebastian (1998b), "Verbände und Interessenvermittlung in der VR China: Die marktinduzierte Transformation eines leninistischen Staates", in: Wolfgang Merkel/Eberhard Sandschneider (Hg.), *Systemwechsel IV*. Opladen: Leske + Budrich, S.279-328.
Heilmann, Sebastian (1998c), "Chinas Dissidenten formieren sich neu", in: *China aktuell*, 9/1998, S. 933-939.
Heilmann, Sebastian (2000), Die Politik der Wirtschaftsreformen in China und Russland. Hamburg: Institut für Asienkunde.
Heilmann, Sebastian (2002), Das politische System der Volksrepublik China. Wiesbaden: Westdeutscher Verlag, 1.Auflage.
Heilmann, Sebastian (2003), Von der ‚Klassenpartei' zur ‚Volkspartei'. Ergebnisse des XVI. Parteitags der Kommunistischen Partei Chinas, China Analysis No.20, Januar 2003, Center for East Asian and Pacific Studies, Trier (www.chinapolitik.de).
Heilmann, Sebastian/Gottwald, Jörn-Carsten (Hg.) (2002), Der chinesische Aktienmarkt. Hamburg: Institut für Asienkunde.
Heilmann, Sebastian/Gras, Isabelle/Kupfer, Kristin (2000), "Chinas politisch-ökonomisches Schattensystem: Schmuggelnetzwerke und der Beitritt zur WTO", in: China aktuell, 7/2000, S.769-784 (auch im Internet unter: http://www.chinapolitik.de).
Heilmann, Sebastian/Kirchberger, Sarah (2000), "Chinas politische Führungsschicht im Wandel. Personalstatistiken der ZK-Organisationsabteilung erstmals zugänglich", in: China aktuell 5/2000, S. 499-507.
Hendrischke, Hans/Feng, Chongyi (Hg.) (1999), The Political Economy of China's Provinces. London: Routledge.
Herrmann-Pillath, Carsten (1994), Wirtschaftsintegration durch Netzwerke: Die Beziehungen zwischen Taiwan und der VR China. Baden-Baden: Nomos 1994.
Herrmann-Pillath, Carsten (1995), Marktwirtschaft in China. Geschichte-Strukturen-Transformation. Opladen: Leske+Budrich.
Herrmann-Pillath, Carsten/Michael Lackner (Hg.) (1998), Länderbericht China: Politik, Wirtschaft und Gesellschaft im chinesischen Kulturraum. Bonn: Bundeszentrale für politische Bildung.

Heuser, Robert (Hg.) (1996), Wirtschaftsreform und Gesetzgebung in der VR China. Hamburg: Institut für Asienkunde.
Heuser, Robert (1999), Einführung in die chinesische Rechtskultur. Hamburg: Institut für Asienkunde.
Heuser, Robert (2000), "Das chinesische Gesetzgebungsgesetz", in: China aktuell, August 2000, S.937-949.
Holbig, Heike (1999), "Chinas WTO-Beitritt in politischer Perspektive: Wechselspiel zwischen nationalen und internationalen Verhandlungsprozessen", in: China aktuell, 12/1999, S.1251-1265.
Holbig, Heike (2000), "Falungong: Genese und alternative Deutungen eines politischen Konflikts", in: China aktuell 2/2000, S. 135-147.
Holbig, Heike (2001), "Lokalverwaltung in der VR China. Zum Wandel parteistaatlicher Kontrollstrukturen seit 1979", in: China aktuell 2/2001, S. 153-168.
Holbig, Heike (2002), „The Party And Private Entrepreneurs in the PRC", in: The Copenhagen Journal of Asian Studies, No.16/2002, S.30-56.
Holbig, Heike (2003), „Chinas neue Regierung: Zur Sicherung politischer Legitimität nach dem X. Nationalen Volkskongress", in: China aktuell, März 2003, S.313-324.
Holmes, Leslie (1986), Politics in the Communist World. Oxford: Clarendon.
Holz, Carsten A. (2003), „,'Fast, clear and Accurate': How Reliable Are Chinese Output and Economic Growth Statistics?", in: The China Quarterly, No.173, March 2003, S.122-163.
Hong, Ng Sek/Warner, Malcom (1998), China's Trade Unions and Management. London: Macmillan.
Hoppe, Thomas (1995), Die ethnischen Gruppen Xinjiangs: Kulturunterschiede und interethnische Beziehungen. Hamburg: Institut für Asienkunde.
Hoppe, Thomas (1997), Tibet heute: Aspekte einer komplexen Situation. Hamburg: Institut für Asienkunde.
Horlemann, Ralf (1999), Die Rückgabe Hongkongs und seine neue Verfassung. Grenzen der Autonomie. Hamburg: Institut für Asienkunde.
Howell, Jude (1993), China Opens Its Doors: The Politics of Economic Transition. Boulder: Lynne Rienner.
Hu, Angang (1999), Zhongguo fazhan qianjing (Chinas Entwicklungsperspektiven). Hangzhou: Zhejiang renmin chubanshe.
Hua, Shiping et. al. (Hg.) (2001), Chinese Political Culture, 1989-2000. Armonk N.Y.: M.E. Scarpe.
Huang, Jing (2000), Factionalism in Chinese Communist Politics. Cambridge: Cambridge University Press.
Huang, Yasheng (1996), Inflation and Investment Controls in China: The Political Economy of Central-Local Relations during the Reform Era. Cambridge: Cambridge University Press.
Human Rights in China (Hg.) (2002), Institutionalized Exclusion: The Tenuous Legal Status of Internal Migrants in China's Major Cities. New York/Hong Kong, November 2002 (www.hrichina.org).
IFC [International Finance Corporation] (2000), China's Emerging Private Enterprises. Prospects for the New Century, Washington, D.C.: IFC.
IMF [International Monetary Fund] (1999-2001): World Economic Outlook. Wash., D.C.: IMF.
Jenner, William J.F. (1992), The Tyranny of History: The Roots of China's Crisis. N.Y.: Allen Lane.
Kampen, Thomas (1998), Die Führung der KP Chinas und der Aufstieg Mao Zedongs (1931-1945). Berlin: Berlin Verlag.
Keith, Ronald C./Lin, Zhiqiu (2001), Law and Justice in China's New Market Place. New York: St. Martins Press.
Kempf, Gustav (i.e. Stanzel, Volker), Chinas Außenpolitik. München: Oldenbourg.
Kent, Ann E. (1993), Between Freedom and Subsistence. China and Human Rights. Hongkong: Oxford University Press.
Kent, Ann E. (1999), China, the United Nations, and Human Rights: The Limits of Compliance. University of Pennsylvania Press.
Khan, Azizur Rahman/Riskin, Carl (2001), Inequality and Poverty in China in the Age of Globalization. Oxford: Oxford University Press.

Kim, Samuel (Hg.) (1998), China and the World: Chinese Foreign Policy Faces the New Millenium. Boulder: Westview.
Kim, Samuel (1999), "China and the United Nations", in: Economy/Oksenberg (1999), S.42-89.
Kindermann, Gottfried-Karl (2001), Der Aufstieg Ostasiens in der Weltpolitik 1840-2000. Stuttgart: DVA.
Kojima, Kazuko/Kokubin, Ryosei (2002), „The ‚Shequ Construction' Programme and the Chinese Communist Party", in: The Copenhagen Journal of Asian Studies, No.16/2002, S.86-105.
Kornai, Janos (1995), Das sozialistische System. Die politische Ökonomie des Kommunismus. Baden-Baden: Nomos.
Kotzel, Uwe (2002), „Zeittafel der deutsch chinesischen Beziehungen", in: China aktuell, August 2002, S.910-934.
Kreft, Heinrich (2003), „Die USA und China: Beginn einer neuen Partnerschaft?", in: China aktuell, April 2003, S.461-467.
Krug, Barbara (1993), Chinas Weg zur Marktwirtschaft. Eine politisch-ökonomische Analyse der Wirtschaftstransformation 1978-1988. Marburg: Metropolis.
Kuhfus, Peter M. (1993), " 'Ein Held, wer mit der Zeit geht.' Über eine verbotene russische Mao-Edition und den chinesisch-sowjetischen Dialog", in: Karl-Heinz Pohl/Gudrun Wacker/Huiru Liu (Hg.), Chinesische Intellektuelle im 20. Jahrhundert. Hamburg: Institut für Asienkunde, S. 209-331.
Kuhn, Philip A. (2001), Origins of the Modern Chinese State. Stanford: Stanford University Press.
Kupfer, Kristin (2001), "'Geheimgesellschaften' in der VR China", China Analysis No.5, Zentrum für Ostasien-Pazifik-Studien, Universität Trier (im Internet unter: http://www.asienpolitik.de).
Lam, Willy Wo-Lap (1999), The Era of Jiang Zemin. N.Y.: Prentice Hall.
Lampton, David M. (Hg.) (2001a), The Making of Chinese Foreign and Security Policy in the Era of Reform, 1978-2000. Stanford: Stanford University Press.
Lampton, David M. (2001b), "China's Foreign and National Security Policy-Making Process: Is It Changing and Does It Matter?", in: Lampton (2001a), S. 1-36.
Lampton, David. M. (2001c), Same Bed, Different Dreams: Managing U.S.-China Relations, 1989-2000. Berkeley: University of California Press.
Lardy, Nicholas R. (2002), Integrating China into the Global Economy. Washington D.C.: Brookings.
Lee, Hong Yung (1991), From Revolutionary Cadres to Technocrats in Socialist China. Berkeley: University of California Press.
Lee, Pak K. (2000), "Into the Trap of Strengthening State Capacity: China's Tax-Assignment Reform", in: The China Quarterly, No.164 (December 2000), S.1007-1014.
Leutner, Mechthild/Trampedach, Tim (Hg.) (1995), Bundesrepublik Deutschland und China 1949 bis 1995. Eine Quellensammlung. Berlin: Akademie-Verlag.
Li, Cheng (2001a), China's Leaders: The New Generation. Lanham u.a.: Rowman & Littlefield.
Li, Cheng (2001b), "China's Political Succession: Four Myths in the U.S.", http://www.fpif.org/commentary/0105chinamyths_body.html (download am 25.5.2001).
Li, Cheng/Whyte, Lynn (1993), "The Army in the Succession to Deng Xiaoping", in: Asian Survey, Vol. 33, No.8 (1993), S.757-786.
Li, Cheng/White, Lynn (1998), "The Fifteenth Central Committee of the Chinese Communist Party", in: Asian Survey, Vol. 38, No. 3, March 1998, S. 231-264.
Li, Hua-yu (2001), "The Political Stalinization of China: The Establishment of One-Party Constitutionalism, 1948-1954", in: Journal of Cold War Studies, Vol. 3, No. 2, S. 28-47.
Li, Lianjiang/O'Brien, Kevin (1996), "Villagers and Popular Resistance in Contemporary China", in: Modern China, Vol.22, No.1, S.28-61.
Lieberthal, Kenneth (1995), Governing China: From Revolution Through Reform. New York: Norton.
Lieberthal, Kenneth G./Lampton, David M. (Hg.) (1992), Bureaucracy, Politics and Decision-Making in Post-Mao China. Berkeley: University of California.
Lieberthal, Kenneth G./Oksenberg, Michael (1988), Policy Making in China: Leaders, Structures, and Processes. Princeton: Princeton University Press.

Lilley, James R./Shambaugh, David (Hg.) (1999), China's Military Faces the Future. Armonk, N.Y.: M.E. Sharpe.
Linz, Juan (2000), Totalitäre und autoritäre Regime. Berlin: Berliner Debatte Wissenschaftsverlag.
Liu Jen-Kai (1994), Chinas technokratische Führungselite in der Nachfolge Deng Xiaopings. Ausgewählte Biographien. Hamburg: Institut für Asienkunde.
Liu, Jen-Kai (2000), "Die Hauptrepräsentanten der 'vierten Führungsgeneration'", in: China aktuell 11/2000, S. 1287-1295.
Liu, Jenkai (2003), „Die Zusammensetzung des XVI. Zentralkomitees der Kommunistischen Partei China", in: China aktuell, Juni 2003, S.717-719.
Liu, Meiru (2001), Administrative Reform in China and Its Impact on the Policy-Making Process and Economic Development After Mao. Lewiston, N.Y.: Edwin Mellen.
Lo, Shiu Hing (2002), Governing Hong Kong: Legitimacy, Communication and Political Decay. N.Y.: Nova Science.
Lu, Ning (2001), "The Central Leadership, Supraministry Coordinating Bodies, State Council Ministries, Party Departments", in: Lampton (2001a), S. 39-60.
Lu, Xueyi/Chinesische Akademie für Sozialwissenschaften (2002), Dangdai zhongguo shehui jieceng yanjiu baogao (Forschungsbericht zu sozialen Schichten im gegenwärtigen China). Beijing: Shehui kexue wenxian chubanshe.
Lü, Xiaobo (2000), Cadres and Corruption: The Organizational Involution of the Chinese Communist Party. Stanford: Stanford University Press.
Lü, Xiaobo/Perry, Elizabeth (Hg.) (1997), Danwei: The Changing Chinese Workplace in Historical and Comparative Perspectives. Armonk, N.Y.: M.E.Sharpe.
Lubman, Stanley B. (1999), Bird in a Cage. Legal Reform in China after Mao. Stanford: Stanford University Press.
Luther, Susanne/Opitz, Peter J. (Hg.) (2000), Die Beziehungen der VR China zu Westeuropa. München: Hanns-Seidel-Stiftung.
Lynch, Daniel C. (1999), After the Propaganda State. Media, Politics, and 'Thought Work' in Reformed China. Stanford: Stanford University Press.
Lyons, Thomas (1987), Economic Integration and Planning in Maoist China. New York: Columbia University Press.
Ma, Xiaoying/Ortolano, Leonard (2000), Environmental Regulation in China. Lanham u.a.: Rowman & Littlefield.
MacFarquhar, Roderick (Hg.) (1997), The Politics of China: The Eras of Mao and Deng. Cambridge: Cambridge University Press. 1997.
Machetzki, Rüdiger (1993), "Chinas Wirtschaft im Umbruch: Von der Macht der Realität und der Ohnmacht der Politik", in: China aktuell, 1993/8, S.769-99.
Mackerras, Colin (1994), China's Minorities: Integration and Modernization in the Twentieth Century. Hongkong: Oxford University Press.
Malek, Roman (2001), "Herausgeforderte Orthodoxie: Der chinesische Staat und die neue Religiosität", in: Religion, Staat, Gesellschaft, 2.Jg., Heft 2, 243-269.
Martin, Helmut (1982), Cult and Canon: The Origins and Development of State Maoism. Armonk, N.Y.: M.E. Sharpe.
Martin, Helmut (1997), Hongkong. Strategien des Übergangs. Frankfurt: Suhrkamp.
Maull, Hanns W. (1997), "Reconciling China With International Order", in: Pacific Review, Vol. 10, No. 4, S.466-479.
Maull, Hanns W. /Nabers, Dirk (Hg.) (2001), Multilateralismus in Ostasien-Pazifik. Hamburg: Institut für Asienkunde.
Mayntz, Renate/Scharpf, Fritz (1995), "Der Ansatz des akteurzentrierten Institutionalismus", in: Mayntz/ Scharpf (Hg.), Gesellschaftliche Selbstregelung und politische Steuerung. Frankfurt a.M.: Campus. S.39-72.

Literatur- und Quellenverzeichnis

Medeiros, Evan S./Fravel, M. Taylor (2003), "China's New Diplomacy", in: Foreign Affairs, November/December 2003.
Meissner, Werner/Feege, Anja (Hg.) (1995), Die DDR und China 1949 bis 1990. Eine Quellensammlung. Berlin: Akademie-Verlag.
Mercier, Roger (2002), La Chine: géant de demain. Paris: PEMF.
Merkel, Wolfgang (2000), Systemtransformation. Opladen: UTB.
Möller, Kay (1998), Sicherheitspartner Peking?. Baden-Baden: Nomos.
Möller, Kay (2001), Nordostasien 2001: Transformation, Kräftevergleich und Kooperation. Berlin: Stiftung Wissenschaft und Politik, September 2001.
Montinola, Gabriella/Qian, Yingyi/Weingast, Barry R. (1995), "Federalism, Chinese Style: The Political Basis for Economic Success in China", in: World Politics, Vol. 48 (October), S.50-81.
Moody, Peter R. (1977), Opposition and Dissent in Contemporary China. Stanford: Stanford UP.
Moore, Thomas G./Yang, Dixia (2001), "Empowered and Restrained: Chinese Foreign Policy in the Age of Economic Interdependence", in: Lampton (2001a), S. 191-229.
Moore, Thomas G. (2002), China in the World Market: Chinese Industry and International Sources of Reform in the Post-Mao Era. N.Y.: Cambridge UP.
Mosher, Steven W. (2002), Hegemon: China's Plan to Dominate Asia and the World. San Francisco: Encounter Books.
Müller-Hofstede, Christoph (1995), "Von der Peripherie ins Zentrum: Die Volksrepublik China als Weltmacht neuen Typs", in: KAS-Auslandsinformationen, 9/1995, S.92-111.
Mulvenon, James (2001), Soldiers of Fortune: The Rise and Fall of the Chinese Military-Business Complex, 1978-1998. Armonk, N.Y.: M.E. Sharpe.
Naishul', Vitalii A. (1991), The Supreme and Last Stage of Socialism. London: Centre for Research into Communist Economies.
Nathan, Andrew J. (1986), Chinese Democracy. London: Tauris.
Nathan, Andrew/Link, Perry/Zhang, Liang (2001), Die Tiananmen-Akte. Die Geheimdokumente der chinesischen Führung zum Massaker am Platz des Himmlischen Friedens. München/Berlin: Propyläen.
Nathan, Andrew/Gilley, Bruce (2002), China's New Rulers: The Secret Files. New York: New York Review Books.
Naughton, Barry (1995), Growing out of the Plan: Chinese Economic Reform, 1978-1993. New York: Cambridge University Press.
Neßhöver, Christoph (1999), Die Chinapolitik Deutschlands und Frankreichs zwischen Aussenwirtschaftsförderung und Menschenrechtsorientierung (1989 bis 1997). Hamburg: Institut für Asienkunde.
Newton, Alistair/Subbaraman (2002), China: Gigantic Possibilities, Present Realities. London: Lehman Brothers.
Nolan, Peter (1995), China's Rise, Russia's Fall: Politics, Economics and Planning in the Transition from Stalinism. Basingstoke: Macmillan.
North, Douglass C. (1992), Institutionen, institutioneller Wandel und Wirtschaftsleistung. Tübingen: J.C.B. Mohr.
Nylan, Michael (2001), The Five Confucian Classics. New Haven: Yale University Press.
O'Brien, Kevin (1990) Reform Without Liberalization. China's National People's Congress and the Politics of Institutional Change. New York: Cambridge University Press.
O'Brien, Kevin J./Li, Lianjiang (2000), "Accomodating 'Democracy' in a One-Party State: Introducing Village Elections in China", in: The China Quarterly 162, 2000, S. 465-489.
O'Brien, Kevin (2002), „Collective Action in the Chinese Countryside", in: The China Journal, No.48 (Juli 2002), S.140-154.
Oi, Jean C. (1995), "The Role of the Local State in China's Transitional Economy", in: The China Quarterly, No.144 (Dec. 1995), S.1132-1149.

Oi, Jean C. (1999), Rural China Takes Off: Institutional Foundations of Economic Reform, Berkeley: University of California Press.
Oksenberg, Michel (2001), "China's Political System: Challenges of the Twenty-First Century", in: The China Journal 45, Januar 2001, S. 21-35.
Olson, Mancur (2000), Power and Prosperity: Outgrowing Communist and Capitalist Dictatorships. N.Y.: Basic Books.
Opitz, Peter J. (1991), Gezeitenwechsel in China. Die Modernisierung der chinesischen Außenpolitik. Hannover: Niedersächs. Landeszentrale f. Polit. Bildung.
Osterhammel, Jürgen (1989), China und die Weltgesellschaft. Vom 18. Jahrhundert bis in unsere Zeit. München: Beck.
Osterhammel, Jürgen (1998), "China und der Westen im 19. Jahrhundert", in: Herrmann-Pillath/Lackner (1998), S. 102-117.
Overholt, William (1994), Gigant der Zukunft: Chinas Wirtschaft vor dem Großen Sprung. München: Droemer Knaur.
Overmyer, Daniel L. (2003), „Religion in China Today: Introduction", in: The China Quarterly, No.174 (June 2003), S. 307-316.
Pak, Chong-dong (1997), The Special Economic Zones of China and Their Impact on Its Economic Development. Westport/Conn.: Praeger.
Pan, Lynn (Hg.)(1999), The Encyclopedia of the Chinese Overseas. Cambridge/Mass.: Harvard University Press.
Pastor, Robert A./Tan, Qingshan (2000), "The Meaning of China's Village Elections", in: The China Quarterly 162, 2000, S. 490-512.
Pearson, Margaret (2000), China's New Business Elite: The Political Consequences of Economic Reform. Berkeley: University of California Press.
Peerenboom, Randall (2002), China's Long March toward Role of Law. New York: Cambridge University Press.
Pei, Minxin (1994), From Reform to Revolution: The Demise of Communism in China and the Soviet Union. Cambridge: Harvard University Press.
Pei, Minxin (1997), "Creeping Democratization in China", in: Diamond et al. (1997), S. 213-227.
Pei, Minxin (1998), "Chinese Civic Associations: An Empirical Analysis", in: Modern China, Vol.24, No.3 (July 1998), S.285-318.
Pei, Minxin (1999), "Political Change in Post-Mao China: Progress and Challenges", Paper presented at the Conference "Interpreting fifty years of the People's Republic of China", Hamburg, September 23-25, 1999.
Perry, Elizabeth J. (2001), Challenging the Mandate of Heaven: Social Protest and State Power in China. Armonk/N.Y.: M.E. Sharpe.
Phan, Binh G. (1996), "How Autonomous are the National Autonomous Areas of the PRC? ", in: Issues and Studies Vol. 32, No. 7, S. 83-108.
Ptak, Roderich/Haberzettel, Peter (1998), Macau im Wandel. Stuttgart: Steiner.
Pye, Lucian (1988), The Mandarin and the Cadre. Ann Arbor: Center for Chinese Studies.
Pye, Lucian (1992), The Spirit of Chinese Politics. Cambridge: Harvard UP.
Pye, Lucian (1993), "An Introductory Profile: Deng Xiaoping and China's Political Culture", in: The China Quarterly, No.135 (September 1993), S.412-434.
Rawski, Thomas G. (2001), "What's Happening to China's GDP Statistics", in: China Economic Review, December 2001.
Reichenbach, Thomas (1994), Die Demokratiebewegung in China. Mobilisierung durch Studentenorganisationen in Beijing. Hamburg: Institut für Asienkunde.
Robinson, Thomas W./Shambaugh, David (Hg.) (1994), Chinese Foreign Policy. Theory and Practice. Oxford: Clarendon Press.
Rupprecht, Klaus (2001), "European and American Approaches toward China as an Emerging Power", in: China aktuell, Februar 2001, S.169-179.

Literatur- und Quellenverzeichnis

Saich, Tony (2001), Governance and Politics of China. New York: Palgrave.
Sandschneider, Eberhard (1987), Militär und Politik in der VR China, 1969-1985. Hamburg: Institut für Asienkunde.
Sandschneider, Eberhard (1995), Stabilität und Transformation politischer Systeme. Opladen: Leske+Budrich.
Sandschneider, Eberhard (Hg.) (1999) The Study of Modern China. Essays in Honour of Jürgen Domes. London: Hurst.
Santoro, Michael A. (2000), Profits and Principles: Global Capitalism and Human Rights in China. London: Cornell University Press.
Schädler, Monika (2001), "Gegenwart und Zukunft der chinesischen sozialen Sicherung", in: Schubert (2001a), S.267-295.
Scharping Thomas (2003), Birth Control in China 1949-2000: Population Policy and Demographic Development. London/New York: Routledge Curzon.
Scharping, Thomas/Heuser, Robert (Hg.) (1995), Geburtenplanung in China: Analysen, Daten, Dokumente. Hamburg: Institut für Asienkunde.
Schier, Peter/Cremerius, Ruth/Fischer, Doris (1993), Studentenprotest und Repression in China, April-Juni 1989. Hamburg: Institut für Asienkunde.
Schmidt, Manfred G. (2000), Demokratietheorien, Opladen: Leske + Budrich.
Schmidt-Glintzer, Helwig (1997), China. Vielvölkerreich und Einheitsstaat. München: Beck.
Schmidt-Glintzer, Helwig (1999), Das neue China. Von den Opiumkriegen bis heute. München: Beck.
Schubert, Gunter (1994), Taiwan - die chinesische Alternative. Hamburg: Institut für Asienkunde.
Schubert, Gunter (Hg.) (2001a), China: Konturen einer Übergangsgesellschaft auf dem Weg in das 21. Jahrhundert. Hamburg: Institut für Asienkunde.
Schubert, Gunter (2001b), "Nationalismus und nationale Identität im China des beginnenden 21.Jahrhunderts", in: Schubert (2001a), S.55-80.
Schubert, Gunter (2003a), „Das politische System Taiwans", in: Derichs/Heberer (2003), S.327-362.
Schubert, Gunter (2003b), „Das politische System Hongkongs", in: Derichs/Heberer (2003), S.123-138.
Schüller, Margot (1998), "Reform und Öffnung: Der chinesische Weg zur Marktwirtschaft", in: Herrmann-Pillath/Lackner (1998), S. 278-301.
Schüller, Margot (2000), "Überblick über die deutsch-chinesischen Wirtschaftsbeziehungen zu Beginn des 21.Jahrhunderts", in: China aktuell, 12/2000, S.1401-1414.
Schüller, Margot (2001), "Chinas Wirtschaft am Ende des Millenniums", in: China aktuell, 3/2001, S. 289-298.
Schüller, Margot (2002), „China: Deutschlands wichtigster Wirtschaftspartner in Ostasien?", in: China aktuell, August 2002, S.886-896.
Schüller, Margot (Hg.) (2003), Strukturwandel in den deutsch-chinesischen Beziehungen. Analysen und Praxisberichte. Hamburg: Institut für Asienkunde.
Schüller, Margot/Kriete, Constanze (2002), „Entwicklung Westchina: Visionen und Realisierungschancen", in: China aktuell, Oktober 2002, S.1139-1155.
Schurmann, Franz (1968), Ideology and Organization in Communist China. Berkeley: University of California.
Scobell, Andrew (1990), "The Death Penalty in Post-Mao China", in: The China Quarterly, No. 123 (Sept. 1990), S.503-520.
Seitz, Konrad (2000), China: Eine Weltmacht kehrt zurück. Berlin: Siedler.
Seiwert, Hubert (2001), "Falun Gong – Eine neue religiöse Bewegung als innenpolitischer Hauptfeind der chinesischen Regierung", in: Staat – Religion – Gesellschaft Nr. 1/2001, S. 119-144.
Selden, Mark (1995), China in Revolution: The Yenan Way Revisited. Armonk, N.Y.: M.E. Sharpe.
Senger, Harro von (1994), Einführung in das chinesische Recht. München: Beck.
Senger, Harro von (2000), Strategeme: Lebens- und Überlebenslisten aus drei Jahrtausenden. 2 Bände. Bern u.a.: Scherz.

Seymour, James D. (2000), "Die Umerziehung von Klassenfeinden ist nicht mehr das Ziel", in: Der Überblick, 1/2000, 22-28.
Seymour, James D./Anderson, Richard (1998): New Ghosts, Old Ghosts: Prisons and Labor Reform Camps in China. Armonk N.Y.: M.E. Sharpe.
Shambaugh, David (Hg.) (2000a), The Modern Chinese State. Cambridge: Cambridge University Press.
Shambaugh, David (2000b), "Sino-American Strategic Relations: From Partners to Competitors", in: Survival, No.42, Spring 2000, S.97-115.
Shambaugh, David (2001), "The Dynamics of Elite Politics During the Jiang Era", in: The China Journal, Issue 45, Januar 2001, S. 101-111.
Shambaugh, David (2003), Modernizing China's Military: Progress, Problems, Prospects. Berkeley: University of California Press.
Shambaugh, David/Yang, Richard H. (1998), China's Military in Transition. Oxford: Oxford University Press.
Shao, Jiandong/Drewes, Eva (2001), Chinesisches Zivil- und Wirtschaftsrecht. Hamburg: Institut für Asienkunde.
Shinn, James (Hg.) (1996), Weaving the Net: Conditional Engagement with China. New York: Council on Foreign Relations.
Shirk, Susan L. (1993), The Political Logic of Economic Reform in China. Berkeley: University of California Press.
Shirk, Susan L. (2002), How China Opened Its Door: The Political Success of the PRC's Foreign Trade and Investment Reforms. Wash., D.C.: Brookings.
Short, Philip (1999), Mao: A Life. London : Hodder & Stoughton.
Smil, Vaclav (1993), China's Environmental Crisis: An Inquiry into the Limits of National Development. Armonk, N.Y.: M.E. Sharpe.
Smil, Vaclav (1997), "China's Environment and Security: Simple Myths and Complex Realities", in: SAIS Review, Vol.17, No.1, S.107-126.
Solinger, Dorothy J. (1999), Contesting Citizenship in Urban China: Peasant Migrants, the State, and the Logic of the Market. Berkeley: Univ. of California.
Solnick, Steven L. (1999) Stealing the State: Control and Collapse in Soviet Institutions. Cambridge/Mass.: Harvard UP.
Solomon, Richard (1999), Chinese Negotiating Behavior. Washington, D.C.: United States Institute of Peace.
Song, Qiang/Zhang, Zangzang/Qiao, Bian (1996), Zhongguo keyi shuo bu (China kann nein sagen). Beijing: Zhonghua gongshang lianhe chubanshe.
Song, Xueming (1995), "Regionale Wirtschaftsentwicklung in China, 1978-1992". Duisburger Arbeitspapiere zur Ostasienwirtschaft, Nr.18.
Spence, Jonathan D. (1999), Mao Zedong. New York: Viking.
Spence, Jonathan D. (2001), Chinas Weg in die Moderne. München: DTV.
Staiger, Brunhild (Hg.) (2000), Länderbericht China. Geschichte, Politik, Wirtschaft, Gesellschaft, Kultur. Darmstadt: Primus 2000.
Steinfeld, Edward (1998), Forging Reform in China: The Fate of State-owned Industry. New York: Cambridge University Press, 1998.
Studwell, Joe (2002), The China Dream: The Quest for the Last Great Untapped Market on Earth. Berkeley: Publishers Group West.
Sugong de shibai ji jiaoxun (Der Sturz der KPdSU und die Lehren daraus) (1994). Beijing: Zentrale Parteischule.
Sun, Yan (1995), The Chinese Reassessment of Socialism, 1976 – 1992. Princeton: Princeton University Press.
Swaine, Michael D. (1995), China: Domestic Change and Foreign Policy. Santa Monica: Rand Corp.

Swaine, Michael D. (1996), "The PLA in China's National Security Policy", in: The China Quarterly, No.146 (June 1996), S.360-393.
Swaine, Michael D. (1999), "The Modernization of the People's Liberation Army", in: Lilley/Shambaugh (1999), S. 115-134.
Swaine, Michael D. (2001), "Decision-Making Regarding Taiwan, 1979-2000", in: Lampton (2001a), S. 289-336.
Tanner, Harold (1995), "China's 'Gulag' Reconsidered: Labor Reform in the 1980s and 1990s", in: China Information, Vol. IX, Nos.2/3, S.40-71.
Tanner, Murray Scott (1998), The Politics of Lawmaking in Post-Mao China. Oxford: Oxford University Press.
Taube, Markus (1997), Ökonomische Integration zwischen Hongkong und der Provinz Guangdong, VR China. München: Weltforum Verlag.
Taube, Markus (2001), Economic Relations Between Germany and Mainland China, 1979-2000. Duisburger Arbeitspapiere zur Ostasienwirtschaft, No. 59.
Teiwes, Frederick C. (1995), "The Paradoxical Post-Mao Transition: From Obeying the Leader to 'Normal Politics'", in: The China Journal, Issue 34, S.55-94.
Teiwes, Frederick C. (2001), "Normal Politics with Chinese Characteristics", in: The China Journal 45, Januar 2001, S. 69-82.
TI [Transparency International] (2001), The 2001 Corruption Perception Index. Berlin: TI (www.transparency.org).
Tien, Hung-mao/Chu, Yun-han (Hg.) (2000), China under Jiang Zemin. Boulder/London: Lynne Rienner.
Ting, Wai (1999), "Reform of the Nomenklatura in 1998: A Preliminary Appraisal", in: China Review 1999. Hongkong: Chinese Univ. Press, S.47-80.
Tomsa, Dirk (1997), "Die deutsche Entwicklungszusammenarbeit mit der VR China – eine Bestandsaufnahme", in: China aktuell, 10/1997, S. 997-1011.
Tong, James (2002), „An Organizational Analysis of the Falun Gong: Structure, Communications, Financing", in: The China Quarterly, No.171 (September 2002), S.636-660.
Tsering, Shakya (1999), The Dragon in the Land of Snows: A History of Modern Tibet since 1947. London: Pimlico.
Tyler, Christian (2003), Wild West China: The Taming of Xinjiang. London: John Murray.
Umbach, Frank (2002), Konflikt oder Kooperation in Asienpazifik? München: Oldenbourg Verlag.
Unger, Jonathan (Hg.) (2002), The Nature of Chinese Politics: From Mao to Jiang. Armonk/N.Y.: M.E. Sharpe.
UNCTAD (2001), World Investment Report 2001. Genf: UNCTAD.
UNDP (1997), Human Development Report 1997. N.Y.: Oxford UP.
UNDP (1999), The China Human Development Report. N.Y: Oxford UP.
UNDP (2001), Human Development Report 2001. N.Y.: Oxford UP.
Unger, Jonathan/Chan, Anita (1995), "China, Corporatism and the East Asian Model", in: The Australian Journal of Chinese Affairs, No.33, S.29-54.
Vanhanen, Tatu (1997), Prospects of Democracy: A Study of 172 Countries. London: Routledge.
Wacker, Gudrun (2000), Hinter der virtuellen Mauer: Die VR China und das Internet. Köln: Berichte des BIOst, 6/2000.
Wacker, Gudrun (2001), Die ‚Shanghaier Organisation für Zusammenarbeit': Eurasische Gemeinschaft oder Papiertiger?", SWP-Studien, S 22/01, August 2001. Berlin: Stiftung Wissenschaft und Politik.
Wacker, Gudrun (2003), Führungswechsel in China: Herausforderungen und Spielräume der ‚Vierten Generation', SWP-Studien, S 2, Januar 2003. Berlin: Stiftung Wissenschaft und Politik.
Wagener, Martin (2000a), "Raketenabwehrsysteme und die strategische Gleichung der Taiwan-Straße", in: Österreichische Militärische Zeitschrift, Nr. 4, Juli/August 2000, S. 413-428.

Wagener, Martin (2000b), "Die Bombardierung der chinesischen Botschaft in Belgrad. Ursachen, Reaktionen und Konsequenzen", in: Asien, Nr. 77, Oktober 2000, S. 23-47.
Walder, Andrew G. (1994), "The Decline of Communist Power: Elements of a Theory of Institutional Change", in: Theory and Society, Vol.23 (April), S.297-323.
Walmsley, Roy (1999), "World Prison Population List", Research Findings No. 88. http://www.homeoffice.gov.uk/rds/pdfs/r88.pdf. London: Home Office.
Wang, Hongying (2001), Weak State, Strong Networks: The Institutional Dynamics of Foreign Direct Investment in China. Oxford: Oxford University Press.
Wang, James C.F. (2001), Contemporary Chinese Politics: An Introduction. Englewood Cliffs: Prentice Hall.
Wang, Jingsong (1995), Zhonghua renmin gongheguo zhengfu yu zhengzhi (Regierung und Politik der VR China). Beijing: Zentrale Parteischule.
Wang, Shaoguang/Hu, Angang (1994), Zhongguo guojia nengli baogao (Bericht zur Kapazität des chinesischen Staates). Hongkong: Oxford University Press.
Wang, Shaoguang/Hu, Angang (1999), The Political Economy of Uneven Development: The Case of China. Armonk, N.Y.: M.E. Sharpe.
Wank, David (1995), "Private Business, Bureaucracy, and Political Alliance in a Chinese City", in: Australian Journal of Chinese Affairs, Issue 33, S.55-71.
Wasserstrom, Jeffrey/Perry, Elizabeth (Hg.) (1992), Popular Protest and Political Culture in Modern China, Boulder: Westview Press.
Wedeman, Andrew (1997), "Looters, Rent-Scrapers, and Dividend-collectors", in: The Journal of Developing Areas, Vol.31, No.4, S.457-478.
Wedeman, Andrew (2003), From Mao to Market. Rent-Seeking, Local Protectionism, and Marketization in China. New York: Cambridge University Press.
Weggel, Oskar (1997), China im Aufbruch. Konfuzianismus und politische Zukunft. München: Beck.
Weggel, Oskar (2002), China. München: Beck.
White, Stephen/Gardner, John/Schöpflin, George (1987), Communist Political Systems. London: Macmillan.
White, Gordon/Howell, Jude/Shang, Xiaoyuan (1996), In Search for Civil Society: Market Reform and Social Change in Contemporary China. Oxford: Clarendon.
Whyte, Martin King (1995), "The Social Roots of China's Economic Development", in: The China Quarterly, No.144 (December), S.999-1019.
Whitson, William W./Huang, Chen-Hsia (1973), The Chinese High Command: A History of Communist Military Politics, 1927-1971. New York: Praeger.
Zhang, Junhua/Woesler, Martin (Hg.) (2002), China's Digital Dream. Bochum: Universitätsverlag.
World Bank (1996), The Chinese Economy: Fighting Inflation, Deepening Reforms. Washington, D.C.: The World Bank.
World Bank (1997a), World Development Report 1997: The State in an Changing World. New York: Oxford University Press.
World Bank (1997b), China's Management of Enterprise Assets: The State as a Shareholder. Washington, D.C.: The World Bank.
World Bank (1997c), China 2020: Development Challenges in the New Century. Washington, D.C.: The World Bank.
World Bank (1999a), Accelerating China's Rural Transformation. Washington, D.C.: The World Bank.
World Bank (1999b), China: Weathering the Storm and Learning the Lessons. Washington D.C.: The World Bank.
World Bank (2001), China: Air, Land and Water. Environmental Priorities for a New Millenium. Washington, D.C.: World Bank.
Xi, Liu (2002), Zhongguo gongwuyuan zhidu (Das System des öffentlichen Dienstes in China). Beijing: Qinghua daxue.

Literatur- und Quellenverzeichnis

Xu, Xiaoman (1999), Der Beitrag der deutsch-chinesischen Entwicklungszusammenarbeit zur Wirtschafts- und Politikreform in der VR China. Münster: LIT.
Yang, Mayfair Mei-hui (1994), Gifts, Favors and Banquets: The Art of Social Relationships in China. Ithaca/London: Cornell University Press.
Young, Alwyn (2000), "The Razor's Edge: Distortions and Incremental Reform in the People's Republic of China", in: Quarterly Journal of Economics, Vol.115, No.4, S.1091-1135.
Zang, Xiaowei (1993), "The Fourteenth Central Committee of the CCP", in: Asian Survey, Vol.33., No.8, S.787-803.
Zhang, Jialin (1994), China's Response to the Downfall of Communism in Eastern Europe and the Soviet Union. Stanford: Stanford Univerisity Press.
Zhang, Wei-Wei (2000), Transforming China: Economic Reform and Its Political Implications. Basingstoke: Macmillan.
Zhao, Suisheng (Hg.) (1999), Across the Taiwan Strait: Mainland China, Taiwan, and the 1995-1996 Crisis. London: Routledge.
Zhao, Suisheng (Hg.) (2000), China and Democracy: The Prospect for a Democratic China. London: Routledge.
Zhao, Yuezhi (1998), Media, Market, and Democracy in China. Between the Party Line and the Bottom Line. Chicago: University of Illinois Press.
Zhongguo gongchandang dangnei fagui xuanbian, 1978-2000 (Auswahl von innerparteilichen Rechtsbestimmungen der KPC) (2001). Beijing: Falü chubanshe.
Zhongguo minzheng tongji nianjian (Statistisches Jahrbuch zur Zivilverwaltung in China) (2000). Beijing: Zhongguo tongji chubanshe.
Zhongguo tongji nianjian/China Statistical Yearbook (1990-2001). Beijing: Staatliches Statistikamt.
Zhonghua renmin gongheguo zhengfu jigou wushinian (50 Jahre Regierungsorgane der VRC) (2000). Beijing: Dangjian duwu chubanshe.
Zhongyang zhengfu zuzhi jigou (1998) (Organisation und Organe der Zentralregierung). Beijing: Gaige chubanshe.
Zhou, Kate Xiao (1996), How the Farmers Changed China. Boulder: Westview.
ZK-Organisationsabteilung (1999), Dang zheng lingdao ganbu tongji ziliao huibian 1954-1998 (Statistische Materialsammlung zu Führungskadern in Partei und Staat 1954-1998). Beijing: Dangjian duwu chubanshe.
ZK-Organisationsabteilung (2001), Zhongguo diaocha baogao: Xin xingshi xia renmin neibu maodun yanjiu (China-Untersuchungsbericht: Studien zu Widersprüchen innerhalb des Volks unter den veränderten Bedingungen). Beijing: Zhongyang bianyi chubanshe.
Zou, Ximing (1998), Zhonggong zhongyang jigou yan'ge shilu (1921.7-1997.9) (Dokumentation zum Entwicklungsprozess der Organe des Zentralkomitees der KPC), Beijing: Zhongguo dang'an chubanshe.
Zweig, David (2001), "China's Stalled 'Fifth Wave'. Zhu Rongji's Reform Package of 1998-2000", in: Asian Survey Vol. 41, No. 2, S. 231-247.
Zweig, David (2003), Internationalizing China: Domestic Interest and Global Linkages. Ithaca: Cornell University Press.